Lehrbücher

des

Deutschen Reichsrechtes.

II.

Der Reichs-Strafprozeß

von

Hellweg-Dochow.

Vierte Auflage.

Berlin.
Verlag von J. Guttentag
(D. Collin).
1890.

Der

Reichs-Strafprozeß.

Auf der Grundlage des gleichnamigen Werkes von weil. Professor Dr. Dochow in Halle

neu bearbeitet

von

A. Hellweg,
Landgerichtsrath in Hannover.

Vierte Auflage der ursprünglichen Bearbeitung.

Berlin.
Verlag von J. Guttentag
(D. Collin).
1890.

Vorwort.

Als die Verlagshandlung mit dem Wunsche an mich herantrat, eine neue Auflage des Dochow'schen Reichsstrafprozesses zu besorgen, hatte ich zunächst das Bedenken zu überwinden, als Praktiker eine in erster Linie akademischen Zwecken dienende Arbeit zu übernehmen. Ich habe das Bedenken zurücktreten lassen gegenüber der Erwägung, daß durch ein Anschließen an die bewährte Dochow'sche Methode der Darstellung die mangelnde Erfahrung auf dem Lehrgebiete wenigstens einigermaßen ersetzt werden könnte, und daß es sich gerade um Darstellung eines Prozeßrechts handelt, welches erst in der Praxis sein volles Leben entfaltet, und auf welchem Gebiete dem Praktiker die Wissensbedürfnisse und Wissensmängel der jungen in der Ausbildung begriffenen Juristen am deutlichsten vor Augen treten.

Schwerer noch wog ein zweites Bedenken, ein zu befürchtender Vorwurf der Pietätlosigkeit. Jeder Kenner der Dochow'schen Werke kann darüber nicht im Zweifel sein, daß das Lehrbuch des Reichsstrafprozesses nicht zu seinen hervorragendsten Leistungen zu zählen ist. Noch vor dem Inslebentreten der Strafprozeßordnung selbst erschienen, suchte es — und dies auch mit Erfolg — das augenblickliche Bedürfniß zu befriedigen. Es hielt sich aber auf der Oberfläche; ein tieferes Eindringen in den Zusammenhang des Gesetzes und in das Wesen der einzelnen Prozeßinstitute ist ihm fremd, und dazu findet sich in ihm eine sehr erhebliche Anzahl positiver Behauptungen, die längst allseitig als Versehen oder Irrthümer erkannt sind. Eine neue Auflage war daher, sollte sie irgend den Anforderungen der Jetztzeit entsprechen, ohne die einschneidendsten Aenderungen nicht denkbar. Ich habe daher die Besorgung lediglich einer neuen Auflage, die fast Seite für Seite als Dochow'sches Werk und Dochow'sche Meinung hätte erscheinen lassen, was thatsächlich Dochow'sches Werk und Dochow'sche Meinung nicht gewesen sein würde, ablehnen zu müssen und nur eine Neubearbeitung des Werkes in der Weise übernehmen zu können geglaubt, daß das Werk auch äußerlich als das erscheint, was es ist: nicht als Dochow'sches Werk, sondern als ein neues Werk, aufgebaut auf der Grundlage des früher Dochow'schen Werkes, d. h. unter Aneignung seiner Methode der Darstellung, der knappen Fassung, der Zerlegung der Paragraphen in Abtheilungen und Unterabtheilungen, seiner Beschränkung auf das Nöthigste, ferner seines Systems (hier allerdings mit mehrfachen nicht unwesentlichen Abweichungen) und endlich auch unter wörtlicher Uebernahme derjenigen Partien des Buches, in welchen auch der Verfasser des vorliegenden Werkes im Wesentlichen nur dasselbe mit andern Worten hätte sagen können. Für Letzteres war bestimmend der Grundgedanke, von dem Dochow'schen Werke zu verwerthen, was irgend dauernd zu verwerthen war; thatsächlich ist diese Uebernahme allerdings fast nur erfolgt bei solchen

Abschnitten und solchen Sätzen, welche mehr oder minder nur eine Wiedergabe oder Umschreibung des Gesetzestextes enthalten. Die Verantwortung für jede einzelne Behauptung und Ausführung des Buches trägt danach jetzt der gegenwärtige Herausgeber, und ist, falls es sich um eine Feststellung der Dochow'schen Ansichten im Einzelfalle handeln sollte, nothwendig auf die früheren Auflagen zurückzugehen.

Was dagegen auf der andern Seite positiv zu einer Uebernahme der Arbeit mich antrieb, war der Wunsch, nach Möglichkeit dem geltenden Recht gerecht zu werden und, soweit es die diesem Lehrbuch gesteckten engen Grenzen gestatten, durch Klarlegung der den geltenden Prozeß tragenden und gestaltenden Grundgedanken einen Beitrag für die Erkenntniß zu liefern, daß derselbe keineswegs so prinzip-, system- und harmonielos sich darstellt, als noch tagtäglich behauptet wird. Nach meiner festen Ueberzeugung würde eine Reihe von Klagen über das geltende Strafprozeßrecht längst verstummt sein, wenn nur die Hälfte derjenigen Mühe und Zeit, welche seit dem Inslebentreten der Strafprozeßordnung auf Spekulationen de lege ferenda, auf Angriffe auf das bestehende Recht aufgewandt ist, auf das volle Verständniß und den wissenschaftlichen Ausbau des geltenden Rechts verwandt worden wäre, und aus voller Ueberzeugung stimme ich Löning * bei, wenn er — wenigstens für den akademischen Unterricht, der in erster Linie doch

* In d. Ztschr. f. d. g. StRW. III. 219 ff., insb. 262. — Neuerdings scheint dieser Standpunkt glücklicherweise allgemeiner zu werden. Schon das Glaser'sche Handbuch steht ihm nahe und neuestens auch das treffliche, aber leider anscheinend noch lange auf Vollendung warten lassende Lehrbuch von Bennecke.

praktische Juristen heranzubilden bestimmt ist — die Forderung aufstellt: keine Strafrechts- (und insbesondere keine Strafprozeßrechts-) Wissenschaft als diejenige des bestehenden, positiven Rechts! In dem vorliegenden Werkchen ist daher einer Kritik des bestehenden Rechts mit keiner Zeile Raum gegeben, und es sind auch bei den Litteraturangaben alle Werke wesentlich kritischen oder legislatorischen Inhalts grundsätzlich unberücksichtigt gelassen.

Celle, im Januar 1890.

Hellweg.

Abkürzungen.

a. A.	bedeutet	anderer Ansicht.
a. a. O.	"	am angeführten Orte.
Abs.	"	Absatz.
a. M.	"	anderer Meinung.
Anm.	"	Anmerkung.
Art.	"	Artikel.
Ausf.G.	"	Ausführungsgesetz.
BGBl.	"	Bundes-Gesetzblatt.
betr.	"	betreffend.
bzw.	"	beziehungsweise.
CPO.	"	Civilprozeßordnung.
das.	"	daselbst.
d. h. oder d. i.	"	das heißt oder das ist.
E.	"	Entscheidungen des Reichsgerichts in Strafsachen. Herausgegeben von den Mitgliedern des Gerichtshofes.
EG.	"	Einführungsgesetz.
ff.	"	und folgende.
G.	"	Gesetz.
GA.	"	Archiv für Strafrecht, begründet durch Goltdammer.
GKG.	"	Gerichtskostengesetz.
GO. f. G.	"	Gebührenordnung für Gerichtsvollzieher.
GO. f. Z. u. S.	"	Gebührenordnung für Zeugen und Sachverständige.
GS.	"	preuß. Gesetzsammlung.
Gsaal	"	Gerichtssaal.
GVG.	"	Gerichtsverfassungsgesetz.
i. f.	"	in fine.
HH.	"	Holtzendorff's Handbuch des deutschen Strafprozeßrechts.
JMB.	"	preuß. Justiz-Ministerial-Blatt.
JV.	"	Verfügung des Justizministers.
KO.	"	Kabinets-Ordre.
l. c.	"	loco citato.
M. oder Mot.	"	Motive des betr. Gesetzes.
MV.	"	Ministerial-Verfügung.
Nr.	"	Nummer.
Prot.	"	Protokolle der Justizkommission des Reichstags.

R.	bedeutet	Rechtsprechung des Reichsgerichts in Strafsachen. Herausgegeben von den Mitgliedern der Reichsanwaltschaft.
RAO.	"	Rechtsanwaltsordnung.
RCBl.	"	Centralblatt f. d. Deutsche Reich.
RGBl.	"	Reichsgesetzblatt.
RL.	"	Rechts-Lexikon.
S. oder s.	"	Sieh' oder sieh'.
S. mit Zahl	"	Seite.
StGB.	"	Strafgesetzbuch f. d. Deutsche Reich.
StPO.	"	Strafprozeßordnung.
u. a.	"	und andere.
u. s. w.	"	und so weiter.
V.	"	Verordnung.
Vgl.	"	Vergleiche.
z. B.	"	zum Beispiel.

Ztschr. oder Ztschr. f. StW. bedeutet Zeitschrift für die gesammte Strafrechtswissenschaft.

Arabische Zahlen ohne Zusatz bezeichnen die Seite, römische den Band des citirten Werkes.

Die Lehr- und Handbücher des deutschen Strafprozeßrechts von Planck, Zachariae, Geyer, John, Binding, Glaser, Stenglein und Bennecke und die Kommentare von Löwe (5. Aufl.), Keller (2. Aufl.), v. Schwarze sind nur mit dem Namen ihrer Verfasser, die Kommentare von Stenglein (nach der 1. Aufl.) und John gleichfalls mit dem Namen ihrer Verfasser, jedoch mit dem Zusatz „Komm." citirt.

Inhaltsverzeichniß.

Einleitung.

Seite
1. Begriff des Reichsstrafprozesses. §. 1 1
2. Geschichtlicher Rückblick. §. 2 3
3. Entstehung der Strafprozeßordnung und des Gerichtsverfassungsgesetzes für das deutsche Reich. §. 3 . . . 10
4. Die Quellen des geltenden Strafprozeßrechts. §. 4 . . 15
5. Geltungsgebiet des Reichsstrafprozesses. §. 5 18
6. Verhältniß der Strafprozeßordnung zu dem bisherigen Strafprozeßrecht. §. 6 23
7. Litteratur. §. 7 24

Erster Theil.

Strafgerichtsverfassung.

Erster Abschnitt.

Die Strafgerichte.

I. Allgemeines.

1. Strafgerichtsbarkeit. §. 8 28
2. Aeußere Organisation der Strafgerichte im Allgemeinen. §. 9 33
3. Innere Organisation der Strafgerichte im Allgemeinen. §. 10 35

II. Die einzelnen Gerichte.

1. Die Amtsgerichte. §. 11 38
1a. Insbesondere die Schöffengerichte. §. 12 40
2. Die Landgerichte. §. 13 45
2a. Insbesondere die Schwurgerichte. §. 14 51
3. Die Oberlandesgerichte. §. 15 53
4. Das Reichsgericht. §. 16 56

Zweiter Abschnitt.

Die Gerichtspersonen.

I. Beamte.

Seite

1. Der Richter. §. 17 59
2. Der Gerichtsschreiber §. 18 61
3. Das Unterpersonal. §. 19 62

II. Schöffen und Geschworene.

1. Befähigung. §. 20 63
2. Auswahl der Schöffen. §. 21 68
3. Auswahl der Geschworenen. §. 22 74

III. Ausschließung und Ablehnung der Gerichtspersonen.

1. Ausschließung des Richters. §. 23 76
2. Ablehnung des Richters. §. 24 79
3. Ausschließung und Ablehnung der übrigen Gerichtspersonen. §. 25 82

Dritter Abschnitt.

Zuständigkeit.

1. Zuständigkeit im Allgemeinen. §. 26 83
2. Sachliche Zuständigkeit. §. 27 87
3. Oertliche Zuständigkeit. §. 28 88
4. Rechtshülfe. §. 29 94
5. Internationale Rechtshülfe. §. 30 97

Zweiter Theil.

Die Parteien.

Erster Abschnitt.

Die strafverfolgende Partei.

I. Die Staatsanwaltschaft.

1. Stellung der Staatsanwaltschaft im Strafprozeß im Allgemeinen. §. 31 100
2. Stellung der Staatsanwaltschaft als strafverfolgende Behörde. §. 32 103

Seite
3. Stellung der Staatsanwaltschaft gegenüber dem Gericht. §. 33 108
4. Stellung der Staatsanwaltschaft zu den Beamten des Polizei- und Sicherheitsdienstes. §. 34 110
5. Aeußere Organisation der Staatsanwaltschaft. §. 35 . 111
6. Innere Organisation. §. 36 113
7. Befähigung und Ernennung. §. 37 115

II. **Die Verwaltungsbehörden.** §. 38 . . 116

III. **Der Verletzte.**

A. Der Privatkläger.

1. Zulässigkeit der Privatklage. §. 39 118
2. Rechte und Pflichten des Privatklägers. §. 40 . . . 122
3. Stellung des Privatklägers zu der Staatsanwaltschaft. §. 41 125

B. Der Nebenkläger. §. 42 126

Zweiter Abschnitt.

Der Angeklagte.

I. Rechtliche Stellung des Angeklagten. §. 43 130
II. Die Vertheidigung.
1. Zulässigkeit und Nothwendigkeit. §. 44 135
2. Das Personal der Vertheidigung. §. 45 . . . 138
3. Wahl und Bestellung des Vertheidigers. §. 46 . 141
4. Rechte und Pflichten des Vertheidigers. §. 47 . 142
III. Gesetzliche Vertreter und Beistände. §. 48 146

Dritter Theil.

Das Verfahren.

Erster Abschnitt.

Allgemeines.

I. Grundformen des Verfahrens.
1. Anklageform. §. 49 149
2. Mündlichkeit. §. 50 153
3. Oeffentlichkeit. §. 51 157

Seite
II. Gerichtssprache. §. 52 159
III. Das Zeitmoment im Strafverfahren.
1. Termine und Fristen. §. 53 161
2. Wiedereinsetzung in den vorigen Stand. §. 54 . 164
IV. Richterliche Entscheidungen und ihre Bekanntmachung. §. 55 165
V. Richterliche Zwangsgewalt.
A. Die richterliche Zwangsgewalt im Allgemeinen. §. 56 170
B. Die Zwangsgewalten und Zwangsmittel im Einzelnen.
1. Disziplinargewalt. §. 57 172
2. Ladungs- und Vernehmungszwang. §. 58 175
3. Beschlagnahme. §. 59 185
4. Durchsuchung. §. 60 190
5. Verhaftung. §. 61 194
6. Sicherheitsleistung. §. 62 201
7. Vorläufige Festnahme. §. 63 205
8. Steckbrief. §. 64 207
VI. Der Beweis.
A. Allgemeines.
1. Der Gegenstand des Beweises. §. 65 . . 208
2. Freie Beweiswürdigung. §. 66 211
3. Beweislast und Beweisfrist. §. 67 . . 214
4. Eintheilungen des Beweises. §. 68 . . 215
B. Die einzelnen Beweismittel.
1. Geständniß. §. 69 218
2. Zeugen. §. 70 220
3. Sachverständige. §. 71 228
4. Richterlicher Augenschein. §. 72 234
5. Urkunden. §. 73 238
6. Sonstige Beweismittel. §. 74 243
VII. Zusammenhang von Straf- und Civilsachen.
1. Allgemeines. §. 75 244
2. Insbesondere die Buße. §. 76 246

Seite
VIII. Prozeßvoraussetzungen. §. 77 249
IX. Gliederung des Verfahrens. §. 78 254

Zweiter Abschnitt.

Vorverfahren.

I. Vorbereitungsverfahren. §. 79 256
II. Voruntersuchung. §. 80 262
III. Entscheidung über die Eröffnung des Hauptverfahrens. §. 81 272

Dritter Abschnitt.

Hauptverfahren.

I. Vorbereitung der Hauptverhandlung. §. 82 . . . 280
II. Hauptverhandlung.
1. Allgemeine Grundsätze. §. 83 284
2. Stellung des Vorsitzenden. §. 84 290
3. Gang der Hauptverhandlung. §. 85 293
4. Urtheil. §. 86 301
III. Hauptverhandlung vor den Schwurgerichten.
1. Bildung der Geschworenenbank. §. 87 315
2. Fragestellung. §. 88 319
3. Spruch der Geschworenen. §. 89 325
4. Urtheil. §. 90 329
IV. Verfahren gegen Abwesende.
Uebersicht. §. 91 331
1. Hauptverhandlung gegen Abwesende. §. 92 . . 333
2. Verfahren zur Sicherung der Beweise. §. 93 . 336
3. Maßregeln behufs Gestellung eines Abwesenden. §. 94 338
V. Verfahren auf erhobene Privatklage. §. 95 340
VI. Besondere Arten des Verfahrens.
Uebersicht. §. 96 347
1. Verfahren bei amtsrichterlichen Strafbefehlen. §. 97 348
2. Verfahren nach vorangegangener polizeilicher Strafverfügung. §. 98 353

Seite

3. Verfahren bei Zuwiderhandlungen gegen die Vorschriften über die Erhebung öffentlicher Abgaben und Gefälle. §. 99 357
4. Verfahren gegen Abwesende, welche sich der Wehrpflicht entzogen haben. §. 100 359
5. Verfahren bei Einziehungen und Vermögensbeschlagnahmen. §. 101 362

Vierter Abschnitt.

Rechtsmittel.

Uebersicht. §. 102 365
I. Allgemeine Bestimmungen. §. 103 367
II. Beschwerde.
1. Zulässigkeit und Zuständigkeit. §. 104 373
2. Verfahren. §. 105 375
3. Weitere und sofortige Beschwerde. §. 106 . . . 377
III. Berufung.
1. Zulässigkeit und Zuständigkeit. §. 107 378
2. Verfahren. §. 108 380
IV. Revision.
1. Zulässigkeit und Zuständigkeit. §. 109 388
2. Verfahren. §. 110 395

Fünfter Abschnitt.

Wiederaufnahme eines durch rechtskräftiges Urtheil geschlossenen Verfahrens.

I. Zulässigkeit. §. 111 401
II. Verfahren. §. 112 406

Sechster Abschnitt.

Strafvollstreckung und Kosten des Verfahrens.

I. Strafvollstreckung. §. 113 411
II. Kosten des Verfahrens. §. 114 419

Register 426

Einleitung.

§. 1.

Begriff des Reichsstrafprozesses.

Strafprozeß ist dasjenige rechtlich geordnete Verfahren, welches zum Inhalte hat die Ermittlung, ob und von wem eine strafbare Handlung begangen ist, die Subsumtion dieser Handlung unter das Strafgesetz unter Ausmessung der entsprechenden Strafe und die Vollstreckung dieser Strafe, also: die Anwendung des materiellen Strafrechts auf den konkreten Fall. Neuerdings hat man den Begriff des Strafprozesses mehrfach enger gefaßt.[1] Da nämlich das geltende Recht den Staat gewissermaßen als Partei auffaßt, welcher durch die Strafthat ein Strafanspruch erwachsen ist, und ihn über diesen Anspruch mit dem, gegen welchen er geltend gemacht werden soll, kontradiktorisch verhandeln läßt, so hat man nur diesen in Analogie des Civilprozesses sich entwickelnden Rechtsstreit, in welchem von den Gerichten definitiv über den Anspruch entschieden wird, als Strafprozeß anerkennen und danach sowohl das sog. Ermittlungs-, verschiedentlich auch das

[1] Vgl. z. B. v. Kries in d. Ztschr. f. StW. V. 3, Bennecke §. 3 Anm. 2.

ganze Vorverfahren, als auch die Strafvollstreckung aus dem Begriffe des Strafprozesses ausscheiden wollen. Dies jedoch mit Unrecht. Denn wenn auch, wie die weitere Darstellung ergeben wird, obiger Theil des Verfahrens, die gerichtliche Untersuchung, sich von dem übrigen Verfahren mit strengeren Rechten und Pflichten der Betheiligten abhebt, so ist doch einmal die kontradiktorische Gestaltung dieses Theiles des Prozesses selbst nur eine der verschiedenen historischen Gestaltungsformen des Strafprozesses, und sodann dienen dem Ziele des ganzen Vorganges, der Verwirklichung des materiellen Strafrechts, jene übrigen Theile des Verfahrens nicht weniger; dieses Ziel erfüllt sich vielmehr gerade in dem Bestrafen selbst, in der Vollstreckung der Strafe, und kann daher naturgemäß das Verfahren auch erst mit dieser enden.[2]

Unter Strafprozeß versteht aber der herrschende Sprachgebrauch nicht bloß das bezeichnete Verfahren selbst, sondern zweitens auch den Inbegriff der obiges Verfahren regelnden gesetzlichen Normen, das Strafprozeßrecht, und zwar in der Regel unter Einschluß derjenigen Bestimmungen, welche die Organe der Strafrechtspflege ordnen, der Justizverfassung, und endlich drittens auch die wissenschaftliche Darstellung dieses Strafprozeßrechts, die Strafprozeßtheorie oder Strafprozeßwissenschaft.

Von Reichsstrafprozeß spricht man aus dem Grunde, weil die Reichsgesetzgebung nicht das gesammte strafrechtliche Verfahren geregelt, vielmehr das Verfahren wegen verschiedener strafbarer Handlungen dem Landesrecht überlassen hat.[3] Reichsstrafprozeß ist also das reichsgesetzlich

[2] Vgl. auch John, Komm. II. 112.

[3] Vgl. §. 3 Abs. 2, 3 EG. zur StPO.

geregelte Strafverfahren und zwar nach ständigem Sprachgebrauch auch nur dasjenige, welches vor den ordentlichen Gerichten im Sinne des Gerichtsverfassungsgesetzes nach der Strafprozeßordnung stattfindet.

§. 2.

Geschichtlicher Rückblick.[1]

Die Gerichte der ältesten germanischen Zeit waren Volksgerichte. Die Volksgemeinde war wie Gesetzgeberin, so auch Richterin des konkreten Falles. Der Richter, wo von einem solchen die Rede ist, stand dieser gegenüber als Träger der Gerichtsgewalt, des Gerichtszwanges, als Gerichtsherr. Ihm lag es ob, Gericht zu halten, d. h. das Gericht, die erforderlichen Personen, zusammenzubringen, das Verfahren zu leiten und das Urtheil zu vollstrecken. Das Urtheil zu finden, war Sache der Volksgemeinde, welche darum vom Richter zu fragen war. An Stelle der Volksgemeinde traten später als ihre Repräsentanten einzelne besonders bestimmte Personen (Rachinburgen, Skabinen, Schöffen), welche jedoch ursprünglich die versammelte Volksgemeinde (den „Umstand") wieder zu befragen, das Urtheil dieser nur vorzuschlagen hatten, bis sich die Zustimmung der Gemeinde allmählich nur noch durch Stillschweigen zeigte und sich dann schließlich die Bedeutung des Umstandes gänzlich verlor.

Das Verfahren war dem Civilverfahren analog ein

[1] Eine treffliche Uebersicht der Geschichte des Strafprozesses gibt Glaser in seinem Handbuch §§. 6—16. Daselbst sieh' auch die — sehr reiche — Litteratur. Als besonders verdienstvoll sind hervorzuheben die dort citirten Werke von Biener und Brunner, auch Brunnenmeister, die Quellen der Bambergensis und Stölzel, gelehrtes Richterthum.

reiner Anklageprozeß, in welchem der Verletzte der Kläger war. Ein Einschreiten im öffentlichen Interesse war ursprünglich unbekannt, und erst allmählich zunächst nur bei einzelnen Verbrechen wurde einem etwa fehlenden Verletzten ein von Amtswegen auftretender Kläger gleichgestellt. Die Verhandlung war, wie es vor versammelter Volksgemeinde nicht anders sein konnte, öffentlich und mündlich. Eine Erforschung materieller Wahrheit fand nicht statt; der Beweis wurde, wie es schon die Natur der Beweismittel: Eid der Parteien, später gewöhnlich unter Zuziehung von Eideshelfern, Zweikampf und Gottesurtheil, nothwendig mit sich brachte, lediglich als formeller geführt.

Bei dem Aufhören der einfachen Zustände der älteren Zeit konnte dieses Verfahren nicht genügen. Das Wachsen der staatlichen öffentlichen Interessen ließ die Abhängigkeit eines Strafverfahrens von dem Willen des Verletzten nicht mehr zu. Mit dem Verschwinden der Sittenreinheit der älteren Zeit wurde der Zustand des Beweisrechts unerträglich.

Inzwischen hatte sich der kirchliche Prozeß bereits unter Innozenz III. im Beginn des 13. Jahrhunderts zu einem einheitlichen rationellen Strafverfahren ausgebildet. Durch Aufstellung des Satzes, daß im Falle eines öffentlichen Aergernisses bei dem Fehlen eines Anklägers das böse Gerücht gleichsam als Ankläger anzusehen sei, war das Einschreiten von Amtswegen im öffentlichen Interesse zum Prinzip erhoben, und bei dem Mangel eines Anklägers hatte sich das ganze Verfahren allmählich in der Hand des Richters, eines Gliedes des kirchlichen Behördenorganismus, konzentirt. Bei dem Einflusse des römischen Rechts hatte sich im Anschluß an seine Grundsätze ein auf innerer Glaubwürdigkeit beruhendes materielles Beweisrecht ausgebildet; der Richter hatte das wirkliche materielle Sachverhältniß zu erforschen.

Unter diesen Umständen war ein Einfluß und ein allmähliches Eindringen der Grundsätze des kirchlichen Prozesses auch in die weltlichen Gerichte unausbleiblich und um so mehr als mit der beginnenden Rezeption des römischen Rechts die einheimische Gerichtsverfassung zusammenbrach, die des fremden Rechtes unkundigen Schöffen den Doktoren des römischen und kanonischen Rechts gegenüber mehr und mehr zurücktraten.

Die nächste Folge dieses Eindringens war bei der Grundverschiedenheit der beiden fast sich entgegengesetzten Prozeßsysteme eine noch gesteigerte Unerträglichkeit der deutschen Strafrechtszustände. Jetzt griff die Reichsgesetzgebung ein. Im Jahre 1532 erschien die peinliche Gerichtsordnung Karl's des V., die sog. Karolina. Sie suchte zwischen den beiden Prozeßsystemen zu vermitteln. In der Form hielt sie den altdeutschen Anklageprozeß aufrecht, in der Sache aber verschaffte sie dem Inquisitionsprozeß, wie er im kirchlichen Prozeß sich entwickelt hatte, vollen Eingang. Denn nicht nur sah sie neben dem Privatankläger auch ein Einschreiten von Amtswegen vor, sondern auch im Falle der Privatanklage ließ sie den Ankläger auf den weiteren Verlauf des Prozesses im Wesentlichen ohne Einfluß, so daß sachlich auch in diesem Falle ein inquisitorischer Prozeß begann. Da die erfolgte Rezeption des römischen Rechts auch die alte Bedeutung der Schöffen nicht mehr zuließ, der Strafprozeß ebenso wie der Civilprozeß rechtsgelehrter Richter bedurfte, so traten die Schöffen, die formell noch beibehalten waren, sachlich dem Richter gegenüber gänzlich in den Hintergrund, und in allen zweifelhaften

Fällen war die Versendung der Akten behufs Einholung des Rathes der Rechtsverständigen ausdrücklich vorgeschrieben. Damit war die Konzentrirung der Sache in öffentlicher mündlicher Verhandlung beseitigt und war die Grundlage des Urtheils auf die zusammengeschriebenen Akten gestellt; das Verfahren wurde schriftlich und heimlich. Nur in dem öffentlichen sog. „endlichen Rechtstag", einer formellen Schlußverhandlung, nachdem sachlich das Urtheil bereits gefunden war, trat das alte Verfahren der äußern Erscheinung nach als noch existirend hervor. Im Beweisverfahren waren die kanonischen Grundsätze adoptirt, die, rationell gegenüber dem formellen altgermanischen Beweisrecht, nach jetzigen Anschauungen doch wieder insoweit formell erscheinen, als zur Verurtheilung das Geständniß oder der „Beweis", d. i. im Sinne der Karolina die Ueberführung durch zwei klassische Zeugen verlangt wurde, was dahin führte, die Folter zur Erreichung des ersteren unentbehrlich erscheinen zu lassen. Die Indizien hatten nur die Bedeutung, die Anwendung der Folter zu rechtfertigen.

Der durch die Karolina festgestellte Prozeß wurde durch die Praxis im Laufe der Zeit der reine geheime und schriftliche Inquisitionsprozeß. Der „endliche Rechtstag" verschwand; die Untersuchung von Amtswegen wurde die Regel und damit die Vereinigung der Funktionen des Richters und Anklägers in einer Person ganz allgemein; die Schöffen ferner sanken zu bloßen Urkundspersonen herab oder fielen gänzlich fort; in dem Bestreben, dem öffentlichen Interesse allein zu dienen, der Erforschung der materiellen Wahrheit jedes Hemmniß zu nehmen, hörte der Beschuldigte gänzlich auf, Prozeßpartei zu sein, wurde vielmehr selbst das wichtigste Objekt der Untersuchung, und da alle Formen der materiellen Wahrheitserforschung hinderlich erschienen, so trat an Stelle der festen Prozeßformen das schrankenlose Ermessen des Inquirenten. An den Beweisgrundsätzen der Karolina wurde im Wesentlichen festgehalten, nur daß nach Fortfall der Folter im vorigen Jahrhundert die Indizien, die früher nur zur Folter geführt hatten, jetzt auch für das Urtheil selbst verwerthet wurden bald insoweit, daß sie zu einer geringeren, der sog. „außerordentlichen“ Strafe, bald daß sie auch zur vollen gesetzlichen Strafe berechtigten. Ueberall aber war durch Aufstellung strenger Beweisregeln Sorge getragen, gegenüber dem schrankenlosen Ermessen des Inquirenten der Willkür des erkennenden Richters möglichst vorzubeugen.

Auf diesem Boden hielt sich der deutsche Strafprozeß bis in dieses Jahrhundert hinein — im Einzelnen bei der mehr und mehr thätigen Partikulargesetzgebung der einzelnen deutschen Staaten allerdings unübersehbar verschieden. Denn seitdem die Praxis den Boden der Karolina verlassen hatte, trat überall, um der schrankenlosen Willkür in etwas entgegenzutreten, bei der Unthätigkeit der Reichsgesetzgebung das Bedürfniß hervor, landesgesetzlich den Strafprozeß zu regeln, und es findet sich daher aus diesem Zeitraum in den deutschen Territorien eine äußerst große Zahl theils einzelner strafprozessualer Gesetze, theils insbesondere gegen den Schluß der Periode völliger strafprozessualer Kodifikationen, so zuletzt 1803 in Oesterreich, 1805 in Preußen, 1813 in Bayern, welche letzteren drei als die vollendetsten Ausbildungen der Grundideen des Inquisitionsprozesses erscheinen.

Aber auch diese, obwohl im Geiste der Humanität ausgebildet, befriedigten nicht und konnten nicht befriedigen. Die Doppelstellung als Richter und Ankläger stellte an den Inquirenten fast übermäßige Anforderungen, der Prozeß war schleppend und energielos, die gesetzliche Beweistheorie und das Urtheilen auf Grund zusammengeschriebener Akten bzw. eines Referates aus diesen führten zu unsicheren Ergebnissen, und der Fortfall aller Formen, die wehrlose Stellung des Angeschuldigten mußten das Vertrauen zur Rechtsprechung erschüttern.

In Frankreich, wo die geschichtliche Entwicklung zu einem ähnlichen Ergebniß geführt hatte, wie in Deutschland, war in der Revolutionszeit durch Herübernahme englischer Einrichtungen eine radikale Aenderung geschaffen. In England hatte der Strafprozeß eine der deutschen und französischen entgegengesetzte Entwicklung genommen, indem die ursprünglichen deutschen Einrichtungen trotz des Eindringens der fremden Rechte sich — wenn auch in ganz eigenartiger Entwicklung — erhalten und schließlich eine im Wesentlichen befriedigende Gestaltung gewonnen hatten. In den Geschworenengerichten war die Mitwirkung der Volksgemeinde erhalten; das Verfahren war öffentlich und mündlich, der Prozeß ein Anklageprozeß mit kontradiktorischer Verhandlung geblieben, und das Beweisrecht hatte sich zur freien Beweiswürdigung entwickelt. Zunächst durch einzelne wechselnde Gesetze und sodann organisch durch den code d'instruction criminelle von 1808 waren diese Grundsätze für den französischen Prozeß übernommen und mit den beibehaltenen französischen Institutionen der inquisitorischen Voruntersuchung und der Staatsanwaltschaft zu einem neuen organischen Ganzen gestaltet. In dieser Form gelangte der neue Prozeß durch die französische Invasion auch in den rheinischen Theilen Deutschlands zur praktischen Anwendung, wo er die größte Anerkennung fand, und wurde dann bald bei den unbefriedigenden Zuständen im übrigen Deutschland überall als zu erstrebendes Muster hingestellt. Das Jahr 1848 führte die politischen Motive hinzu: der französische Prozeß galt als der der freiheitlichen Entwicklung entsprechende, und in rascher Folge entstanden nun in fast sämmtlichen deutschen Landen neue, im Wesentlichen auf dem französischen Recht basirende Kodifikationen, die aber im Einzelnen wieder auf das mannigfachste auseinander gingen und damit die Zersplitterung des deutschen Strafprozeßrechts noch vergrößerten. Das bunte Bild der bei dem Inkrafttreten der deutschen Strafprozeßordnung geltenden Strafprozeßgesetze war folgendes: In den beiden Mecklenburg und beiden Lippe galt mit mehr oder minderen Modifikationen noch der gemeinrechtliche Inquisitionsprozeß, in Preußen im Bezirke des Appellationsgerichtshofes zu Cöln, in Rheinbayern, Rheinhessen und Elsaß-Lothringen der code d'instruction criminelle, in den übrigen altländischen Provinzen Preußens die Verord. vom 3. Januar 1849 und das Ges. vom 3. Mai 1852 mit manchen noch geltenden Bestimmungen der Kriminalordnung von 1805, in den 1866 erworbenen neuen Landestheilen die StPO. vom 25. Juni 1867, in dem übrigen Bayern das Ges. vom 10. November 1848, in dem übrigen Hessen die StPO. vom 13. September 1865, in Sachsen die revidirte StPO. vom 1. Oktober 1868, in Württemberg die StPO. vom 17. April 1868, in Baden die StPO. vom 13. Mai 1864, in Oldenburg die StPO. vom 2. November 1857, in Braunschweig die StPO. vom 21. Oktober 1858, in Thüringen und Anhalt die in den einzelnen thüringischen

Staaten und Anhalt mit verschiedenen Modifikationen in den Jahren 1850 bis 1868 eingeführte StPO. von 1850, in Altenburg die StPO. vom 27. Februar 1854, in Waldeck das Ges. vom 14. Juni 1850, in Lübeck die StPO. vom 26. November 1862, in Hamburg die StPO. vom 30. April 1869, in Bremen die StPO. vom 26. Dezember 1870. Danach hatten Preußen, Bayern und Hessen nicht einmal innerhalb des eigenen Staatsgebiets ein einheitliches Strafprozeßgesetz.

§. 3.

Entstehung der Strafprozeßordnung und des Gerichtsverfassungsgesetzes für das deutsche Reich.[1]

Der nunmehr wiedererlangte einheitliche Strafprozeß Deutschlands hat seine Grundlage in dem demnächst in die Reichsverfassung übernommenen Art. 4 Nr. 13 der Verfassung des norddeutschen Bundes, welcher das gerichtliche Verfahren der Bundesgesetzgebung überwies. Nachdem in Gemäßheit desselben zunächst und zwar bereits durch Beschluß des Bundesraths vom 2. Oktober 1867 die Ausarbeitung einer gemeinsamen Civilprozeßordnung in Angriff genommen war, wurde am 18. April 1868 auf den Antrag der Abgeordneten Wagener (Altenburg) und Planck durch Beschluß des Reichstags des norddeutschen Bundes der Bundeskanzler aufgefordert, auch die Vorbereitung der Entwürfe einer gemeinsamen Strafprozeßordnung und der dadurch bedingten Vorschriften der Gerichtsorganisation baldthunlichst zu veranlassen. Der Bundesrath trat diesem Beschlusse bei, und unter dem 12. Juli 1869 wurde darauf

[1] Vgl. Dochow in HH. I. §§. 32—36, Löwe Einl. S. XI ff., v. Schwarze Einl. S. 105 ff., Glaser §. 17, Geyer IX ff.

von dem Bundeskanzler der damalige preußische Justizminister mit der Aufstellung eines Entwurfs einer Strafprozeßordnung beauftragt, welcher seinerseits diese Aufgabe dem Geh. OJR. (späteren Justizminister) Dr. Friedberg (später von Friedberg) übertrug.

Der von diesem ausgearbeitete Entwurf, welcher wie die heutige deutsche Strafprozeßordnung in sieben Bücher zerfällt, war im November 1870 vollendet, wurde im Sommer 1871 wiederholten Berathungen im preußischen Justizministerium unterzogen und in der aus diesen Berathungen hervorgegangenen Gestalt im Januar 1873 dem Bundesrathe vorgelegt, auch durch den Buchhandel verbreitet. Beigegeben waren demselben sehr werthvolle Motive und ein Band Anlagen, in welchen solche Gegenstände behandelt sind, „bei denen es der Beibringung eines umfassenden Materials bedurfte".

Auf Grund eines Beschlusses des Bundesraths vom 13. März 1873 wurde der erwähnte (erste) Entwurf einer Kommission von elf Juristen zur Vorberathung überwiesen. Die Kommission tagte unter dem Vorsitze von Friedberg in Berlin vom 17. April bis zum 3. Juli 1873. Der Entwurf der Strafprozeßordnung nach den Beschlüssen der Kommission (zweiter Entwurf) wurde gleichfalls nebst Motiven durch den Buchhandel verbreitet.

Eine besondere Gestalt hatten der erste sowohl als der zweite Entwurf dadurch annehmen müssen, daß die Gerichtsverfassung und alle diejenigen Bestimmungen, welche in gleicher Weise auch für die in Bearbeitung befindliche Civilprozeßordnung Geltung finden konnten, wie die Bestimmungen über Oeffentlichkeit, Sitzungspolizei, Rechtshülfe und dergl., einem besondern Gesetze vorbehalten waren.

Schon Ende 1869 war dementsprechend der preußische Justizminister vom Bundeskanzler auch ersucht, die Ausarbeitung eines die nöthigen Vorschriften über die Gerichtsverfassung enthaltenden Gesetzentwurfes zu veranlassen. Der preußische Justizminister beauftragte mit den Vorarbeiten zu diesem Entwurfe den Geh. OJR. Dr. Falk und nach dessen Ernennung zum Kultusminister den Geh. OJR. Dr. Förster. Von diesem wurde im Anschluß an die Falk'schen Vorarbeiten im Jahre 1872 ein umfangreicher, die ganze Gerichtsverfassung umfassender Gesetzentwurf fertiggestellt. In den über diesen Entwurf im Herbste 1872 stattgefundenen Konferenzen der Justizminister der fünf größten deutschen Staaten fand derselbe bei der Mehrheit jedoch keine Billigung. Die Mehrheit ging davon aus, daß eine reichsgesetzliche Gestaltung der Gerichte nur soweit zuzulassen sei, als sie zur Einführung der in Berathung befindlichen Civil- und Strafprozeßordnung erforderlich sei. Demgemäß wurde von dem Geh. OJR. Förster ein dieser Auffassung entsprechender neuer Entwurf ausgearbeitet, dieser dann noch wiederholten Berathungen der Kommissarien der Justizminister, ferner dieser selbst, dann noch der oben erwähnten Kommission zur Ausarbeitung des Entwurfs der Strafprozeßordnung und endlich noch einer eingehenden Berathung innerhalb des preußischen Justizministeriums unterzogen, der jedesmaligen Berathung entsprechend umgestaltet und endlich mittels Schreibens vom 6. November 1873 dem Reichskanzler überreicht.[2] Eine Veröffentlichung dieser Entwürfe durch den Buchhandel ist nicht erfolgt.

---

[2] Die vorstehenden Notizen über die Entstehung des GVG. beruhen, soweit sie nicht durch die Rede Leonhardt's in der Reichstagssitzung vom 25. Nov. 1876 (Sten. Ber. S. 289 f.) be-

Beide Entwürfe, der der Strafprozeßordnung und der des Gerichtsverfassungsgesetzes, wurden dann zugleich mit dem inzwischen ebenfalls dem Bundesrathe überreichten Entwurf einer Civilprozeßordnung noch einer eingehenden Prüfung des Bundesraths und zwar zunächst durch den Justizausschuß desselben und dann durch den Bundesrath selbst unterworfen. Auch hierbei wurde die Strafprozeßordnung und ebenso auch der letzte Entwurf des Gerichtsverfassungsgesetzes in ihren Grundzügen nicht alterirt, außer mannigfachen Aenderungen im Einzelnen jedoch die wesentliche Aenderung getroffen, daß an Stelle der in den bisherigen Entwürfen vorgesehenen großen, mittleren und kleinen Schöffengerichte als Landesstrafgerichte höchster Ordnung die Schwurgerichte, mittlerer Ordnung die Strafkammern traten und nur die kleinen Schöffengerichte beibehalten wurden. In dieser Fassung gelangten die Entwürfe (dritter Entwurf der Strafprozeßordnung) am 29. Oktober 1874 an den Reichstag.[3]

Am 24. November 1874 trat der Reichstag in die erste Berathung der Entwürfe. Dieselben wurden einer Kommission von 28 Mitgliedern, der sog. Reichs-Justiz-Kommission, zur Vorberathung überwiesen. An den Berathungen derselben betheiligten sich Vertreter des deutschen Reichs und der einzelnen Bundesstaaten. Auf Beschluß der Kommission, deren Protokolle gedruckt wurden, sollten dem Reichstage schriftliche Berichte erstattet werden. Referent für die Strafprozeßordnung war der Abg. Dr. von Schwarze, für das Gerichtsverfassungsgesetz der

kannt geworden sind, auf Mittheilungen betheiligter Persönlichkeiten.

[3] Drucksachen des Reichstags 1874 II. Session Anlagen 5, 5 A, 5 B.

Abg. Dr. Miquél, Korreferenten die Abg. Klotz und Hauck.

Die zweite Berathung der Entwürfe im Reichstage begann am 7. November 1876; sie erstreckte sich jedoch nur auf die geschäftliche Behandlung der Entwürfe und der zu denselben ergangenen Beschlüsse des Bundesraths. Diese Beschlüsse wurden der Justiz-Kommission des Reichstags, in welche die 28 Mitglieder der Reichs-Justiz-Kommission gewählt waren, zur Vorberathung überwiesen. Das Resultat der Berathungen war, daß die Mehrzahl der Beschlüsse des Bundesraths abgelehnt wurde.

In der Sitzung vom 17. November 1876 begann die zweite Berathung der Entwürfe selbst. Sie endigte, ohne daß sich die Differenzen zwischen dem Bundesrathe und dem Reichstage verringert hatten.

Vor der dritten Berathung der Entwürfe ging dem Reichstage ein Schreiben des Reichskanzlers zu, in welchem eine Anzahl der von dem Reichstage in zweiter Berathung gefaßten Beschlüsse von dem Bundesrathe als unannehmbar bezeichnet wurde.

In die dritte Berathung der Entwürfe trat man erst am 18. Dezember 1876. Inzwischen hatten einige Mitglieder des Reichstags einen Versuch gemacht, das Scheitern der sog. Reichs-Justizgesetze (Gerichtsverfassungsgesetz, Civilprozeß-, Strafprozeß- und Konkursordnung) zu verhindern. Dieser Versuch glückte, es kam ein Kompromiß zu Stande, und die dritte Berathung (18. bis 21. Dezember 1876) endigte mit der Annahme der Entwürfe.

Nach alsbald erfolgter Zustimmung des Bundesraths wurde das Gerichtsverfassungsgesetz unter dem 27. Januar, die Strafprozeßordnung unter dem 1. Februar 1877 vom

Kaiser vollzogen und ersteres in Nr. 4, letztere in Nr. 8 des Reichs-Gesetzblatts 1877 publizirt.

Mit Rücksicht darauf, daß die praktische Einführung der Gesetze, namentlich bei der in's Werk zu setzenden völligen Neuorganisation der Gerichte noch der mannigfachsten Vorbereitungen bedurfte, daß insbesondere auch eine Reihe der zur praktischen Durchführung der Prozeßordnungen noch nöthigen Ergänzungsgesetze, speziell für die Neuordnung des Kostenwesens, noch der Erledigung harrte, wurde in §. 1 des EG. zum Gerichtsverfassungsgesetz und §. 1 des EG. zur Strafprozeßordnung der Geltungsanfang der Gesetze besonderer Kaiserlicher Verordnung vorbehalten, als äußerster Geltungsanfang aber der 1. Oktober 1879 bestimmt, und ist dann auch, da früher die noch nöthigen Vorarbeiten nicht beendet waren, an diesem Tage die Neuordnung des gerichtlichen Verfahrens erst in Kraft getreten.

Eine erste Abänderung erlitt das Gerichtsverfassungsgesetz durch das Ges. vom 17. März 1886 (RGBl. 61), durch welches in Umänderung des §. 137 GVG. das Verfahren bei abweichender Rechtsauffassung verschiedener Senate des Reichsgerichts neu geregelt ist. Eine zweite Abänderung brachte das Ges. v. 5. April 1888 (RGBl. 133), welches den aus den bisherigen Vorschriften über die Oeffentlichkeit der Verhandlungen hergeleiteten Mißständen zu begegnen suchte und deshalb die §§. 173—176, 195 GVG. modifizirte.

§. 4.

Die Quellen des geltenden Strafprozeßrechts.

Schon die dargelegte Entstehungsgeschichte der Strafprozeßordnung und des Gerichtsverfassungsgesetzes weist auf den engen Zusammenhang dieser Gesetze hin. Beide bilden für das Strafprozeßrecht ein untrennbares Ganzes. Jedes gerichtliche Verfahren muß sich naturgemäß an die bestehende Organisation der Gerichte anlehnen: die Gerichtsverfassung ist das vorausgesetzte Korrelat des gerichtlichen Verfahrens. Aus diesem Grunde ist daher auch die im Gerichtsverfassungsgesetz getroffene Einrichtung der Gerichte, der Staatsanwaltschaft und der Hülfsorgane dieser Behörden zugleich von strafprozessualer Bedeutung. Im Gerichtsverfassungsgesetze sind aber ferner auch die direkt den Strafprozeß betreffenden Vorschriften über die sachliche Zuständigkeit der Gerichte getroffen, und endlich haben, was seine Erklärung, wie bereits oben S. 11 gezeigt, wesentlich in der geschichtlichen Entstehung der Strafprozeßordnung und des Gerichtsverfassungsgesetzes zugleich mit der Civilprozeßordnung findet, in dem Gerichtsverfassungsgesetz auch die das Verfahren selbst betreffenden Vorschriften über Oeffentlichkeit, Sitzungspolizei, Gerichtssprache, Berathung und Abstimmung, sowie endlich über zu gewährende Rechtshülfe Aufnahme gefunden.

Sind hiernach Strafprozeßordnung und Gerichtsverfassungsgesetz — selbstredend mit den Einführungs- und späteren Abänderungsgesetzen — als die wesentlichsten Quellen des geltenden Strafprozeßrechts anzusehen, so ist ferner auch die Civilprozeßordnung insoweit als Quelle des geltenden Strafprozeßrechts zu betrachten, als in der Strafprozeßordnung wiederholt (vgl. die §§. 37, 122, 419, 495, 503 StPO.) Bestimmungen der Civilprozeßordnung, als auch für den Strafprozeß geltend, in Bezug genommen sind.

Ferner sind Quellen des Strafprozeßrechts die verschiedenen zu den Prozeßordnungen erlassenen Ergänzungs- und Nebengesetze, die Rechtsanwaltsordnung vom 1. Juli 1878 (RGBl. 177), und die Kostengesetze, das Gerichtskostengesetz vom 18. Juni 1878 (RGBl. 141), die Gebührenordnung für Gerichtsvollzieher vom 24. Juni 1878 (RGBl. 166), beide abgeändert durch das Ges. vom 29. Juni 1881 (RGBl. 178), die Gebührenordnung für Zeugen und Sachverständige vom 30. Juni 1878 (RGBl. 173) und die Gebührenordnung für Rechtsanwälte vom 7. Juli 1879 (RGBl. 176), sowie in gewisser Beziehung auch das Ges. über die Konsulargerichtsbarkeit vom 10. Juli 1879 (RGBl. 197) und das Ges., betreffend die Rechtsverhältnisse der deutschen Schutzgebiete, vom 17. April 1886 (RGBl. 75).

Weiter ist zu beachten, daß durch §. 5 des EG. zur StPO. die strafprozeßrechtlichen Vorschriften der früheren Reichsgesetze aufrecht erhalten sind, und daß, soweit die Strafprozeßordnung sie ausdrücklich aufrecht erhält, auf sie verweist oder ausdrücklich oder stillschweigend eine Materie landesgesetzlicher Regelung überläßt (vgl. z. B. §. 6 EG. zur StPO., §§. 39, 420 StPO., vielfache Bestimmungen im GVG.), auch die Landesgesetze für den Reichsstrafprozeß von Bedeutung sind.

Endlich ist, wie bereits im §. 1 hervorgehoben, nicht zu übersehen, daß prinzipiell (vgl. §. 3 EG. zur StPO.) die Strafprozeßordnung nur das Verfahren in den Sachen regelt, welche vor die ordentlichen Gerichte gehören, für ein sonstiges Strafverfahren also die reichs- und landesgesetzlichen Vorschriften in vollem Umfange bestehen geblieben sind.

§. 5.

Geltungsgebiet des Reichsstrafprozesses.[1]

I. räumliches.

Die Strafprozeßordnung mit den oben erwähnten Nebengesetzen gilt für den ganzen Umfang des deutschen Reichs und mit einigen Modifikationen außerhalb des Reichs in den deutschen Konsulargerichtsbezirken und Schutzgebieten.[2] Die deutschen Gerichte, die mit einer Strafsache befaßt sind, haben nach ihr sich zu richten, auch wenn die That außerhalb des Reiches begangen ist, ferner auch, wenn sie nur im Wege internationaler Rechtshülfe mit einer Strafsache befaßt sind, wie umgekehrt die deutschen Gerichte, wenn sie ausländische Gerichte um Rechtshülfe angehen, sich mit den dort geltenden Prozeßformen begnügen müssen.

II. zeitliches.

Der Reichsstrafprozeß gilt seit dem 1. Oktober 1879.[3] Seit dieser Zeit richtet sich alle strafrichterliche Thätigkeit nach den neuen Strafprozeßgesetzen, mag auch die in Frage stehende That früher begangen sein, und mag auch das prozessuale Verfahren bereits vorher begonnen haben.[4] In letzterer Beziehung ist die Regel jedoch nicht ohne Ausnahme. Nicht die Strafprozeßordnung, sondern die bisherigen Prozeßgesetze sind anzuwenden, wenn in einer Strafsache von dem 1. Oktober 1879 ein Endurtheil erster In-

---

[1] Vgl. HH. I. 133 ff., II. 377 ff., 534 ff., Glaser §§. 26, 28, Geyer §§. 38, 40, Binding §. 16, Stenglein §. 6, Bennecke §§. 7—9, 13, Löwe S. 169 f., 28 ff., John, Komm. I. 75 ff.

[2] §. 1 EG. zur StPO., §. 21 G. über die Konsularg. v. 10./7. 79 (RGBl. 197), §. 2 G. betr. d. Rechtsv. der deutschen Schutzgebiete, v. 17./4. 86 (RGBl. 75).

[3] EG. zur StPO. §. 1, EG. zum GVG. §. 1. Sieh' oben S. 15.

[4] EG. zur StPO. §. 8 Abs. 1.

stanz ergangen ist. Eine in dieser Lage befindliche Strafsache ist bis zur rechtskräftigen Entscheidung nach den bisherigen Prozeßgesetzen zu erledigen.[5] Wird jedoch das in erster Instanz ergangene Endurtheil in der höheren Instanz aufgehoben und die Strafsache zur nochmaligen Verhandlung in die erste Instanz zurückgewiesen, so regelt sich das weitere Verfahren nach den Vorschriften der Strafprozeßordnung.[6] Ebenso gelten für die Wiederaufnahme eines durch rechtskräftiges Urtheil geschlossenen Verfahrens, welche nach der Strafprozeßordnung nicht als Rechtsmittel, sondern als neues Verfahren aufzufassen ist, ganz allgemein, also auch wenn das frühere Urtheil vor dem 1. Oktober 1879 erlassen ist, die Grundsätze der Strafprozeßordnung,[7] und endlich soll die Strafvollstreckung nach den Vorschriften der Strafprozeßordnung erfolgen, auch wenn die Strafe vor dem 1. Oktober 1879 erkannt ist.[8]

III. sachliches.

1. Die Strafprozeßordnung findet Anwendung auf alle Strafsachen, welche vor die ordentlichen Gerichte (Amts-, Land-, Oberlandesgerichte und Reichsgericht) gehören.[9] Hierbei ist der Begriff der Strafsache in dem Sinne zu nehmen, daß die Fälle ausscheiden, welche nur Exekutiv-, Ordnungs-[10] oder Disziplinarstrafen nach sich ziehen.

---

[5] EG. zur StPO. §. 8 Abs. 2.

[6] EG. zur StPO. §. 9.

[7] EG. zur StPO. §. 10.

[8] EG. zur StPO. §. 12. — In Betreff der am 1. Oktober 1879 anhängigen Verfahren wegen Beleidigungen und Körperverletzungen sind besondere Bestimmungen aufgestellt; vgl. EG. zur StPO. §. 11, EG. zur CPO. §. 18.

[9] EG. zur StPO. §. 3 Abs. 1.

[10] Vgl. jedoch in Betreff der bei Ausübung der Sitzungspolizei vorkommenden Ordnungsstrafen GVG. §§. 177—184, StPO. §§. 36 Abs. 1, 162.

Vor die ordentlichen Gerichte gehören alle Strafsachen, für welche nicht durch die Reichsgesetzgebung entweder

A. ein Verwaltungsstrafverfahren angeordnet oder zugelassen, d. h. landesgesetzlicher Anordnung überlassen, oder

B. besondere Gerichte bestellt oder zugelassen sind.[11]

A. Ein Verwaltungsstrafverfahren nach Reichsgesetzen findet statt

α) für Poststrafsachen,[12]

β) für gewisse Zuwiderhandlungen gegen die Seemannsordnung und das Ges., betr. Mitnahme hülfsbedürftiger Seeleute, vom 27. Dezember 1872.[13]

Zugelassen ist ein Verwaltungsstrafverfahren

α) für Uebertretungen,[14]

β) für Zoll- und Steuerstrafsachen.[14]

B. Als besondere Gerichte in Strafsachen sind reichsgesetzlich bestellt

α) die Militärgerichte,[15]

β) die Konsulargerichte und die Gerichte in den deutschen Schutzgebieten, für welche letztere beiden jedoch (vgl. I) die Strafprozeßordnung in der Hauptsache für anwendbar erklärt ist,

zugelassen

α) die Rheinschifffahrts- und Elbzollgerichte,[16]

β) die Gewerbegerichte,[17]

---

[11] GVG. §. 13.

[12] Postg. v. 28./10. 71 (RGBl. 347) §§. 34 ff.

[13] Seemannsord. v. 27./12. 72 (RGBl. 409) §§. 101 ff., vgl. §. 5 Abs. 2 EG. zur StPO., G. v. 27./12. 72 (RGBl. 432) §. 8.

[14] EG. zur StPO. §. 6 Nr. 3.

[15] EG. zum GVG. § 7.

[16] GVG. §. 14 Nr. 1.

[17] GVG. §. 14 Nr. 4.

γ) die besonderen Gerichte für die landesherrlichen Familien,[18]

δ) die Austrägalgerichte,[19]

und endlich theils bestellt, theils zugelassen die Kriegsgerichte und Standrechte.[20]

2. Eine Ausnahme von dem Satz, daß auf alle vor die ordentlichen Gerichte gehörenden Strafsachen die Strafprozeßordnung Anwendung findet, machen nur die Feld- und Forstrügesachen, indem für diese die Landesgesetzgebung ein abweichendes Verfahren anordnen kann.[21] Andererseits kann das Geltungsgebiet der Strafprozeßordnung dadurch eine Ausdehnung erfahren, daß es auch die Strafsachen umfaßt, für welche besondere Gerichte zugelassen sind, wenn die Landesgesetzgebung dieselben den ordentlichen Gerichten überwiesen und ein von der Strafprozeßordnung abweichendes Verfahren nicht angeordnet hat. In gleicher Weise ist die Strafprozeßordnung auf die Strafsachen anzuwenden, welche vor die reichsgesetzlich oder landesgesetzlich bestellten besonderen Gerichte gehören, wenn dies ausdrücklich bestimmt oder auf die allgemeinen Strafprozeßvorschriften hingewiesen ist.[22]

IV. persönliches.

Die Strafprozeßordnung gilt sowohl für das Verfahren gegen Inländer als gegen Ausländer mit folgenden Ausnahmen.

Für die deutschen Landesherren, die Mitglieder der

[18] EG. zum GVG. §. 5.
[19] EG. zum GVG. §. 7.
[20] GVG. §. 16.
[21] EG. zur StPO. §. 3 Abs. 3.
[22] Vgl. EG. zur StPO. §. 3 Abs. 2.

landesherrlichen Familien und der fürstlichen Familie Hohenzollern gilt die Strafprozeßordnung nur insoweit, als nicht besondere Vorschriften der Hausverfassungen oder der Landesgesetze abweichende Bestimmungen enthalten.[23]

Unanwendbar ist die Strafprozeßordnung auf die Chefs und Mitglieder der bei dem deutschen Reiche oder einem Bundesstaate beglaubigten ausländischen Missionen, weil sie der inländischen Gerichtsbarkeit nicht unterworfen sind. Wenn diese Personen dagegen Staatsangehörige eines der Bundesstaaten sind, so sind sie nur insofern von der inländischen Gerichtsbarkeit befreit, als der Staat, dem sie angehören, sich der Gerichtsbarkeit über sie begeben hat.[24] Auch für die Familienglieder, das Geschäftspersonal der genannten Personen und auf solche Bedienstete derselben, welche nicht Deutsche sind, gelten die vorstehenden Bestimmungen.[25] Die im deutschen Reiche angestellten Konsuln können die Exemtion von der inländischen Gerichtsbarkeit nur beanspruchen, wenn sie ihnen durch besondere Staatsverträge eingeräumt ist.[26]

---

[23] EG. zur StPO. §. 4. Vgl. auch StPO. §. 71. — Die besonderen Vorschriften gelten übrigens nur innerhalb des Gebietes, für welches sie erlassen sind. Mot. zum GVG. 211. Hausverfassungen stehen den Landesgesetzen gleich; diese binden nur die Gerichte des Landes.

[24] GVG. §. 18 Abs. 1 und Abs. 2 Satz 1. Eine Beschränkung der Gerichtsbarkeit eines Bundesstaates findet sich in Betreff der Chefs und Mitglieder der bei demselben beglaubigten Mission eines anderen deutschen Bundesstaates und der Mitglieder des Bundesraths, welche nicht von demjenigen Staate abgeordnet sind, in dessen Gebiete der Bundesrath seinen Sitz hat; vgl. GVG. §. 18 Abs. 2.

[25] GVG. §. 19. Ueber Exterritorialität vgl. v. Holtzendorff's Hdb. des Völkerrechts II. 656ff., III. 646ff., 687ff., de Heyking, l'exterritorialité.

[26] GVG. §. 21.

§. 6.
Verhältniß der Strafprozeßordnung zu dem bisherigen Strafprozeßrecht.

1. Die prozeßrechtlichen Vorschriften der bisher ergangenen Reichsgesetze werden durch die Strafprozeßordnung nicht berührt.[1] Dieselben stimmen mit den Grundsätzen, auf welchen die Strafprozeßordnung beruht, im Wesentlichen überein, nur in einzelnen Bestimmungen finden sich Abweichungen, so daß Differenzen zwischen ihnen und der Strafprozeßordnung vorkommen können.[2]

2. Im Gegensatze hierzu treten die prozeßrechtlichen Vorschriften der Landesgesetze, gleichviel ob sie mit der Strafprozeßordnung übereinstimmen oder nicht, innerhalb des Geltungsgebietes der Strafprozeßordnung außer Kraft, insoweit nicht von der letzteren auf sie verwiesen ist.[3]

Auf die Landesgesetze wird zunächst in der Weise verwiesen, daß ihnen Abweichungen von dem Reichsstrafprozeßrecht gestattet sind.[4] In gewissen Fällen müssen die reichsrechtlichen Vorschriften, um anwendbar zu sein, durch landesrechtliche ergänzt werden.[5] Und endlich wird noch ausdrücklich bestimmt, daß einzelne landesrechtliche Bestimmungen durch das Reichsrecht nicht berührt werden. Hierhin gehören besonders die folgenden landesrechtlichen Bestimmungen:[6]

1. über die Voraussetzungen, unter welchen gegen Mitglieder einer gesetzgebenden Versammlung während

---

[1] EG. zur StPO. §. 5 Abs. 1.

[2] Vgl. hierüber die Motive zum EG. zur StPO. S. 256.

[3] EG. zur StPO. §. 6 Abs. 1.

[4] Vgl. EG. zur StPO. §§. 3 Abs. 3, 4, StPO. §§. 39, 483 Abs. 3; EG. zum GVG. §. 11, GVG. §. 17.

[5] Vgl. StPO. §§. 64, 73, 288, 420, 453, 459.

[6] EG. zur StPO. §. 6 Abs. 2; vgl. außerdem noch EG. zum GVG. §§. 6 und 7.

der Dauer einer Sitzungsperiode eine Strafverfolgung eingeleitet oder fortgesetzt werden kann; [7]

2. über das Verfahren bei Zuwiderhandlungen gegen die Gesetze über das Vereins- und Versammlungsrecht;

3. über das Verfahren im Verwaltungswege bei Uebertretungen, wegen deren die Polizeibehörden zum Erlaß einer Strafverfügung befugt sind, und bei Zuwiderhandlungen gegen die Vorschriften über die Erhebung öffentlicher Abgaben und Gefälle, insoweit nicht die §§. 453—455 und 459—463 der Strafprozeßordnung abändernde Bestimmung treffen.

Innerhalb der Grenzen, welche für das Landesstrafprozeßrecht aufgestellt sind, sind die einzelnen Bundesstaaten natürlich auch nach dem 1. Oktober 1879 noch befugt, prozeßrechtliche Vorschriften zu erlassen.

§. 7.

Litteratur.

An die Emanation der neuen Strafprozeßordnung hat sich rasch eine reiche Litteratur angeknüpft.

a. Textausgaben und Kommentare.

Neben der im Reichsgesetzblatt von 1877 S. 253—348 befindlichen offiziellen Ausgabe der StPO. und der daselbst S. 41—80 befindlichen offiziellen Ausgabe des Gerichtsverfassungsgesetzes ist eine kaum noch zu übersehende Reihe anderweiter Ausgaben theils ohne Erläuterungen, theils mit solchen und zwar theils in der Form knapper Anmerkungen, theils in der Form eines Kommentars er-

[7] Vgl. z. B. preuß. Verf.-Urk. Art. 84 Abs. 2, 4. — RVerf. Art. 31 ist durch §. 5 EG. zur StPO. aufrecht erhalten.

schienen. Unter den letzteren sind neben den Ausgaben von v. Bomhard und Koller, Dalcke, Daude 2. Aufl., Dorendorf, Gneist, Hellweg (5. Aufl., früher Dochow), Hetzer, Krah, v. Neubronner, Puchelt, v. Schwarze, Staudinger, Stiegele, Thilo, Traub, Voitus, Weiffenbach, Wernecke besonders hervorzuheben die Kommentare von John Bd. I, II (Erlangen, Palm und Enke 1884, 1888), Keller 2. Aufl. (Lahr, Schauenburg 1882), Stenglein 2. Aufl. (Nördlingen, Beck 1889) und vor Allem Löwe 6. Aufl. im Erscheinen (Berlin, Guttentag 1890).

b. Systematische Darstellungen

des gesammten neuen Strafprozeßrechts enthalten die Lehr- und Handbücher von

v. Bar, Systematik des deutsch. Strafprozeßrechts (Berlin, Weidmann 1878),

Bennecke, Lehrbuch des deutschen Strafprozeßrechts (Freiburg, Mohr, noch unvollendet),

Binding, Grundriß des gemeinen deutsch. Strafprozeßrechts, 2. Aufl. (Leipzig, Duncker und Humblot 1885),

Geyer, Lehrbuch des gemeinen deutschen Strafprozeßrechts (Leipzig, Fues 1880),

Glaser, Handbuch des Strafprozesses 2 Bde. (Leipzig, Duncker und Humblot 1883—85), unvollendet,

v. Holtzendorff, Handbuch des deutschen Strafprozeßrechts. In Einzelbeiträgen von Dochow, Fuchs, Geyer, Glaser, v. Holtzendorff, H. Meyer, Meves, v. Schwarze, Ullmann. 2 Bde. (Berlin, Habel 1879),

John, das deutsche Strafprozeßrecht in den Grundzügen systematisch dargestellt. 2. Aufl. (Leipzig, Duncker und Humblot 1883),

Kayser, die Strafgerichtsverfassung und das Strafverfahren des deutschen Reichs (Paderborn, Schöningh 1879),

Lüder, Grundriß des deutschen Strafprozeßrechts (Erlangen, Deichert 1881),

Meves, das Strafverfahren nach der deutsch. Strafprozeßordnung. 3. Aufl. (Berlin, Heymann 1880). Derselbe, die Strafprozeßordnung f. d. d. R. (Breslau, Maruschke und Berendt 1882),

Quaritzsch, Kompendium des deutschen Strafprozesses. 4. Aufl. (Berlin, Weber 1881),

Rinteln, Systematische Darstellung des gesammten neuen Prozeßrechts. 3 Bde., Strafprozeß hauptsächlich im 3. Bd. (Breslau, Maruschke und Berendt 1881—83),

Stenglein, Lehrbuch des deutschen Strafprozeßrechts (Stuttgart, Enke 1888).

Von den auf den früheren gesetzlichen Grundlagen erwachsenen Werken sind vor Allem

Planck, systematische Darstellung des deutschen Strafverfahrens auf Grundlage der neueren Strafprozeßordnungen seit 1848 (Göttingen, Dieterich 1857) und

Zachariae, Handbuch des deutschen Strafprozesses. 2 Bde. (Göttingen, Dieterich 1861, 1868) auch jetzt noch von erheblichem Werth.

Außerdem ist eine große Reihe von Monographien erschienen, von welchen die bedeutenderen unten an den einschlägigen Stellen Erwähnung finden werden, die meisten derselben in nachfolgenden

c. Zeitschriften.

Archiv für Strafrecht (Berlin, Decker), 1853 von Goltdammer begründet.

Der Gerichtssaal (Stuttgart, Enke), 1849 von Jagemann begründet.

Zeitschrift für die ges. Strafrechtswissenschaft (Berlin, Guttentag), 1881 von Dochow und v. Liszt begründet.

d. Spruchsammlungen

von strafprozessualen Entscheidungen enthalten, abgesehen von Mittheilungen in obigen Zeitschriften, hauptsächlich

Entscheidungen des Reichsgerichts in Strafsachen. Herausgegeben von Mitgliedern des Gerichtshofes (Leipzig, Veit u. Comp.). Bis jetzt 19 Bände, seit 1879.

Rechtsprechung des Reichsgerichts in Strafsachen. Herausgegeben von den Mitgliedern der Reichsanwaltschaft (München u. Leipzig, Oldenbourg). 10 Bde., 1879—1888, geschlossen.

Annalen des Reichsgerichts, herausgegeben von Braun und Blum (Leipzig, Duncker u. Humblot). 10 Bde., 1879—1884, geschlossen.

Jahrbuch für Entscheidungen des Kammergerichts, herausgegeben von Johow und Küntzel (Berlin, Vahlen), seit 1881.

Sammlung d. Entsch. des OLG. München in Gegenständen des Strafrechts und Strafprozesses (Erlangen, Palm u. Enke), seit 1880.

Annalen des sächsischen OLG. Dresden, herausgegeben von Klemm und Lamm (Leipzig, Roßberg), seit 1880.

Endlich ist darauf aufmerksam zu machen, daß auf Veranlassung des Reichs-Justizamts die gesammten Materialien zu den Reichsjustizgesetzen von dem Geh. OJR. Hahn herausgegeben sind (Berlin, v. Decker). 2. von Stegemann besorgte Ausgabe 1884. Bd. 1 enthält die Materialien zum Gerichtsverfassungsgesetz und Bd. 3 diejenigen zur Strafprozeßordnung.

Erster Theil.

Strafgerichtsverfassung.

Erster Abschnitt.

Die Strafgerichte.

I. Allgemeines.

§. 8.

1. Strafgerichtsbarkeit.[1]

Die Strafgerichtsbarkeit, die rechtliche Macht, Strafen zu verhängen, ist wie die Gerichtsbarkeit überhaupt ein wesentlicher Bestandtheil der Staatsgewalt, insbesondere der in ihr enthaltenen sog. Justizhoheit. Der Staat, dessen vornehmste Aufgabe die Aufrechterhaltung der Rechtsordnung ist, hat dafür zu sorgen, daß das Brechen der Ordnung nicht ungestraft bleibt. Eine direkte Ausübung dieser Strafgewalt durch den höchsten Träger der Staatsgewalt, durch Fürst oder souveraine Volksgemeinde wie in frühester Zeit, ist schon aus thatsächlichen Gründen längst nicht mehr möglich; die Erfahrung aller Zeiten und Völker hat aber auch gezeigt, daß wenn die Handhabung der Strafgewalt in jedem einzelnen Falle ohne Willkür und Parteilichkeit sich vollziehen soll, sie nicht von dem Inhaber

---

[1] Vgl. Planck §§. 1—3, Zachariae §§. 35—37, Geyer §§. 47—50, Bennecke §§. 11 bis 14, John, Komm. II. 101 ff., 112 ff., Laband, Staatsrecht Bd. III Abth. 2, v. Kries, Vorverfahren und Hauptverfahren, auch in d. Ztschr. f. StW. IX. 1 ff.

der Staatsgewalt direkt gegen den Verbrecher gerichtet werden darf, sondern daß das Urtheil besonderer, seiner direkten Einwirkung entzogener Organe dazwischen treten muß. Diese Organe, welche als nothwendige und zugleich unabhängige Vertreter des Inhabers der Staatsgewalt die Strafgerichtsbarkeit in seinem Namen ausüben, sind die Gerichte. Naturgemäß sind daher alle Gerichte auch Staatsgerichte, und das geltende Recht hat dementsprechend auch alle Privatgerichtsbarkeit, welche bisher ausnahmsweise als standesherrliche Gerichtsbarkeit und als städtische oder ritterschaftliche Patrimonialgerichtsbarkeit sich noch erhalten hatte, aufgehoben und selbst bloße Präsentationsrechte für Anstellungen bei den Gerichten beseitigt.[2]

Zu beachten ist aber weiter, daß die hervorgehobene Unabhängigkeit wesentlich nur ist für diejenigen Organe, welche die Schuld und Strafe nach Maßgabe der objektiven Rechtsnormen feststellen. Ob diesen Organen auch die vorbereitenden Ermittlungen und der Vollzug der erkannten Strafe überwiesen, ob also für die Ausübung der Strafgerichtsbarkeit nur eine Behörde mit allen diesen Funktionen eingerichtet wird, oder ob die letzteren Funktionen einer besonderen auch nicht unabhängigen Behörde überwiesen werden, ist lediglich Sache äußerer Zweckmäßigkeitsgründe, und die weitere Darstellung wird zeigen, wie thatsächlich im geltenden deutschen Strafprozeß die Funktionen unter zwei Behörden, die unabhängigen Gerichte und die der Justizverwaltung unterstellte Staatsanwaltschaft getheilt sind.[3]

Ist hiernach dem Träger der Staatsgewalt die Ab-

---

[2] GVG. §. 15.

[3] Vgl. insb. unten §§. 31, 33.

urtheilung der einzelnen konkreten Strafrechtsfälle entzogen, so gebührt ihm dagegen mit Nothwendigkeit die allgemeine Sorge dafür, daß Recht gesprochen und gepflegt wird, also die Errichtung der nöthigen Organe der Rechtspflege, Bestellung des nöthigen Personals, Herstellung der erforderlichen Lokalitäten und dergl., die Regelung des Geschäftsbetriebes und die Oberaufsicht über den Gang der Rechtspflege und die Leistungen der eingesetzten Behörden im Allgemeinen, nicht in Bezug auf den einzelnen Fall, kurz das ganze Gebiet der Justizverwaltung, welche er durch besondere, zu ihm in direkter Beziehung und Abhängigkeit stehende Behörden, gipfelnd regelmäßig in dem sog. Justizministerium, ausübt. Auch zu diesen Funktionen der Justizverwaltung können die Gerichte herangezogen werden,[4] haben aber in dieser ihrer Thätigkeit den Weisungen der ihnen vorgesetzten Justizverwaltungsbehörde unbedingt Folge zu leisten.

Innerhalb des den Gerichten prinzipiell zugewiesenen Gebiets sind aber Garantien für die Unabhängigkeit der Gerichte geschaffen, und ist auch dieses Gebiet selbst gegen Uebergriffe der Staatsgewalt sichergestellt. Daher steht einmal der Staatsgewalt nicht zu, durch Schaffung von Ausnahmegerichten den ordentlichen Richter zu hemmen. Niemand darf seinem gesetzlichen Richter entzogen werden, wovon nur die Kriegsgerichte und Standrechte eine im Gesetz selbst vorgesehene Ausnahme machen.[5] Ferner sind die Gerichte in ihrer richterlichen Thätigkeit ausdrücklich nur dem Gesetz unterworfen erklärt.[6] Soweit beamtete, von der Justizverwaltung angestellte Richter, hinsichtlich

[4] EG. zum GVG. §. 4. | [5] GVG. §. 16. [6] GVG. §. 1.

derer ein Einfluß der Justizverwaltung selbstredend näher liegt, in Frage stehen, sind weitere Garantieen für die Unabhängigkeit der Gerichte enthalten in den reichsrechtlichen Bestimmungen über die persönliche Stellung der Richter. Die letzteren werden auf Lebenszeit ernannt;[7] sie beziehen in ihrer richterlichen Eigenschaft ein festes Gehalt mit Ausschluß der Gebühren;[8] sie können wider ihren Willen nur kraft richterlicher Entscheidung und nur aus den Gründen und unter den Formen, welche die Gesetze bestimmen, dauernd oder zeitweise[9] ihres Amts enthoben oder an eine andere Stelle oder in Ruhestand versetzt werden;[10] der Rechtsweg wegen vermögensrechtlicher Ansprüche der Richter aus ihrem Dienstverhältnisse,[11] insbesondere auf Gehalt, Wartegeld oder Ruhegehalt darf nicht ausgeschlossen werden.[12]

Eine Ergänzung hierzu enthalten die reichsrechtlichen Bestimmungen über die Bildung der Kammern und Senate bei den Kollegialgerichten,[13] über die Vertretung der Richter und über die Zuziehung von Hülfsrichtern, wodurch die mittelbare Einwirkung der Verwaltungsorgane ausgeschlossen werden soll. Für die zeitweilige Wahrnehmung richterlicher Geschäfte gelten die landesrechtlichen Bestimmungen.[14] Die Zuziehung von Hülfsrichtern ist bei dem Reichsgerichte unzulässig;[15] bei den Oberlandesgerichten dürfen nur ständig

---

7 GVG. §. 6.

8 GVG. §. 7.

9 Die kraft Gesetzes eintretende vorläufige Amtsenthebung wird hierdurch nicht berührt, GVG. §. 8 Abs. 2.

10 GVG. §. 8 Abs. 1. — Ausnahmen GVG. §. 8 Abs. 3, EG. zum GVG. §. 21.

11 GVG. §. 9, vgl. §. 70 Abs. 3.

12 Vgl. noch GVG. §. 152.

13 GVG. §§. 61 ff., 121, 133.

14 GVG. §. 10; vgl. preuß. Ausf.G. zum GVG. v. 24./4. 78 (GS. 230) §§. 2—4.

15 GVG. §. 134.

angestellte Richter,[16] bei den Landgerichten auch nicht ständig angestellte Richter, aber nur unter gewissen Bedingungen zu Hülfsrichtern berufen werden.[17]

Endlich ist bei der eigenartigen staatsrechtlichen Gestaltung Deutschlands, welche neben der Souverainität des Reiches die Souverainität der einzelnen Bundesstaaten anerkennt, zu erwähnen, daß auch die Justizhoheit sowohl dem Reiche, als den Einzelstaaten zusteht. Die Gerichtsbarkeit des Reiches präsentirt sich, von den besonderen Gerichten, Konsulargerichten u. s. w., abgesehen, nur in dem Reichsgericht mit der dazu gehörigen Reichsanwaltschaft, und ist auch für diese in dem Reichsjustizamt eine besondere Justizverwaltungsbehörde eingerichtet. Alle übrigen Gerichte sind Landesgerichte und unterstehen in dem oben dargelegten Sinne der Justizverwaltung der einzelnen Bundesstaaten, wodurch übrigens nicht ausgeschlossen ist, daß, wie auch thatsächlich durch Staatsverträge vielfach geschehen ist, gemeinschaftliche Gerichte für verschiedene Bundesstaaten gebildet werden. Trotzdem ist jedoch die deutsche Justizorganisation in ihrer Gesammtheit eine zusammenhängende, einheitliche. In ihrer Wirksamkeit und ihrem prozessualen Verhalten macht sich, von Geringfügigkeiten abgesehen,[18] die Zugehörigkeit eines Gerichts zu dem einen oder anderen Bundesstaate nicht geltend. Alle deutschen Gerichte gelten in jedem deutschen Staate als inländische; ihre Gerichtsgewalt erstreckt sich auf die Einwohner aller deutschen Staaten,[19] und die ganze Gerichtsorganisation

---

[16] GVG. §. 122.

[17] GVG. §. 69; vgl. das in Anm. 14 citirte preuß. Ausf.G. §§. 5, 38.

[18] Vgl. z. B. GVG. §§. 163, 165.

[19] Vgl. Mot. zum GVG. 189, 193, 194.

gipfelt im Reichsgericht in der Weise, daß dieses auch für die Einzelstaaten als höchstes Gericht gilt.[20]

§. 9.

Aeußere Organisation der Strafgerichte im Allgemeinen.[1]

Die Organisation der Strafgerichte schließt sich an die zugleich für die Civil- wie Strafrechtspflege gebildeten, aus ständigen beamteten Richtern bestehenden staatsrechtlichen Gerichtskörper an. Als solche sind für die gesammte Rechtspflege als ordentliche Gerichte die Amtsgerichte, Landgerichte, Oberlandesgerichte und das Reichsgericht geschaffen, und aus diesen bzw. unter Zuziehung des Laienelements bei diesen werden die mit der Ausübung der Strafgerichtsbarkeit betrauten Organe gebildet, welche somit gewissermaßen als Abtheilungen dieser Gerichte die ordentlichen Strafgerichte bilden. Als erkennende Gerichte, in welchen der Schwerpunkt der strafprozessualen Thätigkeit liegt, fungiren nämlich in erster Instanz bei den Amtsgerichten der einzelne Amtsrichter und die Schöffengerichte, bei den Landgerichten die Strafkammern und die Schwurgerichte und bei dem Reichsgericht der vereinigte zweite und dritte Strafsenat, als Gerichte höherer Instanz die Strafkammern der Landgerichte, die Strafsenate der Oberlandesgerichte und die Strafsenate des Reichsgerichts. Als Untersuchungs-, beschließende und Beschwerdegerichte, überhaupt für diejenige Thätigkeit, welche den Strafrichtern außerhalb der Thätigkeit im erkennenden Gericht obliegt, sind in erster Instanz bei den Amtsgerichten der

---

[20] Vgl. jedoch EG. zum GVG. §. 8.

[1] Vgl. HH. II. Abth. III. 531, insb. 544 f., 555 f., Glaser §. 69, Geyer §§. 55, 56, Bennecke §. 20.

Amtsrichter, bei den Landgerichten der Untersuchungsrichter und die (beschließende) Strafkammer, bei dem Reichsgericht der Untersuchungsrichter und der erste Strafsenat, in höherer Instanz die Strafkammern der Landgerichte, die Strafsenate der Oberlandesgerichte und der erste Strafsenat des Reichsgerichts (gegenüber dem Untersuchungsrichter des Reichsgerichts) berufen.

Für diese, wie augenfällig, komplizirte Gestaltung der Strafgerichte ist maßgebend der Grundgedanke, daß nach der Schwere der Strafthaten eine Verschiedenheit der Gerichte sich rechtfertige. Die hergebrachte Dreitheilung der strafbaren Handlungen in schwere, mittlere und leichte liegt auch der jetzigen Gerichtsverfassung zu Grunde, indem die leichten Sachen den Schöffengerichten, die mittleren den Strafkammern, die schwersten den Schwurgerichten überwiesen sind, welchen, übrigens gleichfalls als ordentliche Gerichte [2] für besonders einfach liegende leichte Fälle, noch der Amtsrichter als Einzelrichter und mit Rücksicht auf die besondere als gegen das Reich gerichtete Natur einzelner Straffälle für diese der vereinigte zweite und dritte Strafsenat des Reichsgerichts hinzutreten. Die für die Dreitheilung der strafbaren Handlungen in Uebertretungen, Vergehen und Verbrechen im Strafgesetzbuch normirte Strafgrenze ist jedoch für die Kompetenzbegrenzung als maßgebend aufgegeben, indem grundsätzlich die Kompetenz der Schöffengerichte bis zu einer Strafe von 3 Monaten Gefängniß (§. 27 Nr. 2 GVG.), die der Strafkammern bis zu 5 Jahren Zuchthaus (§. 73 Nr. 2 GVG.) ausgedehnt ist, welche Strafgrenze, abgesehen von den we-

[2] Vgl. Löwe S. 105 f. und die dort angeführte Litteratur, auch E. III. 157. R. II. 693.

nigen Ausnahmefällen in §. 74 und §. 73 Nr. 2 Satz 2 GVG., nur nach oben hin vielfach überschritten ist (§§. 27 Nr. 3—8, 73 Nr. 3—7 GVG.). Uebrigens ist schon hier im Allgemeinen hervorzuheben, daß für die Abgrenzung der Zuständigkeit bei der Beurtheilung der Schwere der That nicht allein die abstrakte, im Gesetze angedrohte Strafe, sondern vielfach auch die Beschaffenheit des konkreten Falles [Unerheblichkeit des Objekts (§. 27 Nr. 4–8 GVG.), mangelndes öffentliches Interesse (§. 27 Nr. 3 GVG.), Persönlichkeit des Thäters (§. 73 Nr. 3 GVG.)] berücksichtigt, namentlich eine Ueberweisung zahlreicher an sich zur Kompetenz der Strafkammern gehörender Vergehen an die Schöffengerichte zuläßig ist, wenn die zu erwartende Strafe eine gewisse Höhe nicht übersteigt (§. 75 GVG.).

Bei diesem Zusammenhang zwischen Organisation und sachlicher Zuständigkeit läßt sich auch die Darstellung der ersteren von der letzteren nicht wohl trennen, und soll daher bei der nachfolgenden Darstellung der einzelnen Strafgerichte (§§. 11—16) jedes Gericht zugleich mit seinem Geschäftskreise dargestellt werden, wobei der Uebersichtlichkeit wegen die bei den einzelnen staatsrechtlichen Gerichtskörpern sich findenden strafrichterlichen Funktionen zusammengefaßt werden sollen.

§. 10.

Innere Organisation der Strafgerichte im Allgemeinen.[1]

Die berechtigte Forderung, subjektives Ermessen, Willkür und Eigenmacht eines Einzelnen nach Möglichkeit in der Strafrechtspflege zurückzudrängen, hat in der neueren Strafgesetzgebung allgemein zum Kollegialsystem, der Be-

[1] Vgl. HH. II. 567 ff., Glaser §. 64, Bennecke §. 21.

setzung der Gerichte mit mehreren gleichberechtigten Richtern, geführt, welches auch im Reichsstrafprozeß eine weitgehende Anwendung gefunden hat. Sämmtliche erkennenden Gerichte sind, abgesehen von den geringfügigen Ausnahmen in den Fällen §. 211 Abs. 2, §. 447 StPO. und §. 3 Abs. 3 EG. zur StPO.,[2] Kollegialgerichte. Der Vorsitzende hat nur eine prozeßleitende Stellung; in allen die sachliche Entscheidung betreffenden Fragen ist er lediglich gleichberechtigt; er ist im eigentlichen Sinne primus inter pares.[3]

Im Vorverfahren ist dagegen schon mit Rücksicht auf die erforderliche Raschheit und Energie des ersten Angriffs und zur Bewältigung der Geschäftslast die Thätigkeit der Einzelrichter nicht zu entbehren. Die einzelnen richterlichen Akte im Vorbereitungsverfahren erfolgen durch den Amtsrichter;[4] die Voruntersuchung wird durch den Untersuchungsrichter geführt,[5] und auch im Hauptverfahren sind gewisse jedoch lediglich vorbereitende Akte dem Vorsitzenden als solchem zugewiesen.[6] Aber schon die Eröffnung des Hauptverfahrens liegt — von den zur ursprünglichen Zuständigkeit der Schöffengerichte gehörigen Sachen abgesehen — einer Kollegialbehörde, der Strafkammer[7] bzw. dem I. Straffenate des Reichsgerichts,[8] ob, und durch eine weitgehende Zulassung der Beschwerde, welche wieder an ein Kollegium geht,[9] ist auch hier dem Kollegialsystem Rechnung getragen.

---

[2] Sieh' darüber den folgenden §. 11.
[3] Vgl. darüber im Einzelnen unten §. 84.
[4] Vgl. insb. §§. 160, 163 StPO.
[5] StPO. §. 182.
[6] StPO. §§. 212, 218, 220.
[7] StPO. §§. 196 ff., GVG. §. 72.
[8] GVG. §. 138.
[9] Vgl. StPO. §. 346, GVG. §. 72.

Die Richter sind theils staatlich als solche angestellte Beamte, theils Laien.[10] Die gegenwärtige Theilnahme des Laienelements hat zunächst eine historische Erklärung, indem in England und Frankreich, von wo der Reformprozeß übernommen ist, in dem Geschworeneninstitut sich diese Einrichtung vorfand. Sie entspricht aber auch dem im modernen konstitutionellen Staate überall hervortretenden Bestreben einer Theilnahme des Volkes an den sein Wohl und Wehe berührenden Akten der Staatsgewalt, und ist — mag man im Uebrigen ihre Berechtigung auch mit guten Gründen bestreiten können — jedenfalls geeignet, das Vertrauen des Volkes zur Rechtsprechung zu stärken und dem Kollegialsystem eine möglichst weite Ausdehnung zu geben. Im Reichsstrafprozeß hat das Laienelement nur bei den Hauptverhandlungen erster Instanz, worin allerdings der Schwerpunkt des Prozesses beruht, Verwendung gefunden, aber auch hier nur bei den Gerichten unterster und (von der erstinstanzlichen Thätigkeit des Reichsgerichts abgesehen) oberster Ordnung, während die Gerichte mittlerer Ordnung, die Strafkammern, lediglich mit Berufsrichtern besetzt sind. Aber auch dort, wo das Laienelement Verwendung gefunden hat, ist es in zwiefacher, ganz verschiedener Gestalt verwandt worden, indem bei den Schöffengerichten die Laienrichter (die Schöffen) in gleichberechtigter Stellung mit den rechtsgelehrten Richtern das Richteramt in vollem Umfange ausüben,[11] mit ihnen ein Kollegium bilden, bei den Schwurgerichten aber unter strenger Sonderung der Thätigkeit der Laienrichter (der Geschworenen)

[10] Die Doppeltheilung Binding's §. 88 in beamtete und unbeamtete, rechtsgelehrte und Laienrichter ist zwar logisch richtig, aber praktisch werthlos.

[11] GVG. §. 30.

und der Berufsrichter, welche das Schwurgericht als eine Kombination zweier koordinirter Gerichtshöfe erscheinen läßt, erstere auf die Entscheidung der Schuldfrage beschränkt sind.[12]

II. Die einzelnen Gerichte.

§. 11.

1. Die Amtsgerichte.[1]

I. Besetzung.[2]

Den Amtsgerichten stehen Einzelrichter vor. Hierdurch ist jedoch nicht ausgeschlossen, daß ein Amtsgericht mit mehreren Amtsrichtern besetzt wird. Auch in diesem Falle erledigt jeder Amtsrichter die ihm obliegenden Geschäfte als Einzelrichter, und die in diesem Falle nöthige Bestellung eines derselben zum sog. aufsichtführenden Amtsrichter durch die Landesjustizverwaltung[3] erfolgt lediglich im Interesse der Regelung des äußeren Geschäftsganges, gibt aber diesem den anderen Richtern gegenüber weder irgend welche Disziplinargewalt, noch überhaupt irgend die Stellung eines Vorgesetzten. Die Verleihung eines höheren Ranges oder Titels an diesen ist damit natürlich nicht ausgeschlossen. Die Vertheilung der Geschäfte unter die mehreren Amtsrichter und die Vertretung derselben ist landesgesetzlicher Regelung überlassen.[4]

---

[12] GVG. §. 81.

[1] Vgl. HH. II. 545 f., Geyer §. 62, Stenglein §. 19, Bennecke §§. 21—23.

[2] §. 22 GVG.

[3] d. i. nach dem Sprachgebrauch der StPO. und des GVG. nicht bloß die Centralstelle, sondern das nach den landesgesetzlichen Bestimmungen zuständige Organ der Justizverwaltung.

[4] Für Preußen vgl. Ausf.G. zum GVG. v. 24./4. 78 (GS. 230) §§. 23, 24. JV. v. 21./7. 79 (JMBl. 198, 212), v. 10./9. 79 (JMBl. 340).

II. Geschäftskreis.

1. Die Thätigkeit der Amtsgerichte in Civilsachen und Sachen der freiwilligen Gerichtsbarkeit interessirt hier nicht. In Strafsachen sind die Amtsgerichte zunächst erkennende Gerichte unterster Instanz in den leichtesten Straffällen, und zwar werden zu diesem Zwecke bei ihnen die Schöffengerichte gebildet, worüber das Nähere im folgenden §.

In dem Falle der Vorführung des Beschuldigten kann jedoch der Amtsrichter mit Zustimmung der Staatsanwaltschaft allein ohne Zuziehung von Schöffen Uebertretungen aburtheilen, wenn der Beschuldigte die ihm zur Last gelegte That eingesteht.[5] Außerdem kann durch Landesgesetze angeordnet werden, daß Forst- und Feldrügesachen ohne Zuziehung von Schöffen zu verhandeln und zu entscheiden sind,[6] und ferner ist der Amtsrichter befugt, die zur Zuständigkeit der Schöffengerichte gehörigen Strafsachen, abgesehen von einigen Ausnahmen,[7] durch schriftlichen Strafbefehl zu erledigen.[8]

2. Bei den Amtsgerichten können Anzeigen strafbarer Handlungen und Anträge auf Strafverfolgung angebracht werden.[9] Der Amtsrichter nimmt die zur Vorbereitung[10] der öffentlichen Klage erforderlichen Untersuchungshandlungen vor.[11] Er kann Beschlagnahmen und Durchsuchungen anordnen, Haftbefehle erlassen und ist zuständig

[5] StPO. §. 211 Abs. 2.

[6] EG. zur StPO. §. 3 Abs. 3, und für Preußen Forstdiebstahlsg. v. 15./4. 78 (GS. 222) §. 19, und Feld- und Forstpolizeig. v. 1./4. 80 (GS. 230) §. 58. Die Amtsgerichte gehören auch bei diesen Funktionen zu den ordentlichen Gerichten. E. III. 157, R. II. 698.

[7] GVG. §. 27 Nr. 3—8.

[8] StPO. §§. 447 ff.; vgl. noch §. 455 und EG. zur StPO. §. 5 Abs. 2.

[9] StPO. §§. 156 f.

[10] StPO. §. 200.

[11] StPO. §§. 160, 163, 164, 171, 184 Abs. 3; vgl. noch §. 157.

für die hierbei nothwendigen richterlichen Entscheidungen,[12] soweit nicht nach Erhebung der öffentlichen Klage ein anderes Gericht mit der Sache befaßt ist. Durch Beschluß des Landgerichts oder durch den Präsidenten des Reichsgerichts kann einem Amtsrichter die Führung einer Voruntersuchung oder die Stellvertretung eines Untersuchungsrichters übertragen werden.[13]

3. Das Ersuchen um Rechtshülfe ist bei den Amtsgerichten zu stellen und die verlangten Handlungen sind von ihnen vorzunehmen.[14]

4. Den Amtsrichtern kann durch Anordnung der Landesjustizverwaltung [15] die Vollstreckung der von ihnen bzw. den Schöffengerichten erkannten [16] Strafen übertragen werden.[17]

5. Die Amtsrichter sind ferner betheiligt bei der Bildung der Listen für die Schöffen- und Schwurgerichte,[18] und endlich sind sie noch unter Umständen zur Umwandlung der in dem Strafbescheide einer Verwaltungsbehörde festgesetzten Geldstrafe berufen.[19]

§. 12.

1a. Insbesondere die Schöffengerichte.[1]

I. Besetzung.

Die Schöffengerichte sind nicht ständige Gerichte; sie werden bei den Amtsgerichten für die Verhandlung und

[12] StPO. §§. 98 Abs. 2, 100 Abs. 3, 105, 125, 126, 128, 129, 132.

[13] StPO. §§. 183, 184 Abs. 2.

[14] GVG. §. 158; vgl. §. 29.

[15] So in Preußen. Vgl. JV. v. 14./8. 79 (JMBl. 237), ferner preuß. Forstdiebstahlsg. v. 15./4. 78 (GS. 222) §. 33.

[16] Also auch in den gemäß §. 75 GVG. den Schöffengerichten überwiesenen Sachen (§. 29 GVG.). Vgl. Löwe S. 814.

[17] StPO. §. 483 Abs. 3.

[18] Vgl. darüber unten §§. 21, 22.

[19] StPO. §. 463.

[1] Vgl. HH. II. 547 f., 557 ff.,

Entscheidung von Strafsachen gebildet[2] und bestehen aus dem Amtsrichter als Vorsitzendem und zwei Schöffen.[3]

Die Schöffen üben *während der Hauptverhandlung*, insoweit nicht Ausnahmen bestimmt sind,[4] das Richteramt im vollen Umfange und mit gleichem Stimmrecht wie die Amtsrichter aus. Sie entscheiden nicht nur über Schuld und Strafe des Angeklagten, sondern nehmen auch an denjenigen im Laufe einer Hauptverhandlung zu erlassenden Entscheidungen Theil, welche in keiner Beziehung zur Urtheilsfällung stehen und welche auch ohne vorgängige mündliche Verhandlung erlassen werden können.[5] Bei den Entscheidungen, welche nach der absoluten Mehrheit der Stimmen erfolgen,[6] stimmt der nach dem Lebensalter jüngste Schöffe zuerst, der Vorsitzende zuletzt.[7]

Die *außerhalb der Hauptverhandlung* erforderlichen Entscheidungen erläßt der Amtsrichter.[8]

II. *Geschäftskreis.*

Die Schöffengerichte sind nur erkennende Gerichte; sie sind zuständig entweder unmittelbar in Folge gesetzlicher Bestimmung oder mittelbar in Folge Ueberweisung durch die Strafkammer.

1. Unmittelbar sind sie zuständig:[9]

a) für alle *Uebertretungen*;

Geyer §§. 60, 61, *Stenglein* §. 20, *Hennecke* §§. 21—23.

[2] GVG. §. 25.

[3] GVG. §. 26.

[4] Nur StPO. §. 31 Abs. 2. — Vgl. jedoch auch §§. 52—56 GVG.

[5] GVG. §. 30 Abs. 1; vgl. noch StPO. §§. 239, 240.

[6] GVG. §. 198 Abs. 1; vgl. auch Abs. 3.

[7] GVG. §. 199.

[8] GVG. §. 30 Abs. 2.

[9] GVG. §. 27.

b) für diejenigen Vergehen, welche nur mit Gefängniß von höchstens drei Monaten oder Geldstrafe von höchstens sechshundert Mark, allein oder neben Haft, oder in Verbindung mit einander oder in Verbindung mit Einziehung [10] bedroht sind,[11] mit Ausnahme der im §. 320 des Strafgesetzbuchs und im §. 74 des Gerichtsverfassungsgesetzes [12] bezeichneten Vergehen;

c) für die nur auf Antrag zu verfolgenden Beleidigungen und Körperverletzungen, wenn die Verfolgung im Wege der Privatklage geschieht;[13]

d) für das Vergehen des einfachen Diebstahls, der Unterschlagung, des Betruges und der Sachbeschädigung,[14] wenn der Werth des Gestohlenen [15] u. s. w. fünfundzwanzig Mark nicht übersteigt; und

e) für das Vergehen der Begünstigung und für das Vergehen der Hehlerei in den Fällen des §. 258 Nr. 1 und des §. 259 des Strafgesetzbuchs, wenn die Handlung, auf welche sich die Begünstigung oder

---

[10] Verfallerklärung und dergl. steht gleich. E. XII. 75. R. VII. 150.

[11] StGB. §§. 121 Abs. 2, 123 Abs. 1, 148, 276, 292, 299 und andere Reichs- und Landesgesetze.

[12] Sieh' unten §. 13.

[13] StGB. §§. 185—187, 189, 194, 223, 230 Abs. 1, 232; StPO. §. 414. Geschieht die Verfolgung im Wege der öffentlichen Klage (StPO. §. 416), so ist an sich das Landgericht zuständig, das Schöffengericht kann jedoch in Folge Ueberweisung zuständig werden, vgl. Anm. 19.

[14] StGB. §§. 242, 246, 263, 303.

[15] Vgl. Temme, der Betrag des Diebstahls. 1867. — Beim Versuch kommt es darauf an, welche Sache im Falle der Vollendung muthmaßlich dem Verletzten entzogen, bzw. welcher Schade in diesem Falle eingetreten sein würde. Löwe S. 43, v. Schwarze S. 24, Stenglein, Komm. S. 18, Geyer S. 288; a. A. Keller S. 53, Boitus, Kontr. I. 251.

Hehlerei bezieht, zur Zuständigkeit der Schöffengerichte gehört.

Stellt sich bei den unter d) aufgeführten Vergehen in der Hauptverhandlung heraus, daß der Werth oder Schaden mehr als fünfundzwanzig Mark beträgt, so hat das Gericht nur dann seine Unzuständigkeit auszusprechen, wenn aus anderen Gründen [16] die Aussetzung der Verhandlung d. h. die erneute Anberaumung der Hauptverhandlung geboten erscheint.[17]

2. Mittelbar in Folge Ueberweisung können die Schöffengerichte zuständig werden für folgende an sich zur Zuständigkeit der Landgerichte gehörige Vergehen:[18]

a) StGB. §§. 113, 114, 117 Abs. 1, 120 (Widerstand gegen die Staatsgewalt), 123 Abs. 3, 137 (Vergehen wider die öffentliche Ordnung), 183 (V. wider die Sittlichkeit), 185 ff. (ausgenommen nur §. 197), 194 (Beleidigung),[19] 223, 223a, 230 Abs. 1 (Körperverletzung),[19] 242 (Diebstahl), 246 (Unterschlagung), 257, 258 Nr. 1, 259 (Begünstigung und Hehlerei), 263 (Betrug), 288, 298 (strafbarer Eigennutz), 303, 304 (Sachbeschädigung), 327 Abs. 1 und 328 Abs. 1 (gemeingefährliche Vergehen),

b) für diejenigen Vergehen, welche nur bedroht sind mit Gefängnißstrafe von höchstens sechs Monaten oder Geldstrafe von höchstens eintausendfünfhundert Mark, allein oder in Verbindung mit einander oder

---

[16] StPO. §§. 145, 216, 245, 261, 264; vgl. §. 270.

[17] GVG. §. 28.

[18] GVG. §§. 29, 75.

[19] Vorausgesetzt, daß die Beleidigung bzw. Körperverletzung nicht durch Privatklage, sondern durch öffentliche Klage verfolgt wird; vgl. Anm. 18.

in Verbindung mit Einziehung, mit Ausnahme der in den §§. 128, 271, 296a, 301, 331 und 347 des Strafgesetzbuchs und der im §. 74 des Gerichtsverfassungsgesetzes [12] bezeichneten Vergehen;[20] und

c) für solche Zuwiderhandlungen gegen die Vorschriften über die Erhebung öffentlicher Abgaben und Gefälle, deren Strafe in dem mehrfachen Betrage einer hinterzogenen Abgabe oder einer anderen Leistung besteht.[21]

Die Ueberweisung geschieht auf Antrag der Staatsanwaltschaft [22] durch die Strafkammer des Landgerichts bei Eröffnung des Hauptverfahrens.[23] Sie kann jedoch nur dann erfolgen, wenn nach den Umständen des Falles anzunehmen ist, daß wegen des Vergehens auf keine andere und höhere Strafe, als auf die im §. 27 Nr. 2 des Gerichtsverfassungsgesetzes und auf keine höhere Buße als sechshundert Mark zu erkennen sein werde.

Durch die Ueberweisung und von dem Zeitpunkte der

---

[20] Aus dem StGB. §§. 116, 134, 136, 145, 160, 172, 184, 241, 285, 293, 296, 300, 320. Außerdem andere Reichs- und Landesgesetze. Das in dem citirten §. 320 StGB. enthaltene Vergehen, welches in §. 27 des GVG. ausdrücklich der Zuständigkeit der Schöffengerichte entzogen ist, ist hier nicht ausgeschlossen und kann daher durch Ueberweisung zur Verhandlung und Entscheidung an die Schöffengerichte gelangen; vgl. hierüber Voitus, Kontr. I S. 102—106.

[21] Da mit Rücksicht auf den folgenden Absatz diese Zuwiderhandlungen regelmäßig schon nach §. 27 Nr. 1, 2 GVG. zur unmittelbaren Zuständigkeit der Schöffengerichte gehören, so hat die Bestimmung nur für die wenigen Fälle Bedeutung, wo dem Richter bei Abmessung der Strafe ein Spielraum gelassen ist. Vgl. Löwe S. 42, Keller S. 51.

[22] Hat in den unter c) aufgeführten Fällen die Verwaltungsbehörde die öffentliche Klage erhoben, so steht ihr auch der Antrag auf Ueberweisung zu; GVG. §. 75 Abs. 3.

[23] Erfolgt diese erst auf Beschwerde (§. 209 StPO.) von dem Strafsenat des Oberlandesgerichts, so kann die Ueberweisung von diesem geschehen.

Ueberweisung an wird das Schöffengericht in die Lage gebracht, als ob es für die betreffenden Strafsachen in Folge gesetzlicher Bestimmung zuständig wäre. Das Schöffengericht ist daher an die Ansicht, von welcher die Strafkammer bei der Ueberweisung ausging, nicht gebunden, sondern kann die Strafe innerhalb des gesetzlichen Strafrahmens auswählen.

Der Beschluß der Strafkammer, durch welchen eine Strafsache dem Schöffengerichte überwiesen oder der Antrag auf Ueberweisung abgelehnt wird, ist, soweit es sich dabei um die Ueberweisung handelt, durch Beschwerde nicht anfechtbar.[24]

§. 13.

2. Die Landgerichte.[1]

I. Besetzung.

1. Die Landgerichte werden mit einem Präsidenten und der erforderlichen Anzahl von Direktoren und Mitgliedern besetzt.[2] Aus denselben werden für die Erledigung der Strafsachen, abgesehen von den Schwurgerichten, worüber im folgenden §. das Nähere, eine oder mehrere Strafkammern gebildet.[3] Es ist nicht nothwendig, aber auch nicht ausgeschlossen, daß für die verschiedenen Funktionen, welche den Landgerichten in Strafsachen obliegen, verschiedene Strafkammern bestimmt werden. Die Gesetze

---

[24] GVG. §. 75 Abs. 2; es sei denn, daß die Sache überhaupt nicht überweisbar war, oder der Antrag der Staatsanwaltschaft fehlte. In diesen Fällen wird §. 209 Abs. 2 StPO. anwendbar sein. Löwe S. 78, Keller S. 103; a. A. v. Schwarze S. 54, Stenglein, Komm. S. 40, Lehrbuch S. 84 u. A.

[1] Vgl. HH. II. 548 ff., 564 f., Geyer §. 63, Stenglein §. 23, Bennecke §§. 21—23.

[2] GVG. §. 58.

[3] GVG. §. 59.

sprechen nur von einer Strafkammer, die jedoch verschieden besetzt ist, je nachdem sie als beschließendes oder als erkennendes Gericht, in erster oder in zweiter Instanz, thätig ist.

Die Strafkammer ist in der Hauptverhandlung erster und zweiter Instanz mit fünf Mitgliedern einschließlich des Vorsitzenden besetzt. In der Berufungsinstanz bei Uebertretungen, in der Berufungsinstanz bei Privatklagesachen und als beschließendes Gericht ist die Strafkammer nur mit drei Mitgliedern einschließlich des Vorsitzenden besetzt.[4] Der einzelnen Kammer kann eine größere Zahl von Mitgliedern zugewiesen werden; mitwirken bei der Aburtheilung des einzelnen Falles darf aber nur die gesetzlich bestimmte Anzahl.[5] Die Innehaltung einer besonderen Reihenfolge ist dabei nicht vorgeschrieben.[6]

Den Vorsitz in den Kammern führen der Präsident und die Direktoren, bei deren Behinderung das älteste ständige Mitglied der Kammer,[7] sollte auch das zur Vertretung eintretende Mitglied älter sein.[8]

Die Geschäfte werden vor Beginn des Geschäftsjahres auf die Dauer desselben auf die einzelnen Kammern vertheilt und die Mitglieder derselben und ihre regelmäßigen Vertreter bestimmt; eine Abänderung darf im Laufe des Geschäftsjahres nur stattfinden bei eingetretener Ueberlastung einer Kammer oder bei einem Wechsel oder dauernder Behinderung einzelner Mitglieder.[9]

Diese Anordnungen erfolgen durch das Präsidium,

---

[4] GVG. §. 77.
[5] GVG. §. 194 Abs. 1.
[6] Vgl. E. II. 51. R. I. 727.
[7] GVG. §. 61, §. 65.
[8] E. I. 238. R. I. 414.
[9] GVG. §. 62.

welches aus dem Präsidenten, sämmtlichen Direktoren und dem ältesten Richter gebildet wird.[10]

2. Ausnahmsweise kann eine Strafkammer, sog. detachirte oder auswärtige Strafkammer,[11] durch die Landesjustizverwaltung wegen großer Entfernung des Landgerichtssitzes bei einem Amtsgerichte für den Bezirk eines oder mehrerer Amtsgerichte desselben Landgerichtsbezirks gebildet werden.[12] Es kann einer solchen Strafkammer die gesammte[13] Thätigkeit als erkennendes und beschließendes Gericht oder nur ein Theil derselben zugewiesen werden. Die Anordnung der Landesjustizverwaltung darf sich jedoch nicht auf einzelne Sachen erstrecken, sondern muß generell und zwar auf die Dauer eines Geschäftsjahres erfolgen.

Das Verhältniß der auswärtigen Strafkammer zu dem Landgerichte ist reichsrechtlich nicht näher geregelt. Man wird dieselbe als eine Abtheilung des Landgerichts[14] mit besonderer örtlicher Zuständigkeit anzusehen haben.[15] Ein Untersuchungsrichter wird bei einer detachirten Strafkammer ebenso wenig wie ein besonderer Beamter der Staatsanwaltschaft bestellt; es ist jedoch nicht ausgeschlossen, daß

---

[10] GVG. §. 63.

[11] GVG. §. 78.

[12] Etwas Anderes ist natürlich die Abhaltung einer Strafkammersitzung außerhalb des Gerichtssitzes, die aus Zweckmäßigkeitsgründen ohne Weiteres stets zulässig ist. E. XI. 352. R. VI. 749.

[13] Ausgeschlossen ist die Thätigkeit gemäß §§. 82 ff. Mot. 101.

[14] so daß z. B. die Revision gegen ein Urtheil desselben auch beim Landgericht angemeldet werden kann. R. II. 30, vgl. E. I. 267. R. I. 444.

[15] Da sie für den örtlich ihr zugewiesenen Bezirk als selbstständiges Gericht erscheint, so müssen zwischen ihr und der Strafkammer des Landgerichts hinsichtlich der örtlichen Zuständigkeit die §§. 12, 13 Abs. 2, 14, 15 StPO. entsprechende Anwendung finden.

die letztere einem ihrer Beamten den Sitz bei der detachirten Strafkammer anweist.

Die detachirte Strafkammer kann mit Mitgliedern des Landgerichts oder Amtsrichtern des Bezirks, für welchen dieselbe gebildet wird, besetzt werden. Der Vorsitzende wird durch die Landesjustizverwaltung ständig,[16] die Amtsrichter auf die Dauer des Geschäftsjahres berufen. In Betreff der Mitglieder des Landgerichts, welche bei der detachirten Strafkammer mitwirken sollen, kann die Landesjustizverwaltung nur die Zahl festsetzen, die Auswahl erfolgt durch das Präsidium des Landgerichts.[17]

3. Bei den Landgerichten und aus den Mitgliedern derselben sind durch die Landesjustizverwaltung Untersuchungsrichter und zwar auf die Dauer eines Geschäftsjahres zu bestellen.[18]

II. Geschäftskreis.

1. Die Strafkammern sind zuständig als erkennende Gerichte

A. erster Instanz:

a) für das an sich zur Zuständigkeit der Schöffengerichte gehörige, aber diesen entzogene im StGB. §. 320 enthaltene Vergehen;[19]

b) für die ausdrücklich auch der Ueberweisung an die Schöffengerichte entzogenen im GVG. §. 74 enthaltenen Vergehen (RGes. betr. die Nationalität der Kauffahrteischiffe, betr. die Kommandit-

[16] d. h. nicht bloß auf die Dauer des Geschäftsjahres und derartig, daß ihm der Vorsitz nicht wider seinen Willen entzogen werden darf.

[17] GVG. §. 78 Abs. 2.

[18] GVG. §. 60; vgl. aber auch §. 64.

[19] GVG. §. 27 Nr. 2.

gesellschaften auf Aktien[20] u. s. w., betr. die Inhaberpapiere mit Prämien, betr. die Beurkundung des Personenstandes und Reichs-Bankgesetz);[19]

c) für die Vergehen, welche nicht zur Zuständigkeit der Schöffengerichte gehören, d. h. mit anderen als den im GVG. §. 27 Nr. 2 erwähnten Strafen bedroht sind;[21]

d) für diejenigen Verbrechen, welche mit Zuchthaus von höchstens fünf Jahren, allein oder in Verbindung mit anderen Strafen bedroht sind, mit Ausnahme der im StGB. §§. 86, 100 und 106 enthaltenen;[22]

e) für das an sich zur Zuständigkeit der Schwurgerichte gehörige, aber diesen entzogene im StGB. §. 176 Nr. 3 enthaltene Verbrechen der Unzucht;[23]

f) für die ebenfalls an sich zur Zuständigkeit der Schwurgerichte gehörigen, aber diesen entzogenen im StGB. §§. 243, 244, 260, 261 und 264 enthaltenen Verbrechen des Diebstahls, der Hehlerei und des Betruges,[24] und

g) für die Verbrechen der Personen, welche zur Zeit der That das achtzehnte Lebensjahr noch nicht vollendet hatten, auch wenn an sich die Zuständigkeit der Schwurgerichte begründet wäre.[25]

---

[20] seit dem G. v. 18./7. 84 (RGBl. 123) gehören wegen der Höhe der neuen Strafandrohungen die Vergehen gegen dieses Gesetz an sich zur Zuständigkeit der Strafkammern.

[21] GVG. §. 73 Nr. 1.

[22] GVG. §. 73 Nr. 2.

[23] GVG. §. 73 Nr. 4.

[24] GVG. §. 73 Nr. 5—7.

[25] GVG. §. 73 Nr. 3.

B. zweiter Instanz:

für die Verhandlung und Entscheidung über das Rechtsmittel der Berufung gegen die Urtheile der Schöffengerichte.[26]

2. Die Strafkammern sind als beschließende Gerichte[27] zuständig für diejenigen die Voruntersuchung und deren Ergebnisse betreffenden Entscheidungen, welche nach den Vorschriften der Strafprozeßordnung[28] von dem Gerichte zu erlassen sind. Sie entscheiden ferner über die Beschwerden gegen Verfügungen des Untersuchungsrichters und des Amtsrichters,[29] sowie gegen Entscheidungen[30] der Schöffengerichte.

Außerdem erledigen die Strafkammern die in der Strafprozeßordnung den Landgerichten zugewiesenen Geschäfte. Hierhin gehören besonders die außerhalb der Hauptverhandlung erforderlichen Entscheidungen in den Strafsachen, in welchen die Strafkammern als erkennende Gerichte zuständig sind, und die in Schwurgerichtssachen außerhalb der Dauer der Sitzungsperiode[31] erforderlichen Entscheidungen.[32]

3. Die Landgerichte sind außerdem noch betheiligt bei der Bildung der Vorschlags- und der Spruchliste für die Schwurgerichte. Die Besetzung der Landgerichte ist hierfür besonders geregelt.[33]

---

[26] GVG. §. 76.

[27] GVG. §. 72.

[28] StPO. §§. 81, 121, 122, 124, 138, 141, 178, 179, 183, 195—197, 199, 200—205, 207, 208.

[29] Ausnahmsweise entscheidet das Oberlandesgericht, GVG. §. 160, §. 183.

[30] Gemeint sind nur Beschlüsse und Verfügungen.

[31] GVG. §§. 82, 98, 99.

[32] Vgl. noch StPO. §§. 463, 490 ff., 501, 502 u. a.

[33] GVG. §§. 89 Abs. 2, 91 Abs. 1; vgl. den folg. §. 14.

§. 14.

2a. Insbesondere die Schwurgerichte.[1]

I. Besetzung.

1. Die Schwurgerichte sind nicht ständige Gerichte; sie treten periodisch bei den Landgerichten zusammen.[2] Es ist nicht nothwendig, daß bei jedem Landgerichte ein Schwurgericht zusammentritt; die Landesjustizverwaltung kann vielmehr bestimmen, daß die Bezirke mehrerer Landgerichte zu einem Schwurgerichtsbezirke zusammengelegt und die Sitzungen des Schwurgerichts bei einem der Landgerichte abgehalten werden.[3] Auch kann die Strafkammer des Landgerichts beschließen, daß einzelne Sitzungen des Schwurgerichts nicht am Sitze des Landgerichts, sondern an einem anderen Orte innerhalb des Schwurgerichtsbezirks abzuhalten seien.[4]

2. Die Schwurgerichte bestehen aus zwei getrennten Kollegien: a) dem Schwurgerichtshofe oder dem Gerichte[5] und b) der Geschworenenbank.

a) Der Schwurgerichtshof ist mit drei richterlichen Mitgliedern einschließlich des Vorsitzenden besetzt.[6] Der Vorsitzende wird für jede Sitzungsperiode von dem Präsidenten des Oberlandesgerichts aus der Zahl der Mitglieder des Oberlandesgerichts oder der zu dem Bezirke des Oberlandesgerichts gehörigen Landgerichte ernannt. Der Stellvertreter des Vorsitzenden und die übrigen richterlichen

---

[1] Vgl. HH. II. 551 f., 565 f., Geyer §. 64, Stenglein §. 24, Bennecke §§. 21–23.

[2] GVG. §. 79.

[3] GVG. §. 99 Abs. 1.

[4] GVG. §. 98 Abs. 1; vgl. auch Abs. 2.

[5] Die StPO. braucht den letzteren Ausdruck, der leicht zu Verwirrungen Anlaß gibt; vgl. StPO. §§. 279 Abs. 2, 291 Abs. 2, 309, 314 Abs. 1, 317 Abs. 1 und 2.

[6] GVG. §. 81.

Mitglieder werden von dem Präsidenten des Landgerichts aus der Zahl der Mitglieder des Landgerichts bestimmt.[7]

Der Schwurgerichtshof hat, abgesehen von der Entscheidung der Schuldfrage und der Frage nach dem Vorhandensein mildernder Umstände, in den bei den Schwurgerichten anhängigen[8] Strafsachen alle richterlichen Funktionen wahrzunehmen, welche nach dem Gerichtsverfassungsgesetze und der Strafprozeßordnung von dem erkennenden Gerichte wahrzunehmen sind. Die außerhalb der Dauer der Sitzungsperiode erforderlichen Entscheidungen erfolgen durch die Strafkammern der Landgerichte.[9] So lange der Vorsitzende des Schwurgerichts noch nicht ernannt ist, erledigt der Vorsitzende der Strafkammer des Landgerichts die in der Strafprozeßordnung dem Vorsitzenden des Gerichts zugewiesenen Geschäfte.[10]

b) Die Geschworenenbank besteht aus zwölf Geschworenen. Sie sind berufen zur Entscheidung der Schuldfrage [11] und der Frage nach dem Vorhandensein mildernder Umstände.[12]

II. Geschäftskreis.

Die Schwurgerichte sind nur erkennende Gerichte und als solche zuständig [13] für die Verbrechen, welche nicht zur Zuständigkeit der Strafkammern [14] oder des Reichsgerichts [15] gehören:

a) für die an sich zur Zuständigkeit der Strafkammern gehörigen, aber diesen entzogenen im StGB. §§. 86, 100 und 106 enthaltenen Verbrechen;[16]

---

[7] GVG. §. 83 Abs. 1 und 2.
[8] StPO. §§. 201, 205.
[9] GVG. §. 82.
[10] GVG. §. 83 Abs. 3.
[11] GVG. §. 81, StPO. §. 262 Abs. 2 und 3.
[12] StPO. §. 297.
[13] GVG. §. 80.
[14] Vgl. oben §. 13.
[15] Vgl. unten §. 15.
[16] GVG. §. 73 Nr. 2.

b) für diejenigen Verbrechen, welche mit Zuchthaus von mehr als fünf Jahren, allein oder in Verbindung mit anderen Strafen, oder welche mit Todesstrafe bedroht sind.

Hiervon sind jedoch ausgenommen und der Zuständigkeit der Strafkammern bzw. des Reichsgerichts überwiesen:

1. die im StGB. §§. 176 Nr. 3, 243, 244, 260, 261 und 264 enthaltenen Verbrechen;[17]
2. die Verbrechen der Personen, welche zur Zeit der That das achtzehnte Lebensjahr noch nicht vollendet hatten,[18] und
3. die Verbrechen des Hoch- und Landesverraths, insofern sie gegen den Kaiser oder das Reich gerichtet sind.[19]

Außerdem gehören in einigen Bundesstaaten die durch die Presse begangenen strafbaren Handlungen zur Zuständigkeit der Schwurgerichte. Die in dieser Hinsicht bestehenden landesgesetzlichen[20] Vorschriften bleiben in Gültigkeit.[21]

§. 15.

3. Die Oberlandesgerichte.[1]

I. Besetzung.

Die Oberlandesgerichte werden mit einem Präsidenten und der erforderlichen Anzahl von Senatspräsidenten und

---

[17] GVG. §. 73 Nr. 4—7.

[18] GVG. §. 73 Nr. 3.

[19] GVG. §. 136 Nr. 1.

[20] Vgl. bayer. Ausf.G. zum GVG. v. 23./2. 79 Art. 35; württemb. Ausf.G. zum GVG. v. 24./1. 79 Art. 12; badisches G. v. 11./3. 79 betr. die Einführung der Reichs-Justizgesetze §. 6; oldenburg. Ausf.G. zum GVG. v. 10./4. 79 Art. 29.

[21] EG. zum GVG. §. 6.

[1] Vgl. HH. II. 552 f., Geyer §. 70, Stenglein §. 25, Bennecke §§. 21—23.

Räthen besetzt.[2] Aus diesen werden für die Erledigung der Strafsachen ein oder mehrere Straffenate gebildet.[3] Dieselben entscheiden in der Besetzung von fünf Mitgliedern einschließlich des Vorsitzenden.[4] Für den Vorsitz und die Geschäftsvertheilung gelten analog die oben bei den Landgerichten dargestellten Bestimmungen.[5] Zu Hülfsrichtern dürfen nur ständig angestellte Richter berufen werden.[6]

II. Geschäftskreis.

Die Oberlandesgerichte sind zuständig:

1. als erkennende Gerichte:

a) zweiter Instanz[7] für die Verhandlung und Entscheidung über die Rechtsmittel der Revision gegen Urtheile der Strafkammern in erster Instanz, sofern die Revision ausschließlich[8] auf die Verletzung einer in den Landesgesetzen enthaltenen Rechtsnorm gestützt wird, und

b) dritter Instanz für die Verhandlung und Entscheidung über die Rechtsmittel der Revision gegen Urtheile der Strafkammern in der Berufungsinstanz, gleichviel ob reichs- oder landesrechtliche Rechtsnormen verletzt[9] sind.[10]

2. als beschließende Gerichte höherer Instanz (Beschwerdegerichte) über die Rechtsmittel:

[2] GVG. §. 119.
[3] GVG. §. 120.
[4] GVG. §. 124.
[5] GVG. §. 121.
[6] GVG. §. 122.
[7] GVG. §. 123 Nr. 3.
[8] Ist dies nicht der Fall, so ist das Reichsgericht zuständig; vgl. GVG. § 136 Nr. 2.

[9] GVG. §. 123 Nr. 2. Ausnahmsweise ist das Reichsgericht zuständig, GVG. §. 136 Abs. 2.
[10] Im Zweifel, welches von mehreren Oberlandesgerichten, oder ob ein Oberlandesgericht oder das Reichsgericht für die Revision zuständig ist, gilt StPO. §. 388.

a) gegen strafrichterliche Entscheidungen erster Instanz,[11] soweit nicht die Zuständigkeit der Strafkammern[12] begründet ist, d. h. soweit es sich nicht um Beschwerden gegen Verfügungen des Untersuchungsrichters und des Amtsrichters oder gegen Entscheidungen der Schöffengerichte handelt,[13] ferner allgemein, falls ein Ersuchen um Rechtshülfe abgelehnt oder eine Ordnungsstrafe verhängt ist;[14]

b) gegen Entscheidungen der Strafkammern in der Berufungsinstanz,[15] und

c) gegen Entscheidungen der Strafkammern in der Beschwerdeinstanz,[15] insofern sie Verhaftungen[16] betreffen.

In den unter c) erwähnten Fällen sind die Oberlandesgerichte Beschwerdegerichte zweiter Instanz, in allen übrigen Fällen Beschwerdegerichte erster Instanz.

3. als beschließende Gerichte erster Instanz

a) in den Fällen StPO. §§. 4, 12—15, 19, 27, wenn das Oberlandesgericht in dem betreffenden Falle als das obere Gericht erscheint;

b) über die Erhebung der öffentlichen Klage (abgesehen von Reichsgerichtssachen), wenn gegen den ablehnenden Bescheid der Staatsanwaltschaft der Verletzte den Antrag auf gerichtliche Entscheidung stellt.[17]

III. In denjenigen Bundesstaaten, in welchen mehrere

---

[11] Vgl. StPO. §§. 346, 347.

[12] GVG. §. 72.

[13] GVG. §. 123 Nr. 5. Es gehören also hierher die Strafkammern bzw. der Vorsitzende derselben, der Schwurgerichtshof bzw. der Vorsitzende desselben und der beauftragte Richter.

[14] GVG. §. 160, §. 183.

[15] GVG. §. 123 Nr. 5.

[16] StPO. §. 352.

[17] StPO. §§. 170 ff.

Oberlandesgerichte errichtet werden, kann [18] die Verhandlung und Entscheidung der zur Zuständigkeit der Oberlandesgerichte gehörigen Revisionen und Beschwerden in Strafsachen [19] ausschließlich einem der mehreren Oberlandesgerichte zugewiesen werden.[20]

§. 16.

4. Das Reichsgericht.[1]

I. Besetzung.

1. Das Reichsgericht hat seinen Sitz in Leipzig.[2]

2. Das Reichsgericht wird mit einem Präsidenten und der erforderlichen Anzahl von Senatspräsidenten und Räthen besetzt.[3] Aus diesen werden für die Erledigung der Strafsachen Straffenate gebildet. Die Zahl derselben bestimmt der Reichskanzler,[4] doch müssen es mindestens drei sein.[5] Für den Vorsitz und die Geschäftsvertheilung gelten analog die oben bei den Landgerichten dargestellten Bestimmungen.[6] Die Zuziehung von Hülfsrichtern ist unzulässig.[7]

Die Straffenate entscheiden in der Besetzung von sieben Mitgliedern mit Einschluß des Vorsitzenden.[8] Einem jeden Straffenate können jedoch mehr als sieben Mitglieder zugetheilt sein. Handelt es sich um eine Entscheidung des

[18] EG. zum GVG. §. 9.

[19] GVG. §. 123 Nr. 2, 3 u. 5.

[20] Nach dem preuß. Ausf.G. zum GVG. v. 24./4. 78 §. 50 ist hierfür das OLG. (Kammergericht) zu Berlin und nach dem bayer. Ausf.G. zum GVG. v. 23./2. 79 Art. 41 das OLG. zu München bestimmt.

[1] Vgl. HH. II. 553 f.; Geyer §. 71, Stenglein §. 26, Bennecke §§. 21—23.

[2] G. über den Sitz des Reichsgerichts v. 11./4. 77 (RGBl. 415) §. 2.

[3] GVG. §. 126.

[4] GVG. §. 132.

[5] GVG. §. 138 Abs. 2.

[6] GVG. §. 133.

[7] GVG. §. 134.

[8] GVG. §. 140.

vereinigten zweiten und dritten Strafsenats,[9] oder ist eine Strafsache an die vereinigten Strafsenate oder an das Plenum überwiesen, weil ein Strafsenat in einer Rechtsfrage von einer früheren Entscheidung eines anderen Strafsenats oder der vereinigten Strafsenate oder von der früheren Entscheidung eines Civilsenats oder der vereinigten Civilsenate abweichen will,[10] so ist die Theilnahme von mindestens zwei Drittheilen aller Mitglieder mit Einschluß des Vorsitzenden erforderlich.[11]

3. Einen ständigen Untersuchungsrichter gibt es bei dem Reichsgerichte nicht. Der Präsident des Reichsgerichts bestellt vielmehr aus den Mitgliedern des Reichsgerichts den Untersuchungsrichter für die betreffende Strafsache, er kann aber auch jedes Mitglied eines anderen deutschen Gerichts und jeden Amtsrichter zum Untersuchungsrichter, oder für einen Theil der Geschäfte des Untersuchungsrichters zum Vertreter desselben bestellen.[12]

II. Geschäftskreis.

1. Das Reichsgericht ist zuständig als erkennendes Gericht

a) erster und letzter Instanz in den Fällen des Hochverraths und des Landesverraths, insofern diese Verbrechen gegen den Kaiser oder das Reich gerichtet sind.[13] Das Hauptverfahren findet vor dem vereinigten zweiten und dritten Strafsenate statt.[14]

---

[9] GVG. §. 138 Abs. 2.

[10] GVG. §. 137.

[11] GVG. §. 139 Abs. 1; vgl. über das in diesen Fällen zu beobachtende Verfahren bei der Abstimmung Abs. 2.

[12] StPO. §. 184.

[13] GVG. §. 136 Nr. 1; StGB. §§. 80—92.

[14] GVG. §. 138. Die Bestimmungen über das reichsgerichtliche Verfahren finden sich an verschiedenen Orten: StPO. §§. 140 Abs. 1, 170 Abs. 3, 176 Abs. 1, 184, 198 Abs. 2, 207

b) In zweiter Instanz ist das Reichsgericht zuständig für die Verhandlung und Entscheidung über die Rechtsmittel der Revision gegen Urtheile der Schwurgerichte und der Strafkammern in erster Instanz.[15] In diesem letzteren Falle muß die Revision auf die Verletzung einer in den Reichsgesetzen enthaltenen Rechtsnorm gestützt sein; gleichgültig ist es, ob daneben auch noch in Landesgesetzen enthaltene Rechtsnormen als verletzt gerügt werden.

c) In dritter Instanz kann das Reichsgericht zuständig werden für die Verhandlung und Entscheidung über das Rechtsmittel der Revision gegen Urtheile der Strafkammern in der Berufungsinstanz in Strafsachen wegen Zuwiderhandlungen gegen die Vorschriften über die Erhebung öffentlicher in die Reichskasse fließender Abgaben und Gefälle, wenn dies von der Staatsanwaltschaft bei Einsendung der Akten an das Revisionsgericht[16] (Oberlandesgericht) beantragt[17] wird.

2. als beschließendes und Beschwerdegericht

a) in den Fällen, in welchen das Reichsgericht in erster und letzter Instanz zu erkennen hat, für diejenigen

Abs. 1, 346 Abs. 3, 484, 485, 494 Abs. 3 und 4, 506; vgl. noch Löwe S. 107.

[15] GVG. §. 136 Nr. 2. Handelt es sich ausschließlich um die Verletzung einer in den Landesgesetzen enthaltenen Rechtsnorm, so ist das Oberlandesgericht zuständig, GVG. §. 123 Z. 3.

[16] StPO. §. 387 Abs. 2.

[17] GVG. §. 136 Abs. 2. Der Antrag wird auch der Verwaltungsbehörde, wenn diese die Anklage erhoben hat, zustehen. StPO. §. 464. Der Staatsanwaltschaft steht der Antrag auch zu, wenn von anderer Seite die Revision erhoben ist. E. VII. 326.

Geschäfte, welche im §. 72 Abs. 1 des GVG. der Strafkammer des Landgerichts zugewiesen sind, also insbesondere auch für die Entscheidung über die Eröffnung des Hauptverfahrens und für Beschwerden gegen Verfügungen des Untersuchungsrichters, gleichviel ob dieser dem Reichsgericht angehört oder nicht.[18] Diese Funktionen sind dem ersten Strafsenate zugewiesen;[19]

b) ferner im Fall verweigerter Rechtshülfe, wenn das Oberlandesgericht die Weigerung für berechtigt erachtet hat und das ersuchende und ersuchte Gericht verschiedenen Oberlandesgerichtsbezirken angehören;[20]

c) endlich noch in den Fällen der §§. 4, 9, 12—15, 19, 27 StPO. (Bestimmung des zuständigen Gerichts.[21]

Zweiter Abschnitt.

Die Gerichtspersonen.

I. Beamte.

§. 17.

1. Der Richter.[1]

Der eigentliche Repräsentant des Gerichts und alleinige Träger der Gerichtsbarkeit ist der Richter.

Die Fähigkeit zum Richteramte wird durch Ablegung

---

[18] Vgl. StPO. §. 184.
[19] GVG. §. 138 Abs. 1.
[20] GVG. §. 160.
[21] Vgl. auch noch §§. 8 Abs. 2, 11, 17 EG. zum GVG.

[1] Vgl. Planck §. 4, Zachariae §§. 51, 52, HH. II. 541 ff., Glaser §. 70, Binding §. 39, Stenglein §§. 8—10, Bennecke §. 16.

zweier Prüfungen erlangt. Der ersten Prüfung muß ein dreijähriges Studium der Rechtswissenschaft, der zweiten ein dreijähriger Vorbereitungsdienst vorausgehen.[2] Beide Zeiträume können durch Landesgesetze verlängert werden.[3] Wer die Fähigkeit zum Richteramte in einem Bundesstaate erworben hat, kann in jedem anderen Bundesstaate als Richter angestellt werden, auch wenn er den Erfordernissen nicht entspricht, die für Angehörige des betreffenden Bundesstaats vorgeschrieben sind.[4] Die erwähnte Bestimmung gewährt aber kein Recht auf Anstellung.

Zum Richteramte befähigt ist außerdem noch jeder ordentliche öffentliche Lehrer des Rechts an einer Universität des deutschen Reichs.[5]

Der Beginn der amtlichen Thätigkeit ist bedingt durch die vom Gerichtsherrn erfolgende Anstellung und Leistung des Amtseides nach den Gesetzen der einzelnen Bundesstaaten. Die Ernennung der Richter muß aber auf Lebenszeit[6] erfolgen. Der Präsident, die Senatspräsidenten und Räthe des Reichsgerichts werden auf Vorschlag des Bundesraths vom Kaiser ernannt.[7]

Ein besonderes Alter, das vollendete fünfunddreißigste Lebensjahr, ist reichsgesetzlich nur für die Mitglieder des Reichsgerichts[8] vorgeschrieben. Landesgesetzlich kann auch für andere Richter Aehnliches bestimmt werden. Allgemein ist noch zu fordern, daß die Richter männlichen Geschlechts und im Besitz der bürgerlichen Ehrenrechte sind.[9]

---

[2] GVG. §. 2 Abs. 1—3.

[3] GVG. §. 2 Abs. 4. In Preußen bleibt die Dauer des Vorbereitungsdienstes eine vierjährige; vgl. Ausf.G. zum GVG. v. 24./4. 78 §. 1.

[4] GVG. §. 5.

[5] GVG. §. 4.

[6] GVG. §. 6.

[7] GVG. §. 127 Abs. 1.

[8] GVG. §. 127 Abs. 2.

[9] Ueber Ausschließung und

§. 18.

2. Der Gerichtsschreiber.[1]

Wenn auch der Gerichtsschreiber nach heutigem Recht, indem ihm keinerlei Antheil an der Gerichtsbarkeit zusteht, nicht mehr im Sinne des gemeinen Rechts zur ordentlich besetzten Gerichtsbank gehört, so ist doch für wesentliche Akte der gerichtlichen Thätigkeit die Zuziehung eines Gerichtsschreibers vorgeschrieben und muß daher auch jetzt bei jedem Gerichte eine Gerichtsschreiberei sich befinden. Die Geschäftseinrichtung derselben wird bei dem Reichsgerichte durch den Reichskanzler, bei den Landesgerichten durch die Landesjustizverwaltung bestimmt.[2]

Die Hauptthätigkeit des Gerichtsschreibers besteht in der Führung der Protokolle über die Hauptverhandlung[3] oder über einzelne gerichtliche Handlungen;[4] er soll die prozessualen Akte bezüglich ihres Hergangs und ihres Inhaltes beurkunden. Er hat ferner die außerhalb der gerichtlichen Verhandlungen erfolgenden Erklärungen der an dem Strafverfahren betheiligten Personen, z. B. hinsichtlich der Rechtsmittel, der Privatklage, des Einspruches gegen einen Strafbefehl u. s. w. entgegenzunehmen,[5] bei Zustellungen mitzuwirken[6] und Ausfertigungen und Abschriften gerichtlicher Entscheidungen bzw. Auszüge aus denselben zu beglaubigen

Ablehnung der Richter vgl. unter §§. 23, 24.

[1] Vgl. Planck §. 5, HH. II. 595 ff., Binding §. 43, Glaser §. 154, Geyer §. 75, Stenglein §. 30.

[2] GVG. §. 154. Vgl. preuß. Ges. betr. die Dienstverhältnisse der Gerichtsschreiber v. 3./3. 79.

[3] StPO. §§. 271 ff.

[4] StPO. §§. 166, 185, 186, 486; GVG. §§. 45, 51, 91.

[5] StPO. §§. 341, 348, 355, 358, 381, 385, 387, 406, 421, 449, 454.

[6] StPO. §§. 37, 425, 430.

und zu ertheilen,[7] und endlich die Aktenstücke zu ordnen und zu sammeln.

Der Gerichtsschreiber ist dem Richter untergeben und an seine Weisungen gebunden; nur soweit er prozessuale Vorgänge zu beurkunden hat, kann ihm der Inhalt des von ihm abzulegenden schriftlichen Zeugnisses nicht abgedrungen werden. Bei Meinungsverschiedenheit des Richters bzw. Vorsitzenden und des Gerichtsschreibers ist das Zustandekommen eines gültigen Protokolls ausgeschlossen.[8]

§. 19.

3. Das Unterpersonal.[1]

Von den gerichtlichen Nebenpersonen, dem Unterpersonal, erwähnt die Reichsgesetzgebung nur noch die Gerichtsvollzieher, d. h. die Beamten, welche mit den Zustellungen, Ladungen und Vollstreckungen betraut sind. Die Dienst- und Geschäftsverhältnisse derselben werden bei dem Reichsgerichte durch den Reichskanzler, bei den Landesgerichten durch die Landesjustizverwaltung bestimmt.[2]

Für die rein mechanischen Dienstleistungen, Aufwartung in den Sitzungen, Aktentragen, Bestellungen u. dergl. sind die Gerichtsdiener (Gerichtsboten) bestellt, deren Verhältnisse lediglich landesgesetzlicher Regelung überlassen sind; vielfach sind ihnen auch Geschäfte der Gerichtsvollzieher übertragen.

Auch diese Gerichtsdiener pflegen regelmäßig, ebenso

---

[7] StPO. §§. 275 Abs. 4, 483 Abs. 1.

[8] Ueber Ausschließung und Ablehnung des Gerichtsschreibers vgl. unten §. 25.

[1] Vgl. Planck §. 6, HH. II. 599 f., Geyer §. 75, Binding §§. 45, 46, Stenglein §. 30.

[2] GVG. §. 155.

wie die Gerichtsvollzieher, ständig angestellt und auf ihr Amt beeidigt zu werden.[3]

II. Schöffen und Geschworene.[1]

§. 20.

1. Befähigung.

I. Den Richtern, welche als Beamte angestellt sind, stehen die Schöffen und die Geschworenen gegenüber. Auch sie sind als Richter, jedoch in verschiedenem Umfange, an der Rechtsprechung in Strafsachen betheiligt. Die Schöffen sind mit dem Amtsrichter zusammen thätig und stehen diesem während der Hauptverhandlung, abgesehen von einer Ausnahme,[2] vollständig gleich, die Geschworenen wirken nur zur Entscheidung der Schuldfrage und der Frage nach dem Vorhandensein mildernder Umstände mit. Trotz dieser Verschiedenheit ist die Berufung zum Schöffen- und Geschworenendienste von denselben Voraussetzungen abhängig.

II. Das Amt eines Schöffen und eines Geschworenen ist ein Ehrenamt;[3] es ist unentgeltlich auszuüben, jedoch werden die Reisekosten vergütet.[4] Dieses Amt kann nur von einem Deutschen versehen werden.[3]

Der Kreis derjenigen Personen, welche zum Schöffen- und Geschworenendienste herangezogen werden können, ist

---

[3] Ueber Ausschließung des Gerichtsvollziehers vgl. unten §. 25.

[1] Vgl. HH. II. 579 ff., Glaser §. 24, Geyer §§. 58, 59, 65—68, Binding §§. 40—42, Stenglein §§. 21, 22, 24, Bennecke §§. 16, 17; H. Seuffert, Erörterungen über die Besetzung der Schöffengerichte und Schwurgerichte nach dem deutschen GVG. 1879. Derselbe im Gsaal 1880 S. 31 ff.

[2] StPO. §. 31; vgl. aber auch noch GVG. §§. 52—54, 56.

[3] GVG. §§. 31, 84.

[4] GVG. §§. 55, 96 Abs. 1.

möglichst wenig eingeschränkt. Durch sorgfältige Bestimmungen über die Bildung der verschiedenen Listen ist aber dafür gesorgt, daß Garantien für gute Auswahl befähigter Personen vorhanden sind.

Das Gerichtsverfassungsgesetz unterscheidet 1. solche Personen, welche zu dem Schöffen- und Geschworenenamte unfähig sind, 2. solche Personen, welche im Interesse der Rechtspflege oder im allgemeinen staatlichen Interesse nicht berufen werden sollen, und 3. solche Personen, welche die Berufung ablehnen dürfen.

1. Unfähig[5] zu dem Amte eines Schöffen und eines Geschworenen sind, abgesehen von den Ausländern, diejenigen Personen:

a) welche die Befähigung in Folge strafgerichtlicher Verurtheilung verloren haben;[6]

b) gegen welche das Hauptverfahren wegen eines Verbrechens oder Vergehens eröffnet ist, das die Aberkennung der bürgerlichen Ehrenrechte oder die Fähigkeit zur Bekleidung öffentlicher Aemter zur Folge haben kann;[7]

c) welche in Folge gerichtlicher Anordnung in der Verfügung über ihr Vermögen beschränkt sind.[8]

---

[5] GVG. §§. 32, 85 Abs. 2.

[6] Hierhin gehören 1. diejenigen, welche zu Zuchthausstrafe verurtheilt sind (StGB. §. 31); 2. diejenigen, welchen die bürgerlichen Ehrenrechte aberkannt sind, jedoch nur für die im Urtheile bestimmte Zeit (StGB. §§. 32, 34 Z. 3); 3. diejenigen, bei welchen neben einer Gefängnißstrafe auf die Unfähigkeit zur Bekleidung öffentlicher Aemter erkannt ist (StGB. §§. 35, 128, 129, 331, 339—341, 352—355, 358).

[7] Die Unfähigkeit beginnt mit der Eröffnung des Hauptverfahrens, StPO. §. 201.

[8] Hierhin gehören Gemeinschuldner u. erklärte Verschwender; vgl. KO. §§. 5, 100, 103, CPO. §§. 621 ff.

Unfähige Personen sollen und dürfen zum Schöffen- oder Geschworenendienste nicht berufen werden. Die Mitwirkung einer unfähigen Person hat Nichtigkeit des Verfahrens zur Folge.[9]

2. Zu dem Amte eines Schöffen und eines Geschworenen sollen[10] außer den unfähigen Personen im Interesse der Rechtspflege aus verschiedenen Gründen (Alter, abhängige Stellung u. s. w.) nicht berufen werden Personen:

a) welche zur Zeit der Aufstellung der Urliste das dreißigste Lebensjahr noch nicht vollendet oder

b) den Wohnsitz in der Gemeinde noch nicht zwei volle Jahre haben;

c) welche für sich oder ihre Familie Armenunterstützung aus öffentlichen Mitteln erhalten oder in den drei letzten Jahren, von Aufstellung der Urliste zurückgerechnet, empfangen haben;

d) welche wegen geistiger oder körperlicher Gebrechen zu dem Amte nicht geeignet sind, und

e) Dienstboten.

Zu diesen Personen treten dann diejenigen hinzu, die im allgemeinen staatlichen Interesse nicht berufen werden sollen.[11] Hierhin gehören:

a) Minister;

b) Mitglieder der Senate der freien Hansestädte;

c) Beamte des Reichs[12] und der einzelnen Bundes-

---

[9] StPO. §. 377 Z. 1; vgl. auch GVG. §. 52 Abs. 1.

[10] GVG. §§. 33, 85 Abs. 2.

[11] GVG. §§. 34, 85 Abs. 2.

[12] Vgl. G. betr. die Rechtsverhältnisse der Reichsbeamten vom 31./3. 73 (RGBl. 61) § 25. Die daselbst befindliche Aufzählung ist jedoch nicht mehr vollständig.

staaten, welche jederzeit einstweilig in den Ruhestand versetzt werden können;

d) richterliche Beamte [13] und Beamte der Staatsanwaltschaft; [14]

e) gerichtliche und polizeiliche Vollstreckungsbeamte;

f) Religionsdiener [15] und Volksschullehrer;

g) dem aktiven Heere und der aktiven Marine angehörende Militärpersonen. [16]

Außer den vorbezeichneten Beamten können durch Landesgesetze höhere Verwaltungsbeamte bezeichnet werden, die aus dem oben angegebenen Grunde nicht berufen werden sollen. [17]

Die Personen, welche zum Schöffen- oder Geschworenendienste nicht berufen werden sollen, sind berechtigt, die Dienstleistung zu verweigern. Ihre Mitwirkung hat Nichtigkeit des Verfahrens nicht zur Folge.

3. Die Berufung zu dem Amte eines Schöffen und eines Geschworenen dürfen ablehnen: [18]

---

[13] einschließlich der Handelsrichter, vgl. GVG. §. 116.

[14] einschließlich der Amtsanwälte, vgl. GVG. §. 143.

[15] Unter R. sind wohl alle diejenigen zu verstehen, welche in einer Religionsgesellschaft, gleichviel ob dieselbe staatlich anerkannt ist oder nicht, und nach der Lehre der betreffenden Religionsgesellschaft ermächtigt sind, berufsmäßig religiöse Handlungen vorzunehmen. Die hier aufgestellte Erklärung verliert etwas an Unbestimmtheit, wenn man bei der Anwendung derselben berücksichtigt, daß das obige Verbot erlassen ist, um Störungen des Gottesdienstes zu vermeiden.

[16] Ueber den Begriff der Militärpersonen und des aktiven Heeres vgl. MilStGB. v. 20./6. 72 §. 4 und das hierzu gehörige Verzeichniß (RGBl. 1872 S. 173, 204) und Mil.G. v. 2./5. 74 (RGBl. 45) §. 38, auch §§. 2, 8, 12, 13, 15 des G. v. 9./11. 67 (BGBl. 131). Vgl. auch Hecker in GA. XXXI. 81 ff., 394 ff. Haas das. XXXII. 330 ff.

[17] GVG. §§. 34 Abs. 2, 85 Abs. 2, vgl. preuß. Ausf.G. zum GVG. v. 24./4. 78 (GS. 230) §. 33.

[18] GVG. §§. 35, 85 Abs. 2.

a) Mitglieder einer deutschen gesetzgebenden Versammlung und zwar nicht nur für die Dauer der Sitzungen, sondern für die Dauer ihrer Berufung; [19]
b) Personen, welche im letzten Geschäftsjahre die Verpflichtung eines Geschworenen, [20] oder an wenigstens fünf Sitzungstagen die Verpflichtung eines Schöffen erfüllt haben;
c) Aerzte;
d) Apotheker, welche keine Gehülfen haben;
e) Personen, welche das fünfundsechzigste Lebensjahr zur Zeit der Aufstellung der Urliste vollendet haben oder dasselbe bis zum Ablaufe des Geschäftsjahrs vollenden würden;
f) Personen, welche glaubhaft machen, daß sie den mit der Ausübung des Amts verbundenen Aufwand zu tragen nicht vermögen.

Die hier erwähnten Ablehnungsgründe können bereits von Amtswegen bei Aufstellung der Listen berücksichtigt werden. Im Uebrigen ist die Geltendmachung der Ablehnungsgründe den Berechtigten überlassen. Handelt es sich um eine Einberufung zum Schöffendienste, so muß der Berechtigte den Ablehnungsgrund innerhalb einer Woche nach erfolgter Einberufung oder nach Entstehung oder Bekanntwerdung des Ablehnungsgrundes geltend machen. Ueber das Gesuch entscheidet der Amtsrichter nach Anhörung der Staatsanwaltschaft. Beschwerde findet nicht statt.[21] Im Gegensatze hierzu ist eine besondere Frist für die Geltend-

---

[19] Erbliche und lebenslängliche Mitglieder haben daher stets ein Ablehnungsrecht.

[20] Erfüllt hat auch der Geschworene seine Verpflichtung, dessen Name nicht gezogen oder der stets abgelehnt ist.

[21] GVG. §. 53.

machung der Ablehnungs- bzw. Hinderungsgründe bei der Einberufung zum Geschworenendienst nicht vorgeschrieben. So lange das Schwurgericht nicht zusammengetreten ist, entscheidet der ernannte Vorsitzende des Schwurgerichts, sonst der Schwurgerichtshof. Die Staatsanwaltschaft ist vorher zu hören, und eine Beschwerde findet hier ebenfalls nicht statt.[22]

III. Bei der Aufstellung der Listen ist darauf zu achten, daß Niemand für dasselbe Geschäftsjahr als Geschworener und als Schöffe oder in mehreren Bezirken zu dem gleichen Amte bestimmt wird. Tritt dieser Fall dennoch ein, so hat der Einberufene dasjenige Amt zu übernehmen, zu welchem er zuerst einberufen wird.[23]

§. 21.

2. Auswahl der Schöffen.

I. Die Urliste.

1. Die Urliste enthält die Namen derjenigen in einer Gemeinde oder einem der Gemeinde gleichstehenden Verbande wohnhaften Personen, welche zu dem Amte eines Schöffen berufen werden können.[1] Es bleiben daher, abgesehen von den zu dem Amte eines Schöffen unfähigen, auch diejenigen Personen unberücksichtigt, welche nicht als Schöffen berufen werden sollen.[2]

Alljährlich wird die Urliste von dem Gemeindevorsteher aufgestellt. Damit Einsprachen gegen die Richtigkeit oder Vollständigkeit derselben erhoben werden können, muß die Urliste eine Woche lang in der Gemeinde ausgelegt werden.

---

[22] GVG. §. 94.
[23] GVG. §. 97.

[1] GVG. §. 36 Abs. 1.
[2] GVG. §§. 33, 34.

Der Zeitpunkt der Auslegung ist vorher öffentlich bekannt zu machen.[3] Innerhalb der erwähnten einwöchigen Auslegungsfrist kann nicht nur das mit Unrecht aufgestellte oder nicht aufgestellte Gemeindemitglied, sondern Jedermann Einsprache erheben. Die Einsprache muß schriftlich oder zu Protokoll erhoben werden, weil der Beschluß über die Einsprache durch den gleich (unter Nr. 3) zu erwähnenden Ausschuß erfolgt.[4]

2. Von dem Gemeindevorsteher wird die Urliste nebst den Einsprachen und den ihm erforderlich erscheinenden Bemerkungen z. B. über etwaige Ablehnungsrechte an den Amtsrichter des Bezirks gesendet. Dasselbe gilt für den Fall, daß nach Absendung der Urliste Berichtigungen erforderlich werden.[5]

Der Amtsrichter prüft zunächst, ob die Förmlichkeiten hinsichtlich der Auslegung der Urliste und der Bekanntmachung der Auslegungsfrist beobachtet sind. Ist dies nicht der Fall, so hat der Amtsrichter die Abstellung etwaiger Mängel zu veranlassen. Sind dagegen die Förmlichkeiten beobachtet, so stellt der Amtsrichter die Urlisten des Bezirks zusammen und bereitet den Beschluß des Ausschusses über die erhobenen Einsprachen vor.[6]

3. Der Ausschuß tritt alljährlich bei dem Amtsgerichte zusammen. Er besteht aus dem Amtsrichter als Vorsitzenden, einem von der Landesregierung zu bestimmenden Staatsverwaltungsbeamten und sieben aus den Einwohnern des Amtsgerichtsbezirks gewählten Vertrauensmännern als Beisitzern.[7]

---

[3] GVG. §. 36.

[4] GVG. §§. 37, 41.

[5] GVG. §. 38.

[6] GVG. §. 39.

[7] GVG. §. 40 Abs. 1, 2 u. 3. Ueber die Wahl der Vertrauens=

Die Beschlüsse des Ausschusses werden nach der absoluten Mehrheit der Stimmen gefaßt; bei Stimmengleichheit entscheidet die Stimme des Vorsitzenden. Zur Beschlußfähigkeit des Ausschusses [8] genügt die Anwesenheit des Vorsitzenden, des Staatsverwaltungsbeamten und dreier Vertrauensmänner.[9]

Der Ausschuß entscheidet endgültig über die gegen die Urliste erhobenen Beschwerden. Die Entscheidungen desselben sind zu Protokoll zu vermerken.[10]

II. Die Jahresliste.

1. Der Ausschuß stellt für das nächste Geschäftsjahr aus der berichtigten Urliste zwei Jahreslisten auf, die eine für die Hauptschöffen, die andere für die Hülfsschöffen.[11] Die Hauptschöffen nehmen an den ordentlichen d. h. den für das ganze Jahr im voraus festgestellten und an den außerordentlichen Sitzungen Theil. Die Hülfsschöffen, zu denen nur solche Personen genommen werden, welche am Sitze des Amtsgerichts oder in dessen nächster Umgebung wohnen, treten in Wirksamkeit entweder für den ganzen Dienst eines wegfallenden Hauptschöffen[12] oder für eine einzelne ordentliche oder außerordentliche Sitzung oder als Ergänzungsschöffen.[13]

Die Zahl der Haupt- und Hülfsschöffen wird durch die

---

männer vgl. Abs. 4; preuß. Ausf.G. zum GVG. v. 24./4. 78 (GS. 230) §. 35.

[8] GVG. §. 40 Abs. 5.

[9] Die Vertrauensmänner erhalten ebenso wie die Schöffen Vergütung der Reisekosten, unterliegen aber auch den Ordnungsstrafen, vgl. GVG. §§. 55, 56.

[10] GVG. §. 41.

[11] GVG. §§. 42, 44; hinsichtlich der weiteren Thätigkeit des Ausschusses vgl. den folgenden §. 18 sub II.

[12] Der Hülfsschöffe wird hierdurch zum Hauptschöffen.

[13] GVG. §§. 42, 48, 49, 194.

Landesjustizverwaltung derartig bestimmt, daß jeder Hauptschöffe höchstens an fünf ordentlichen Sitzungstagen im Jahre thätig zu sein hat.[14]

2. Die Reihenfolge, in welcher die Hauptschöffen an den ordentlichen Sitzungen Theil zu nehmen haben, wird durch Ausloosung in öffentlicher Sitzung des Amtsgerichts festgesetzt. Das Loos zieht der Amtsrichter. Und zwar dürfte dabei am besten folgendermaßen zu verfahren sein. Die Namen der sämmtlichen Schöffen werden in eine Urne gethan; es werden sodann zwei Namen für die erste ordentliche Sitzung gezogen. Die beiden gezogenen Namen werden wieder in die Urne gethan und die Ausloosung so lange fortgesetzt, bis alle ordentlichen Sitzungstage besetzt sind. Sobald bei einem Schöffen die durch die Landesjustizverwaltung bestimmte Zahl von Sitzungstagen erreicht ist, kommt der Name desselben nicht mehr in die Urne. Ueber den Hergang ist von dem Gerichtsschreiber ein Protokoll aufzunehmen.[15]

Eine Aenderung in der bestimmten Reihenfolge kann auf übereinstimmenden Antrag der betheiligten Schöffen von dem Amtsrichter bewilligt werden, sofern die in den betreffenden Sitzungen zu verhandelnden Sachen noch nicht bestimmt sind.[16] Auch kann der Amtsrichter einen Schöffen auf dessen Antrag wegen eingetretener Hinderungsgründe von der Dienstleistung an bestimmten Sitzungstagen entbinden. Die Entbindung von der Dienstleistung kann davon abhängig gemacht werden, daß ein anderer für das Dienstjahr bestimmter Schöffe für den verhinderten ein-

---

14 GVG. §. 43.

15 GVG. §. 45; vgl. Keller, Gerichtsverfassungsgesetz S. 69; Löwe S. 57.

16 GVG. §. 47.

tritt.[17] In allen diesen Fällen sind der Antrag und die Bewilligung aktenkundig zu machen.

In gleicher Weise[18] wird die Reihenfolge der Hauptschöffen aus der Jahresliste für Hauptschöffen festgesetzt, wenn es sich um außerordentliche Sitzungen handelt. Ist dies jedoch wegen Dringlichkeit unthunlich, z. B. bei einer Haftsache, so erfolgt die Auslosung aus der Jahresliste für Hülfsschöffen, wobei die nicht am Sitze des Amtsgerichts wohnenden Hülfsschöffen zu übergehen sind. Die Umstände, welche den Amtsrichter hierzu veranlaßt haben, sind aktenkundig zu machen.[19]

Die Zuziehung von Hülfsschöffen zu einzelnen (ordentlichen oder außerordentlichen) Sitzungen erfolgt nach der Reihenfolge, in welcher die Namen derselben auf der Jahresliste für Hülfsschöffen verzeichnet sind, also im ersten Falle der erste Hülfsschöffe, im zweiten der zweite u. s. w.[20] Hierbei können die nicht am Sitze des Gerichts wohnenden Hülfsschöffen übergangen werden, wenn durch ihre Berufung eine Vertagung der Verhandlung oder eine erhebliche Verzögerung ihres Beginnes nothwendig würde.[21]

3. Die Hauptschöffen erhalten durch den Amtsrichter Mittheilung von ihrer Auslosung und den (ordentlichen) Sitzungstagen, an welchen sie in Thätigkeit zu treten haben, unter Hinweis auf die gesetzlichen Folgen des Ausbleibens.[22] Zu den einzelnen Sitzungen werden sie dann nicht mehr geladen.[23]

[17] GVG. §. 54. Anhörung der Staatsanwaltschaft ist in diesem Falle nicht vorgeschrieben. Beschwerde findet in Konsequenz der §§ 52, 53 GVG. auch hier nicht statt.

[18] GVG. §. 45.

[19] GVG. §. 48.

[20] GVG. §. 49 Abs. 1.

[21] GVG. §. 49 Abs. 2.

[22] GVG. §. 56.

[23] GVG. §. 46 Abs. 1.

In gleicher Weise[24] d. h. mit Angabe des Sitzungstages und unter Hinweis auf die gesetzlichen Folgen des Ausbleibens werden die im Laufe des Geschäftsjahrs für ordentliche oder außerordentliche Sitzungen einzuberufenden Haupt- und Hülfsschöffen benachrichtigt.

4. Die Beeidigung der Schöffen erfolgt bei ihrer ersten Dienstleistung in öffentlicher Sitzung und gilt für die Dauer des Geschäfsjahres.[25] Die Beeidigung,[26] über welche von dem Gerichtsschreiber ein Protokoll aufzunehmen ist,[27] ist nicht als ein Theil der Hauptverhandlung anzusehen.[28]

5. Die Schöffen — und dasselbe gilt von den Vertrauensmännern des Ausschusses und den Geschworenen[29] —, welche ohne genügende Entschuldigung nicht oder nicht rechtzeitig erscheinen[30] oder ihren Obliegenheiten in anderer Weise sich entziehen, z. B. den Eid verweigern, werden in die hierdurch verursachten Kosten und zu einer Ordnungsstrafe von fünf bis zu eintausend Mark verurtheilt.[31] Die Verurtheilung wird nach Anhörung der Staatsanwaltschaft, jedoch ohne Zuziehung von Schöffen, durch den Amtsrichter[32] ausgesprochen; sie kann, wenn nachträglich genügende Entschuldigung erfolgt, ganz oder

---

[24] GVG. §. 46 Abs. 2.

[25] GVG. §. 51 Abs. 1.

[26] Vgl. hierüber GVG. § 51 Abs. 2—5.

[27] GVG. §. 51 Abs. 6.

[28] StPO. § 242, vgl. dagegen §. 278 für Geschworene.

[29] GVG. §§. 56, 96 Abs. 1; vgl. auch StGB. §. 138.

[30] Erscheinen bzw. sich entschuldigen müssen auch diejenigen Personen, die irrthümlich einberufen sind, obgleich sie nach dem GVG. nicht berufen werden sollen.

[31] Eine Umwandlung der Ordnungsstrafe in Freiheitsstrafe ist unzulässig.

[32] Hinsichtlich der Geschworenen durch die richterlichen Mitglieder des Schwurgerichts, GVG. §. 96 Abs. 2.

theilweise zurückgenommen, aber auch durch Beschwerde angefochten werden.[33]

§. 22.

3. Auswahl der Geschworenen.

I. Die Urliste.

Die Urliste für die Auswahl der Schöffen[1] dient zugleich als Urliste für die Auswahl der Geschworenen.[2]

II. Die Vorschlagsliste.

Der alljährlich bei dem Amtsgerichte zusammentretende Ausschuß hat, abgesehen von der Aufstellung der beiden Jahreslisten für die Haupt- und Hülfsschöffen, aus der Urliste noch diejenigen Personen auszuwählen, welche er für das nächste Geschäftsjahr zu Geschworenen vorschlägt. Die Namen der hierzu vorgeschlagenen Personen werden in die Vorschlagsliste aufgenommen.[3] Und zwar sind die Vorschläge nach dem dreifachen Betrage der auf den Amtsgerichtsbezirk von der Landesjustizverwaltung[4] vertheilten Zahl der Geschworenen zu bemessen.

III. Die Jahresliste.

Die Vorschlagsliste wird nebst den etwaigen auf die als Geschworene vorgeschlagenen Personen bezüglichen Einsprachen, über welche nicht der Ausschuß entscheidet, dem Präsidenten des Landgerichts übersandt. In einer von diesem bestimmten, nicht öffentlichen Sitzung des Landgerichts, an welcher fünf Mitglieder des Landgerichts mit Einschluß des Präsidenten und der Direktoren Theil nehmen, wird über die Einsprachen endgültig entschieden und zu-

---

[33] GVG. §. 56 Abs. 2.

[1] Vgl. den vorigen §. 21 sub I.

[2] GVG. §. 85 Abs. 1.

[3] GVG. §§. 87, 88.

[4] GVG. §. 86.

gleich aus der Vorschlagsliste die von der Landesjustizverwaltung[5] für das Schwurgericht bestimmte Zahl von Hauptgeschworenen und Hülfsgeschworenen gewählt. Zu Hülfsgeschworenen sind nur solche Personen zu wählen, welche an dem Sitzungsorte des Schwurgerichts oder in dessen nächster Umgebung wohnen.[6] Für die Haupt- und die Hülfsgeschworenen werden zwei gesonderte **Jahreslisten** aufgestellt.[7]

IV. **Die Spruchliste.**

Aus der Jahresliste für Hauptgeschworene wird durch Ausloosung die **Spruchliste** gebildet. Spätestens zwei Wochen vor Beginn der Sitzungsperiode des Schwurgerichts werden in öffentlicher Sitzung des Landgerichts, an welcher der Präsident und zwei Mitglieder Theil nehmen, in Gegenwart der Staatsanwaltschaft[8] dreißig Hauptgeschworene durch den Präsidenten ausgeloost. Bei den späteren Sitzungsperioden desselben Geschäftsjahres dürfen Geschworene, welche in einer früheren Sitzungsperiode ihre Verpflichtung erfüllt haben,[9] nur auf ihren Antrag berücksichtigt werden. Ueber die Ausloosung wird von dem Gerichtsschreiber ein Protokoll aufgenommen.[10]

Die Namen der dreißig ausgeloosten Hauptgeschworenen werden in die Spruchliste aufgenommen und diese dem ernannten Vorsitzenden des Schwurgerichts übersandt.[11] Auf Anordnung desselben werden die erwähnten Geschworenen unter Hinweis auf die gesetzlichen Folgen des Aus-

[5] GVG. §. 86.

[6] GVG. §. 89.

[7] GVG. §. 90.

[8] Bei Ausloosung der Schöffen ist dies nicht erforderlich, GVG. §. 45.

[9] Vgl. §. 20 Anm. 20.

[10] GVG. §. 91.

[11] GVG. §. 92.

bleibens[12] zur Eröffnungssitzung des Schwurgerichts geladen. Zwischen dieser und der Zustellung der Ladung soll thunlichst die Frist von einer Woche, jedoch mindestens von drei Tagen liegen.[13]

Verringert sich die Zahl der dreißig Hauptgeschworenen vor dem Beginne der Sitzungsperiode, so sind, wenn es noch geschehen kann, aus der Jahresliste für Hauptgeschworene andere Geschworene auszuloosen und auf die Spruchliste zu bringen;[14] ist dies nicht mehr möglich oder tritt die Verringerung erst nach dem Beginne der Sitzungsperiode ein, so erfolgt die Ergänzung aus der Jahresliste für Hülfsgeschworene in Gemäßheit der besonderen Vorschriften des §. 280 StPO.

Die Entscheidung hinsichtlich der Ordnungsstrafen gegen Geschworene wird von dem Schwurgerichtshof erlassen. Beschwerde ist gegen diese Entscheidung zulässig.[15]

III. Ausschließung und Ablehnung der Gerichtspersonen.[1]

§. 23.

1. Ausschließung des Richters.

I. Die Fähigkeit zum Richteramte ist keine absolute. Ein Richter, der allen gesetzlichen Erfordernissen entspricht,

---

[12] GVG. §. 56.

[13] GVG. §. 93. Die Nichtbeobachtung dieser Vorschrift gibt dem Geschworenen kein Recht, der Berufung zur Dienstleistung nicht Folge zu leisten; Löwe S. 90, John, Komm. I. 403; sie kann ihn jedoch unter Umständen entschuldigen.

[14] GVG. §. 94 Abs. 2. — In diesem Falle ist die Theilnahme zweier richterlicher Mitglieder und der Staatsanwaltschaft nicht erforderlich, die Sitzung auch nicht öffentlich, wie der Gegensatz der Fassung dieses §. 94 Abs. 2 zu §. 91 Abs. 1 ergibt. So auch E. II. 312. R. II. 296.

[15] GVG. §§. 96, 56.

[1] Vgl. HH. I. 166 ff., Glaser

kann trotzdem aus gewissen Gründen unfähig sein, in einer einzelnen Strafsache oder in einem Theile derselben mitzuwirken.

Die Strafprozeßordnung unterscheidet in dieser Hinsicht zwischen Ausschließungs- und Ablehnungsgründen. Ausschließungsgründe sind diejenigen, bei deren Vorhandensein ein Richter mit Rücksicht auf das Ansehen der Strafjustiz von der Ausübung seines Amtes kraft Gesetzes ausgeschlossen ist, während die Geltendmachung von Ablehnungsgründen wegen Besorgniß der Befangenheit des Richters dem freien Ermessen der zur Ablehnung berechtigten Personen überlassen ist.

II. Als Ausschließungsgründe hat die Strafprozeßordnung die folgenden[2] aufgestellt:

1. wenn der Richter selbst durch die strafbare Handlung verletzt ist;
2. wenn er Ehemann oder Vormund[3] der beschuldigten oder der verletzten Person ist oder gewesen ist;
3. wenn er mit dem Beschuldigten oder mit dem Verletzten in gerader Linie verwandt, verschwägert oder durch Adoption verbunden, in der Seitenlinie bis zum dritten Grade verwandt oder bis zum zweiten Grade verschwägert ist, auch wenn die Ehe, durch welche die Schwägerschaft begründet ist, nicht mehr besteht;[4]
4. wenn er in der Sache[5] als Beamter der Staats-

§. 70, Geyer §§. 76—78, Stenglein §. 10, §. 30, Bennecke §§. 18, 19.

[2] StPO. §. 22.

[3] auch Gegenvormund nach preuß. Recht. E. XI. 223.

[4] Der dritte bzw. zweite Grad ist mitbegriffen.

[5] d. i. in der anhängigen Untersuchung, nicht auch in einer andern denselben Gegenstand betreffenden Rechtssache. Mot. 25.

anwaltschaft, als Polizeibeamter, als Anwalt des Verletzten oder als Vertheidiger thätig gewesen ist;

5. wenn er in der Sache[5] als Zeuge oder Sachverständiger vernommen ist.[6]

Zu diesen Ausschließungsgründen kommen dann noch drei, bei deren Vorhandensein ein Richter nur für einen Theil der Strafsache von der Ausübung seines Amtes ausgeschlossen ist:[7]

1. Ein Richter, welcher bei einer durch ein Rechtsmittel (Beschwerde, Berufung, Revision) angefochtenen Entscheidung mitgewirkt hat, ist von der Mitwirkung bei der Entscheidung in höherer Instanz kraft Gesetzes ausgeschlossen.

2. Der Untersuchungsrichter[8] darf in denjenigen Sachen, in welchen er die Voruntersuchung geführt hat oder noch führt,[9] nicht Mitglied des erkennenden Gerichts sein, auch nicht bei einer außerhalb der Hauptverhandlung erfolgenden Entscheidung der Strafkammer mitwirken.

---

[6] Der Antrag auf Vernehmung, auch eine bereits erfolgte Ladung schließen daher nicht aus (Mot. 24); auch nicht eine bereits erfolgte schriftliche amtliche Aeußerung. E. XII. 180. R. VII. 266.

[7] StPO. §. 23.

[8] d. i. auch der Amtsrichter, wenn ihm in Gemäßheit des §. 183 Satz 1 die Führung der Voruntersuchung übertragen, nicht aber wenn er bloß anderweit (StPO. §§. 183 Satz 2, 160, 163, 164) in der Sache thätig gewesen ist.

[9] Untersuchungshandlungen, welche lediglich nicht mehr in Frage stehende Mitangeklagte betroffen haben, hindern seine Mitwirkung nicht. E. II. 314. Ebensowenig bloße Eröffnung der Voruntersuchung und einzelne Untersuchungshandlungen lediglich formeller Natur ohne materielle Bedeutung im Fall vorübergehender Stellvertretung. E. IX. 285. R. II. 51, V. 752. — Von einer Vernehmung gemäß §. 222 StPO. ist der Untersuchungsrichter überhaupt nicht ausgeschlossen. E. IV. 91. R. III. 159.

3. An dem Hauptverfahren vor der Strafkammer [10] dürfen mehr als zwei von denjenigen Richtern, welche bei der Entscheidung über die Eröffnung des Hauptverfahrens [11] mitgewirkt haben, und namentlich der Richter, welcher Bericht über den Antrag der Staatsanwaltschaft erstattet hatte, nicht theilnehmen.

III. Ausschließungsgründe sind stets von Amtswegen zu berücksichtigen. Auch der Richter, bei dem sie vorhanden sind, soll sie selbst angeben. Es steht jedoch auch den Personen, welche berechtigt sind, einen Richter wegen Besorgniß der Befangenheit abzulehnen,[12] jederzeit das Recht zu, Ausschließungsgründe geltend zu machen.[13]

Ein kraft Gesetzes ausgeschlossener Richter soll Amtshandlungen überhaupt nicht vornehmen. Hat er bei einem Urtheile mitgewirkt, so kann dasselbe mit der Revision angefochten werden; [14] alle übrigen Amtshandlungen eines ausgeschlossenen Richters sind von vornherein ungültig.

§. 24.

2. Ablehnung des Richters.

1. Die Ablehnungsgründe sind nicht besonders namhaft gemacht; es findet sich vielmehr nur die allgemeine Bestimmung, daß ein Richter wegen Besorgniß der Befangenheit abgelehnt werden kann, wenn ein Grund vorliegt,

---

[10] Auch in der Berufungsinstanz. Nicht aber vor dem Schwurgericht und Schöffengericht, vor dem Oberlandesgericht und Reichsgericht. So auch R. V. 423, VI. 64.

[11] Auch im Fall der §§. 202, 203 StPO., wenn demnächst durch das Oberlandesgericht eröffnet wird — E. II. 209. R. I. 753 —, nicht aber im Fall des §. 200 StPO. E. III. 81. R. II. 592.

[12] Vgl. den folg. §. 24.

[13] StPO. §. 24 Abs. 1.

[14] StPO. §. 377 Nr. 2; vgl. hinsichtlich der Berufung §. 369.

welcher geeignet ist, Mißtrauen gegen die Unparteilichkeit des Richters zu rechtfertigen.[1]

2. Berechtigt zur Ablehnung sind zunächst die Staatsanwaltschaft, der Privatkläger und der Beschuldigte,[2] außerdem auch der Nebenkläger[3] und die Verwaltungsbehörde in den Fällen, in welchen sie befugt ist, die Anklage selbst zu erheben.[4] Auch der Richter selbst kann Ablehnungsgründe zur Anzeige bringen.[5] Den zur Ablehnung Berechtigten sind auf Verlangen die zur Mitwirkung bei der Entscheidung berufenen Gerichtspersonen namhaft zu machen.[6]

3. Die Geltendmachung des Ablehnungsrechts ist an eine Frist gebunden.[7] In der Hauptverhandlung erster Instanz muß dasselbe bis zur Verlesung des Beschlusses über die Eröffnung des Hauptverfahrens[8] und in der Berufungs-[9] und der Revisionsinstanz[10] bis zum Beginne der Berichterstattung erfolgen. Selbst wenn der Ablehnungsgrund erst nach den erwähnten Fristen sich herausstellt, kann derselbe nicht mehr geltend gemacht werden.[11]

4. Das Ablehnungsgesuch ist bei dem Gerichte, welchem der Richter angehört,[12] anzubringen. Besondere Formen sind hierfür nicht vorgeschrieben.[13] Der Ablehnungsgrund

---

[1] StPO. §. 24.

[2] StPO. §. 24 Abs. 3.

[3] StPO. §. 437 Abs. 1, vgl. jedoch Abs. 2.

[4] StPO. §§. 464 (vgl. 466) u. 467.

[5] StPO. §. 30.

[6] StPO. §. 24 Abs. 3.

[7] StPO. §. 25.

[8] StPO. §. 242.

[9] StPO. §. 365.

[10] StPO. §. 391.

[11] So auch R. VIII. 356.

[12] D. h. für den vorliegenden Fall, also bei der betreffenden Kammer, dem Schwurgericht 2c., auch wenn der abgelehnte Richter, z. B. der Vorsitzende des Schwurgerichts, einem anderen Gericht angehört.

[13] Wird das Gesuch in der mündlichen Verhandlung angebracht, so ist die Verhandlung darüber nicht Theil der Haupt-

muß glaubhaft gemacht werden. Als Mittel der Glaubhaftmachung ist der Eid ausgeschlossen, die Berufung auf das Zeugniß d. h. die dienstliche Aeußerung des abgelehnten Richters dagegen zulässig.[14]

Der abgelehnte Richter hat sich über den Ablehnungsgrund dienstlich zu äußern.[15] Wird ein Untersuchungsrichter oder ein Amtsrichter abgelehnt und hält dieser das Ablehnungsgesuch für begründet, so findet ein weiteres Verfahren nicht statt.[16] Ist dies nicht der Fall, so muß eine Entscheidung des Gerichts eintreten, bei welcher der abgelehnte Richter nicht mitwirkt. Zuständig für diese Entscheidung ist das Gericht d. h. die Strafkammer, der Schwurgerichtshof, der Strafsenat, welchem der abgelehnte Richter angehört. Wird das Gericht mangels ausreichender Stellvertreter durch Ausscheiden des letzteren beschlußunfähig, so entscheidet das zunächst obere Gericht. Handelt es sich um die Ablehnung eines Untersuchungsrichters oder eines Amtsrichters — auch im Schöffengericht —, so entscheidet die Strafkammer des Landgerichts.[17] Dieselben Zuständigkeitsbestimmungen gelten auch für den Fall, wenn ein Richter selbst von einem Verhältnisse Anzeige macht, welches seine Ablehnung rechtfertigen könnte oder wenn aus anderer Veranlassung Zweifel entstehen, ob ein Richter kraft Gesetzes ausgeschlossen ist.[18]

Wird das Ablehnungsgesuch für begründet erklärt, so ist damit die Sache erledigt. Gegen den Beschluß jedoch, welcher das Ablehnungsgesuch für unbegründet erklärt, ist,

---

verhandlung, so daß §§. 225, 23 Abs. 3 keine Anwendung finden.

[14] StPO. §. 26.

[15] StPO. §. 26 Abs. 3.

[16] StPO. §. 27 Abs. 2. E. V. 437.

[17] StPO. §. 27 Abs. 1 u. 2.

[18] StPO. §. 30.

soweit er nicht, weil von einem Oberlandesgericht oder dem Reichsgericht erlassen, überhaupt der Anfechtung entzogen ist, sofortige Beschwerde zulässig.[19] Bezog sich das Ablehnungsgesuch auf einen erkennenden Richter, so kann der Beschluß des Gerichts nicht für sich allein, sondern nur mit dem Urtheil durch Berufung oder Revision angefochten werden.[20]

5. Ein abgelehnter Richter hat vor Erledigung des Ablehnungsgesuchs nur solche Handlungen vorzunehmen, die keinen Aufschub gestatten.[21] Handlungen eines mit Erfolg abgelehnten Richters werden ebenso beurtheilt wie diejenigen eines kraft Gesetzes ausgeschlossenen Richters.[22]

§. 25.

3. Ausschließung und Ablehnung der übrigen Gerichtspersonen.

Die in den §§. 23 und 24 dargestellten Grundsätze finden zunächst auch auf die Schöffen und den Gerichtsschreiber, soweit sie passen, Anwendung.[1] Die Entscheidung über eine Ausschließung oder Ablehnung von Schöffen erfolgt durch den Amtsrichter. Hinsichtlich des Gerichtsschreibers entscheidet das Gericht oder der Richter, welchem derselbe beigegeben ist.[2]

Der Gerichtsvollzieher ist kraft Gesetzes in Straf-

---

[19] StPO. §§. 28 Abs. 1, 346 Abs. 3, 353.

[20] StPO. §. 28 Abs. 2. — Und zwar gleichgültig, ob der Beschluß in oder vor der Hauptverhandlung erlassen ist. E. VII. 175.

[21] StPO. §. 29.

[22] StPO. §. 377 Nr. 3; vgl. den vorigen §. 23 sub III.

[1] StPO. §. 31 Abs. 1. Auf Schöffen und Gerichtsschreiber beziehen sich StPO. §§. 22, 24—26, 28, 30, auf Letzteren allein noch §. 29.

[2] StPO. §. 31 Abs. 2.

sachen von der Ausübung seines Amtes ausgeschlossen,[3] wenn er selbst durch die strafbare Handlung verletzt oder wenn er der Ehemann der Beschuldigten oder Verletzten ist oder gewesen ist, oder wenn er mit dem Beschuldigten oder Verletzten in dem oben §. 23 II 3 bezeichneten Verwandtschafts- oder Schwägerschaftsverhältnisse[4] steht.

Die Geschworenen sind aus denselben Gründen von der Ausübung ihres Amtes kraft Gesetzes ausgeschlossen, aus welchen dies bei dem Richter der Fall ist.[5] Außerdem können sie noch von den Parteien in der Hauptverhandlung ohne Angabe von Gründen abgelehnt werden.[6]

Dritter Abschnitt.

Zuständigkeit.

§. 26.

1. Zuständigkeit im Allgemeinen.[1]

1. Die Befugniß zur Ausübung der Strafgerichtsbarkeit setzt Zuständigkeit der Gerichte voraus und zwar müssen dieselben in doppelter Hinsicht, in sachlicher und in örtlicher, zuständig sein.

Von sachlicher Zuständigkeit spricht man mit Rücksicht darauf, daß den verschiedenen Arten der Strafgerichte, wie

---

[3] GVG. §. 156 Nr. II.

[4] Vgl. GVG. §. 156 Nr. I. 3.

[5] StPO. §§. 32, 22.

[6] StPO. §§. 282—285; vgl. auch noch §. 279. — Vgl. in Betreff der Sachverständigen StPO. §. 74 und der Dolmetscher GVG. §. 193. Hinsichtlich der Staatsanwaltschaft sind entsprechende Vorschriften überhaupt nicht gegeben.

[1] Vgl. Planck §. 28, §. 30, HH. I. 143 ff., Glaser §. 72, Geyer §. 55, §. 79, §§. 89—92, Stenglein §. 18, Bennecke §. 22.

sie oben §§. 11—16 dargestellt sind, je ein bestimmter Kreis strafbarer Handlungen nach der Art derselben zur Aburtheilung sei es in erster, sei es in höherer Instanz überwiesen ist. Die Thätigkeit eines Gerichts erstreckt sich jedoch nicht auf alle Strafsachen, für welche es danach sachlich zuständig ist. Unter den Gerichten gleicher Ordnung d. h. mit gleicher sachlicher Zuständigkeit ist vielmehr eine Geschäftseintheilung vorgenommen und jedem Gerichte je nach dem Umfange seiner sachlichen Zuständigkeit ein größerer oder kleinerer Kreis des Staatsgebietes zugewiesen, innerhalb dessen es allein thätig sein soll. Die beiden Arten der Zuständigkeit stehen in dem Verhältnisse zu einander, daß die örtliche Zuständigkeit die sachliche zur nothwendigen Voraussetzung hat.

Sachliche und örtliche Zuständigkeit der Gerichte beziehen sich nicht bloß, obwohl dies vorzugsweise der Fall ist, auf die Thätigkeit der Gerichte als erkennender Gerichte erster Instanz, sondern auf deren gesammte Thätigkeit. Die sachliche und örtliche Zuständigkeit der zweiten bzw. dritten Instanz ergibt sich dabei von selbst aus derjenigen der ersten Instanz.

2. Der Berechtigung eines Gerichts, eine bestimmte Strafsache zu erledigen, entspricht die Verpflichtung des Angeschuldigten, sich der Strafgerichtsbarkeit des betreffenden Gerichts zu unterwerfen. Wie aber die Berechtigung zur Erledigung der Strafsache (Gerichtszwang) zugleich Verpflichtung des Gerichts ist, so ist auch die Verpflichtung des Angeschuldigten (Gerichtsstand [2]) zugleich Berechtigung desselben. Der Angeschuldigte braucht sich einem unzu-

[2] Die StPO. gebraucht diesen Ausdruck allerdings lediglich im Sinne der örtlichen Zuständigkeit. Vgl. Mot. 9.

ständigen Gerichte nicht zu unterwerfen, sein Verzicht auf diese Berechtigung würde sogar in gewissen Fällen, z. B. wenn die Bestimmungen über die sachliche Zuständigkeit nicht beobachtet sind, ohne Einfluß auf die Erledigung der Strafsache sein.

3. Die gesetzlichen Vorschriften über die Zuständigkeit sind mehr oder weniger zwingender Natur, je nachdem ob es sich um die sachliche oder die örtliche Zuständigkeit handelt.

a) Das Gericht hat seine sachliche Zuständigkeit in jeder Lage des Verfahrens von Amtswegen zu prüfen.[3] Die einzelnen Untersuchungshandlungen eines sachlich unzuständigen Gerichts sind ungültig, die Urtheile desselben anfechtbar.[4] Hiervon ist eine Ausnahme gemacht. In der Hauptverhandlung darf ein Gericht sich nicht aus dem Grunde für unzuständig erklären, weil die Strafsache vor ein Gericht niederer Ordnung gehört.[5] Das öffentliche und das Interesse des Angeschuldigten werden in einem solchen Falle dadurch nicht verletzt, daß die betreffende Strafsache mit mehr Garantien erledigt wird als nothwendig ist.

b) Bei der örtlichen Zuständigkeit handelt es sich nur um gleichmäßig besetzte Gerichte. In den meisten Fällen ist es daher gleichgültig, welches von diesen Gerichten eine Strafsache aburtheilt. Aus diesem Grunde darf das Gericht nach Eröffnung des Hauptverfahrens seine Unzuständigkeit nicht mehr von Amtswegen, sondern nur

[3] StPO. §. 6.

[4] StPO. §. 377 Nr. 4; vgl. auch §. 369.

[5] StPO. §. 269; vgl. für den entgegengesetzten Fall, wenn die Strafsache vor ein Gericht höherer Ordnung gehört, §. 270, auch §. 369 Abs. 3.

auf Einwand des Angeklagten aussprechen,[6] und kann der Angeschuldigte auf seine Berechtigung, von dem (auch örtlich) zuständigen Gerichte abgeurtheilt zu werden, verzichten. Will er dies jedoch nicht, so muß er den Einwand der örtlichen Unzuständigkeit innerhalb gewisser Fristen geltend machen.[7] Zu unterscheiden ist dabei, ob eine Voruntersuchung stattfindet oder nicht. Findet eine Voruntersuchung statt, so kann der Angeschuldigte den obigen Einwand nur bis zum Schlusse derselben[8] erheben, wenn er desselben nicht verlustig gehen will. Ist durch eine ausdrückliche Entscheidung, gleichviel ob auf Antrag des Angeschuldigten oder nicht, die örtliche Zuständigkeit für die Voruntersuchung festgestellt, so wird hierdurch auch die Zuständigkeit für das Hauptverfahren und damit definitiv festgestellt.[9] Findet eine Voruntersuchung nicht statt, so ist der Einwand der örtlichen Unzuständigkeit spätestens in der Hauptverhandlung bis zur Verlesung des Beschlusses über die Eröffnung des Hauptverfahrens geltend zu machen.[10]

Die einzelnen Untersuchungshandlungen eines örtlichen unzuständigen Gerichts sind nicht schon dieser Unzuständigkeit wegen ungültig.[11] Auch hat ein örtlich unzuständiges Gericht ohne Ersuchen des zuständigen sich denjenigen innerhalb seines Bezirks vorzunehmenden Untersuchungshandlungen zu unterziehen, bei denen Gefahr im Verzug obwaltet.[12]

---

[6] StPO. §. 18.

[7] StPO. §. 16.

[8] StPO. §. 195.

[9] StPO. §. 17. — §. 377 Nr. 4 StPO. ist danach in diesem Fall nicht anwendbar. Mot. 204.

[10] StPO. §. 242 Abs. 2.

[11] StPO. §. 20.

[12] StPO. §. 21.

§. 27.

2. Sachliche Zuständigkeit.[1]

Die sachliche Zuständigkeit der Gerichte ist wegen ihres engen Zusammenhanges mit der Organisation der Gerichte bereits oben (§§. 11—16) zugleich mit dieser dargestellt,[2] wie sie auch gesetzlich nicht durch die Strafprozeßordnung, sondern durch das Gerichtsverfassungsgesetz geregelt ist.[3] Hier sind nur diejenigen gesetzlich in der Strafprozeßordnung[4] geregelten Bestimmungen nachzutragen, welche sich auf die Erledigung zusammenhängender Strafsachen beziehen, welche einzeln zur Zuständigkeit von Gerichten verschiedener Ordnung gehören würden.

Ein Zusammenhang von Strafsachen ist vorhanden, wenn eine Person mehrerer strafbarer Handlungen beschuldigt wird, oder wenn bei einer strafbaren Handlung mehrere Personen als Thäter, Theilnehmer, Begünstiger oder Hehler beschuldigt sind.[5] Derartig zusammenhängende Strafsachen können bei demjenigen Gerichte anhängig gemacht werden, welchem die höhere Zuständigkeit beiwohnt.[6] Unzulässig ist nur die Verbindung von Schwurgerichts- und Privatklagesachen.[7]

Eines besonderen Gerichtsbeschlusses bedarf es zu dieser Verbindung nicht; das Gericht ist aber an die Ansicht der Staatsanwaltschaft über die Zweckmäßigkeit der Verbindung nicht gebunden, kann vielmehr die in einer Klage anhängig gemachten Strafsachen sofort, wie auch im spä-

---

[1] Vgl. Bennecke §§. 31, 32.
[2] Vgl. auch §. 9 am Ende.
[3] StPO. §. 1.
[4] StPO. §§. 2—5.
[5] StPO. §. 3. Vgl. Glaser im Gsaal XXXVII. 81 ff.
[6] StPO. §. 2 Abs. 1.
[7] StPO. §. 424 Abs. 2.

teren Verlaufe des Verfahrens aus Zweckmäßigkeitsgründen wieder trennen.[8]

Eine Verbindung zusammenhängender oder eine Trennung verbundener Strafsachen ist auch nach Eröffnung der Untersuchung bei Gerichten verschiedener Ordnung[9] zulässig. Es kann dies von der Staatsanwaltschaft oder dem Angeschuldigten beantragt oder von Amtswegen angeordnet werden. Nothwendig ist aber hierzu unter allen Umständen ein Beschluß des Gerichts, der ebenfalls lediglich nach Gründen der Zweckmäßigkeit erfolgt.[10] Es entscheidet das Gericht höherer Ordnung, wenn das betheiligte Gericht niederer Ordnung zu dem Gerichtsbezirke des ersteren gehört, ist dies aber nicht der Fall, so entscheidet das gemeinschaftliche obere Gericht.[11]

Das Verfahren[12] bei zusammenhängenden Strafsachen richtet sich für die Dauer der Verbindung nach der Strafsache, welche zur Zuständigkeit des Gerichts höherer Ordnung gehört.[13]

§. 28.

3. Oertliche Zuständigkeit.[1]

Die örtliche Zuständigkeit oder der Gerichtsstand[2] wird

[8] StPO. §. 2 Abs. 2.

[9] Bei Gerichten gleicher Ordnung, wo also nur die örtliche Zuständigkeit in Frage steht, entscheidet §. 13 StPO. Vgl. den folg. §. 28 sub II. — Sind bei demselben Gerichte mehrere Strafsachen anhängig, so können diese gemäß §. 236 StPO. im Falle eines Zusammenhanges zum Zwecke gleichzeitiger Verhandlung verbunden werden, auch wenn der Zusammenhang nicht der oben gemäß §. 3 StPO. bezeichnete ist.

[10] StPO. §. 4 Abs. 1.

[11] StPO. §. 4 Abs. 2.

[12] z. B. auch hinsichtlich der Nothwendigkeit der Vertheidigung, der Voruntersuchung, hinsichtlich der Rechtsmittel.

[13] StPO. §. 5.

[1] Vgl. Planck §§. 31—36, Zachariae §§. 54—57, Glaser §§. 72, 73, Geyer §§. 81—88, Binding §§. 29—35, Stenglein §. 18, Bennecke §§. 24 bis 30, 33—35.

[2] Vgl. Anm. 2 zu §. 26.

durch den Gerichtsbezirk, durch den Zusammenhang mehrerer Strafsachen oder durch Auftrag eines oberen Gerichts begründet.

I. Durch den Gerichtsbezirk.

Hierbei ist zu unterscheiden, ob die strafbare Handlung im Inlande oder im Auslande begangen ist.

1. Für die im Inlande begangenen strafbaren Handlungen gilt der Gerichtsstand der begangenen That[3] und neben und gleichberechtigt mit diesem auch der Gerichtsstand des Wohnsitzes[4] des Angeschuldigten zur Zeit der Erhebung der Klage.[5] Hat der Angeschuldigte keinen Wohnsitz im deutschen Reiche, so wird derselbe ersetzt durch den gewöhnlichen[6] Aufenthaltsort und, wenn ein solcher nicht bekannt ist, durch den letzten Wohnsitz.

Ist weder der Gerichtsstand der begangenen That noch der Gerichtsstand des Wohnsitzes ermittelt, so findet der Gerichtsstand der Ergreifung[7] Anwendung. Hat eine Ergreifung des Angeschuldigten nicht stattgefunden, so wird das zuständige Gericht vom Reichsgerichte bestimmt.[8]

2. Für die im Auslande[9] begangenen strafbaren Handlungen gilt zunächst der Gerichtsstand des

---

[3] StPO. §. 7. Kommen die Thatbestandsakte an verschiedenen Orten zur Existenz, so ist die strafbare Handlung an jedem dieser Orte begangen. E. XV. 232. R. IX. 93.

[4] StPO. §. 8. Ueber die Wahl zwischen beiden Gerichtsständen vgl. Ortloff im Gsaal XXXVI. 319 ff., 489 ff.

[5] Ueber den G. d. W. der Deutschen, welche das Recht der Exterritorialität genießen, und der im Auslande angestellten deutschen Beamten vgl. StPO. §. 11.

[6] Ein bloß vorübergehender genügt also nicht.

[7] und zwar nicht bloß wegen der in Frage stehenden That.

[8] StPO. §. 9 Abs. 2 u. 1.

[9] Jedes nicht zum deutschen Reich gehörige Gebiet. Diese in §. 8 StGB. gegebene Definition gilt auch für den Strafprozeß.

Wohnsitzes, gewöhnlichen Aufenthaltsortes bzw. letzten Wohnsitzes. Kann die Anklage hier nicht erhoben werden, so ist der Gerichtsstand der Ergreifung maßgebend. Hat eine Ergreifung nicht stattgefunden, so wird das zuständige Gericht vom Reichsgerichte bestimmt.[10]

3. Eine besondere Bestimmung, die nicht als Ausnahme von den vorher dargestellten Regeln aufzufassen ist, findet sich hinsichtlich der strafbaren Handlungen, die auf einem deutschen Schiffe im Auslande oder in offener See begangen sind.[11] Zur Aburtheilung derselben ist neben dem Gerichte des Wohnsitzes das Gericht zuständig, in dessen Bezirk der Heimathshafen[12] oder derjenige deutsche Hafen liegt, welchen das Schiff nach der That zuerst erreicht.

Im Ausland angestellte Beamte behalten in Ansehung des Gerichtsstandes ihren Wohnsitz, welchen sie in ihrem Heimathsstaat hatten, und für welchen in Ermangelung eines solchen die Hauptstadt desselben gilt; ebenso Deutsche, welche das Recht der Exterritorialität genießen.[13]

4. Unter mehreren örtlich zuständigen Gerichten gebührt demjenigen der Vorzug, welches die Untersuchung[14] zuerst eröffnet hat; jedoch kann das gemeinschaftliche obere Gericht durch Beschluß nach Anhörung

R. I. 322. — Für die der Konsulargerichtsbarkeit unterliegenden Strafthaten sieh' das G. über die Konsularg. v. 10./7. 79 (RGBl. 197), auch das G., betr. die Rechtsverh. der deutschen Schutzgebiete, v. 17./4. 86 (RGBl. 75).

[10] StPO. §. 9 Abs. 1.

[11] StPO. §. 10.

[12] Vgl. hierüber DHGB. Art. 435, G., betr. die Nationalität der Kauffahrteischiffe, v. 25./10. 67 (BGBl. 35) §. 5.

[13] StPO. §. 11. — Exterritoriale unterliegen im Uebrigen der inländischen Gerichtsbarkeit natürlich überhaupt nicht. Vgl. oben §. 5 letzter Abs.

[14] Oder was derselben gleich zu achten ist; vgl. StPO. §§. 168, 211 Abs. 1, 265, 447 ff., 456, 462.

der Staatsanwaltschaft auf Anregung der letzteren oder des betreffenden Gerichts oder auch des Angeschuldigten selbst einem anderen der zuständigen Gerichte die Untersuchung und Entscheidung der Strafsache übertragen.[15]

II. Durch den Zusammenhang mehrerer Strafsachen.

Zusammenhängende Strafsachen,[16] welche einzeln zur Zuständigkeit verschiedener Gerichte gleicher Ordnung gehören würden, können sämmtlich oder zum Theil bei jedem Gerichte erledigt werden, welches für eine derselben zuständig ist.[17]

Zu unterscheiden ist hierbei, ob die mehreren zusammenhängenden Strafsachen bereits anhängig gemacht worden sind oder nicht. So lange dies letztere noch nicht der Fall ist, unterliegt es dem Ermessen der Staatsanwaltschaft,[18] ob und bei welchem der zuständigen Gerichte die Verbindung eintreten soll. Sind dagegen die betreffenden Straffachen einzeln bereits bei verschiedenen Gerichten anhängig gemacht worden,[19] so können dieselben bei einem der zuständigen Gerichte nur durch eine den Anträgen der Staatsanwaltschaft entsprechende Vereinbarung der betheiligten Gerichte verbunden werden. Der bezw. die Angeschuldigten brauchen nicht gehört zu werden. Kommt eine solche Vereinbarung aber nicht zu Stande, so entscheidet, wenn die Staatsanwaltschaft oder ein Angeschuldigter hierauf anträgt, das gemeinschaftliche obere Gericht darüber,

[15] StPO. §. 12, §. 33.

[16] StPO. §. 3; vgl. oben §. 27.

[17] StPO. §. 13 Abs. 1; vgl. außerdem §. 236.

[18] ohne daß in diesem Falle (anders im Falle StPO. §. 2) dem Gericht eine Trennungsbefugniß zusteht. Vgl. aber den folg. Abs.

[19] Sie brauchen sich nicht in dem gleichen Stadium der Untersuchung zu befinden.

ob und bei welchem der Gerichte die Verbindung einzutreten habe.[20]

Die Verbindung mehrerer zusammenhängender Strafsachen kann aber auch wieder aufgehoben werden. Es ist hierzu erforderlich ein Antrag der Staatsanwaltschaft oder eines Angeschuldigten. Gleichgültig ist es, ob der Antrag auf Wiederaufhebung der Verbindung von der Staatsanwaltschaft, der Antrag aber, in Folge dessen die Verbindung eingetreten war, von einem Angeschuldigten, oder ob dieser Antrag von der Staatsanwaltschaft, jener von einem Angeschuldigten gestellt worden ist. Die Wiederaufhebung der Verbindung wird durch das gemeinschaftliche obere Gericht ausgesprochen.[21]

Die Fragen, ob, in welchem Umfange, und bei welchem Gerichte die Verbindung zusammenhängender Strafsachen eintreten soll, und ob eine eingetretene Verbindung ganz oder theilweise wieder aufzuheben ist, sind lediglich nach Gründen der Zweckmäßigkeit zu entscheiden.

III. Durch Auftrag eines oberen Gerichts kann in folgenden Fällen ein Gerichtsstand begründet werden:

1. Wenn die strafbare Handlung im Auslande begangen, der Gerichtsstand des Wohnsitzes[22] u. s. w. nicht begründet ist und eine Ergreifung nicht stattgefunden hat.[23]

2. Wenn die strafbare Handlung im Inlande begangen, der Gerichtsstand der begangenen That oder des Wohnsitzes nicht ermittelt ist und eine Ergreifung nicht stattgefunden hat.[24]

---

[20] StPO. §. 13 Abs. 2.

[21] StPO. §. 13 Abs. 3.

[22] StPO. §. 8.

[23] StPO. §. 9 Abs. 1; vgl. oben Anm. 10.

[24] StPO. §. 9 Abs. 2; vgl. oben Anm. 8.

3. Wenn das eine von mehreren örtlich zuständigen Gerichten die Untersuchung zuerst eröffnet hat, so kann trotzdem ein anderes der zuständigen Gerichte mit der Erledigung der Strafsache beauftragt werden.[25]

4. Wenn mehrere zusammenhängende Strafsachen zu erledigen sind, welche einzeln zur Zuständigkeit verschiedener Gerichte gleicher Ordnung gehören, so kann einem dieser Gerichte die Erledigung aller Strafsachen übertragen werden.[26]

5. Wenn zwischen mehreren Gerichten Streit über die örtliche Zuständigkeit besteht.[27]

6. Wenn das an sich zuständige Gericht in einem einzelnen Falle an der Ausübung des Richteramts rechtlich oder thatsächlich verhindert,[28] oder von der Verhandlung vor diesem Gerichte eine Gefährdung der öffentlichen Sicherheit zu besorgen ist.[29]

7. Wenn mehrere Gerichte, von denen eins das zuständige ist, durch nicht mehr anfechtbare Entscheidungen ihre Unzuständigkeit ausgesprochen haben.[30]

Die erforderlichen Entscheidungen, durch welche das zuständige Gericht in den sieben Fällen bezeichnet wird, erfolgen in den ersten beiden Fällen durch das Reichsgericht, in dem dritten, vierten, fünften und siebenten durch das gemeinschaftliche obere Gericht.[31] In dem sechsten Falle überträgt das zunächst obere Gericht[31]

---

[25] StPO. §. 12 Abs. 2; vgl. oben Anm. 15.

[26] StPO. §. 13 Abs. 2; vgl. oben Anm. 20.

[27] StPO. §. 14.

[28] Z. B. weil es in Folge Ausschließung der Richter an der erforderlichen Richterzahl fehlt.

[29] StPO. §. 15; vgl. noch GVG. §. 98.

[30] StPO. §. 19; vgl. noch §. 394 Abs. 2.

[31] Strafkammer, Oberlandesgericht oder Reichsgericht.

die Untersuchung und Entscheidung einem Gerichte seines Bezirks, welches dieselbe sachliche Zuständigkeit hat wie das an sich zuständige, aber verhinderte Gericht.

§. 29.

4. Rechtshülfe.[1]

1. Die Gerichtsgewalt eines jeden deutschen Gerichts erstreckt sich auf den Bezirk, für welchen dasselbe bestellt ist. Diese an sich nothwendige Beschränkung würde in vielen Fällen die Durchführung der Strafrechtspflege völlig illusorisch machen, wenn nicht für alle deutschen Gerichte, gleichviel ob sie demselben Bundesstaate angehören oder nicht, die Verpflichtung bestände, sich gegenseitig Rechtshülfe zu leisten, und wenn nicht den Gerichten gestattet wäre, unter gewissen Bedingungen ihre Gerichtsgewalt auch über die Grenzen ihres Bezirks auszudehnen.

Hinsichtlich der Rechtshülfe, d. i. der stellvertretenden Vornahme richterlicher Handlungen, welche sich die Gerichte zu leisten haben, gelten die Vorschriften des Gerichtsverfassungsgesetzes,[2] wenn es sich um Strafsachen handelt, welche vor die ordentlichen Gerichte gehören,[3] dagegen die Vorschriften des Gesetzes vom 21. Juni 1869, betreffend

---

[1] Vgl. Planck §. 37; Zachariae §. 60; Geyer §. 93; Binding §. 36; Stenglein §. 11; Bennecke §. 37; Böhm, Handbuch des Rechtshülfeverfahrens, II. Th. Rechtshülfe in Strafsachen; Kronecker im Gsaal XXXIII. 575.

[2] GVG. §§. 157—169, jedoch beziehen sich nicht alle §§. auf Rechtshülfe (vgl. §§. 161, 162, 167, 168) oder auf Rechtshülfe, welche von den Gerichten gefordert wird, bzw. zu leisten ist (vgl. §§. 163, 164, 169). Vgl. noch preuß. Ausf.G. zum deutschen GVG. vom 24. April 1878 §. 87.

[3] Ebenso in Konsulargerichtssachen und in den deutschen Schutzgebieten. G. v. 10./7. 79 (RGBl. 197) §. 13; G. v. 17./4. 86 (RGBl. 75) §. 2.

die Gewährung der Rechtshülfe, wenn diese von anderen als den ordentlichen Gerichten gefordert wird bzw. zu leisten ist.

2. Die Rechtshülfe wird nur auf Ersuchen geleistet. Wenn Gefahr im Verzug obwaltet, kann aber auch ein unzuständiges Gericht aus eigener Initiative Untersuchungshandlungen vornehmen.[4] Das Ersuchen um Rechtshülfe ist an das Amtsgericht zu richten, in dessen Bezirke die Amtshandlung vorgenommen werden soll.[5]

Das Ersuchen eines im Instanzenzuge vorgesetzten Gerichts darf überhaupt nicht, das eines im Instanzenzuge nicht vorgesetzten Gerichts nur aus folgenden Gründen abgelehnt werden:[6]

a) wenn dem ersuchten Gerichte die örtliche Zuständigkeit mangelt, oder

b) wenn die vorzunehmende Handlung nach dem Rechte des ersuchten Gerichts verboten ist.

Wird das Ersuchen um Rechtshülfe abgelehnt, oder demselben mit Unrecht[7] stattgegeben, so ist hiergegen Beschwerde[8] zulässig. Ueber diese Beschwerde entscheidet aber nicht das Landgericht, sondern das Oberlandesgericht. Die Entscheidung des letzteren kann nur angefochten werden, wenn die Rechtshülfe für unzulässig erklärt ist und wenn das ersuchende und das ersuchte Gericht den Bezirken verschiedener Oberlandesgerichte angehören. Die Beschwerde[8] geht in diesem Falle an das Reichsgericht.

[4] StPO. §. 21; vgl. auch §. 163.

[5] GVG. §. 158.

[6] GVG. §. 159.

[7] GVG. §. 159 Abs. 2.

[8] Auf diese Beschwerde (im weiteren Sinne) können die in der StPO. §§. 346 ff. enthaltenen Vorschriften nicht analog angewendet werden. Mot. zum GVG. 192 i. f.

Die Entscheidungen des Oberlandesgerichts und des Reichsgerichts erfolgen nur auf Antrag der Betheiligten [9] oder des ersuchenden Gerichts und ohne vorgängige mündliche Verhandlung. [10]

Die Kosten der Rechtshülfe werden von der ersuchenden Behörde nicht erstattet. [11] Die baaren Auslagen, welche durch eine Ablieferung oder Strafvollstreckung entstehen, werden jedoch der ersuchten Behörde von der ersuchenden erstattet, wenn beide verschiedenen Bundesstaaten angehören. [12]

3. Das Gebiet der Rechtshülfe hat sich erheblich dadurch verringert, [13] daß, wie bereits oben [14] näher dargelegt ist, die Gerichtsgewalt eines jeden deutschen Gerichtes sich auf die Einwohner aller deutschen Staaten erstreckt, daß daher alle Gebote oder Verbote eines jeden deutschen Gerichts von allen im deutschen Reiche sich aufhaltenden Personen zu befolgen sind, ohne daß es der Anweisung zur Folgeleistung durch das für sie zuständige Gericht bedarf. Ladungen und Zustellungen erfolgen direkt. [15] Es können jedoch die Gerichte (und ebenso Staatsanwaltschaft und Gerichtsschreiber) wegen Ertheilung eines Auftrags an einen Gerichtsvollzieher die Mitwirkung des Gerichtsschreibers des Amtsgerichts in Anspruch nehmen, in dessen Bezirke der Auftrag ausgeführt werden soll. [16]

Die Rechtshülfe wird ferner in den Fällen entbehrlich,

---

[9] Unter B. sind diejenigen zu verstehen, „welche ein Interesse daran haben, daß dem Ersuchen stattgegeben wird", vgl. Motive zum GVG. §. 193.

[10] GVG. §. 160.

[11] GVG. §. 165 Abs. 2.

[12] GVG. §. 165 Abs. 1; vgl. ferner noch §§. 165 Abs. 3 und 4, 166.

[13] Vgl. hierüber bes. die Motive zum GVG. §§. 188 ff.

[14] §. 8 letzter Abs.

[15] GVG. §. 161.

[16] GVG. §. 162.

in welchem das Gericht[17] außerhalb seines Bezirks Amtshandlungen vornehmen darf. In der Regel gehört hierzu Zustimmung des Amtsgerichts des Orts, wo die Amtshandlung vorgenommen werden soll; wenn jedoch Gefahr im Verzug obwaltet, kann ohne Zustimmung gehandelt werden. In diesem Falle ist jedoch dem Amtsgerichte des Orts Anzeige zu machen.[18]

§. 30.

5. Internationale Rechtshülfe.[1]

Eine zweckentsprechende Durchführung des Strafprozesses erfordert vielfach auch gerichtliche im Ausland vorzunehmende Akte. In den Konsulargerichtsbezirken und in den deutschen Schutzgebieten finden, wie bereits oben[2] bemerkt ist, die Rechtshülfevorschriften des Gerichtsverfassungsgesetzes entsprechende Anwendung. Der Gerichtsbarkeit der dort eingesetzten deutschen Gerichte sind aber nur die Reichsangehörigen und Schutzgenossen unterworfen. Auch außerhalb dieser Gebiete sind die deutschen Konsuln berufen, für die Zwecke der deutschen Gerichtsbarkeit thätig zu werden, indem sie allgemein zur Bewirkung von Zustellungen und Ladungen, vielfach auch, wozu sie vom Reichskanzler besonders ermächtigt werden, zur Abhörung von Zeugen und Abnahme von Eiden befugt sind. Die von ihnen aufgenommenen Verhandlungen stehen den Verhandlungen der zuständigen inländischen Behörden gleich; ihre

[17] Hinsichtlich der Sicherheitsbeamten vgl. GVG §. 168.

[18] GVG. §. 167.

[1] Vgl. Zachariae §. 61; Binding §. 37; Böhm, Handbuch des Rechtshülfeverfahrens II. Th.; v. Martitz, Internationale Rechtshülfe in Strafsachen; Lammasch, Auslieferungspflicht und Asylrecht; Ders. in Holtzendorff's Handb. d. Völkerrechts III. 343 ff.

[2] Anm. 3 zu §. 29.

Inanspruchnahme erfolgt regelmäßig durch direkt an sie gerichtetes Ersuchen.[3]

Soweit auf diesem Wege die strafprozeßrechtlichen Zwecke nicht erreicht werden können, bedarf es einer Inanspruchnahme der ausländischen Behörden, insbesondere Gerichte. Zur Gewährung einer solchen Rechtshülfe ist aber die ausländische Behörde nur verpflichtet, soweit dies durch Verträge zwischen dem ausländischen Staat und dem deutschen Reich festgesetzt ist. Soweit Zustellungen, Ladungen und Mitwirkung bei Beweiserhebungen (Zeugenvernehmungen und dergl.) in Frage stehen, gewähren die Behörden der Kulturstaaten einander jedoch auch ohne Vertrag nach internationalem Herkommen und auf Grund bestehender Gegenseitigkeit Rechtshülfe mit denjenigen Beschränkungen, welche sich aus den betreffenden Landesgesetzen ergeben. Eine Vollstreckung ausländischer Strafurtheile findet nach internationalem Gebrauch niemals statt.

Ausdrücklich durch Staatsverträge garantirt ist, abgesehen von Elb- und Rheinschiffahrtssachen, Rechtshülfe dem deutschen Reich nur durch die mit verschiedenen Staaten abgeschlossenen Auslieferungsverträge.[4] Seitens des deutschen Reichs sind solche Verträge abgeschlossen mit Belgien, Brasilien, Großbritannien, Italien, Luxemburg, Schweden und Norwegen, Schweiz, Serbien, der Südafrikanischen Republik, Uruguay und den Vereinigten Staaten von Amerika. Außerdem gelten auch noch die von den einzelnen deutschen

[3] Vgl. §§. 19, 20 des G., betr. die Organisation der Bundeskonsulate, v. 8. 11. 67 (BGBl. 137).

[4] Vgl. Hetzer, Auslieferungsverträge; Staudinger, Samml. von Staatsverträgen d. deutschen Reichs; Schönemann in GArch. XXIX. 16; v. Liszt, Z. f. StRW. II. 50; Lammasch, das Recht der Auslieferung.

Staaten abgeschlossenen Auslieferungsverträge, soweit nicht das deutsche Reich selbst mit dem betreffenden auswärtigen Staate einen Auslieferungsvertrag abgeschlossen hat.[5] Für Oesterreich-Ungarn ist noch maßgebend hinsichtlich des Auslieferungsverkehrs der Bundesbeschluß vom 26. Januar 1854.

In erster Linie behandeln diese Verträge, ihrem Wortlaute entsprechend, die gegenseitige Auslieferung von Verbrechern, wobei allgemein die beiden Grundsätze festgehalten sind, daß kein Inländer einer ausländischen Regierung und daß wegen politischer Verbrechen und Vergehen[6] Niemand ausgeliefert, überhaupt keine Rechtshülfe gewährt wird. Die Mehrzahl dieser Verträge enthält daneben noch weitere Vorschriften über Rechtshülfe in Strafsachen z. B. hinsichtlich der Vernehmung von Zeugen oder der Vornahme anderer Untersuchungshandlungen, der Zustellung von Ladungen, Ueberlieferung von Beweisstücken u. s. w.

Regelmäßig erfolgt das Ersuchen um Rechtshülfe an auswärtige Behörden auf diplomatischem Wege; nur hinsichtlich einzelner Staaten, vor Allem Oesterreich-Ungarn (hier auch bei Auslieferungen), der Schweiz und für einzelne Bezirke auch hinsichtlich Rußlands und Dänemarks ist ein direkter Geschäftsverkehr mit den zuständigen Behörden dieser Staaten gestattet.[7]

[5] Z. B. die Auslieferungsverträge von Preußen mit Frankreich, den Niederlanden und Rußland.

[6] Vgl. Löwenfeld, Erört. des Begriffs polit. Verbr. u. Verg. in Z. f. StRW. V. 46.

[7] Hinsichtlich des verschiedenartigen und vielfach komplizirten Verfahrens bei Ersuchen um Rechtshülfe im Auslande und um Auslieferung vgl. die vorzüglichen, nicht bloß für die preuß. Gerichte werthvollen Zusammenstellungen im preuß. JMBl. 1887 S. 139 ff., 1889 S. 8 ff.

Zweiter Theil.

Die Parteien und ihre Stellung.

Erster Abschnitt.

Die strafverfolgende Partei.

I. Die Staatsanwaltschaft.[1]

§. 31.

1. Stellung der Staatsanwaltschaft im Strafprozeß im Allgemeinen.

Wenn die Staatsanwaltschaft hier unter der Lehre von den Parteien im Zusammenhange behandelt wird, so geschieht dies, wie zur Vermeidung der Verkennung ihrer ganzen Stellung vorweg hervorgehoben werden muß, wesentlich nur zur Vereinfachung des Systems. Weil die Staatsanwaltschaft im Strafprozeß vorwiegend als strafverfolgende Behörde hervortritt, und weil sie dadurch im strafgerichtlichen Verfahren dem Beschuldigten der äußeren Erscheinung

---

[1] Vgl. Planck §§. 11—16; Zachariae §§. 62—64; Geyer §§. 95—98; Glaser §§. 71, 72; Stenglein §. 27; Bennecke §§. 43—49; John, Komm. II. 1 ff.; ferner Herrmann im Arch. N. F. 1852 S. 289 ff.; Heinze, Erört. S. 3 ff. und in GArch. XXIV. 292; Tinsch, die Staatsanwaltschaft im deutsch. Reichsprozeßrecht; v. Marck, die Staatsanwaltschaft in Preußen; König, die Geschäftsverwaltung d. Staatsanwaltschaft in Preußen.

nach als Partei gegenübertritt, so ist von dieser ihrer augenfälligsten Stellung der systematische Platz ihrer Behandlung gewählt.

In der That ist aber die Staatsanwaltschaft — selbst als strafverfolgende Behörde — nicht bloß Partei, wie in den folgenden §§. noch näher erörtert werden wird. Sie ist ferner aber auch innerhalb des Strafprozesses nicht bloß strafverfolgende Behörde. Die Reichsgesetzgebung hat den modernen Anschauungen entsprechend die von der staatlichen Strafgewalt zu lösenden Aufgaben durch Adoptirung des Anklageprozesses auf zwei Behörden vertheilt, und da, wie bereits oben §. 8 gezeigt ist, mit innerer Nothwendigkeit den unabhängigen Gerichten nur die eine Aufgabe zufällt, der Staatsgewalt das Recht zu weisen, daß keine andere Strafe vollstreckt wird, als die den objektiven Rechtsnormen entsprechende, so entscheiden hinsichtlich der Vertheilung im Uebrigen lediglich Zweckmäßigkeitsgründe, wobei im geltenden Recht der Gesichtspunkt, die Gerichte möglichst auf die Thätigkeit des Entscheidens zu beschränken, hervorragend maßgebend gewesen ist. So ist der Staatsanwaltschaft eine Mitwirkung bei den über eine einzelne Strafsache hinausreichenden Prozeßhandlungen eingeräumt, welche erforderlich werden hinsichtlich der Enthebung eines Schöffen vom Dienst, hinsichtlich der von Schöffen und Geschworenen geltend gemachten Ablehnungs- und Hinderungsgründe und hinsichtlich der gegen Schöffen und Geschworene zu verhängenden Ordnungsstrafen.[2] Auch die Bildung der Spruchliste der Geschworenen hat in Gegenwart der Staatsanwaltschaft zu erfolgen.[3]

[2] GVG. §§. 52, 53, 56, 96. [3] GVG. §. 91.

Ferner ist die Staatsanwaltschaft auch Vollstreckungsbehörde, und als solche erscheint sie als Hülfs- und Vollzugsorgan der Gerichte. Sie hat die Ladungen und Zustellungen zu bewirken, die als Beweismittel dienenden Gegenstände herbeizuschaffen, die Akten in die höheren Instanzen zu befördern und besonders die Strafen zu vollstrecken.[4]

Festzuhalten ist aber vor Allem, daß, wozu die gewählte Stellung im System verleiten könnte, die Staatsanwaltschaft dem Gericht keineswegs wie eine am Prozeß betheiligte Privatperson gegenübergestellt oder unterstellt ist, sondern daß sie als die eine der beiden mit der Strafrechtspflege betrauten Behörden dem Gerichte zur Seite steht.

Die Thätigkeit bzw. der Geschäftskreis der Staatsanwaltschaft außerhalb des Strafprozesses interessirt hier nicht. Bemerkt mag nur werden, daß reichsgesetzlich nur der Geschäftskreis der Reichsanwaltschaft und die Mitwirkung der Staatsanwaltschaft bei den vor die ordentlichen Gerichte gehörigen bürgerlichen Rechtsstreitigkeiten (hier nur in Ehe- und Entmündigungssachen[5]) und Strafsachen, sowie in dem ehrengerichtlichen Verfahren gegen Rechtsanwälte[6] geregelt ist. Es kann daher durch landesrechtliche Bestimmungen der Geschäftskreis der Staatsanwaltschaft erweitert werden. Die Landesregierungen sind nur insofern beschränkt, als sie den Staatsanwälten eine Dienstaufsicht über die Richter nicht übertragen und richterliche Geschäfte durch Staatsanwälte nicht wahrnehmen lassen dürfen.[7]

---

[4] StPO. §§. 36, 213, 362, 387, 483.

[5] CPO. §§. 569, 586, 595 ff.

[6] RAO. §. 92.

[7] GVG. §. 152.

§. 32.

2. Stellung der Staatsanwaltschaft als strafverfolgender Behörde.

1. Die Verfolgung der strafbaren Handlungen ist Recht und Pflicht des Staates. Im geltenden Recht ist aber ferner auch davon ausgegangen, daß dies in dem Maße gelte, daß die Strafverfolgung, soweit nicht das Gesetz selbst Ausnahmen aufstellt, niemals höhere staatliche Interessen verletzen könne, und darauf beruht der Grundsatz, daß die Staatsanwaltschaft nicht bloß das Recht, sondern auch die Pflicht hat, wegen jeder zu ihrer Kenntniß gekommenen Strafthat einzuschreiten,[1] vorausgesetzt natürlich, daß auch die gesetzlichen Voraussetzungen der Verfolgbarkeit und ausreichende thatsächliche Anhaltspunkte vorhanden sind (das sog. Legalitätsprinzip im Gegensatz zum Opportunitätsprinzip). Reichsgesetzlich sind von diesem Prinzip nur hinsichtlich der im Wege der Privatklage verfolgbaren Beleidigungen und Körperverletzungen, hinsichtlich der im Auslande begangenen Strafthaten und hinsichtlich der selbstständig verfolgbaren Einziehung von Sachen[2] Ausnahmen gemacht. In solchen Sachen, welche überhaupt der Kompetenz der Landesgesetzgebung unterliegen, kann aber auch diese gültige Ausnahmen statuiren. In diesen Fällen ist die Erhebung der öffentlichen Klage Zweckmäßigkeitsgründen überlassen; die Staatsanwaltschaft schreitet nur ein, wenn das öffentliche Interesse es fordert.

2. Dieser unbedingten Pflicht der Staatsanwaltschaft entspricht auf der anderen Seite das prinzipiell ausschließliche Recht der Strafverfolgung, das sog. Anklagemonopol.

[1] StPO. §. 152 Abs. 2.

[2] StPO. §. 416, StGB. §. 4 Abs. 2, §. 42.

Abgesehen von den geringfügigen unten in den §§. 38—42 behandelten Fällen, in welchen die Verwaltungsbehörden, der Privatkläger und der Nebenkläger eine Strafverfolgung übernehmen bzw. daran theilnehmen können, kann ein strafprozessuales Verfahren nur auf Antrag der Staatsanwaltschaft erfolgen.[3] Zur Wahrung der Rechte des Verletzten ist jedoch — nicht ganz im Einklang mit der prinzipiellen Stellung der Staatsanwaltschaft zu den Gerichten — hinsichtlich der Beobachtung des Legalitätsprinzips die Staatsanwaltschaft insoweit unter die Kontrole der Gerichte gestellt, als dem Verletzten, d. i. hier, wie sich insbesondere aus der einschränkenderen Bestimmung in §. 435 Abs. 2 StPO. ergibt, im weitesten Sinne Jeder, gegen dessen Rechtssphäre die Strafthat in irgend welcher Weise gerichtet gewesen ist,[4] die Befugniß ertheilt ist, über einen die Strafverfolgung ablehnenden Bescheid der Staatsanwaltschaft eine gerichtliche Entscheidung zu extrahiren, welcher die Staatsanwaltschaft nachzukommen verpflichtet ist.[5]

Die Geltendmachung dieses dem Verletzten eingeräumten Rechtes ist jedoch an folgende Voraussetzungen gebunden:

a) Da der Antrag auf gerichtliche Entscheidung die Durchführung des Legalitätsprinzips sichern soll, so kann er bei den strafbaren Handlungen nicht gestellt werden, für deren Strafverfolgung lediglich das Opportunitätsprinzip maßgebend ist.[6]

b) Die Stellung des Antrages ist nur zulässig, wenn der Verletzte gegen den ablehnenden Bescheid der

---

[3] StPO. §. 152 in Verbindung mit §. 151.

[4] A. A. John, Komm. II. 408 ff.; dagegen bes. Löwe S. 440.

[5] StPO. §§. 170 ff.

[6] Vgl. oben sub 1.

Staatsanwaltschaft binnen zwei Wochen nach der Bekanntmachung die Beschwerde an den vorgesetzten Beamten der Staatsanwaltschaft ohne Erfolg eingelegt hat. Die Beschwerde geht von der Amtsanwaltschaft an die Staatsanwaltschaft bei dem Landgerichte, von dieser und dem bei der detachirten Strafkammer befindlichen Beamten der Staatsanwaltschaft an die Staatsanwaltschaft bei dem Oberlandesgerichte und in den vor das Reichsgericht gehörigen Sachen von der Reichsanwaltschaft an den Reichskanzler.[7]

c) Der Antrag muß binnen einem Monate nach der Bekanntmachung des auf die Beschwerde von dem vorgesetzten Beamten der Staatsanwaltschaft ergangenen ablehnenden Bescheides gestellt werden.

d) Der Antrag muß die Thatsachen und Beweismittel angeben, durch welche die Erhebung der öffentlichen Klage begründet werden soll, und von einem Rechtsanwalt unterzeichnet sein.

e) Der Antrag ist bei dem für die Entscheidung der betreffenden Strafsache zuständigen Gerichte einzureichen.

Ueber den Antrag entscheidet das Oberlandesgericht, zu dessen Sprengel die Staatsanwaltschaft gehört, welche die Erhebung der öffentlichen Klage abgelehnt hat, in Reichsgerichtssachen das Reichsgericht. Nur wenn die vorgeschriebenen Fristen und Formen beobachtet sind, wird auf

[7] Vgl. GVG. §. 148 Nr. 1. — So auch Stenglein, Komm. S. 335; a. A. wegen des Ausdrucks „vorgesetzten Beamten der StA." statt „den der StA. vorgesetzten Beamten" Löwe S. 442; Benneke §. 46 Anm. 17; v. Schwarze im Gsaal XXXI. 299.

eine sachliche Prüfung des Antrages eingegangen. Vor der Entscheidung über den Antrag muß die Staatsanwaltschaft gehört werden,[8] und kann das Gericht dem Antragsteller die Leistung einer Sicherheit für die der Staatskasse und dem Beschuldigten voraussichtlich erwachsenden Kosten auferlegen.[9] Die Sicherheitsleistung ist in baarem Gelde oder in Werthpapieren zu bewirken. Die Höhe und die Frist, binnen welcher die Sicherheit zu leisten ist, wird von dem Gerichte nach freiem Ermessen festgesetzt. Wird die Sicherheit nicht rechtzeitig geleistet, so ist der Antrag für zurückgenommen zu erklären.

Das Gericht kann sofort über den Antrag entscheiden; es kann aber auch noch Ermittelungen anordnen und mit deren Vornahme eines seiner Mitglieder, den Untersuchungsrichter oder den Amtsrichter beauftragen, die von der Staatsanwaltschaft bisher geführten Verhandlungen sich vorlegen lassen und den Antrag dem Beschuldigten zur Erklärung mittheilen.[10] Verwirft[11] das Gericht den Antrag, so sind der Antragsteller, die Staatsanwaltschaft und der Beschuldigte hiervon in Kenntniß zu setzen. Die öffentliche Klage kann dann nur auf Grund neuer Thatsachen oder Beweismittel, d. h. solcher, welche dem Gerichte bei der Entscheidung nicht bekannt waren, erhoben werden.[12] Hält das Gericht dagegen den Antrag für begründet, so beschließt es die Erhebung der öffentlichen Klage. An diesen Beschluß ist die Staatsanwaltschaft insoweit gebunden, als sie nun einen Antrag auf Voruntersuchung oder eine Anklageschrift bei Gericht einzureichen hat.[13]

---

[8] StPO. §. 33.
[9] StPO. §. 174.
[10] StPO. §. 171.
[11] StPO. §. 172 Abs. 1.
[12] StPO. §. 172 Abs. 2.
[13] StPO. §. 173, §. 168 Abs. 1.

Im Fall der Ablehnung des Antrags hat der Antragsteller die nicht unerheblichen Kosten zu tragen.[14]

3. Aus der Stellung der Staatsanwaltschaft als strafverfolgender Partei ergibt sich unmittelbar und mit Nothwendigkeit eine gewisse Parteistellung. Da sie den Schuldigen zur Strafe zu bringen, als ihre wesentlichste Aufgabe betrachten muß, so richtet sich ihre Thätigkeit nothwendig gegen eine andere Person, welche ihr als der Schuldige erscheint, so muß sie zu dieser sich nothwendig als Gegnerin verhalten, und da sie nicht entscheiden, sondern nur Anträge stellen und diese durch Beweise und Gründe unterstützen kann, und zu diesem Zwecke gerichtliches Gehör und Entscheidung verlangen muß, so ist ihre Stellung im Prozeß äußerlich völlig die einer Partei. Aber die Staatsanwaltschaft ist zugleich Behörde, und da sie als solche, als Repräsentantin des Staates, anders wie der Beschuldigte, welcher nothwendig ein bestimmtes ihm günstiges Resultat des Prozesses erstreben muß, allein ein gerechtes Urtheil erstreben kann, so ist diese Parteistellung eine mehr formale, als materielle; sachlich kann sich ihr Interesse, das nur auf Herbeiführung des wirklichen Rechts gerichtet sein darf, mit dem des Beschuldigten vollständig decken. Aus diesem Grunde ist der Staatsanwaltschaft auch ausdrücklich zur Pflicht gemacht, nicht nur die zu Ungunsten, sondern auch die zu Gunsten des Beschuldigten sprechenden Umstände zu ermitteln;[15] ihre Anträge können sich mit denen des Angeschuldigten völlig decken, und sie ist befugt, selbst Rechtsmittel lediglich zu Gunsten des Angeklagten einzulegen.[16]

---

[14] StPO. §. 175; GKG. §. 69. Vgl. auch StPO. §. 504.

[15] StPO. §. 158 Abs. 2.

[16] StPO. §. 338 Abs. 2.

§. 33.

3. Stellung der Staatsanwaltschaft gegenüber dem Gericht.

Der Staat hat, wie bereits mehrfach hervorgehoben ist, seine Aufgaben im Strafprozeß auf zwei Behörden vertheilt, die staatsrechtlich koordinirt nebeneinander stehen. Auf dem fortwährenden Zusammen- und Ineinanderwirken dieser Behörden ist der Strafprozeß aufgebaut, und zwar derart, daß bei dem Ausscheiden des einen dieser Organe auch das andere seine Funktionen nicht zu erfüllen vermag. Innerhalb ihrer Funktionen ist aber jede Behörde auf sich gestellt, und prinzipiell ist daher der im Gerichtsverfassungsgesetz[1] ausgesprochene Satz: die Staatsanwaltschaft ist in ihren Amtsverrichtungen von den Gerichten unabhängig, richtig. Mit Rücksicht jedoch darauf, daß die Staatsanwaltschaft als der Justizverwaltung unterstellt der richterlichen Unabhängigkeit ermangelt, hat der Gesetzgeber einmal die Grenzen der beiderseitigen Funktionen mehrfach insoweit zu Ungunsten der Staatsanwaltschaft gezogen, daß auch bei Prozeßakten, die ihrem Inhalte nach mehr in der Sphäre der strafverfolgenden Thätigkeit liegen, eine richterliche Thätigkeit einzutreten hat, weil man auch hier dem Beschuldigten die Gewähr einer unparteiischen richterlichen Prüfung bieten zu müssen geglaubt hat. So ist zunächst die definitive Versetzung in den Anklagestand, die Ueberantwortung des Beschuldigten an das erkennende Gericht, nicht der Staatsanwaltschaft überlassen; die Eröffnung des Hauptverfahrens kann nur durch gerichtlichen Beschluß er-

---

[1] GVG. §. 151.

folgen, so daß in jedem Falle eine richterliche Vorprüfung der Anklage stattzufinden hat.[2] So sind ferner auch innerhalb des der Staatsanwaltschaft überlassenen Vorbereitungsverfahrens Anordnungen, durch welche in die Freiheit und persönlichen Rechte des Beschuldigten, sowie auch dritter Personen in erheblicher Weise eingegriffen wird, wie Beschlagnahmen, Durchsuchungen, Verhaftungen, grundsätzlich[3] gerichtlicher Entscheidung vorbehalten. Wesentlich aber ist jener Satz dadurch durchbrochen, daß auf Antrag des Verletzten in dem im vorigen Paragraphen besprochenen Fall die Staatsanwaltschaft durch gerichtliche Entscheidung zur Erhebung der Anklage gezwungen werden kann, und daß, wenn nach erhobener öffentlicher Klage die Staatsanwaltschaft beantragt hat, den Angeschuldigten außer Verfolgung zu setzen oder das Verfahren vorläufig einzustellen, von dem Gericht aber die Eröffnung des Hauptverfahrens beschlossen wird, die Staatsanwaltschaft eine dem Beschlusse des Gerichts entsprechende Anklageschrift einzureichen hat.[4]

Endlich kommt in Betracht, daß innerhalb der einzelnen Prozeßverhandlungen die Staatsanwaltschaft als Partei ebenso wie der Beschuldigte die Leitung der Verhandlung und die Entscheidung von dem über den Parteien stehenden Gericht zu erwarten hat, weshalb auch die Vertreter der Staatsanwaltschaft den die Aufrechthaltung der Ordnung in den Sitzungen bezweckenden Anordnungen des Vorsitzenden[5] unterworfen sind.

---

[2] StPO. §§. 196, 197, 201.

[3] Vgl. StPO. §§. 98, 105, 114, 124, 125, 128, 132.

[4] StPO. §. 206.

[5] GVG. §. 177. Prot. 29—38. — Nicht aber den Strafbefugnissen des Gerichts, §§. 178—180 GVG.

§. 34.

4. Stellung der Staatsanwaltschaft zu den Beamten des Polizei- und Sicherheitsdienstes.

Zu den wesentlichen Organen des Strafverfahrens gehören auch die Beamten des Polizei- und Sicherheitsdienstes.[1] Sie haben zunächst die strafbaren Handlungen zu erforschen und alle keinen Aufschub gestattenden Anordnungen zu treffen, um die Verdunkelung der Sache zu verhüten. Ihre Verhandlungen übersenden sie ohne Verzug der Staatsanwaltschaft.[2] Die betreffenden Beamten sind aber nicht nur aus eigener Initiative, sondern auch im Auftrage oder auf Ersuchen der Staatsanwaltschaft oder des Untersuchungsrichters[3] zu dem obigen Zwecke thätig. Ob ihnen ein Auftrag ertheilt werden kann oder ob sie um Auskunft oder um Vornahme einer Handlung ersucht werden müssen, hängt von ihrer rechtlichen Stellung ab.

Das Gerichtsverfassungsgesetz[4] geht davon aus, daß die Beamten des Polizei- und Sicherheitsdienstes Hülfsbeamte der Staatsanwaltschaft sind (gerichtliche Polizei). Da aber die Einrichtung der Polizeibehörden in den deutschen Bundesstaaten überaus verschieden ist, so ist es diesen überlassen, die Beamtenklassen zu bezeichnen, welche Hülfsbeamte der Staatsanwaltschaft sein sollen.[5] Es sind daher zu unterscheiden Beamte des Polizei- und Sicherheitsdienstes,

[1] Vgl. Ortloff, Lehrbuch der Kriminalpolizei; Höfling, die Polizeibehörden in ihrer Thätigkeit als Hülfsbeamte der Staatsanwaltschaft und als Polizeirichter (Leitfaden).

[2] StPO. §. 161.

[3] StPO. §§. 159, 187.

[4] §. 153.

[5] GVG. §. 153 Abs. 2. Für Preußen vgl. die gemeinschaftliche Verfügung des Justizministers und des Ministers des Innern v. 15. September 1879, in welcher die als Hülfsbeamte der Staatsanwaltschaft anzusehenden Beamtenklassen aufgeführt sind (preuß. JMBl. 349;

welche Hülfsbeamte der Staatsanwaltschaft sind, und solche, welche es nicht sind. Diejenigen, welche Hülfsbeamte sind, haben den Anordnungen der Staatsanwälte bei dem Landgerichte ihres Bezirks, und der diesen vorgesetzten Beamten, in Reichsgerichtssachen also auch den Anordnungen des Ober-Reichsanwalts Folge zu leisten.[6] Die übrigen Beamten des Polizei- und Sicherheitsdienstes, welche nicht Hülfsbeamte der Staatsanwaltschaft sind, sind zwar auch verpflichtet, diese bei der Strafverfolgung zu unterstützen, aber sie müssen darum ersucht werden.[7]

Die erwähnte Unterscheidung ist außerdem nicht ohne Einfluß auf die Thätigkeit der betreffenden Beamten. Die Vornahme einiger Untersuchungshandlungen, wie Beschlagnahmen, Durchsuchungen,[8] ist denjenigen Beamten des Polizei- und Sicherheitsdienstes, welche nicht Hülfsbeamte der Staatsanwaltschaft sind, von vornherein verboten.[9]

§. 35.

5. Aeußere Organisation der Staatsanwaltschaft.

1. Die Organisation der Staatsanwaltschaft[1] schließt sich an die Organisation der Gerichte derartig an, daß bei

ferner die ergänzenden JV. v. 9./10. 82 [JMBl. 312], v. 2./2. 83 [JMBl. 28], v. 27./2. 86 [JMBl. 78]). — Die Gensdarmen sind nicht mit aufgeführt. Vgl. für diese V. v. 30./12. 20 und Instr. v. 30./12. 20 (GS. 1821 S. 1, 10), V. v. 23./5. 67 (GS. 777). — Ueber die Befugnisse der Staatsanwaltschaft gegenüber den obigen Hülfsbeamten vgl. preuß. Ausf.G. zum GVG. v. 24./4. 78 §§. 80, 81.

[6] GVG. §. 153 Abs. 1. Die nicht erwähnten Beamten der Staatsanwaltschaft müssen daher die obigen Hülfsbeamten um die Vornahme einer Handlung ersuchen.

[7] StPO. §. 159 Satz 2.

[8] StPO. §§. 98, 105; vgl. im Gegensatze hierzu §§. 127, 131.

[9] Vgl. E. XI. 175.

[1] Der Ausdruck „Staatsanwaltschaft" umfaßt alle Beamten derselben, der Ausdruck

jedem Gerichte eine Staatsanwaltschaft bestehen soll.[2] Es ist dabei zulässig, daß ein Beamter der Staatsanwaltschaft für mehrere Gerichte bestellt wird.

Bei dem Reichsgerichte wird das Amt der Staatsanwaltschaft ausgeübt durch einen Ober-Reichsanwalt und durch einen oder mehrere Reichsanwälte, bei den Oberlandesgerichten, den Landgerichten und den Schwurgerichten durch einen oder mehrere Staatsanwälte, bei den Amtsgerichten und den Schöffengerichten durch einen oder mehrere Amtsanwälte.[3] Das Amt der Staatsanwaltschaft bei den Schwur- und Schöffengerichten ist von der Staatsanwaltschaft bei den betreffenden Land- und Amtsgerichten zu versehen.

2. Die sachliche Zuständigkeit der Beamten der Staatsanwaltschaft ergibt sich aus der sachlichen Zuständigkeit der Gerichte, für welche sie bestellt sind. Hiervon ist aber eine Ausnahme gemacht.[4] Die sachliche Zuständigkeit der Amtsanwälte erstreckt sich nicht auf das amtsrichterliche Verfahren zur Vorbereitung der öffentlichen Klage in denjenigen Strafsachen, welche zur Zuständigkeit anderer Gerichte als der Schöffengerichte gehören. Erst durch Ueberweisung einer Strafsache von Seiten des Landgerichts an das Schöffengericht wird auch die Zuständigkeit des betreffenden Amtsanwalts begründet.

3. Die örtliche Zuständigkeit der Beamten der Staatsanwaltschaft richtet sich ebenfalls nach der örtlichen Zuständigkeit der Gerichte.

Ein unzuständiger Beamter der Staatsanwaltschaft soll

„Staatsanwalt" schließt den Amtsanwalt aus.

[2] GVG. §. 142.

[3] GVG. §. 143 Abs. 1.

[4] GVG. §. 143 Abs. 2.

jedoch innerhalb seines Bezirks allen denjenigen Amtshandlungen sich unterziehen, hinsichtlich derer Gefahr im Verzug obwaltet.[5] Ob ein solcher Fall vorliegt, entscheidet lediglich die Staatsanwaltschaft.

Ist Streit unter mehreren Beamten der Staatsanwaltschaft darüber, wer von ihnen die Verfolgung einer strafbaren Handlung zu übernehmen habe, so entscheidet, wenn die betreffenden Beamten demselben Bundesstaate angehören, der ihnen vorgesetzte Beamte der Staatsanwaltschaft. Dasselbe gilt, wenn die Beamten zwar verschiedenen Bundesstaaten angehören, diese aber sich zu einem gemeinsamen Landgerichts- oder Oberlandgerichtsbezirke vereinigt haben. Ist dies letztere jedoch nicht der Fall, so entscheidet der Ober-Reichsanwalt.[6]

§. 36.

6. Innere Organisation.

Die Staatsanwaltschaft ist eine einheitliche Behörde ohne kollegialische Verfassung. Die Einheit bezieht sich aber, abgesehen von der Staatsanwaltschaft bei dem Reichsgericht, nicht auf das ganze deutsche Reich, sondern nur auf die einzelnen Bundesstaaten.

Hieraus ergeben sich folgende Sätze:

1. Träger der staatsanwaltschaftlichen Funktionen bei einem Gerichte ist nur ein Beamter. Sind dem letzteren mehrere Beamte beigeordnet, so gelten dieselben als seine Vertreter. Sie sind, wenn sie für ihn auftreten, zu allen Amtsverrichtungen desselben ohne den Nachweis eines besonderen Auftrages berechtigt.[1]

---

[5] GVG. §. 144 Abs. 2.

[6] GVG. §. 144 Abs. 3.

[1] GVG. §. 145.

2. Die ersten Beamten der Staatsanwaltschaft bei den Oberlandesgerichten und den Landgerichten haben das Devolutions- und Substitutionsrecht, d. h. sie können bei allen Gerichten ihres Bezirks die Amtsverrichtungen der Staatsanwaltschaft zu jeder Zeit selbst übernehmen oder einen anderen als den zuständigen Beamten mit Wahrnehmung derselben beauftragen.[2] Das Substitutionsrecht ist jedoch insofern eingeschränkt, als Amtsanwälte das Amt der Staatsanwaltschaft nur bei den Amtsgerichten und den Schöffengerichten versehen dürfen.[3]

3. Die Beamten der Staatsanwaltschaft haben allen dienstlichen Anweisungen ihres Vorgesetzten und zwar auch innerhalb der einzelnen anhängigen Sachen nachzukommen. Gleichwohl sind die untern staatsanwaltschaftlichen Behörden kraft eigenen Amtes und nicht als Vertreter ihrer vorgesetzten Behörde zu ihrer Thätigkeit berufen. In den Strafsachen, für welche das Reichsgericht in erster und letzter Instanz zuständig ist,[4] haben alle Beamte der Staatsanwaltschaft den Anweisungen des Ober-Reichsanwalts Folge zu leisten.[5]

4. Das Recht der Aufsicht und Leitung steht zu: der Landesjustizverwaltung hinsichtlich aller staatsanwaltschaftlichen Beamten des betreffenden Bundesstaats; den ersten Beamten der Staatsanwaltschaft bei den Oberlandesgerichten und den Landgerichten hinsichtlich aller Beamten der Staatsanwaltschaft ihres Bezirks und dem Reichskanzler hinsichtlich des Ober-Reichsanwalts und der Reichsanwälte.[6]

---

[2] GVG. §. 146 Abs. 1.
[3] GVG. §. 146 Abs. 2.
[4] Vgl. oben §. 16 II. 1a.
[5] GVG. §. 147.
[6] GVG. §. 148.

§. 37.

7. Befähigung und Ernennung.

Zu den Aemtern der Staatsanwaltschaft mit Ausnahme der Amtsanwaltschaft können nur zum Richteramte befähigte Beamte [1] ernannt werden. [2] Abgesehen von dieser allgemeinen Bestimmung über die Befähigung enthält das Gerichtsverfassungsgesetz nur Bestimmungen über die Ernennung und rechtliche Stellung der staatsanwaltschaftlichen Beamten bei dem Reichsgerichte. Die ergänzenden Bestimmungen in Betreff der übrigen staatsanwaltschaftlichen Beamten sind durch die Landesgesetzgebung [3] zu erlassen. Hierhin gehören besonders die Bestimmungen über die rechtliche Stellung, Ernennung und Vertretung der betreffenden Beamten.

Der Ober-Reichsanwalt und die Reichsanwälte werden auf Vorschlag des Bundesraths vom Kaiser ernannt; [4] sie sind nicht richterliche Beamte [5] und können durch kaiserliche Verfügung jederzeit mit Gewährung des gesetzlichen Wartegeldes [6] einstweilen in den Ruhestand versetzt werden. [7]

Die Staatsanwälte bei den Oberlandesgerichten und den Landgerichten sind ebenfalls in der Regel nicht richterliche Beamte und werden vom Staatsoberhaupt ernannt. Das Amt der Staatsanwaltschaft bei den Amtsgerichten wird entweder durch ständig oder auf Widerruf hierfür besonders angestellte Amtsanwälte oder durch andere Beamte [8] bzw.

---

[1] Vgl. oben §. 17.

[2] GVG. §. 149.

[3] Für Preußen vgl. Ausf.G. zum GVG. v. 24./4. 78 (GS. 230) §§. 58—67.

[4] GVG. §. 150 Abs. 1.

[5] GVG. §. 149 Abs. 1.

[6] Vgl. G. betr. die Rechtsverhältnisse der Reichsbeamten v. 31./3. 73 (RGBl. 61) §§. 24, 26 ff.

[7] GVG. §. 150 Abs. 2.

[8] Die Strafverfolgung gewisser Arten von Strafsachen

sonst geeignete Personen ausgeübt. Die Ernennung der Amtsanwälte erfolgt gewöhnlich durch den Justizminister oder die höheren staatsanwaltschaftlichen Beamten der einzelnen Bundesstaaten.[9]

II. Die Verwaltungsbehörden.[1]

§. 38.

In gewissen Fällen sind auch die Verwaltungsbehörden strafverfolgende Partei. Sie haben das Recht, Zuwiderhandlungen gegen die Vorschriften über die Erhebung öffentlicher Abgaben und Gefälle durch Strafbescheid zu erledigen (administratives Strafverfahren).[2] Sie brauchen aber die betreffenden Zuwiderhandlungen nicht durch Strafbescheid zu erledigen, sondern können bei der Staatsanwaltschaft die Strafverfolgung derselben beantragen. Die Staatsanwaltschaft hat den Antrag wie bei anderen strafbaren Handlungen zu prüfen und darf ihn in Konsequenz des Legalitätsprinzips[3] nur ablehnen, wenn sie sich von der Erhebung der Anklage aus thatsächlichen oder rechtlichen Gründen keinen Erfolg verspricht.

Lehnt die Staatsanwaltschaft den Antrag auf Strafverfolgung ab, so ist die Verwaltungsbehörde befugt, selbst die Anklage zu erheben,[4] und zwar bei allen Zuwiderhandlungen gegen die Vorschriften über

---

z. B. Forst-, Jagd-, Zoll- und Steuersachen ist in einzelnen Bundesstaaten den Beamten der betreffenden Verwaltungszweige übertragen; vgl. Löwe S. 114.

[9] Für Preußen vgl. §§. 62—65 Ausf.G. zum GVG.

[1] Vgl. HH. II. 534 f., Geyer §. 262, Stenglein §. 29, Arndt in d. Ztschr. f. StW. V. 277, insb. 313 ff.

[2] Ueber das Verfahren vgl. unten §. 99.

[3] Vgl. oben §. 32, 1.

[4] StPO. §. 464 Abs. 1.

die Erhebung öffentlicher Abgaben und Gefälle, ohne daß die Zulässigkeit eines Strafbescheides für diese Befugniß Voraussetzung wäre.[5] Diese subsidiäre Befugniß rechtfertigt sich dadurch, daß man einerseits der Staatsanwaltschaft nicht zumuthen kann, sich einfach der Ansicht der Verwaltungsbehörde unterzuordnen und der eigenen Ansicht entgegen eine Anklage zu erheben, andererseits aber auch der Ansicht der mit den einschlägigen Gesetzen und den technischen Fragen des Abgabenwesens genau vertrauten Verwaltungsbehörde kein geringeres Gewicht wie derjenigen der Staatsanwaltschaft beilegen kann.[6]

Macht die Verwaltungsbehörde von dieser Befugniß Gebrauch, so hat sie einen Beamten ihres Verwaltungszweiges oder einen Rechtsanwalt als ihren Vertreter zu bestellen und in der Anklage namhaft zu machen;[7] ein Antrag auf Voruntersuchung steht ihr nicht zu.[8]

Die Staatsanwaltschaft muß von dem Verlauf des Verfahrens in Kenntniß gesetzt werden; sie ist zu einer Mitwirkung in jeder Lage des Verfahrens berechtigt, und bei der Hauptverhandlung m u ß sie vertreten sein.[9]

Uebernimmt die Staatsanwaltschaft die Strafverfolgung von Anfang an oder im Laufe des Verfahrens, wozu sie gleichfalls stets berechtigt ist,[10] so kann sich die Verwaltungsbehörde derselben anschließen.[11]

Erhebt die Verwaltungsbehörde selbst die Anklage, so kommen im Uebrigen die Vorschriften über die Privatklage,[12] schließt sie sich der Verfolgung durch die Staats-

---

[5] E. XIV. 30. R. VII. 618.
[6] Vgl. Mot. zur StPO. §. 245.
[7] StPO. §. 464 Abs. 2.
[8] Folgt aus StPO. §. 466.
[9] StPO. §. 465.
[10] StPO. §§. 465 Abs. 1, 466, 417.
[11] StPO. §. 467.
[12] Vgl. unten §§. 39—41.

anwaltschaft an, die Vorschriften für den Anschluß des Verletzten als Nebenkläger[13] zur Anwendung.[14] Nur gelten noch die besonderen Vorschriften, daß ihr (nicht ihrem Vertreter) das Urtheil, und die sonstigen Entscheidungen stets zuzustellen sind,[15] daß die Rechtsmittelfristen für sie erst von dieser Zustellung an beginnen und daß die Fristen zur Anbringung von Revisionsanträgen und zur Gegenerklärung auf solche für sie auf einen Monat erweitert sind.[16]

III. Der Verletzte.

A. Der Privatkläger.[1]

§. 39.

1. Zulässigkeit der Privatklage.

1. Beleidigungen und Körperverletzungen, soweit die Verfolgung nur auf Antrag eintritt,[2] können durch Privatklage erledigt werden, ohne daß es einer vorgängigen Anrufung der Staatsanwaltschaft bedarf (prinzipale Privatklage).[3]

Bei Beleidigungen, abgesehen von den im §. 196

---

[13] Vgl. unten §. 42.

[14] StPO. §. 466, §. 467 Abs. 2.

[15] StPO. §. 468.

[16] StPO. §. 469.

[1] Vgl. H.H. II. 353 ff., Glaser §§. 21, 76, Geyer §§. 251—254, Stenglein §. 49, v. Schwarze, Erört. I. 20, Menzel, die Privatklage nach dem Reichsstrafprozeßrecht, Kronecker in GA. XXXIII. 1 ff.

[2] StGB. §§. 185—187, 189 (vgl. §. 194), §§ 223, 230 Abs. 1 (vgl. §. 232). Nicht hierher gehören die Fälle der §§. 103, 104 StGB. (bestritten; vgl. jedoch Prot. 1048) und selbstverständlich nicht die Fälle §§. 99, 101, 197 und 223a StGB. Vgl. R. I. 442.

[3] StPO. §. 414. Hinsichtlich der Befugnisse der Staatsanwaltschaft in diesen Fällen vgl. unten §. 41.

des Strafgesetzbuchs bezeichneten Fällen der sog. Amtsbeleidigungen, ist die Erhebung der Privatklage, wenn die Parteien in demselben Gemeindebezirke wohnen, davon abhängig gemacht, daß die Sühne erfolglos versucht worden ist.[4] Die Landesjustizverwaltungen sind verpflichtet, Vergleichsbehörden für die Sühneverhandlung zu bezeichnen, bei deren Auswahl sie in keiner Weise beschränkt sind.[5]

2. Berechtigt zur Erhebung der Privatklage ist zunächst der durch die strafbare Handlung Verletzte.[6] Der Begriff des Verletzten ist hier in demselben Sinne zu nehmen wie bei der Berechtigung zur Stellung des Antrages auf Strafverfolgung. Hat der Verletzte einen gesetzlichen Vertreter, fehlt ihm also die Fähigkeit vor Gericht zu stehen,[7] so ist die Privatklage von dem gesetzlichen Vertreter zu erheben.[8] Die Berechtigung, den Antrag auf Strafverfolgung zu stellen, enthält daher nicht immer auch die Berechtigung zur Erhebung der Privatklage. Wegen der vermögensrechtlichen Folgen, die mit der Privatklage verbunden sein können, ist man in dieser Hinsicht von den im Strafgesetzbuche aufgestellten Grundsätzen abgewichen und hat dadurch das Recht gewisser Personen, die Strafverfolgung beantragen bzw. durchführen zu können, so gut wie beseitigt,[9] da kaum anzunehmen ist,

[4] StPO. §. 420.

[5] Für Preußen Schiedsmannsordnung vom 29./3. 79 (GS. 321) §§. 33—39. Dazu Turnau, Schiedsmanns-Ordnung.

[6] StPO. §. 414 Abs. 1.

[7] CPO. §§. 50, 51.

[8] StPO. §. 414 Abs. 3.

[9] Diese Differenzen treten z. B. bei dem achtzehnjährigen Minderjährigen und dem gerichtlich erklärten Verschwender hervor. Beide sind berechtigt, den Antrag auf Strafverfolgung zu stellen, haben jedoch nicht das Recht, die Privatklage zu erheben. Vgl. bes. v. Schwarze, Erörterungen. I. S. 25.

daß in allen diesen Fällen das öffentliche Interesse die Erhebung der öffentlichen Klage rechtfertigen würde.

Sind Korporationen, Gesellschaften und andere Personenvereine, welche als solche in bürgerlichen Rechtsstreitigkeiten klagen können, verletzt, so ist die Privatklage von den Personen zu erheben, durch welche jene in bürgerlichen Rechtsstreitigkeiten vertreten werden.[10]

Abgesehen von dem Verletzten und neben diesem können noch diejenigen die Privatklage erheben,[11] welchen in den Strafgesetzen[12] das Recht beigelegt ist, selbstständig den Antrag auf Strafverfolgung zu stellen. Hierdurch ergibt sich für die Fälle, in welchen der Verletzte selbst die Fähigkeit hat, vor Gericht zu stehen, ein doppeltes Recht zur Erhebung der Privatklage z. B. des Vaters und des unter väterlicher Gewalt stehenden Kindes, des Ehemanns und der Ehefrau, des amtlichen Vorgesetzten und des Untergebenen u. s. w. Eine doppelte bzw. mehrfache Berechtigung zur Erhebung der Privatklage kommt außerdem noch in dem Falle vor, wenn durch dieselbe strafbare Handlung mehrere Personen verletzt sind.

Die Strafprozeßordnung hat alle Fälle, in welchen mehrere Berechtigte vorhanden sind, mögen nun ein Verletzter und ein Nichtverletzter oder mehrere Verletzte in Frage sein, gleich behandelt.[13] Es gelten hierfür die folgenden Bestimmungen:[14]

a) Jeder Berechtigte ist bei der Ausübung seines Rechts von dem anderen Berechtigten unabhängig.

---

[10] StPO. §. 414 Abs. 3.

[11] StPO. §. 414 Abs. 2.

[12] StGB. §§. 65 Abs. 2 u. 3, 189, 195, 196, 232 Abs. 3.

[13] v. Schwarze, Erört. S. 29, Dochow in HH. II. 358, E. III. 362, 385. R. III. 74, 100.

[14] StPO. §. 415.

b) Hat einer der Berechtigten die Privatklage erhoben, so steht den übrigen,[15] vorausgesetzt, daß sie noch berechtigt sind, nur der Beitritt zu dem eingeleiteten Verfahren und nur in der Lage zu, in welcher sich dasselbe zur Zeit der Beitrittserklärung befindet. Es soll hierdurch vermieden werden, daß der Beschuldigte wegen einer strafbaren Handlung mehreren gleichzeitigen oder aufeinander folgenden Untersuchungen ausgesetzt werde. Durch diese Bestimmung kann allerdings der Fall eintreten, daß für denjenigen, der erst nach Beendigung des Verfahrens von demselben Kenntniß erhält, eine Geltendmachung seines Rechts ausgeschlossen ist.

c) Jede in der Sache selbst d. h. über die Schuld ergangene Entscheidung äußert zu Gunsten des Beschuldigten ihre Wirkung auch gegenüber solchen Berechtigten, welche die Privatklage nicht erhoben haben.

3. Eine Frist ist für Erhebung der Privatklage nicht bestimmt. Ist der erforderliche Strafantrag in Gemäßheit der Bestimmungen des Strafgesetzbuches einmal rechtzeitig gestellt, so bleibt die Erhebung der Privatklage innerhalb der ganzen Verjährungsfrist zulässig.[16] Durch den Antrag auf Vornahme der Sühne (siehe oben 1) wird übrigens die Antragsfrist nicht gewahrt. Hinsichtlich der bei wechselseitigen Beleidigungen und Körperverletzungen zulässigen Widerklage vgl. unten §. 95, 6.

4. Der Tod des Privatklägers hat die Einstellung des

[15] Auch der Staatsanwaltschaft steht daneben eine selbstständige Erhebung der Klage (vgl. StPO. §. 417) nicht zu. E. III. 362, 385. R. III. 74, 100.

[16] E. III. 373 und fast die gesammte Litteratur. A. A. Dochow in HH. II. 359 und in den früheren Aufl. dieses Buches.

Verfahrens zur Folge.[17] Es ist jedoch den Eltern, den Kindern und dem Ehegatten[18] des verstorbenen Privatklägers gestattet, die erhobene Privatklage fortzusetzen, wenn diese darauf gestützt war, daß der Beschuldigte wider besseres Wissen in Beziehung auf den Privatkläger eine unwahre Thatsache behauptet oder verbreitet habe, welche denselben verächtlich zu machen oder in der öffentlichen Meinung herabzuwürdigen geeignet ist.[19] Die Fortsetzung ist von dem Berechtigten bei Verlust des Rechts binnen zwei Monaten, vom Tode des Privatklägers an gerechnet, bei Gericht zu erklären.[20]

§. 40.

2. Rechte und Pflichten des Privatklägers.

1. Die Rechte und Pflichten des Privatklägers ergeben sich aus der Stellung, die er in dem Verfahren einzunehmen hat; er fungirt als Organ der Strafverfolgung an Stelle der Staatsanwaltschaft. Insoweit in dem Verfahren auf erhobene öffentliche Klage die Staatsanwaltschaft zuzuziehen und zu hören ist, wird in dem Verfahren auf erhobene Privatklage der Privatkläger zugezogen und gehört. Auch alle Entscheidungen, welche dort der Staatsanwaltschaft bekannt gemacht werden, sind hier dem Privatkläger bekannt zu machen.[1]

Abgesehen von diesen allgemeineren hat die Strafprozeßordnung mehr in's Einzelne gehende Bestimmungen über

[17] StPO. §. 433 Abs. 1.

[18] Geschwister haben dieses Recht nicht.

[19] Es handelt sich hier um die Verleumdung, abgesehen von der Kreditgefährdung, StGB. §. 187.

[20] StPO. §. 433 Abs. 2. 3.

[1] StPO. §. 425 Abs. 1.

die Rechte des Privatklägers erlassen. Besonders erwähnt werden folgende Rechte:

Der Privatkläger kann im Beistande eines Rechtsanwalts erscheinen oder sich durch einen mit schriftlicher Vollmacht versehenen Rechtsanwalt[2] vertreten lassen. Im letzteren Falle können die Zustellungen an den Privatkläger mit rechtlicher Wirkung an den Rechtsanwalt erfolgen.[3] Das Gericht ist jedoch befugt, das persönliche Erscheinen des Privatklägers anzuordnen.[4]

Das Recht der Akteneinsicht kann der Privatkläger nur durch seinen Rechtsanwalt ausüben.[5] Dem Privatkläger steht das Recht zu, Zeugen und Sachverständige unmittelbar zu laden.[6]

Dem Privatkläger stehen diejenigen Rechtsmittel zu, welche in dem Verfahren auf erhobene öffentliche Klage der Staatsanwaltschaft zustehen.[7] Er kann die Rechtsmittel zu Gunsten und zu Ungunsten des Beschuldigten einlegen.[8] Jedes von dem Privatkläger eingelegte Rechtsmittel hat die Wirkung, daß die angefochtene Entscheidung auch zu Gunsten des Beschuldigten abgeändert oder aufgehoben werden kann. Der Privatkläger kann auch Wiederauf-

[2] Nicht auch durch eine sonst noch als Vertheidiger zugelassene Person (StPO. §. 138); StPO. §. 139 gilt aber auch hier. StPO. §. 427 Abs. 2.

[3] StPO. §. 418. Auch der durch Privatklage Angeklagte kann sich durch einen Rechtsanwalt vertreten lassen (StPO. §. 427); die Zustellungen müssen aber an ihn persönlich erfolgen.

[4] StPO. §. 427 Abs. 3. Nichterscheinen in diesem Falle hat Einstellung des Verfahrens zur Folge; StPO. §. 431 Abs. 2.

[5] StPO. §. 425 Abs. 4.

[6] StPO. §. 426 Abs. 2; vgl. §§. 218, 219, 38.

[7] StPO. §. 430 Abs. 1. Revisionsanträge und Anträge auf Wiederaufnahme des Verfahrens können jedoch nur mittels einer von einem Rechtsanwalt unterzeichneten Schrift angebracht werden. Abs. 2 das.

[8] Vgl. Löwe S. 762 und v. Schwarze S. 571.

nahme des Verfahrens zu Ungunsten des Angeklagten beantragen.[9]

Der Privatkläger hat endlich das Recht, die erhobene Privatklage zurückzunehmen und zwar bis zur Verkündung des Urtheils erster Instanz und, soweit zulässige Berufung eingelegt ist, bis zur Verkündung des Urtheils zweiter Instanz.[10] Und zwar kann der Beschuldigte der Zurücknahme der Privatklage nicht widersprechen. Die Zurücknahme der Privatklage kann ausdrücklich erfolgen; regelmäßig[11] wird das Ausbleiben des Privatklägers der Zurücknahme gleich geachtet. Die zurückgenommene Privatklage kann nicht von Neuem erhoben werden.[12]

2. Den Rechten des Privatklägers gegenüber steht die Verpflichtung desselben, die Kosten des Verfahrens einschließlich der dem Beschuldigten erwachsenen nothwendigen Auslagen zu tragen, soweit er mit seiner Klage nicht durchdringt,[13] ferner auch gleich zu Anfang Sicherheit zu leisten für die der Staatskasse und dem Beschuldigten erwachsenden Kosten. Letztere Verpflichtung besteht jedoch nur für Ausländer, denen das Armenrecht nicht bewilligt ist. Auch werden die Kosten des Beschuldigten nur berücksichtigt, wenn derselbe es beantragt hat.[14] Für die Höhe der Sicherheit, welche durch Hinterlegung in baarem Gelde oder in Werthpapieren zu bewirken ist, für die Frist zur

[9] StPO. §§. 430 Abs. 1, 402.

[10] StPO. §. 431 Abs. 1, also anders als die Zurücknahme des Strafantrags. Vgl. StGB. §§. 64, 194, 232 Abs. 2. — Ueber die Zurücknahme der Privatklage in der Hauptverhandlung vgl. Frese in d. Ztschr. f. StW. V. 683 ff.

[11] Vgl. StPO. §. 431 Abs. 2.

[12] StPO. §. 432. — Vgl. auch noch StPO. §. 434.

[13] StPO. §. 503.

[14] StPO. §. 419 Abs. 1; CPO. §§. 101 ff.; GKG. §. 85 Abs. 3.

Leistung derselben und für die Bewilligung des Armenrechts gelten die Bestimmungen der Civilprozeßordnung.[15] Regelmäßig ist der Privatkläger dagegen verpflichtet, einen Gebührenvorschuß zu zahlen.[16]

§. 41.

3. Stellung des Privatklägers zu der Staatsanwaltschaft.

Der zur Privatklage Berechtigte kann vor Erhebung derselben bei der Staatsanwaltschaft des Landgerichts den Antrag auf Erhebung der öffentlichen Klage stellen. Die öffentliche Klage wird wegen Privatklagesachen nur erhoben, wenn dies im öffentlichen Interesse liegt.[1] Und zwar entscheidet die Staatsanwaltschaft allein darüber, ob das öffentliche Interesse in Frage ist. Die Staatsanwaltschaft hat den Antragsteller, wenn sie dem Antrage auf Erhebung der öffentlichen Klage nicht stattgeben will, zu bescheiden. Gegen den ablehnenden Bescheid steht dem Antragsteller das Recht der Beschwerde an den vorgesetzten Beamten der Staatsanwaltschaft zu. Es ist ihm jedoch nicht gestattet, den Antrag auf gerichtliche Entscheidung[2] zu stellen, da dieser als Korrektiv gegen das Anklagemonopol der Staatsanwaltschaft eingeführt ist, welches bei Privatklagesachen nicht in Frage kommt. Zur Erhebung und Durchführung der öffentlichen Klage ist die Staatsanwaltschaft natürlich nur berechtigt, wenn der Antrag auf Strafverfolgung rechtzeitig und vorschriftsmäßig gestellt ist, und in den Fällen, wo dies zulässig ist, nicht zurückgenommen wird.

In dem Verfahren auf erhobene Privatklage braucht

---

[15] StPO. §. 419 Abs. 2 und 3; CPO. §§. 104 ff.

[16] GKG. §§. 83—85.

[1] StPO. §. 416; vgl. oben §. 32.

[2] StPO. §. 170; vgl. oben §. 32, 2a und in HH. II. 360.

die Staatsanwaltschaft nicht mitzuwirken. Jede eingehende Privatklage ist ihr jedoch mitzutheilen [3] und der Termin zur Hauptverhandlung ihr bekannt zu machen. Sie ist berechtigt, in jeder Lage der Sache bis zum Eintritt der Rechtskraft des Urtheils oder sonstiger Beendigung der Privatklage [4] durch eine ausdrückliche Erklärung die Verfolgung zu übernehmen. In der Einlegung eines Rechtsmittels ist die Uebernahme der Verfolgung enthalten. [5]

Uebernimmt die Staatsanwaltschaft die Verfolgung, so ist das Schöffengericht nicht mehr zuständig [6] und das Privatklageverfahren einzustellen. [7] Der zur Erhebung der Privatklage Berechtigte erhält, ohne daß es noch einer besonderen Erklärung bedarf, die Rolle des Nebenklägers. [8] Es gelten dann für den bisherigen Privatkläger die über die Nebenklage aufgestellten Bestimmungen. [9] Hat die Staatsanwaltschaft in Privatklagesachen die öffentliche Klage erhoben, so kann sie diese nicht zurücknehmen. [10]

B. Der Nebenkläger. [1]

§. 42.

1. Nachdem vorstehend in den §§. 38, 39 ff. die Fälle behandelt sind, in welchen ausnahmsweise anstatt der

[3] StPO. §. 422.
[4] Vgl. StPO. §§. 431, 433. E. XVI. 421.
[5] StPO. §. 417 Abs. 1 und 2
[6] Vgl. GVG. §. 27 Nr. 3.
[7] Analog StPO. §. 429. E. X. 237. R. VI. 200. Vgl. auch Grohmann in d. Mecklenburg. Ztschr. f. Rechtspflege V. 195 ff.
[8] E. VII. 437. R. V. 40.
[9] StPO. §. 417 Abs. 3, §§. 435 ff.
[10] StPO. §. 154.
[1] Vgl. HH. II. 370 ff., Glaser §. 77, Geyer §§. 255—257, Stenglein §. 50, Stenglein in GSaal XXXV. 271 ff., Zimmermann das. XXXVI.

Staatsanwaltschaft auch Andere die Strafverfolgung zu übernehmen berechtigt sind, erübrigt nunmehr noch eine Erörterung der Fälle, in welchen neben der Staatsanwaltschaft und im Anschluß an die von ihr erhobene öffentliche Klage andere Personen als strafverfolgende Partei auftreten können. Diese Betheiligung an der öffentlichen Klage, die Nebenklage, ist gestattet:

a) demjenigen, welcher als Privatkläger aufzutreten berechtigtigt ist;[2]

b) demjenigen, welcher durch einen Antrag auf gerichtliche Entscheidung[3] die Erhebung der öffentlichen Klage herbeigeführt hat, wenn die strafbare Handlung unmittelbar gegen sein Leben, seine Gesundheit, seine Freiheit, seinen Personenstand oder seine Vermögensrechte gerichtet war;[4]

c) demjenigen, welcher die Zuerkennung einer Buße zu verlangen berechtigt ist;[5] und

d) den Verwaltungsbehörden bei Zuwiderhandlungen gegen die Vorschriften über die Erhebung öffentlicher Abgaben und Gefälle.[6]

Bei dem Anschlusse als Nebenkläger wird vorausgesetzt, daß dieser die Fähigkeit hat, vor Gericht zu stehen. Ist dies nicht der Fall, so gelten die über die Privatklage aufgestellten Grundsätze.[7] Sind mehrere Personen berechtigt,

497 ff., Oppenheim, die Nebenklage des deutschen Strafprozesses.

[2] StPO. §. 435 Abs. 1. Vgl. oben §. 39.

[3] StPO. §. 170. Vgl. oben §. 32 Nr. 2.

[4] StPO. §. 435 Abs. 2.

[5] StPO. §. 443. Es ist nicht nothwendig, daß die Zuerkennung einer Buße im konkreten Falle wirklich verlangt wird, Löwe S. 773. E. V. 334. R. IV. 42.

[6] StPO. §. 467; vgl. oben §. 38 letzten Abs.

[7] Vgl. oben §. 39 Nr. 2.

so ist das Recht eines Jeden von dem der Uebrigen unabhängig.

Die Anschlußerklärung hat entweder zum Zwecke die Bestrafung des Angeklagten oder die Zuerkennung einer Buße.

2. Die Anschlußerklärung kann in jeder Lage des Verfahrens erfolgen[8] und zwar ist sie bei dem Gerichte schriftlich einzureichen.[9] Eine zu Protokoll des Gerichtsschreibers oder des Gerichts abgegebene Erklärung genügt daher nur, wenn sie von dem Nebenkläger unterschrieben ist.[10] Die Einlegung eines Rechtsmittels schließt die Anschlußerklärung in sich.[11] Das Gericht[12] entscheidet nach Anhörung der Staatsanwaltschaft über die Berechtigung des Nebenklägers zum Anschlusse durch ausdrücklichen Beschluß.[13]

3. Nach erfolgtem Anschlusse hat der Nebenkläger die rechtliche Stellung des Privatklägers.[14] Er kann jedoch auch als Zeuge und zwar eidlich vernommen werden.[15] Die Lage des Nebenklägers ist aber durch einzelne Bestimmungen eine keineswegs günstige. So wird der Fortgang des Verfahrens durch den Anschluß nicht aufgehalten. Die bereits anberaumten Termine finden an den bestimmten Tagen statt, auch wenn der Nebenkläger wegen Kürze der Zeit nicht mehr geladen oder benachrichtigt werden konnte.[16]

---

[8] StPO. §. 435 Abs. 1.

[9] StPO. §. 436.

[10] So auch E. I. 285, VI. 139, IX. 223. R. I. 520, IV. 273.

[11] E. V. 334. R. IV. 42.

[12] Bei dem Anschlusse zum Zwecke der Einlegung eines Rechtsmittels (StPO. §. 435 Abs. 1) entscheidet das Gericht, welches über das Rechtsmittel zu entscheiden hat, auch über die Zulässigkeit des Anschlusses. E. VI. 139. R. IV. 273.

[13] StPO. §. 436 Abs. 2. R. VIII. 532.

[14] StPO. §. 437 Abs. 1.

[15] Vgl. E. II. 384, III. 47. R. II. 381.

[16] StPO. §. 438 Abs. 1 und 2.

Entscheidungen, welche schon vor dem Anschlusse des Nebenklägers ergangen und der Staatsanwaltschaft bekannt gemacht waren, bedürfen keiner Bekanntmachung an den Nebenkläger. Der Nebenkläger kann solche Entscheidungen nur anfechten, wenn die Frist zur Anfechtung für die Staatsanwaltschaft noch nicht abgelaufen ist.[17] Abgesehen hiervon kann der Nebenkläger unabhängig von der Staatsanwaltschaft Rechtsmittel einlegen.[18] Der Staatsanwaltschaft liegt es ob, die Sache wieder weiter zu betreiben, wenn in Folge des von dem Nebenkläger eingelegten Rechtsmittels die angefochtene Entscheidung aufgehoben wird.[19] Legen die Staatsanwaltschaft und der Nebenkläger zusammen ein Rechtsmittel ein, so ist gleichzeitig über jedes der beiden Rechtsmittel zu verhandeln und zu entscheiden.[20]

Der Nebenkläger nimmt an den Erklärungen über Annahme oder Ablehnung der Geschworenen nicht Theil, es steht ihm dagegen ebenso wie dem Privatkläger das Recht zu, andere Gerichtspersonen abzulehnen.[21]

Zu einer Sicherheitsleistung ist der Nebenkläger nicht verpflichtet;[22] er muß aber in gewissen Fällen einen Gebührenvorschuß zahlen.[23]

4. Die Anschlußerklärung verliert durch ausdrücklichen Widerruf ihre Wirkung.[24] Der Nebenkläger kann sich jedoch, wenn er nur die Bestrafung des Angeklagten und

---

[17] StPO. §. 439.

[18] StPO. §. 441 Abs. 1.

[19] StPO. §. 441 Abs. 2.

[20] Der Antrag auf Wiederaufnahme des Verfahrens kann von dem Nebenkläger nicht gestellt werden, da die Nebenklage einen Anschluß an die öffentliche Klage darstellt. Dochow in HH. II. 372, Stenglein im Gsaal XXXV. 309. A. M. Löwe S. 772.

[21] StPO. §. 437 Abs. 2; vgl. §§. 24, 31, 437 Abs. 1.

[22] StPO. §. 436 Abs. 3.

[23] GKG. §§. 83—85.

[24] StPO. §. 442.

nicht die Zuerkennung einer Buße bezweckt,[25] nach geschehenem Widerrufe von Neuem dem Verfahren anschließen.[26] Eine Präsumtion der Zurücknahme ist in der Strafprozeßordnung hinsichtlich der Nebenklage nicht aufgestellt. Selbst wenn nach erhobener Privatklage die Staatsanwaltschaft die Verfolgung übernimmt, so wird der bisherige Privatkläger so lange als Nebenkläger angesehen, bis er nicht erklärt hat, daß er sich an dem Verfahren nicht weiter betheilige. Der Tod des Nebenklägers hat dieselbe Wirkung wie der Widerruf.[24]

Das Nichterscheinen des Nebenklägers oder eines Anwaltes für denselben in der Hauptverhandlung ist ohne Einfluß auf das Verfahren. In diesem Falle wird das Urtheil dem Nebenkläger zugestellt.[27] Ist ein Anwalt für den Nebenkläger erschienen, so findet die Zustellung des Urtheils nicht statt.

Zweiter Abschnitt.

Der Angeklagte.

§. 43.

I. Rechtliche Stellung des Angeklagten.[1]

1. Nach der Strafprozeßordnung[2] ist **Angeklagter** der Beschuldigte, gegen welchen die Eröffnung des Haupt-

[25] StPO. §. 444 Abs. 2.
[26] E. VIII. 384. R. V. 454.
[27] StPO. §. 440.
[1] Vgl. Planck §§. 63 ff., Zachariae §§. 104 ff., HH. I. 377 ff., Geyer §§. 141 ff., Glaser §. 75, Bennecke §§. 38—42, John, Komm. II. 195 ff., Fuchs in HH. II. 66. Heinze, strafprozess. Erört. S. 18.
[2] StPO. §. 155.

verfahrens[3] beschlossen ist. Im Gegensatze hierzu bezeichnet Angeschuldigter den Beschuldigten, gegen welchen die öffentliche Klage erhoben ist.[4] Für den Begriff des Beschuldigten ist eine gesetzliche Definition nicht aufgestellt und derselbe bald im weiteren, bald im engeren Sinne zu nehmen;[5] im weitesten Sinne ist Beschuldigter Jeder, gegen den ein strafrechtliches Einschreiten in Antrag gebracht ist.

2. Die Strafprozeßordnung geht davon aus, daß der Angeklagte im Strafverfahren Partei ist. Im Gegensatz zum früheren Inquisitionsprozeß, welcher den Angeklagten lediglich als Beweismittel ansah, ist er im geltenden Recht der Staatsanwaltschaft als der andern, die Anklage vertretenden Partei mit wesentlich gleichen Rechten gegenübergestellt. Bei Beginn seiner ersten Vernehmung ist ihm zu eröffnen, welche strafbare Handlung ihm zur Last gelegt wird; die Vernehmung soll ihm Gelegenheit bieten, die gegen ihn sprechenden Verdachtsgründe zu beseitigen, die zu seinen Gunsten sprechenden Thatsachen geltend zu machen; er braucht auch, falls er nicht will, sich über die Anklage überhaupt nicht zu erklären.[6] Er ist zur Stellung von Beweisanträgen, zur selbstständigen Ladung von Zeugen und Sachverständigen befugt;[7] ihm steht in gleicher Weise, wie der Staatsanwaltschaft, im Vorverfahren die Anwesenheit bei einzelnen Beweisaufnahmen zu,[8] und in der Hauptverhandlung ist er sowohl bei Erhebung der einzelnen Beweise, als am Schlusse der Verhandlung ebenso wie die Staatsanwaltschaft mit seinen Anträgen und Aus-

[3] StPO. §. 201.

[4] StPO. §. 168.

[5] Vgl. hierüber StPO. §§. 3, 22, 24, 51 f., 57, 97, 99 (102), 133 ff., 140, 164 u. a.

[6] StPO. §. 136.

[7] StPO. §§. 218, 219.

[8] Vgl. StPO. §§. 191, 167, andererseits aber auch §§. 192, 194.

führungen zu hören.[9] Zur größeren Gleichstellung dem rechtsgelehrten und sachkundigen Staatsanwalt gegenüber ist ihm endlich in jeder Lage des Verfahrens, also auch schon im Vorverfahren, die Zuhülfenahme eines Vertheidigers gestattet.[10]

3. Eine uneingeschränkte Gleichstellung des Angeklagten und der Staatsanwaltschaft ist jedoch nicht eingeführt und konnte nicht eingeführt werden, einmal weil, wie schon hervorgehoben ist, die Staatsanwaltschaft auch die zu Gunsten des Beschuldigten sprechenden Umstände zu ermitteln hat, dann aber auch aus dem Grunde, weil bei einem Angeklagten nicht ohne Weiteres die Garantien für eine legale Benutzung etwaiger ihm eingeräumter Rechte vorausgesetzt werden können, wie bei einer staatlich eingesetzten Behörde. Eine Ungleichheit tritt darin besonders hervor, daß die außerhalb einer Hauptverhandlung ergehenden Entscheidungen des Gerichts nach erfolgter schriftlicher oder mündlicher Erklärung der Staatsanwaltschaft erlassen werden,[11] und daß diese das Recht hat, von dem Stande der Voruntersuchung stets durch Einsicht der Akten Kenntniß zu nehmen und die ihr geeignet erscheinenden Anträge zu stellen,[12] während dem Angeklagten gar nicht und seinem Vertheidiger vor Schluß der Voruntersuchung nur ausnahmsweise die Einsicht der gerichtlichen Untersuchungsakten gestattet wird.[13] Außerdem zeigt sich eine verschiedene Behandlung der Parteien bei Ausübung der Sitzungspolizei,[14] und endlich liegt es in der Natur der Sache,

---

[9] StPO. §§. 239 Abs. 2, 256, 257.

[10] StPO. §. 137. Vgl. unten §§. 44 ff.

[11] StPO. §. 33.

[12] StPO. §. 194.

[13] StPO. §. 147 Abs. 1 und 2; vgl. auch §. 191 Abs. 4.

[14] Vgl. unten §. 57.

daß bei der geltenden freien Beweistheorie, wonach der Richter nach seiner freien aus dem Inbegriff der Verhandlung geschöpften Ueberzeugung zu entscheiden hat, auch das Benehmen und die Aeußerungen des Angeklagten für diese Ueberzeugung von Bedeutung sein können, der Angeklagte somit gewissermaßen auch als Beweismittel in Betracht kommt. Die Strafprozeßordnung hat aber auch ausdrücklich gestattet, daß auch frühere zu richterlichem Protokolle abgegebene Erklärungen des Angeklagten zum Zweck der Beweisaufnahme über ein Geständniß verlesen werden können.[15]

4. Hinsichtlich des formellen Verfahrens ist zu bemerken: Der Beschuldigte ist schriftlich zur Vernehmung zu laden. Die Ladung kann unter der Androhung geschehen, daß im Falle des Ausbleibens Vorführung des Beschuldigten erfolgen werde.[16] In der Ladung muß angegeben sein, daß die geladene Person als Beschuldigter vernommen werden soll; eine Bezeichnung der strafbaren Handlung ist jedoch nicht erforderlich. Erscheint der Beschuldigte nicht, wozu er verpflichtet ist, obwohl er sich, wie bereits bemerkt, auf die Beschuldigung nicht einzulassen braucht, so kann ein Vorführungsbefehl erlassen werden.

Eine Vertretung des Beschuldigten ist bei seinen Vernehmungen nicht gestattet. In dem Vorführungsbefehle ist der Beschuldigte genau zu bezeichnen und die ihm zur Last gelegte strafbare Handlung sowie der Grund der Vorführung anzugeben.[17] Liegen Gründe vor, welche die Erlassung eines Haftbefehls rechtfertigen würden, so kann

---

[15] StPO. §. 253.
[16] StPO. §. 133 Abs. 2.
[17] StPO. §. 134 Abs. 2.

ohne vorangegangene Ladung die sofortige Vorführung des Beschuldigten verfügt werden.[18]

Der Vorgeführte ist sofort von dem Richter zu vernehmen, kann jedoch, wenn dies nicht ausführbar ist, bis zu seiner Vernehmung, aber nicht über den nächstfolgenden Tag hinaus, gleichviel ob derselbe ein Werktag oder Sonntag bzw. Feiertag ist, festgehalten werden.[19]

Bei Beginn der ersten Vernehmung, die, wie überhaupt sämmtliche Vernehmungen im Vorverfahren, in Abwesenheit der Staatsanwaltschaft und des Vertheidigers erfolgt,[20] hat der Richter den Beschuldigten zu fragen, ob er etwas auf die Beschuldigung erwidern wolle.[21]

Bei der ersten Vernehmung des Beschuldigten sind zugleich seine persönlichen Verhältnisse zu ermitteln.[22] Zwangsmittel zur Erlangung einer Erklärung stehen auch in dieser Beziehung dem Richter nicht zur Verfügung, jedoch kann in der Auskunftsverweigerung, sofern in Folge derselben die Persönlichkeit des Beschuldigten unaufgeklärt bleibt, ein Verhaftungsgrund liegen.[23]

5. Diese Grundsätze, welche in der Strafprozeßordnung über die im Vorverfahren stattfindende richterliche Vernehmung des Beschuldigten aufgestellt sind, gelten im Wesentlichen auch für die Hauptverhandlung.[24]

6. Die einzelnen Rechte und Pflichten des Angeklagten sind theils in den nächstfolgenden Paragraphen, theils in den verschiedenen Stadien des Verfahrens erwähnt.

---

[18] StPO. §. 134 Abs. 1.
[19] StPO. §. 135.
[20] StPO. §. 190 Abs. 2.
[21] StPO. §. 136 Abs. 1. u. 2.
[22] StPO. §. 136 Abs. 3.
[23] StPO. §. 112 Abs. 2 Nr. 2.
[24] Vgl. unten §§. 83 ff.

II. Die Vertheidigung.[1]

§. 44.

1. Zulässigkeit und Nothwendigkeit.

1. Für die Vertheidigung des Beschuldigten ist zunächst dadurch gesorgt, daß neben diesem selbst auch das Gericht und die Staatsanwaltschaft verpflichtet sind, auch im Interesse des Beschuldigten thätig zu sein (materielle Vertheidigung). Außerdem kann sich der Beschuldigte bei allen Strafsachen und in jeder Lage des Verfahrens, abgesehen von seinen Vernehmungen im Vorverfahren, des Beistandes eines oder mehrerer Vertheidiger bedienen (die hier allein in Betracht kommende formelle Vertheidigung). Die Vertheidigung mehrerer Beschuldigter kann, insofern dies der Aufgabe der Vertheidigung nicht widerstreitet, durch einen gemeinschaftlichen Vertheidiger geführt werden.[2]

2. In gewissen Fällen ist die Vertheidigung für nothwendig erklärt, d. h. es darf ohne sie ein Verfahren nicht stattfinden und es wird daher ein Vertheidiger, selbst gegen den Willen des Beschuldigten, bestellt, wenn dieser einen Vertheidiger nicht gewählt hat oder der gewählte nicht fähig ist, eine nothwendige Vertheidigung zu führen.[3] Die Rechtfertigung der nothwendigen Vertheidigung liegt theils in der Natur der Strafsachen oder in der Person des Thäters, theils in dem Verfahren. Die Nichtbeobachtung

---

[1] Vgl. Planck §§. 17 ff., 64, Zachariae §§. 108 ff., HH. I. 387 ff., Geyer §§. 99 ff., Glaser §. 78, Stenglein §. 83, Bennecke §§. 50—56, Frydmann, Handb. d. Vertheidigung, Vargha, die Vertheidigung in Strafsachen 2 Bde., v. Schwarze, Erört. Heft III, Fuchs, der Verth. als prozeßrechtl. Person, John, Komm. S. 947 ff., Ortloff, gerichtliche Redekunst.

[2] StPO. §§. 137 Abs. 1, 226, 146.

[3] Vgl. auch noch StPO. §. 145.

der Bestimmungen über die nothwendige Vertheidigung hat Nichtigkeit des Verfahrens zur Folge.[4]

Nothwendig ist die Vertheidigung in den Strafsachen,[5] welche zu verhandeln sind:

a) vor dem Reichsgerichte in erster Instanz,

b) vor dem Schwurgerichte und

c) vor dem Landgerichte in erster Instanz, hier jedoch nur

1. wenn ein Verbrechen,[6] abgesehen von den strafbaren Handlungen, welche lediglich durch die Rückfälligkeit des Thäters zum Verbrechen werden, den Gegenstand der Untersuchung bildet und der Beschuldigte oder sein gesetzlicher Vertreter die Bestellung eines Vertheidigers beantragt hat, oder

2. wenn der Angeschuldigte taub oder stumm ist oder das sechszehnte Lebensjahr[7] noch nicht vollendet hat.

Für den Eintritt der nothwendigen Vertheidigung kommt es nicht darauf an, ob die Strafsachen an sich zur Zuständigkeit der erwähnten Gerichte gehören oder ihnen nur wegen des Zusammenhanges überwiesen sind, es entscheidet lediglich der Umstand, daß sie vor denselben zu verhandeln sind.[8] Die nothwendige Vertheidigung erstreckt sich aber nur auf das Verfahren vor den erwähnten Gerichten und ist auf die etwaige höhere (Revisions-) Instanz

---

[4] StPO. §. 377 Z. 5.

[5] StPO. §. 140.

[6] StGB. §. 1 Abs. 1.

[7] Entscheidend ist der Zeitpunkt, zu welchem die Vertheidigung eintreten muß, vgl. StPO. §. 140 Abs. 3. R. VII. 467.

[8] Löwe S. 386, v. Schwarze S. 280 f., v. Holtzendorff in HH. I. 397; vgl. Voitus, Kontroversen I. S. 61.

nicht auszudehnen.[9] Wird die betreffende Strafsache in die erste Instanz zurückverwiesen oder tritt in Folge der Wiederaufnahme eines durch rechtskräftiges Urtheil geschlossenen Verfahrens eine erneute Hauptverhandlung ein, so ist auch die Vertheidigung nach dem klaren Wortlaut des Gesetzes wieder nothwendig. Daß ein Vertheidiger für die Berufungs- und Revisionsinstanz bestellt werden **kann**, unterliegt übrigens keinem Zweifel.

3. Abgesehen von den Fällen der nothwendigen Vertheidigung ist ein Vertheidiger zu bestellen, wenn der Angeschuldigte zur Vorbereitung eines Gutachtens über seinen Geisteszustand in eine öffentliche Irrenanstalt gebracht und dort beobachtet werden soll.[10]

Vervollständigt werden die unter 2 erwähnten Bestimmungen noch dadurch, daß das Gericht und bei vorhandener Dringlichkeit der Vorsitzende desselben auch in anderen Fällen **auf Antrag oder von Amtswegen** einen Vertheidiger bestellen können.[11]

4. **Der Beginn der Vertheidigung** hängt zunächst von dem Willen des Beschuldigten ab.[12] Dies gilt auch für die Fälle der nothwendigen Vertheidigung; es ist jedoch für diese ein Zeitpunkt angegeben, von welchem an ein Vertheidiger vorhanden sein muß.[13] Ist bis zu diesem Zeitpunkte ein Vertheidiger nicht gewählt oder der gewählte nicht fähig, eine nothwendige Vertheidigung zu führen, so wird ein solcher bestellt. Für Reichs- und Schwurgerichtssachen und für die Landgerichtssachen, bei welchen es sich

[9] Gemeine Meinung. Vgl. Löwe S. 387, v. **Schwarze** S. 281; a. M. v. **Holtzendorff** in HH. I. 397, **Voitus**, Kontroversen I. S. 50.

[10] StPO. §. 81.

[11] StPO. §. 141.

[12] StPO. §. 137 Abs. 1; vgl. jedoch §§. 136, 190 Abs. 2.

[13] StPO. §. 140 Abs. 3.

um einen tauben, stummen oder noch nicht sechszehn Jahre alten Verbrecher handelt, muß ein (gewählter oder bestellter) Vertheidiger vorhanden sein, sobald der Vorsitzende des Gerichts dem Angeschuldigten die Anklageschrift mitgetheilt und ihn zugleich aufgefordert hat, sich zu erklären, ob er eine Voruntersuchung u. s. w. beantragen wolle.[14] Bei den Verbrechen, welche von den Landgerichten abgeurtheilt werden, ist die Bestellung eines Vertheidigers binnen einer Frist von drei Tagen nach der Aufforderung zu beantragen.[15]

5. Es entspricht der Bestimmung, daß der Beschuldigte sich in jeder Lage des Verfahrens des Beistandes eines Vertheidigers bedienen könne, wenn auch die Bestellung eines Vertheidigers schon während des Vorverfahrens zulässig ist.[16] In der Regel beschränkt sich jedoch die Bestellung eines Vertheidigers auf die Hauptverhandlung erster Instanz.

§. 45.

2. Das Personal der Vertheidigung.

1. Der Kreis der Personen, welche nach der Strafprozeßordnung befähigt sind, eine Vertheidigung zu führen, ist ein sehr weiter. Das Gericht übt jedoch dadurch eine Kontrole aus, daß gewisse Personen nur mit Genehmigung des Gerichts als Vertheidiger auftreten können, und daß in den Fällen der nothwendigen Vertheidigung,[1] wenn der gewählte Vertheidiger nicht zu den Personen gehört, die ohne Genehmigung des Gerichts als Ver-

[14] StPO. §§. 199 Abs. 1 und 2, 206 Abs. 2.

[15] Aushülfe bei Verspätung gewährt StPO. §. 141.

[16] StPO. §. 142.

[1] Vgl. oben §. 44 Nr. 2.

theidiger fungiren können oder die als Vertheidiger bestellt werden dürfen, noch die Bestellung eines Vertheidigers erfolgt.[2]

2. Ohne Genehmigung des Gerichts können als Vertheidiger gewählt[3] werden:

a) Die bei einem deutschen Gerichte zugelassenen Rechtsanwälte ohne jede örtliche Beschränkung.[4] Der als Vertheidiger gewählte Rechtsanwalt kann[5] mit Zustimmung des Angeklagten,[6] jedoch ohne Zustimmung des Gerichts die Vertheidigung einem Rechtskundigen, welcher die erste Prüfung für den Justizdienst bestanden hat und in demselben seit mindestens zwei Jahren beschäftigt ist, übertragen.

b) Rechtslehrer (Professoren und Dozenten) an einer Universität des deutschen Reichs.

3. Mit Genehmigung des Gerichts können auch andere Personen,[7] die nicht zu den beiden erwähnten Kategorien gehören, als Vertheidiger gewählt werden.

4. Als Vertheidiger können bestellt werden:

a) Die am Sitze des Gerichts, wo die Bestellung erfolgt, wohnhaften Rechtsanwälte.[8] Diesen stehen gleich die innerhalb des Bezirks des betreffenden

---

[2] StPO. §. 138 Abs. 2.

[3] StPO. §. 138 Abs. 1.

[4] RAO. §. 26. Nur die bei dem Reichsgericht zugelassenen Rechtsanwälte dürfen anderswo nicht auftreten. RAO. §. 100.

[5] StPO. §. 139.

[6] Auch stillschweigende Zustimmung genügt. E. IX. 279. R. V. 591.

[7] Frauen sind an sich nicht ausgeschlossen; Löwe S. 383, v. Holtzendorff in HH. I. 401; a. M. Voitus, Kontroversen I. S. 48, Zimmermann im GSaal XXXII. 260.

[8] StPO. §. 144 Abs. 1; vgl. jedoch RAO. §. 100 Abs. 2.

Gerichts wohnhaften und bei demselben zugelassenen Rechtsanwälte.[9] Und dasselbe gilt von den widerruflich zugelassenen Rechtsanwälten aus einem benachbarten Landgerichtsbezirke, wenn es in dem Bezirke, wo die Bestellung des Vertheidigers erfolgt, an dort wohnenden Rechtsanwälten mangelt.[10]

b) Justizbeamte,[11] welche nicht als Richter angestellt sind.[12]

c) Rechtskundige,[11] welche die vorgeschriebene erste Prüfung für den Justizdienst bestanden haben. Hier ist eine vorangegangene zweijährige Beschäftigung nicht vorgeschrieben.

5. Eine allgemeine Bestimmung darüber, wer verpflichtet sei, eine Vertheidigung zu übernehmen, ist nicht vorhanden. In Betreff der Rechtsanwälte ergibt sich aus der Strafprozeß- und der Rechtsanwaltsordnung,[13] daß dem Rechte des Gerichts bzw. des Vorsitzenden, einen Rechtsanwalt als Vertheidiger zu bestellen, die Verpflichtung des Rechtsanwalts entspricht, die Vertheidigung zu übernehmen.[14] Abgesehen hiervon sind die Rechtsanwälte nicht verpflichtet, eine Vertheidigung zu übernehmen. In Betreff der übrigen Personen, welche als Vertheidiger bestellt werden können, kann sich die Verpflichtung zur Uebernahme einer Vertheidigung nur aus ihrer dienstlichen Stellung ergeben.

---

[9] RAO. §. 39 Abs. 2.

[10] RAO. §. 39 Abs. 3; vgl. §. 12.

[11] StPO. §. 144 Abs. 2.

[12] Hierhin gehören auch die bei den Gerichten angestellten Sekretäre, Aktuare u. s. w.

[13] StPO. §. 144; RAO. §. 39.

[14] Ueber Ablehnung einer übertragenen Vertheidigung vgl. RAO. §. 31.

§. 46.

3. Wahl und Bestellung des Vertheidigers.

1. Die Wahl des Vertheidigers hängt in allen Fällen von dem Beschuldigten bzw. von dem gesetzlichen Vertreter desselben ab, dem das Recht eingeräumt ist, selbstständig einen Vertheidiger wählen zu dürfen.[1] Ist jedoch in den Fällen der nothwendigen Vertheidigung[2] ein Vertheidiger überhaupt nicht oder nicht ein solcher gewählt, der eine nothwendige Vertheidigung führen darf,[3] so tritt Bestellung eines Vertheidigers ein.

Da in allen Fällen der gewählte Vertheidiger, vorausgesetzt, daß er den gesetzlichen Erfordernissen entspricht, dem bestellten vorgeht, so ist die Bestellung eines Vertheidigers zurückzunehmen, wenn demnächst ein anderer Vertheidiger gewählt wird und dieser die Wahl annimmt.[4] Die Verpflichtung des bestellten Vertheidigers erlischt jedoch erst mit der erfolgten Zurücknahme der Bestellung.

2. In den Fällen der nothwendigen Vertheidigung erfolgt die Bestellung des Vertheidigers durch den Vorsitzenden des mit der betreffenden Strafsache betrauten Gerichts (Strafkammer, Schwurgerichts u. s. w.).[5] Abgesehen hiervon erfolgt die Bestellung des Vertheidigers durch das Gericht und nur bei vorhandener Dringlichkeit durch den Vorsitzenden desselben.[6] Da durch den Beschluß des Gerichts nur die Frage entschieden wird, ob ein Vertheidiger zu bestellen ist, so hat die Auswahl auch hier der Vorsitzende des Gerichts.

In der Voruntersuchung wird der Vertheidiger durch

---

[1] StPO. §. 137 Abs. 2.
[2] StPO. §. 140; oben §. 44 Nr. 2.
[3] Vgl. oben §. 45 Nr. 1.
[4] StPO. §. 143.
[5] StPO. §. 144 Abs. 1 Satz 1.
[6] StPO. §. 141.

den Vorsitzenden der Strafkammer und während der Vorbereitung der öffentlichen Klage durch den Amtsrichter bestellt, in dessen Bezirke die Untersuchungshandlungen vorgenommen werden.[7]

3. Ueber die Form, in der sich der gewählte Vertheidiger zu legitimiren hat, fehlt eine allgemeine Bestimmung. Es genügt die schriftliche oder mündliche Anzeige oder Erklärung zu Protokoll. Nur in einigen Fällen[8] ist die Vorlegung einer schriftlichen Vollmacht vorgeschrieben.

§. 47.

4. Rechte und Pflichten des Vertheidigers.

Die Rechte und Pflichten des Vertheidigers sind in der Strafprozeßordnung an verschiedenen Stellen, aber in keiner Weise erschöpfend aufgeführt.

I. Der Vertheidiger ist Vertreter des Beschuldigten nur soweit, als das Gesetz dies ausdrücklich zuläßt. Eine Vertretung der Art, daß der Vertheidiger an seiner Stelle den Prozeß führe, ist regelmäßig unzulässig. Nur in einigen geringfügigeren Fällen: in Privatklagesachen, in dem Verfahren nach vorausgegangenem Strafbefehl oder Strafverfügung, ferner wenn die That nur mit Geldstrafe, Haft oder Einziehung bedroht ist, und wenn der Angeklagte gemäß §. 232 StPO. vom persönlichen Erscheinen entbunden ist, kann derselbe sich in der Hauptverhandlung von seinem Vertheidiger vertreten lassen.[1] Die Ver-

---

[7] StPO. §. 144 Abs. 1 Satz 2. Hier ist jedoch nicht die Voruntersuchung berücksichtigt.

[8] Vgl. StPO. §§. 233, 390, 427, 451, 457, 478. Vgl. Voitus, Kontroversen I. S. 46. Telegramm steht der Schrift gleich. Vgl. Zimmermann im Gsaal XXXI. 265.

[1] StPO. 427, 451, 457, 233. Ferner allgemein in der Revisionsinstanz §. 390 und in der

theidigung, übrigens die einzige von der Strafprozeßordnung anerkannte Form einer Bevollmächtigung,[2] ist daher wesentlich eine Prozeßthätigkeit neben der des Beschuldigten, in Verbindung mit derselben und gerichtet auf dieselben Ziele. Auch der Vertheidiger hat hiernach den Parteistandpunkt einzunehmen, und hieraus folgt, daß der Vertheidiger Alles thun muß, was zu Gunsten des Beschuldigten spricht, und Nichts thun darf, was zu dessen Ungunsten verwendet werden kann. Da die Vertheidigung aber nicht ausschließlich im Interesse des Beschuldigten, sondern im Interesse einer gerechten Strafrechtspflege überhaupt stattfindet, so ist der Vertheidiger bei Erfüllung der von ihm zu lösenden Aufgabe von dem Willen des Beschuldigten unabhängig. Es gilt dies nicht nur für den bestellten, sondern auch für den gewählten Vertheidiger; auch dieser hat, so lange er in Funktion ist, nur die ihm obliegenden, aus dem Wesen der Vertheidigung sich ergebenden Pflichten zu erfüllen.

II. In der Strafprozeßordnung sind folgende Rechte und Pflichten des Vertheidigers besonders aufgeführt:

1. Im Vorverfahren ist der Vertheidiger, ebenso wie der Beschuldigte selbst, von der Beiwohnung der einzelnen Termine regelmäßig ausgeschlossen. Nur bei der Einnahme des richterlichen Augenscheins und Vernehmung solcher Zeugen, welche in der Hauptverhandlung voraussichtlich nicht erscheinen können, ist ihm die Anwesenheit zu gestatten, und ist er von diesen Terminen vorher zu be-

Berufungsinstanz, wenn die Staatsanwaltschaft die Berufung eingelegt hat, §. 370. Vgl. Lamm in d. Annalen d. sächs. OLG. Dresden III. 1.

[2] Dies gilt auch für einzelne Akte, z. B. Einlegung von Rechtsmitteln. E. IX. 78.

nachrichtigen, wenn dies ohne Aufenthalt für die Sache geschehen kann.[3]

2. Das Recht der Akteneinsicht[4] steht nur dem Vertheidiger, nicht dem Beschuldigten oder seinem gesetzlichen Vertreter zu. Und zwar ist der Vertheidiger befugt, die dem Gerichte vorliegenden Akten[5] nach dem Schlusse der Voruntersuchung[6] und, wenn eine solche nicht stattgefunden hat, nach Einreichung der Anklageschrift bei dem Gerichte[7] einzusehen.

Die Einsicht der gerichtlichen Untersuchungsakten kann ihm schon vor dem erwähnten Zeitpunkte gestattet werden, wenn hierdurch der Untersuchungszweck nicht gefährdet wird. Nicht verweigert werden darf dem Vertheidiger die Einsicht der Protokolle über die Vernehmung des Beschuldigten, der Gutachten der Sachverständigen und der Protokolle über diejenigen gerichtlichen Handlungen, denen er beizuwohnen befugt ist.

Die Akten mit Ausnahme der Ueberführungsstücke können dem Vertheidiger auch in seine Wohnung verabfolgt werden.

3. Der Vertheidiger hat das Recht, mit dem verhafteten Beschuldigten mündlich und schriftlich zu verkehren.[8] Dieses Recht ist jedoch zunächst dadurch eingeschränkt, daß der Richter vor Eröffnung des Hauptverfahrens schriftliche Mittheilungen zurückweisen kann, deren Einsicht ihm nicht gestattet wird. Außerdem kann der Richter anordnen, daß, so lange das Hauptverfahren nicht eröffnet

[3] Vgl. StPO. §§. 191, 167, auch 222, 223, 409.

[4] StPO. §. 147.

[5] Hierhin gehören auch die staatsanwaltschaftlichen Akten aus dem Vorverfahren.

[6] StPO. §. 195.

[7] StPO. §. 197.

[8] StPO. §. 148.

ist, allen Unterredungen des verhafteten Beschuldigten mit dem Vertheidiger eine Gerichtsperson beiwohne. Doch ist dies Letztere nur dann zulässig, wenn die Verhaftung zur Zeit der stattfindenden Unterredung nicht lediglich wegen Verdachts der Flucht gerechtfertigt ist.[9]

4. Zur Hauptverhandlung ist der bestellte Vertheidiger stets, der gewählte dann zu laden, wenn die erfolgte Wahl dem Gerichte angezeigt worden ist.[10] Der Hauptverhandlung[11] kann der Vertheidiger auch dann beiwohnen, wenn der Angeklagte zeitweise[12] aus derselben entfernt wird.[13] Für den Angeklagten, jedoch nicht gegen dessen ausdrücklichen Willen ist der Vertheidiger befugt, Rechtsmittel einzulegen.[14] Und endlich ist es dem Vertheidiger gestattet, der Vollstreckung der Todesstrafe beizuwohnen.[15]

5. Für die Vertheidigung kann der Vertheidiger Gebühren beanspruchen. Dem zum Vertheidiger bestellten Rechtsanwalte werden die Gebühren nach Maßgabe der Gebührenordnung für Rechtsanwälte aus der Staatskasse gezahlt und zwar ist es dabei gleichgültig, ob es sich um eine nothwendige Vertheidigung handelt oder nicht.[16]

6. Ob die Rechte, welche der Vertheidiger im Verfahren ausüben kann, im einzelnen Falle auch wirklich

[9] Es ist also irrelevant, aus welchem Grunde die Verhaftung erfolgte.

[10] StPO. §. 217.

[11] Vgl. auch StPO. §. 232 Abs. 3.

[12] StPO. §. 246.

[13] Ueber das Fragerecht des Vertheidigers vgl. StPO. §§. 238 ff.

[14] StPO. §. 339. Dasselbe gilt auch hinsichtlich des Antrages auf Wiederaufnahme des Verfahrens, §. 405.

[15] StPO. §. 486 Abs. 3.

[16] GebO. für Rechtsanwälte §§. 8, 63 ff.; StPO. §. 150.

auszuüben sind, ist dem freien Ermessen des Vertheidigers überlassen. Die Strafprozeßordnung enthält nur eine allgemeine Bestimmung über die Verpflichtung des Vertheidigers.[17] Danach muß derselbe in einem Falle, in welchem die Vertheidigung eine nothwendige oder die Bestellung des Vertheidigers auf Grund des §. 141 der Strafprozeßordnung erfolgt ist, in der Hauptverhandlung erscheinen, die Vertheidiguug führen und darf sich nicht unzeitig[18] entfernen. Wird durch seine Schuld eine Aussetzung erforderlich, so sind ihm, vorbehaltlich dienstlicher Ahndung, durch Beschluß des Gerichts die durch die Aussetzung verursachten Kosten aufzuerlegen. Die dienstliche Ahndung des Vertheidigers hängt von dem betreffenden Disciplinargesetze ab, welchem derselbe unterworfen ist.[19]

§. 48.

III. Gesetzliche Vertreter und Beistände.[1]

1. Das Interesse des Beschuldigten im Verfahren kann, abgesehen von dem Vertheidiger, noch durch andere Personen wahrgenommen werden. Die Strafprozeßordnung hat zu diesem Zwecke nicht nur dem gesetzlichen Vertreter des Beschuldigten gewisse Rechte eingeräumt, sondern auch gewissen nahen Angehörigen[2] desselben gestattet, als Beistände mitzuwirken. Alle die genannten Personen

[17] StPO. §, 145.

[18] unzeitig ist z. B. auch eine Entfernung während des StPO. §. 314 Abs. 2 vorgesehenen Zeitraums. E. II. 104. R. II. 64.

[19] Vgl. GVG. §. 180 und in Betreff der Rechtsanwälte noch RAO. §§. 30 ff.

[1] Vgl. HH. I. 419 ff., Geyer §. 106, Glaser §. 78 i. f., Stenglein §. 33 i. f., Bennecke §. 57.

[2] Ueber die allen Angehörigen

können die ihnen zustehenden Rechte ohne Rücksicht auf den Willen des Beschuldigten und auch neben dem bestellten oder gewählten Vertheidiger ausüben.

2. Was zunächst den gesetzlichen Vertreter des Beschuldigten anlangt, so ist für den Begriff desselben das in Frage kommende Civilrecht entscheidend.[3] Nothwendig ist seine Zuziehung im Strafverfahren überhaupt nicht; er ist nicht Stellvertreter des Beschuldigten, sondern er hat nur gewisse ihm ausdrücklich eingeräumte Befugnisse. Er hat nämlich erstlich das Recht, für den Beschuldigten einen Vertheidiger zu wählen;[4] er kann ferner in Landgerichtssachen, wenn ein Verbrechen den Gegenstand der Untersuchung bildet, beantragen, daß ein Vertheidiger bestellt wird.[5] Es steht ihm auch die Befugniß zu, Rechtsmittel binnen der für den Beschuldigten laufenden Frist einzulegen und den Antrag auf Wiederaufnahme des Verfahrens zu stellen.[6]

Endlich findet sich noch eine besondere Bestimmung für den gesetzlichen Vertreter eines jugendlichen Verbrechers.[7] In der Hauptverhandlung gegen diesen kann der gesetzliche Vertreter als Beistand auftreten. Hat er dies nicht gethan und lautet das Urtheil auf Unterbringung des Beschuldigten in eine Erziehungs- oder Besserungsanstalt, so ist ihm dasselbe zuzustellen.

3. Als Beistände werden zugelassen der Ehemann der Angeklagten und der Vater, Adoptivvater und Vor-

im Verfahren gegen Abwesende zustehenden Rechte vgl. StPO. §§. 322, 328, 474 und unten §§. 92ff., 100.

[3] Es handelt sich hauptsächlich um Minderjährige, Geisteskranke, Taubstumme u. s. w. Vgl. Löwe S. 378 f.

[4] StPO. §. 137.

[5] StPO. §. 140 Abs. 2 Nr. 2.

[6] StPO. §§. 340, 371, 405.

[7] StPO. §. 268.

mund eines minderjährigen Angeklagten.[8] Diese Beistände sind in den Hauptverhandlungen aller Instanzen, jedoch nur wenn der Beschuldigte erschienen ist,[9] zuzulassen und auf ihr Verlangen zu hören,[10] d. h. sie können in thatsächlicher und rechtlicher Beziehung anführen, was sie als nützlich für den Beschuldigten erachten, auch in dieser Richtung Beweisanträge stellen. Weitere prozessuale Rechte haben sie nicht; sie sind jedoch auf ihr Verlangen von dem anberaumten Termine zur Hauptverhandlung in Kenntniß zu setzen.[11] Im Vorverfahren unterliegt ihre Zulassung, um Kollusionen zu verhüten, dem richterlichen Ermessen.[12]

[8] StPO. §. 149.
[9] Löwe S. 396, 397.
[10] StPO. §. 149 Abs. 1.
[11] Vgl. E. V. 50. R. III. 607.
[12] StPO. §. 149 Abs. 3.

Dritter Theil.

Das Verfahren.

Erster Abschnitt.

Allgemeines.

I. Grundformen des Verfahrens.

§. 49.

1. Anklageform.[1]

Dadurch daß die staatliche Aufgabe der Strafrechtspflege auf zwei Behörden vertheilt, daß die Strafverfolgung vom Richteramt getrennt ist, hat der Strafprozeß mit Nothwendigkeit die Anklageform angenommen. Der Staatsanwaltschaft gegenüber ist, wie bereits gezeigt,[2] auch dem Angeklagten eine Parteistellung eingeräumt, und der Strafprozeß bewegt sich daher im großen Ganzen in den Formen eines Rechtsstreits zwischen zwei sich gegenüberstehenden Parteien. Aber da, wie gleichfalls bereits wiederholt her-

[1] Vgl. Planck §. 60, Zachariae §§. 10, 11, Geyer §§. 2, 3, Glaser §§. 4, 19, 22, Bennecke §§. 38, 39, Zachariae, Gebrechen und Reform d. deutsch. Strafv. (1846) S. 23 ff., Köstlin, Wendepunkt d. deutsch. Strafv. (1849), Ortloff, das Strafv. in seinen leitenden Grundsätzen (1858), Heinze, strafprozessuale Erört. (1875) S. 6 ff. und GA. XXIV. 265. John, Komm. II. 140 ff., v. Kries, Vorverfahren und Hauptverfahren, auch in der Ztschr. IX. 1 ff.

[2] Oben §. 43.

vorgehoben ist, im Strafprozeß das Interesse des Gemeinwesens in Frage steht und seine Aufgabe die Ermittlung materieller Wahrheit ist, so muß eine Analogie des Civilverfahrens von der Hand gewiesen werden. Vor Allem ist hervorzuheben, daß, weil es im Strafverfahren sich weder auf Seiten des Anklägers, noch auf Seiten des Angeklagten um verzichtbare Parteirechte handelt, von einer Dispositionsbefugniß der Parteien keine Rede sein kann. Hinsichtlich des Angeklagten ist dies selbstverständlich; aber auch hinsichtlich der Staatsanwaltschaft, welcher an sich als einer öffentlichen Behörde das öffentliche Interesse auch nach dieser Richtung hätte anvertraut werden können, hat sich die Gesetzgebung auf denselben Standpunkt gestellt, und ist daher als Hauptgrundsatz des geltenden Rechtes der Satz aufzustellen, daß die Einleitung jedes strafgerichtlichen Verfahrens abhängig ist von der Staatsanwaltschaft, daß aber nach Erhebung der Klage die Herrschaft über das ganze Verfahren an das Gericht übergeht. Danach ist eine jede gerichtliche Untersuchung durch die Erhebung einer Klage bedingt,[3] und die Untersuchung und Entscheidung erstreckt sich nur auf die in der Klage bezeichnete Person und That,[4] und selbst wenn im Laufe einer Untersuchung eine Ausdehnung derselben auf eine andere neu hervortretende Person oder That angezeigt erscheint, ist dieselbe ohne einen hierauf gerichteten Antrag der Staatsanwaltschaft nicht zulässig. Nur wenn Gefahr im Verzuge obwaltet, kann der Amtsrichter oder Untersuchungsrichter einzelne Untersuchungshandlungen von Amtswegen vornehmen;[5] hierdurch wird aber keineswegs die Erhebung der Klage ersetzt, die Untersuchungs-

---

[3] StPO. §. 151.

[4] StPO. §. 153 Abs. 1.

[5] StPO. §§. 163, 189.

handlungen gewinnen eine materielle Bedeutung erst dann, wenn demnächst seitens der Staatsanwaltschaft die öffentliche Klage erhoben wird.[6]

In der Natur der Sache liegt es sodann, daß der Ankläger seine Anklagebehauptungen aufstellt und die Beweise dafür beibringt, und daß der Angeklagte für die Ermittlung und Verwerthung der zur Vertheidigung dienenden Beweise Sorge trägt, und so beruht auch die aus diesem Gegenübertreten sich entwickelnde kontradiktorische Verhandlung wesentlich auf der Anklageform des Prozesses.

Aus dieser Anklageform ist aber nicht ein das Verfahren beherrschendes Anklageprinzip zu folgern. Nach Erhebung der Klage geht vielmehr, wie bemerkt, die Herrschaft über das Verfahren völlig auf das Gericht über.[7] Daher kann, wenn einmal die öffentliche Klage die Eröffnung einer Untersuchung veranlaßt hat, die Klage, abgesehen von der unerheblichen Ausnahme in dem Verfahren nach vorausgegangenem amtsrichterlichen Strafbefehl,[8] nicht zurückgenommen werden,[9] wogegen die Zurücknahme der Privat- und Nebenklage, weil diese die öffentlichen Interessen nicht berühren, zugelassen ist.[10] Daher hat, auch wenn die Staatsanwaltschaft fernerhin keine Anträge stellen sollte, das Gericht die Sache gleichwohl zu erledigen, und ist dasselbe auch, soweit Anträge gestellt werden, an diese weder hinsichtlich der rechtlichen Beurtheilung des Falles, noch hinsichtlich der zu bemessenden Höhe der Strafe gebunden,[11] und endlich ist das Gericht sowohl berechtigt als

---

[6] StPO. §§. 165, 189 Abs. 2.

[7] Vgl. darüber insb. John, Komm. II. 82 ff.

[8] StPO. §. 451 Abs. 1.

[9] StPO. §. 154.

[10] StPO. §§. 431, 442, 444.

[11] StPO. §. 153 Abs. 2.

verpflichtet, die Wahrheit nöthigenfalls auch durch andere Mittel, als durch die von dem Ankläger oder dem Angeklagten an die Hand gegebenen zu erforschen. Hiernach ist auch bei der gegenwärtigen Gestaltung des Prozesses das inquisitorische Prinzip selbst im Hauptverfahren nicht völlig beseitigt. Insofern es nämlich die Pflicht des Gerichts ist, den Ent- und Belastungsbeweisen ohne und sogar gegen den Antrag der Parteien selbstständig nachzugehen, so vereinigt in gewisser Beziehung der Richter auch noch jetzt die Pflichten des Anklägers, des Vertheidigers und des Richters in seiner Thätigkeit. Der Unterschied gegen den früheren Inquisitionsprozeß besteht darin, daß das heutige Verfahren für die Anklage wie für die Vertheidigung eigene Organe mit besonderen Befugnissen geschaffen hat, daß daher in der Regel, weil Anklage und Vertheidigung meist schon mit den erforderlichen Beweisen vollständig ausgerüstet in die Hauptverhandlung eintreten oder im Laufe derselben für die Ergänzung des Beweises durch Stellung geeigneter Anträge selbst thätig werden, für die inquisitorische Thätigkeit des erkennenden Gerichts nur ein geringer Raum bleibt und seine prüfende und urtheilende Thätigkeit mehr in den Vordergrund tritt. In einem vorbereitenden Stadium des Prozesses dagegen, in der gerichtlichen Voruntersuchung (§§. 176—195 StPO.), ist das inquisitorische Prinzip in aller Reinheit beibehalten; hier ist der Untersuchungsrichter der Leiter und Träger des ganzen Verfahrens und nur bei Ausdehnung desselben auf eine andere Person oder That ist auch hier, wie oben bemerkt, von dringenden Fällen abgesehen, der Antrag der Staatsanwaltschaft abzuwarten.[12]

[12] StPO. §. 189.

§. 50.

2. Mündlichkeit.[1]

Die äußere Form der Verhandlung ist für den Schwerpunkt des Verfahrens, die Verhandlung vor dem erkennenden Gericht, die mündliche. Unter der Mündlichkeit der Verhandlung versteht man, daß nicht nur die Parteien, Ankläger und Angeklagter, mündlich in freier Rede und Gegenrede ihre Anträge stellen und begründen, sondern daß auch die Zeugen und Sachverständigen mündlich vor dem erkennenden Gericht in Gegenwart der Parteien gehört, daß das gesammte Beweismaterial nicht durch Vermittelung der Akten, sondern unmittelbar dem zur Entscheidung berufenen Richter vorgeführt wird. Hiernach ist mit der Mündlichkeit die noch wesentlichere Unmittelbarkeit des Verfahrens eng verbunden. Die Mündlichkeit bringt den Vortheil des belebenden Eindrucks der Wechselrede; die Mitwirkung der Parteien schützt vor Mißverständnissen und gewährt ihnen die Garantie, daß die erheblichen Umstände und Beweismittel auch sämmtlich zur Kenntniß des Gerichtes gebracht werden; die Unmittelbarkeit aber gewährt dadurch, daß sie den Richter von den Auffassungen von Mittelspersonen befreit und ihn in den Stand setzt, die Betheiligten selbst zu sehen und zu hören, nach Möglichkeit eigene unmittelbare Wahrnehmungen zu machen, die denkbar größten Garantien einer sicheren Erforschung der Wahrheit.

[1] Vgl. Planck §. 47, Zachariae §§. 12, 13, Geyer §. 4, Glaser §. 23; John, Komm. II. 181 ff.; Feuerbach, Betracht. über Oeffentl. u. Mündl. der Gerechtigkeitspflege (1821), Hepp, Anklageschaft, Oeffentl. u. Mündl. (1842), Zachariae, Gebrechen u. Reform S. 80 ff., 156 ff., Köstlin, Wendepunkt S. 72 ff., v. Kries, das Prinzip der Unmittelbarkeit im Beweisverfahren in d. Ztschr. f. StW. VI. 88 ff.

Dieser Bedeutung der Mündlichkeit haben die Einzelvorschriften der Strafprozeßordnung volle Rechnung getragen. Daher die Vorschrift, daß der erkennende Richter nur berücksichtigen darf, was ihm selbst in der entscheidenden Hauptverhandlung vorgeführt ist;[2] was in den Akten oder sonst ermittelt ist, ist für ihn gleichgültig. Daher das Verbot, Zeugenaussagen zu verlesen, wenn die Möglichkeit vorhanden ist, die Zeugen persönlich zu hören;[3] daher die Nothwendigkeit der persönlichen Anwesenheit des Angeklagten,[4] von der nur geringfügige Ausnahmen zugelassen sind,[5] die prinzipielle Unzulässigkeit des Kontumazialverfahrens.[6] Daher endlich auch die Nothwendigkeit der ununterbrochenen Anwesenheit der zur Urtheilsfindung berufenen Personen[7] und die Konzentrirung des gesammten Verfahrens in einer entscheidenden Hauptverhandlung.[8] Alles, was dieser Hauptverhandlung vorhergeht, ist nur vorbereitender, für die Entscheidung selbst unerheblicher Natur, und die Strafprozeßordnung hat noch besonders durch eine Reihe von Vorschriften dafür Sorge zu tragen gesucht, daß der Hauptverhandlung auch dieser ihr Charakter gewahrt und der Schwerpunkt des Prozesses nicht in das Vorverfahren verlegt werde. Darauf beruht die Vorschrift, daß die Voruntersuchung nicht weiter auszudehnen ist, als für eine Entscheidung, ob das Hauptverfahren zu

[2] StPO. §. 260.
[3] StPO. §§. 249—252.
[4] StPO. §. 229.
[5] StPO. §§. 230—232.
[6] StPO. §. 319.
[7] StPO. §. 225. — Auch die für längere Sitzungen zugezogenen Ergänzungsrichter und Ergänzungsgeschworenen (GVG. §. 194 Abs. 2, 3) haben daher den gesammten Verhandlungen beizuwohnen. — Ein Wechsel in der Person des Staatsanwalts, des Vertheidigers und des Gerichtsschreibers ist dagegen nicht ausgeschlossen.
[8] Vgl. StPO. §. 228.

eröffnen, erforderlich erscheint,[9] darauf auch, um für die Hauptverhandlung die Unbefangenheit der Zeugen zu wahren, die Vorschrift, daß sie, und ebenso die Sachverständigen, prinzipiell nur in der Hauptverhandlung zu beeidigen sind.[10] Aus ähnlichem Grunde, um durch die Vorermittelungen nicht das Urtheil der erkennenden Richter zu beeinflussen, darf daher auch die die Ergebnisse der Vorverhandlungen zusammenstellende Anklageschrift nicht verlesen werden, sondern wird die Hauptverhandlung durch Verlesung des Eröffnungsbeschlusses, welcher nur die Angabe der dem Angeklagten zur Last gelegten That enthält, eingeleitet,[11] und endlich beruhen zum Theil darauf auch die Vorschriften, nach welchen die Personen, welche im Vorverfahren in erheblicher Weise thätig gewesen sind, von der Ausübung des Richteramtes in der Hauptverhandlung ausgeschlossen sind.[12]

Aus dem dargelegten Wesen der Mündlichkeit ergibt sich ferner, daß sie ihre eigentliche Bedeutung nur für die Hauptverhandlung[13] hat. Allerdings macht auch der im Vorbereitungsverfahren thätige Amtsrichter und der Untersuchungsrichter unmittelbare Wahrnehmungen und verhandelt mündlich mit den in Betracht kommenden Personen. Für die Sache selbst ist aber nicht diese mündliche Verhandlung, sondern nur deren schriftliche Fixirung von Bedeutung, da diese Verhandlungen nicht um ihrer selbst willen, sondern nur als Vorbereitung der Hauptverhand-

[9] StPO. §. 188.

[10] StPO. §§. 65, 72.

[11] StPO. §. 242 Abs. 2.

[12] Vgl. StPO. §§. 22 Nr. 4, 23 Abs. 2, 3.

[13] Und zwar in vollem Maße nur für die Hauptverhandlung erster Instanz. Für die Berufungsinstanz vgl. StPO. §§. 365—367, für die Revisionsinstanz §§. 390, 391.

lung Bedeutung haben. Um das ganze vorhandene Beweismaterial den erkennenden Richtern vorführen zu können, ist nämlich regelmäßig eine umfassende Vorbereitung dieser Hauptverhandlung nöthig. Es gilt, die vorhandenen Beweise zu ermitteln und zu sichten; es gilt ferner, Umstände, welche nur im Augenblick festgestellt werden können, durch ihre Fixirung, sei es durch die Schrift, sei es durch graphische oder plastische Künste, auch dem erkennenden Gericht zugänglich zu machen. Hieraus folgt, daß das Vorverfahren nicht in einer koncentrirten Verhandlung bestehen kann, daß es vielmehr aus einer Reihe einzelner Handlungen bestehen muß, und daß, um diese überhaupt verwerthen zu können, die Schriftlichkeit unumgänglich ist. Die Strafprozeßordnung hat daher auch ausdrücklich vorgeschrieben, daß über alle Untersuchungshandlungen im Vorverfahren ein Protokoll aufzunehmen ist,[14] wogegen für die Hauptverhandlung mit Rücksicht auf die vorhandenen Rechtsmittel zwar auch die Führung eines Protokolls vorgeschrieben ist, dieses aber nur bei Verhandlungen vor den Schöffengerichten auch die wesentlichen Ergebnisse der Vernehmungen zu enthalten braucht.[15]

Nur für den Eröffnungsbeschluß[16] könnte an sich das Prinzip der Mündlichkeit, wie es für die Hauptverhandlung verwerthet ist, überhaupt in Frage kommen. Das Gesetz hat jedoch auch hier der Mündlichkeit keinen Raum gegeben und die Entscheidung lediglich auf Grund der Akten treffen lassen in der Erwägung, daß dieser Beschluß doch eine wesentlich andere Bedeutung hat, als das Urtheil in der Hauptverhandlung, daß bei Anwendung der Mündlichkeit

[14] StPO. §§. 166, 185, 186.
[15] StPO. §§. 271—274.
[16] StPO. §§. 196 ff.

auch auf dieses Verfahren eine zweifache Hauptverhandlung das Resultat sein und dadurch die wirkliche Hauptverhandlung in ihrer Bedeutung herabgedrückt werden würde.

§. 51.

3. Oeffentlichkeit.[1]

Mit der Mündlichkeit steht die Oeffentlichkeit des Verfahrens, die Oeffentlichkeit in dem Sinne, daß zu den gerichtlichen Verhandlungen Jedermann der Zutritt gestattet ist, in enger Beziehung; letztere ohne erstere würde ein leeres Wort bleiben. Ebenso wie die Mündlichkeit ist daher auch die Oeffentlichkeit nur für die Hauptverhandlung vorgeschrieben.[2] Die Oeffentlichkeit schützt gegen Willkür, spannt die Geistesthätigkeit aller Betheiligten unwillkürlich an und ist vor Allem das sicherste Mittel, das Zutrauen des Volkes zur Rechtspflege zu kräftigen. Die Strafprozeßgesetzgebung hat daher auch auf dieselbe hohen Werth gelegt. Die Ausnahmen von dem die Oeffentlichkeit für die Verhandlungen vor dem erkennenden Gericht allgemein gebietenden §. 170 GVG. sind, abgesehen davon, daß der Zutritt unerwachsenen und solchen Personen, welche sich nicht im Besitze der bürgerlichen Ehrenrechte befinden oder welche in einer der Würde des Gerichts nicht entsprechenden Weise erscheinen, versagt werden kann,[3] eng dahin begrenzt, daß nur, wenn die Oeffentlichkeit eine Gefährdung der öffentlichen

---

[1] Vgl. Planck §. 46, Zachariae §. 14, Geyer §. 5, Glaser §. 23, Stenglein §. 12, John, Komm. II. 174 ff., Kleinfeller im Gsaal XXXIX. 417 ff., ferner die Anm. 1 zu §. 50 citirten Werke von Feuerbach, Zachariae, Hepp, Köstlin und Kleinfeller, Reichsg. betr. die unter Ausschluß der Oeffentlichkeit stattfind. Gerichtsverh. v. 5./4. 88, Klemm, dasselbe.

[2] GVG. §. 170.

[3] GVG. §. 176.

Ordnung, insbesondere der Staatssicherheit, oder eine Gefährdung der Sittlichkeit besorgen läßt, dieselbe ausgeschlossen werden darf.[4] Diese Ausschließung bedarf dazu besonderer Verhandlung und Beschlußfassung. Wird ein Antrag auf Ausschließung der Oeffentlichkeit gestellt, oder hält das Gericht solche für angemessen, so wird zunächst vorläufig die Oeffentlichkeit ausgeschlossen und in nicht öffentlicher Sitzung darüber verhandelt, insbesondere also auch der Angeklagte[5] darüber gehört. Der darüber ergehende Beschluß muß öffentlich verkündet, auch dabei angegeben werden, ob die Ausschließung wegen Gefährdung der öffentlichen Ordnung, insbesondere der Staatssicherheit, oder wegen Gefährdung der Sittlichkeit erfolgt.[6] Eine Verletzung dieser Vorschriften ist unbedingter Revisionsgrund,[7] und sind die Vorgänge im Protokoll zu beurkunden.[8] Trotz des Ausschlusses der Oeffentlichkeit kann das Gericht einzelnen Personen den Zutritt gestatten; auch steht dieselbe der Anwesenheit der die Dienstaufsicht führenden Beamten nicht entgegen.[9] Die Verkündung des Urtheils muß in allen Fällen öffentlich erfolgen; hinsichtlich der Urtheilsgründe kann jedoch durch besonderen Gerichtsbeschluß in Fällen der Gefährdung der Staatssicherheit oder

[4] GVG. §. 173 in der Fassung des G., betr. die unter Ausschluß der Oeffentlichkeit stattfindenden Gerichtsverhandlungen, v. 5./4 88 (RGBl. 133), wodurch die §§. 173—176, 195 GVG. abgeändert sind.

[5] Und ebenso der etwa vorhandene Privatkläger, Nebenkläger und selbstverständlich die Staatsanwaltschaft. E. I. 50, X. 92. R. I. 206, VI. 104.

[6] GVG. §. 175.

[7] StPO. §. 377 Nr. 6. Eine öffentliche Verhandlung trotz entgegengesetzten Beschlusses und auch im Fall §. 175 Abs. 1 ist jedoch kein Revisionsgrund. E. III. 295. R. I. 324, IV. 286.

[8] StPO. §. 272 Nr. 5; vgl. auch §. 274 das.

[9] GVG. §. 176 Abs. 2, 3.

der Sittlichkeit eine Ausnahme gemacht werden.[10] Die Berathung und Abstimmung erfolgt stets nicht öffentlich.[11] Für das Vorverfahren, welches, wie bereits hervorgehoben, seiner Natur nach ein Inquisitionsverfahren sein muß, ist, um die Untersuchungszwecke nicht zu gefährden, namentlich unberechtigte Einflüsse fernzuhalten, die Oeffentlichkeit in diesem Sinne prinzipiell ausgeschlossen. Dagegen ist die sog. Parteien-Oeffentlichkeit, worunter man versteht, daß die Vorgänge des Prozesses zur Kenntniß der Parteien gebracht werden, auch für das Vorverfahren insoweit vorgeschrieben, als die Zwecke der Vertheidigung und andererseits einer sachgemäßen Strafverfolgung erfordern;[12] und für diejenigen Verhandlungen, in welchen es sich um Beweisaufnahmen handelt, welche in der Hauptverhandlung überhaupt nicht oder nicht in vollem Maße reproduzirbar sind, ist auch eine persönliche Anwesenheit des Beschuldigten und der Staatsanwaltschaft zugelassen.[13]

§. 52.

II. Gerichtssprache.[1]

1. Die Gerichtssprache ist die deutsche,[2] d. h. die mündlichen Verhandlungen haben, soweit es möglich ist, in deutscher Sprache zu erfolgen, und alle Protokolle und Urtheile sind in deutscher Sprache abzufassen. Es folgt

[10] GVG. §. 174.

[11] GVG. §. 195.

[12] Vgl. StPO. §§. 136 Abs. 1, 2, 147, 194, 199.

[13] StPO. §§. 167, 191, 223, 224.

[1] Vgl. Geyer §§. 111, 112, Stenglein §. 13.

[2] GVG. §. 186. Die im EG. zum GVG. §. 12 für Elsaß-Lothringen zugelassene Ausnahme ist nunmehr durch das G. v. 12./6. 89 (RGBl. 95) auch beseitigt.

daraus aber auch weiter, daß schriftliche gerichtliche Eingaben z. B. auch behufs Einlegung von Rechtsmitteln der Rechtswirkung entbehren, insbesondere daher die Rechtsmittelfrist dadurch nicht gewahrt wird.

2. Sind bei den mündlichen gerichtlichen Verhandlungen Personen betheiligt, welche der deutschen Sprache nicht mächtig sind, oder soll eine in fremder Sprache abgefaßte Urkunde als Beweismittel benutzt werden,[3] so ist ein Dolmetscher zuzuziehen. Es kann dies jedoch unterlassen werden, wenn alle betheiligten Personen der fremden Sprache mächtig sind.[4] Zu verdolmetschen ist Alles, wobei der Angeklagte betheiligt erscheint.[5] Nur hinsichtlich der Schlußvorträge in der Hauptverhandlung ist eine beschränkende Bestimmung aufgestellt; die Schlußvorträge sind nicht vollständig zu übersetzen, jedoch müssen dem Angeklagten aus denselben **mindestens** die Anträge der Staatsanwaltschaft und des Vertheidigers durch den Dolmetscher bekannt gemacht werden.[6]

Die Führung eines Nebenprotokolles in der fremden Sprache findet nicht statt, doch können wichtige Aussagen und Erklärungen in der fremden Sprache nach dem Ermessen des Richters auch in der fremden Sprache niedergeschrieben werden.[7]

Eide werden von Personen, welche der deutschen Sprache nicht mächtig sind, in der ihnen geläufigen Sprache geleistet.[8]

3. Die **Auswahl** des Dolmetschers geschieht durch

---

[3] Vgl. E. IX. 51. R. V. 478.

[4] GVG. §. 178.

[5] Es bedarf jedoch nicht hinsichtlich jedes einzelnen Aktes der Konstatirung im Protokoll. E. I. 137, 397. R. I. 208, 678.

[6] StPO. §. 258 Abs. 1.

[7] GVG. §. 187.

[8] GVG. §. 190.

das Gericht. Der Dolmetscher ist dahin zu beeidigen, daß er treu und gewissenhaft übertragen werde; ist er jedoch für Uebertragungen der betreffenden Art im Allgemeinen beeidigt, so genügt die Berufung auf den geleisteten Eid.[9] Der Dienst des Dolmetschers kann von dem in der Sache fungirenden Gerichtsschreiber[10] wahrgenommen werden, der alsdann für diesen Zweck nicht besonders zu beeidigen ist.[11]

4. Mit tauben und stummen Personen ist schriftlich zu verhandeln. Ist dies nicht möglich, so ist eine Person als Dolmetscher zuzuziehen, mit deren Hülfe die Verständigung in anderer Weise z. B. durch Zeichensprache erfolgen kann.[12] Stumme, welche schreiben können, leisten den Eid mittels Abschreibens und Unterschreibens der die Eidesnorm enthaltenden Eidesformel; Stumme, welche nicht schreiben können, leisten den Eid mit Hülfe eines Dolmetschers durch Zeichen.[13]

III. Das Zeitmoment im Strafverfahren.

§. 53.

1. Termine und Fristen.[1]

1. Die Zeitbestimmungen, welche für die Gerichte und die an dem Verfahren betheiligten Personen aufgestellt sind, sind entweder Termine oder Fristen. Bei den Terminen muß die fragliche Handlung zu der Zeit geschehen,

[9] GVG. §. 191.

[10] GVG. §. 192. E. I. 397, II. 372. R. I. 678, II. 372.

[11] Ueber Ausschließung und Ablehnung des Dolmetschers vgl. GVG. §. 193, StPO. §. 74.

[12] GVG. §. 188; vgl. auch StPO. §. 258 Abs. 2.

[13] StPO. §. 63 Abs. 2, 3.

[1] Vgl. Zachariae §. 69, HH. I. 181 f., Geyer §. 109, Glaser §. 79, Binding §§. 92, 93, Stenglein §. 16, John Komm. I. 396 ff.

die hierfür anberaumt ist, bei den Fristen dagegen nur innerhalb eines bestimmten Zeitraumes. Dieser Zeitraum ist theils nach Tagen, Wochen oder Monaten, theils nach den verschiedenen Stadien des Verfahrens, z. B. innerhalb der Voruntersuchung, bis zur Verlesung des Eröffnungsbeschlusses,[2] festgesetzt.

Die *Fristen* sind entweder *gesetzliche*, deren Dauer durch das Gesetz,[3] oder *richterliche*, deren Dauer durch den Richter[4] im einzelnen Falle bestimmt ist. Die gesetzlichen Fristen betragen in der Regel eine Woche,[5] doch finden sich auch kürzere und längere Fristen.[6] Gesetzliche Fristen können nicht verlängert werden; bei richterlichen ist dies gestattet.

2. Die *Berechnung der Fristen* ist verschieden.[7] Bei einer nach Tagen bestimmten Frist wird der Tag nicht mitgerechnet, auf welchen der Zeitpunkt oder das Ereigniß fällt, nach welchem der Anfang der Frist sich richten soll.[8] Die nach einer *Woche* oder einem *Monat* oder mehreren Wochen oder mehreren Monaten bestimmten Fristen endigen mit Ablauf desjenigen Tages der letzten Woche oder des letzten Monats, welcher durch seine Benennung oder Zahl

---

[2] Vgl. z. B. StPO. §§. 16, 428, 435.

[3] In einigen Fällen ist bei den gesetzlichen Fristen ein gewisser Spielraum gelassen; vgl. GVG. §. 94, StPO. §§. 216, 425, 488.

[4] StPO. §§. 121, 171, 174, 199, 206, 261, 270, 350, 408, 419, 422, 431.

[5] Vgl. z. B. StPO. §§. 45, 126, 234, 353, 355, 358, 360.

[6] *Drei Tage* GVG. §. 93, StPO. §§. 98, 100, 140, 348; *vier Tage* §. 228; *zwei Wochen* GVG. §. 91, StPO. §§. 40, 126, 170, 323; *vier Wochen* StPO. §. 126; *ein Monat* §§. 170, 320, 469, 473; *zwei Monate* §. 433; *drei Monate* §. 208; *vier Monate* §. 488.

[7] Die Gerichtsferien sind ohne Einfluß. GVG. §. 202 Nr. 1.

[8] StPO. §. 42.

dem Tage entspricht, an welchem die Frist begonnen hat; fehlt dieser Tag in dem letzten Monate, so endigt die Frist mit Ablauf des letzten Tages dieses Monats.[9] Ist der letzte Tag der Frist ein Sonntag oder allgemeiner Feiertag, so endigt die Frist erst mit Ablauf des nächstfolgenden Werktages.[10] Welche Tage als allgemeine Feiertage anzusehen sind, bestimmt sich nach Landesrecht.[11]

3. Eine Frist ist versäumt, wenn nicht innerhalb derselben die vorzunehmende Handlung zum Abschluß gekommen ist. Bei schriftlichen Eingaben an das Gericht muß innerhalb derselben das Schriftstück in die Hände des zur Präsentation zuständigen Beamten gelangt sein.[12]

4. Hinsichtlich der Folgen der Nichtbeobachtung der Zeitbestimmungen ist zu beachten, ob die Zeitbestimmung für das Gericht oder sonstige im Strafprozeß thätige Beamte, oder ob sie für die Parteien gesetzt ist. In dem ersteren Fall ist in der Regel die Folge bloß etwaige disciplinare Ahndung ohne Rückwirkung auf den Prozeß,[13] und nur in einigen Fällen wirkt sie auch materiell auf den schwebenden Prozeß ein theils in der Weise, daß vorläufige Maßregeln mit der Versäumung außer Kraft treten,[14] theils in der Weise, daß die später vorgenommene Handlung ungültig ist und die Ungültigkeit des Urtheils zur Folge hat.[15] In dem zweiten Falle dagegen hat regel-

[9] StPO. §. 43 Abs. 1.

[10] StPO. §. 43 Abs. 2. Es ist bestritten, ob diese Bestimmung auch für die nach Tagen berechneten Fristen (§. 42) gilt. Die gemeine Meinung ist dafür. Löwe S. 246.

[11] Vgl. E. IV. 240, XVII. 56. R. III. 365.

[12] E. X. 74. R. VI. 65. Vgl. auch R. VI. 63.

[13] Vgl. z. B. StPO. §. 275, §. 98.

[14] Vgl. z. B. StPO. §§. 100, 126.

[15] Vgl. z. B. §§. 228, 267.

mäßig, d. h. soweit nicht ausdrücklich das Gegentheil vorgeschrieben ist oder aus der Natur der Sache folgt, die Nichteinhaltung der Frist den Verlust des Rechtes auf Vornahme der Prozeßhandlung zur Folge. In diesen Fällen kann jedoch unter Umständen die Wiedereinsetzung in den vorigen Stand beansprucht werden.

§. 54.

2. Wiedereinsetzung in den vorigen Stand.[1]

Wiedereinsetzung in den vorigen Stand kann stattfinden gegen die Versäumung von Fristen und von Terminen.

1. Gegen die Versäumung einer (gesetzlichen oder richterlichen) Frist[2] ist die Wiedereinsetzung zulässig, wenn der Antragsteller[3] durch unabwendbare Zufälle an der Einhaltung der Frist verhindert worden ist. Was als unabwendbarer Zufall anzusehen, ist dem Ermessen des Richters überlassen. Die Strafprozeßordnung erwähnt nur als Beispiele Naturereignisse und den Umstand, daß der Antragsteller ohne sein Verschulden keine Kenntniß von einer Zustellung erlangt hat.[4] Namentlich gehören auch dahin Unregelmäßigkeiten im Geschäftsbetriebe und überhaupt jedes Verschulden einer Behörde, nicht aber auch ohne Weiteres ein Verschulden des Vertheidigers.[5] Dieselben Grundsätze gelten hinsichtlich der Versäumung von Terminen.[6]

---

[1] Vgl. Zachariae §. 69, HH. I. 182 ff., Geyer §. 110, Glaser §. 79, Binding §. 93, Stenglein §. 16.

[2] Auch gegen Versäumung der Frist für den Antrag auf Wiedereinsetzung.

[3] Hierhin gehören alle bei dem Verfahren betheiligten Personen, also z. B. auch die Staatsanwaltschaft und der Bürge im Falle des §. 122 Abs. 2 StPO.

[4] StPO. §. 44.

[5] Vgl. E. II. 271, X. 74. R. I. 179, 689, VI. 85, VIII. 508, und Ewald in GA. XXXVI. 80 ff.

[6] Vgl. StPO. §§. 234, 370, 431, 452.

2. Das Gesuch um Wiedereinsetzung in den vorigen Stand muß bei demjenigen Gerichte angebracht werden, bei welchem die Frist wahrzunehmen gewesen wäre, und zwar binnen einer Woche nach Beseitigung des Hindernisses d. h. der Versäumungsgründe. Diese sind in dem Gesuche anzugeben und glaubhaft zu machen. Außerdem muß mit dem Gesuche zugleich die versäumte Handlung nachgeholt werden.[7] Besondere Formvorschriften sind nicht zu beobachten, soweit sie nicht etwa für die versäumte Handlung vorgeschrieben sind.

Ueber das Gesuch entscheidet dasjenige Gericht, welches bei rechtzeitig erfolgter Handlung zur Entscheidung in der Sache selbst berufen gewesen wäre. Die dem Gesuche stattgebende Entscheidung kann nicht, die das Gesuch verwerfende durch sofortige Beschwerde[8] angefochten werden.[9]

Durch das Gesuch wird die Vollstreckung einer gerichtlichen Entscheidung nicht gehemmt, doch kann das Gericht und zwar sowohl dasjenige, bei welchem der Antrag angebracht, als dasjenige, welches über ihn zu entscheiden hat, auf Antrag oder von Amtswegen einen Aufschub der Vollstreckung anordnen.[10]

§. 55.

IV. Entscheidungen und ihre Bekanntmachung.[1]

1. Unter Entscheidungen sind alle im Strafverfahren vorkommenden richterlichen Anordnungen zu verstehen. Hier-

[7] StPO. §. 45. — Vgl. auch noch die Spezialbestimmungen in den §§. 356, 382, 431, 452, 455, 461 StPO.

[8] StPO. §. 353.

[9] StPO. §. 46. — §. 346 Abs. 3 gilt aber auch hier.

[10] StPO. §. 47.

[1] Vgl. HH. I. 177 ff., Geyer §§. 165, 166, 169, 170, Glaser

hin gehören auch die prozeßleitenden Verfügungen, doch sind diese nicht immer einbegriffen, wenn in der Strafprozeßordnung von Entscheidungen gesprochen wird.[2]

Die Entscheidungen zerfallen in Urtheile, Beschlüsse und Verfügungen. Urtheile sind die Entscheidungen, welche in einer Hauptverhandlung ergehen und entweder die Anklage[3] oder die Rechtsmittel der Berufung und der Revision[4] erledigen. Außerdem sind zu den Urtheilen die Entscheidungen zu rechnen, durch welche nach erfolgter Wiederaufnahme des Verfahrens das frühere Urtheil aufgehoben oder aufrecht erhalten wird.[5] Zwischen den Beschlüssen und Verfügungen läßt sich ein fester Unterschied dahin nicht aufstellen, daß erstere von einem Kollegium, letztere von einem einzelnen Richter erlassen werden, vielmehr werden beide Ausdrücke in der Strafprozeßordnung vielfach in gleichem Sinne gebraucht.[6]

Für einzelne richterliche Anordnungen finden sich noch besondere Ausdrücke. Es sind dies der Strafbefehl,[7] durch welchen der Amtsrichter ohne vorgängige Hauptverhandlung eine Strafe festsetzt, der Haft-[8] und der Vorführungsbefehl.[9]

2. Die im Laufe einer Hauptverhandlung ergehenden

§§. 80, 79 VI., Binding §§. 85, 86, 90, 91, Stenglein §. 15, John, Komm. I. 365 ff.

[2] Vgl. z. B. StPO. §§. 33, 34.

[3] StPO. §. 259.

[4] StPO. §§. 363, 389. Wird Hauptverhandlung nicht anberaumt, so werden die obigen Rechtsmittel durch Beschluß erledigt.

[5] StPO. §§. 411, 413.

[6] Vgl. z. B. StPO. §. 346; Löwe S. 231 f.

[7] StPO. §. 447. Nichtrichterliche Anordnungen sind Strafverfügung und Strafbescheid, StPO. §§. 453, 459.

[8] StPO. §. 114.

[9] StPO. §. 134.

Entscheidungen des Gerichts[10] werden nach Anhörung der Betheiligten, die außerhalb einer Hauptverhandlung ergehenden nach erfolgter schriftlicher oder mündlicher Erklärung der Staatsanwaltschaft erlassen.[11] Die durch ein Rechtsmittel anfechtbaren Entscheidungen und diejenigen, durch welche ein Antrag abgelehnt wird, gleichviel ob diese anfechtbar sind oder nicht, sind mit Gründen zu versehen.[12] Hieraus folgt jedoch nicht, daß den nicht mehr anfechtbaren Entscheidungen Gründe nicht beigefügt zu werden brauchen.[13]

3. Die Bekanntmachung der Entscheidungen erfolgt durch Verkündung oder durch Zustellung. Die Verkündung ist eine richterliche Handlung und wird bei den Entscheidungen angewendet, welche in Anwesenheit der davon betroffenen Person ergehen. Dieser ist auch auf Verlangen eine Abschrift der Entscheidung zu ertheilen. Alle anderen Entscheidungen sind durch Zustellung bekannt zu machen.[14] Dem nicht auf freiem Fuße Befindlichen ist das zugestellte[15] Schriftstück auf Verlangen vorzulesen.

Die Entscheidungen, welche einer Zustellung (oder Vollstreckung) bedürfen, sind der Staatsanwaltschaft zu übergeben, welche das Erforderliche zu veranlassen hat.[16] Bei

---

[10] Im Gegensatze zu den Entscheidungen des Untersuchungsrichters, des beauftragten und ersuchten Richters und des Amtsrichters. Vgl. über den sehr bestrittenen §. 33 der StPO. Löwe S. 233 f.

[11] StPO. §. 33.

[12] StPO. §. 34. Besondere Bestimmungen finden sich StPO. §§. 114 Abs. 2, 202, 205, 266, 316; vgl. auch §. 377 Nr. 7.

[13] Entscheidungen ist hier im engeren Sinne zu interpretiren; denn es kann nicht beabsichtigt sein, daß die prozeßleitenden Verfügungen mit Gründen zu versehen sind; Löwe S. 235.

[14] StPO. §. 35.

[15] Durch die Vorlesung wird also die Zustellung nicht ersetzt. E. I. 345. R. I. 543.

[16] StPO. §. 36 Abs. 1 Satz 1.

der bloß instruktionellen Natur dieser Vorschrift sind übrigens auch vom Gericht direkt ausgehende Zustellungen nicht wirkungslos.[17] Der Untersuchungsrichter und der Amtsrichter können nach ausdrücklicher Vorschrift der Strafprozeßordnung[18] Zustellungen aller Art (sowie die Vollstreckung von Beschlüssen und Verfügungen) unmittelbar d. h. ohne Vermittelung der Staatsanwaltschaft veranlassen und werden auch behufs Vereinfachung des Verfahrens hiervon regelmäßig Gebrauch zu machen haben.

Ausgenommen von der Regel sind die Entscheidungen, welche lediglich den inneren Dienst der Gerichte oder die Ordnung in den Sitzungen betreffen.[19]

Besondere Bestimmungen sind noch aufgestellt über die Zustellungen an die Staatsanwaltschaft und an den Beschuldigten in gewissen Fällen. Die Zustellungen an die Staatsanwaltschaft erfolgen durch Vorlegung der Urschrift des zuzustellenden Schriftstücks. Beginnt mit der Zustellung der Lauf einer Frist, so ist der Tag der Vorlegung von der Staatsanwaltschaft auf der Urschrift zu vermerken.[20] Können die Zustellungen an den Beschuldigten nicht in der regelmäßigen Weise erfolgen und erscheint die Befolgung der für Zustellungen im Auslande bestehenden Bestimmungen unausführbar oder voraussichtlich erfolglos, so tritt ein Ersatz für die Zustellung ein. War dem Beschuldigten noch keine Ladung zur Hauptverhandlung zugestellt, so ist der Inhalt des zuzustellenden Schriftstücks durch ein deutsches oder ausländisches Blatt bekannt zu machen, war demselben aber bereits die Ladung zur Hauptverhandlung

---

[17] E. VI. 179. R. IV. 323.

[18] StPO. §. 36 Abs. 2.

[19] StPO. §. 36 Abs. 1 Satz 2.

[20] StPO. §. 41.

zugestellt, so ist das zuzustellende Schriftstück — von Urtheilen und Beschlüssen jedoch nur der entscheidende Theil — an die Gerichtstafel des Gerichts erster Instanz anzuheften. Im ersteren Falle gilt die Zustellung als erfolgt, wenn seit dem Erscheinen des Blattes zwei Wochen verflossen sind, im letzteren, wenn das Schriftstück zwei Wochen angeheftet gewesen ist.[21]

Die Zustellungen erfolgen durch den Gerichtsvollzieher[22] oder durch die Post.[23] Auch der Gerichtsvollzieher kann sich der Post bedienen. Das bei der Zustellung zu beobachtende Verfahren regelt sich nach den Vorschriften der Civilprozeßordnung,[24] die durch die Strafprozeßordnung[25] jedoch theilweise ergänzt werden.

Da das Verfahren bei Zustellungen sehr komplicirt ist, so ist den Landesjustizverwaltungen gestattet, einfachere Formen für den Nachweis der Zustellung[26] vorzuschreiben, jedoch nur für das die öffentliche Klage vorbereitende Verfahren, für die Voruntersuchung und für das Verfahren bei der Strafvollstreckung.[27] Abgesehen hiervon sind Abweichungen nicht gestattet.

[21] StPO. §. 40. — Besondere Vorschriften befinden sich noch in den §§. 320, 321, 473 StPO.

[22] Die bei dem Strafverfahren betheiligten Personen, welche Zeugen und Sachverständige unmittelbar laden dürfen (StPO. §§. 193, 219, 364, 426, 437 Abs. 1), haben mit der Zustellung der Ladung den Gerichtsvollzieher zu beauftragen, StPO. §. 38.

[23] CPO. §§. 152, 176.

[24] CPO. §§. 152—190, doch sind nicht alle §§. auf das Strafverfahren anwendbar. Zu den unanwendbaren gehören §§. 154, 159—164, 175, 181. Vgl. Löwe S. 239 ff.

[25] StPO. §§. 38, 40, 41.

[26] CPO. §§. 173, 174, 178, 185.

[27] StPO. §. 39. Vgl. hierzu für Preußen die allg. Verfügung des preuß. Justizministers vom 16./7. 79 (JMBl. 194), betr. vereinfachte Zustellungen in Strafsachen.

V. Richterliche Zwangsgewalt.

§. 56.

A. Die richterliche Zwangsgewalt im Allgemeinen.

Uebersicht.

Zur Durchführung der Aufgaben des Strafprozesses bedürfen die Gerichte einmal mit Rücksicht auf widerstreitende Interessen der Einzelnen, namentlich aber deshalb, weil sie zur Lösung dieser Aufgaben vielfach einer Mitwirkung anderer bedürfen, einer weitgehenden theils in die Privatrechte, theils in die persönliche Freiheit der Einzelnen eingreifenden Zwangsgewalt, um die widerstrebenden Interessen zurückdrängen und die Mitwirkung, wenn sie nicht freiwillig geleistet wird, nöthigenfalls mit Gewalt erzwingen zu können.

Zunächst ist Sorge getragen, daß die eigenen richterlichen Geschäfte, die gerichtlichen Verhandlungen zumal bei der im Strafprozeß nicht seltenen Erregung der Betheiligten ungestört, in Ordnung und Ruhe vor sich gehen können, und dazu dient die den Gerichten bei Vornahme ihrer Dienstverrichtungen über alle bei denselben — wenn auch bloß zufällig — Anwesende eingeräumte Disziplinargewalt.

Ferner müssen die Gerichte es in der Hand haben, sich der Person des Angeschuldigten zu versichern nicht bloß zur Ermöglichung des Endziels des Prozesses, der Vollstreckung der Strafe, sondern auch zur Durchführung der Untersuchung, da diese, von geringfügigen Ausnahmen abgesehen,[1] der Anwesenheit des Angeklagten bedarf. Diesem Zwecke dient zunächst der Ladungszwang, der eventuell durch den Vorführungsbefehl realisirt wird, ferner die vorläufige Festnahme und die Verhaftung und als deren Surrogat die gleichfalls als Zwangsmittel dienende Sicherheitsleistung. Zur Ausführung der Verhaftung dienen die Durchsuchung und die Steckbriefe. Endlich ist auch eine Beschlagnahme des gesammten Vermögens des Angeschuldigten zum Zweck seiner Gestellung zulässig.

Soweit dritte Personen in Frage stehen, handelt es sich theils um eine Mitwirkung dieser Personen selbst, nämlich dann wenn sie als Zeugen oder Sachverständige vernommen werden sollen, und dient diesem Zweck der Ladungs- und Vernehmungszwang, welcher durch Vorführung, Haft und Strafen realisirt werden kann, theils um ihnen gehörige Gegenstände oder Räume, indem Gegenstände, welche entweder für die Untersuchung als Beweismittel dienen können oder welche der Einziehung unterliegen, herbeizuschaffen sind, und diesem Zwecke dienen außer den zur Realisirung des Vernehmungszwanges dienenden Mitteln insbesondere die Beschlagnahme und Durchsuchung.

Alle diese hiernach mehrfach verschiedenen Zwecken dienenden Zwangsgewalten und Zwangsmittel sind im Einzelnen gesetzlich geregelt und daher nunmehr im Zusammenhang zu erörtern.

---

[1] StPO. §§. 318 ff. (Abwesende), §§. 229 ff. (Ausgebliebene). Vgl. auch §§. 470 ff.

B. Die Zwangsgewalten und Zwangsmittel im Einzelnen.

§. 57.

1. Disciplinargewalt.[1]

1. Die gesetzlichen Vorschriften über die Disciplinargewalt der Gerichte sind in der Hauptsache im Gerichtsverfassungsgesetze[2] und zwar zunächst für ihre Anwendung in den öffentlichen Sitzungen — daher unter der Rubrik „Sitzungspolizei" — gegeben. Zu scheiden ist zwischen den Befugnissen des Vorsitzenden und des Gerichts.

Die Aufrechterhaltung der Ordnung in der Sitzung liegt zunächst dem Vorsitzenden ob.[3] Ihm ist es überlassen, durch Anweisungen, Rügen, Unterbrechungen und dergl. die geeigneten Anordnungen zu treffen, um Störungen der Verhandlung abzuwenden und zu unterdrücken. Den Anordnungen des Vorsitzenden haben sich alle in der Sitzung anwesenden Personen, gleichviel ob sie bei der Verhandlung betheiligt sind oder nicht, zu fügen.[4] Antrag auf gerichtliche Entscheidung und Rechtsmittel sind in dieser Hinsicht nicht gestattet.

Weiter gehende Maßregeln, insbesondere die Entfernung einer Person aus dem Sitzungszimmer, die Abführung derselben zur Haft und die Verhängung von Ordnungsstrafen,

[1] Vgl. Planck §. 155, Glaser §. 81 III, Stenglein §. 12.

[2] GVG. §§. 177 ff.

[3] GVG. §. 177.

[4] Auch der Vertreter der Staatsanwaltschaft. Bei der Ausübung der Sitzungspolizei gegenüber diesem letzteren wird der Vorsitzende zu berücksichtigen haben, daß die Gerichte und die Staatsanwaltschaft zu einander in dem Verhältniß gleichgeordneter Behörden stehen; vgl. von Schwarze S. 98 f., Löwe S. 143, auch E. XI. 135. R. VI. 599.

sind dagegen dem Gericht vorbehalten. Hierzu bedarf es eines besonderen Beschlusses desselben,[5] und sind diese Maßregeln gegen die Mitglieder des Gerichts, den Gerichtsschreiber und den Vertreter der Staatsanwaltschaft nicht zulässig.

2. Bei der Verhängung der nur auf Beschluß des Gerichts zulässigen Maßregeln ist zu unterscheiden, ob es sich handelt um den Ungehorsam einer Person gegen die zur Aufrechthaltung der Ordnung erlassenen Befehle oder um eine Ungebühr, deren sich eine Person in der Sitzung schuldig gemacht hat.

a) Im Falle des Ungehorsams können[6] Parteien,[7] Beschuldigte,[8] Zeugen, Sachverständige und bei der Verhandlung nicht betheiligte Personen aus dem Sitzungszimmer entfernt, auch zur Haft abgeführt und während einer in dem Beschlusse zu bestimmenden Zeit, welche vierundzwanzig Stunden nicht übersteigen darf, festgehalten[9] werden. Der Beschluß des Gerichts ist nicht anfechtbar.

b) Im Falle der Ungebühr[10] kann[11] das Gericht gegen die unter a) aufgeführten Personen, vorbehaltlich der strafgerichtlichen Verfolgung, eine Ordnungsstrafe entweder bis zu einhundert Mark[12] oder bis zu drei Tagen Haft

---

[5] Die Schöffen wirken hierbei mit, GVG. §. 30. Dem Amtsrichter, welcher ohne Zuziehung von Schöffen urtheilt (vgl. oben §. 11 II. 1), stehen dieselben Befugnisse zu.

[6] GVG. §. 178.

[7] Als Partei gelten hier auch der Privat- und der Nebenkläger.

[8] Vgl. jedoch StPO. §. 246.

[9] Es ist nicht nothwendig, daß dies in den Räumen geschieht, in welchen Haftstrafen verbüßt werden.

[10] Hierhin gehören z. B. Aeußerungen des Beifalls oder des Mißfallens, Nichtaufstehen, Beleidigung des Gerichts u. s. w.

[11] GVG. §. 179.

[12] Die Umwandlung erfolgt nicht nach dem für die Haftstrafe geltenden Grundsatze im StGB. §. 29.

festsetzen und sofort vollstrecken lassen. Anstatt der Ordnungsstrafe oder auch neben derselben kann das Gericht die Verhängung der für den Fall des Ungehorsams zulässigen Maßregeln beschließen.

Hat sich ein bei der Verhandlung betheiligter Rechtsanwalt oder Vertheidiger einer Ungebühr in der Sitzung schuldig gemacht, so kann gegen denselben, vorbehaltlich der strafgerichtlichen oder disciplinaren Verfolgung, nur eine Ordnungsstrafe bis zu hundert Mark[13] festgesetzt werden.

3. Der Beschluß des Gerichts, durch welchen eine Ordnungsstrafe festgesetzt ist,[14] kann, sofern derselbe nicht von dem Reichsgerichte oder einem Oberlandesgerichte ausgegangen ist, durch Beschwerde[15] angefochten werden. Es muß dies binnen einer Frist[16] von einer Woche nach der Bekanntmachung des Beschlusses geschehen. Ueber die Beschwerde entscheidet das Oberlandesgericht.[17] Die Beschwerde hat keine aufschiebende Wirkung, wenn die Ordnungsstrafe wegen Ungebühr einer Partei, eines Beschuldigten, Zeugen, Sachverständigen oder einer bei der Verhandlung nicht betheiligten Person, dagegen aufschiebende Wirkung, wenn sie gegen einen betheiligten Rechtsanwalt oder Vertheidiger festgesetzt ist.[18]

Der Beschluß des Gerichts und dessen Veranlassung ist in das Protokoll aufzunehmen, wenn durch denselben eine Ordnungsstrafe wegen Ungebühr festgesetzt, oder eine Person zur Haft abgeführt, oder eine bei der Verhandlung betheiligte Person entfernt worden ist.[19]

---

[13] StGB. §§. 28, 29 finden keine Anwendung.

[14] GVG. §. 183.

[15] StPO. §§. 346 ff.

[16] StPO. §. 43.

[17] GVG. §. 183 Abs. 3.

[18] GVG. §. 183 Abs. 2; vgl. noch §. 182.

[19] GVG. §. 184.

4. Die Vollstreckung der erwähnten Ordnungsstrafen hat der Vorsitzende unmittelbar, d. h. ohne Vermittelung der Staatsanwaltschaft zu veranlassen.[20] Dasselbe gilt auch für die übrigen nur auf Beschluß des Gerichts zulässigen Maßregeln.[21]

5. Die Ausübung der Sitzungspolizei und demnach auch die in den §§. 177—181 des Gerichtsverfassungsgesetzes bezeichneten Befugnisse stehen auch einem einzelnen Richter bei der Vornahme von Amtshandlungen außerhalb der Sitzung[22] zu.[23] Wird in einem solchen Falle durch den Richter eine Ordnungsstrafe wegen Ungebühr festgesetzt, so hat die Beschwerde stets aufschiebende Wirkung.[24] Die Maßregeln wegen Ungehorsams (GVG. §. 178) sind auch hier, wie überhaupt, einer Anfechtung entzogen.

§. 58.

2. Ladungs- und Vernehmungszwang.[1]

I. Ladungszwang.

1. Der Ladungszwang, die rechtliche Machtbefugniß, eine Ladung d. h. einen Befehl, zu bestimmter Zeit an Gerichtsstelle zu erscheinen, zu erlassen, ist ebenso wie der Vernehmungszwang, worunter man die Machtbefugniß, eine Aussage zu erzwingen, versteht, Ausfluß der richterlichen Zwangsgewalt. Die Ausführung der Ladung erfolgt zwar

[20] GVG. §. 181.

[21] Es folgt dies aus GVG. §. 177.

[22] Vgl. noch StPO. §. 162.

[23] GVG. §. 182. Es gilt in dieser Hinsicht auch §. 184.

[24] GVG. §. 183 Abs. 2.

[1] Vgl. Planck §§. 95, 120 bis 122, Zachariae §§. 87, 98, 128, Geyer §§. 131 ff., 142, Binding §§. 69, 81., HH. I. S. 266 ff., 377 ff., II. 53 ff., 448 ff. Glaser §. 82, Stenglein §§. 31, 34, Abegg, Zeugnißpflicht und Zeugnißzwang (unbedeutend).

regelmäßig durch die Staatsanwaltschaft,[2] und auch der Angeklagte, der Privatkläger und der Nebenkläger können unmittelbar laden lassen,[3] wie auch die Staatsanwaltschaft ohne gerichtlichen Auftrag Ladungen verfügen kann. Aber auch in diesen Fällen beruht die bindende Kraft der Ladung in der anstehenden gerichtlichen Verhandlung; die genannten Ladungsberechtigten handeln gewissermaßen in Vertretung bzw. die Staatsanwaltschaft im Fall gerichtlich angeordneter Ladung als Hülfsorgan des Gerichts; das Gericht ist es, welches in allen Fällen die nöthigen Zwangsmittel anwendet. Es ist daher einerseits unzweifelhaft, daß das Gericht in allen Fällen auch ohne Vermittlung der Staatsanwaltschaft laden kann,[4] andererseits auch anzunehmen, daß der Staatsanwaltschaft, wenngleich sie auch zu eigenen Vernehmungen und Aufforderungen, vor ihr zu erscheinen, befugt ist,[5] ein Ladungszwang d. h. eine Ladungsbefugniß mit Zwangsfolgen, dennoch nicht zusteht.[6]

Der Ladungszwang erstreckt sich auf den Beschuldigten und überhaupt alle der inländischen Gerichtsbarkeit unterworfenen Personen, soweit sie nicht besonders vom Ladungszwange eximirt sind. Eximirt sind die Landesherren und die Mitglieder der landesherrlichen Familien sowie der Fürstlichen Familie Hohenzollern insofern, als sie in ihrer Wohnung,[7] ferner verschiedene höchste Beamte, die Mitglieder des Bundesraths und der gesetzgebenden Versamm-

[2] StPO. §. 36. Daselbst sieh' auch die Ausnahmen. Vgl. ferner StPO. §§. 213, 221 Abs. 2.

[3] StPO. §§. 193, 219, 364, 426, 437, 466, 467.

[4] Vgl. E. VI. 179, R. IV. 323.

[5] StPO. §. 159.

[6] Vgl. E. IX. 433. R. V. 726, auch Löwe S. 428, 429 und die dort Angeführten, insb. John, Komm. I. 412 ff., dessen Ausführung, soweit sie abweicht, jedoch nicht überzeugt.

[7] StPO. §. 71.

lungen, als sie an ihrem Amtssitze, bzw. ihrem Aufenthaltsorte, bzw. dem Orte der Versammlung zu vernehmen sind.[8] Die Ladung einer dem aktiven Heere oder der aktiven Marine angehörigen Person erfolgt durch Ersuchen der Militärbehörde.[9]

Die Ladungen erfolgen regelmäßig schriftlich; vielfach ist aber auch mündliche Ladung statthaft. Soweit eine Ladung schriftlich erfolgt, ist sie ein Zustellungsakt.

2. Die Ladung des Beschuldigten hat schriftlich zu erfolgen.[10] Die Schriftlichkeit ist zwar nicht zur Gültigkeit der Verhandlung, zu welcher die Ladung erfolgt, aber für die Befugniß, den Beschuldigten vorführen zu lassen, erforderlich. Erscheint nämlich der Beschuldigte nicht, so ist der Erlaß eines Vorführungsbefehls, die zwangsweise Gestellung des Beschuldigten zulässig. Auf diese Folge seines Ausbleibens kann der Beschuldigte in der Ladung hingewiesen werden.[11] Eine sofortige Ladung, d. h. ohne vorangegangene erfolglose Ladung ist nur zulässig,[12] wenn Gründe vorliegen, welche die Erlassung eines Haftbefehls rechtfertigen würden.[13] In dem Vorführungsbefehl ist der Beschuldigte genau zu bezeichnen und die ihm zur Last gelegte strafbare Handlung sowie der Grund der Vorführung anzugeben.[14] Läßt der Angeklagte eine Ladung zur Hauptverhandlung unbeachtet, so kann anstatt der Vorführung

[8] StPO. §. 49. In Abs. 3 das. die zulässige Abweichung.

[9] StPO. §. 48 Abs. 2. Die betreff. Mil.Behörden sind bezeichnet im RCBl. 1880 Nr. 26, auch im preuß. JMBl. 1880 S. 157. — Vgl. auch oben Anm. 16 zu §. 20.

[10] StPO. §. 133.

[11] StPO. §. 133 Abs. 2.

[12] StPO. §. 134.

[13] StPO. §§. 112, 113. Vgl. unten §. 61.

[14] StPO. §. 134 Abs. 2.

auch die Verhaftung desselben beschlossen werden, und muß auf diese Folgen in dieser Ladung ausdrücklich hingewiesen werden.[15] Nur in dem Fall, wenn die ihm zur Last gelegte That nur mit Geldstrafe, Haft oder Einziehung bedroht ist, kann dies unterbleiben, und muß dagegen in der Ladung darauf hingewiesen werden, daß auch bei seinem Ausbleiben zur Hauptverhandlung geschritten werden könne.[16]

Im Verfahren gegen Abwesende tritt an Stelle der einfachen die öffentliche Ladung.[17]

3. Die Ladung der Zeugen und Sachverständigen kann auch mündlich, muß aber, um die Folgen des Ausbleibens anwendbar zu machen, unter Hinweisung auf diese erfolgen.[18] Bleibt ein Zeuge aus, so ist er in die durch sein Ausbleiben verursachten Kosten und außerdem in eine Geldstrafe bis zu 300 Mark, und für den Fall, daß diese nicht beigetrieben werden kann, ohne Berücksichtigung des §. 29 Strafgesetzbuchs zur Strafe der Haft bis zu 6 Wochen zu verurtheilen. Fakultativ neben dieser absolut gebotenen Strafe ist auch die zwangsweise Vorführung des Zeugen zulässig. Bleibt der Zeuge wiederholt aus, so kann die Strafe noch einmal, nicht aber auch, selbst wenn die Maximalhöhe derselben nicht erreicht ist, noch ein drittes Mal erkannt werden.[19] Bleibt ein Sachverständiger aus, so ist dieser nur zum Ersatz der Kosten und in eine Geldstrafe bis zu 300 Mark zu verurtheilen. Eine Umwandlung der Geldstrafe in Freiheitsstrafe und eine zwangsweise Vorführung findet also nicht statt; im Falle wiederholten Ungehorsams kann aber noch einmal eine Geldstrafe bis zu

[15] StPO. §. 215. Vgl. auch Abs. 2 das.
[16] StPO. §§. 215, 231.
[17] StPO. §§. 320 ff., 473.
[18] StPO. §. 48.
[19] StPO. §. 50.

600 Mark erkannt werden.[20] Außerdem besteht noch der Unterschied, daß obige Maßregeln gegen den ausgebliebenen Zeugen zu ergreifen sind, auch wenn er dem Vernehmungszwange nicht unterliegt, er sein Zeugniß verweigern darf, und daß der Vernehmungszwang durch besondere Maßregeln realisirt wird, wogegen die Zwangsmaßregeln gegen einen Sachverständigen nur dann zur Anwendung gebracht werden dürfen, wenn er auch zur Erstattung des Gutachtens verpflichtet ist, und daß dieselben hinsichtlich seiner identisch sind für den Ladungs- und den Vernehmungsfall.[21]

Die Verhängung der bezeichneten Maßregeln erfolgt durch dasjenige Gericht, bzw. den Richter, vor welchen der Zeuge oder Sachverständige geladen war.[22] Ist das Ausbleiben genügend entschuldigt, so unterbleibt die Verurtheilung in Strafe und Kosten. Erfolgt nachträglich genügende Entschuldigung, so werden die getroffenen Anordnungen wieder aufgehoben.[23] Beschwerde gegen die getroffenen Maßregeln ist, soweit sie nicht von einem Oberlandesgericht oder dem Reichsgericht angeordnet sind, zulässig.[24]

4. Die Vorschriften über die Ladung der Schöffen, der Geschworenen, des Vertheidigers und des Privat- und Nebenklägers sind bei den sie betreffenden Lehren dargestellt.

---

[20] StPO. §. 77.

[21] Vgl. StPO. §. 77 in Vergleichung mit §§. 50, 69.

[22] Ist aber der Zeuge oder Sachverständige eine dem aktiven Heere oder der aktiven Marine angehörige Militärperson, so erfolgt die Festsetzung (einschließlich der Entscheidung, ob Entschuldbarkeit vorliegt; vgl. Löwe S. 259, Keller S. 55; a. A. Geyer in HH. I. 273, Stenglein, Komm. S. 170) und Vollstreckung der Strafe auf Ersuchen durch das Militärgericht, die Vorführung einer solchen Person durch Ersuchen der Militärbehörde. StPO. §. 50 Abs. 4. Vgl. auch oben Anm. 9.

[23] StPO. §. 50 Abs. 2.

[24] StPO. §. 346.

II. Vernehmungszwang.

1. Der Beschuldigte wird von dem Vernehmungszwange nicht betroffen. Das Gesetz hält zwar seine Anwesenheit bei den wesentlichen Akten des Strafprozesses regelmäßig für erforderlich, zu irgend einer Erklärung ist er aber, wie bereits oben angeführt,[25] nicht verpflichtet.

2. Zeugen und Sachverständige unterliegen auch dem Vernehmungszwange, aber in verschiedenem Maße. Während für Zeugen der Grundsatz gilt, daß zur Ablegung eines Zeugnisses Jedermann verpflichtet ist, soweit nicht ein gesetzlich vorgesehener Befreiungsgrund vorliegt,[26] sind zur Erstattung eines Gutachtens nur gewisse gesetzlich bestimmte Kategorien von Personen verpflichtet:[27] nämlich erstens, wer zur Erstattung von Gutachten der erforderten Art öffentlich bestellt ist, zweitens, wer die Wissenschaft, die Kunst oder das Gewerbe, deren Kenntniß Voraussetzung der Begutachtung ist, öffentlich zum Erwerbe ausübt oder zur Ausübung derselben öffentlich bestellt oder ermächtigt ist, und drittens, wer sich zur Erstattung des Gutachtens vor Gericht einmal bereit erklärt hat.[28]

3. Die einzelnen gesetzlich für die Zeugen aufgestellten Befreiungsgründe vom Vernehmungszwange, welche entsprechend auch für die nach Obigem vernehmungspflichtigen Sachverständigen gelten,[29] sind folgende:

a) Jeder Zeuge kann die Auskunft auf solche Fragen verweigern, deren Beantwortung ihm selbst oder einem der Angehörigen, in Betreff welcher er, wie sogleich

---

[25] §. 43 Nr. 2, 4.

[26] folgt aus dem Zusammenhang der §§. 51—54, 69 StPO.

[27] StPO. §. 75.

[28] Auch diese Personen können übrigens vom Gericht von ihrer bestehenden Verpflichtung entbunden werden.

[29] StPO. §. 76. Vgl. übrigens auch Satz 2 und 4 dieses §. 76.

sub b) erörtert wird, zur Verweigerung des Zeugnisses berechtigt ist, die Gefahr strafgerichtlicher Verfolgung zuziehen würde.[30]

b) Gewisse Angehörige des Beschuldigten können das Zeugniß verweigern. Hierhin gehören: der Verlobte, wobei es nur darauf ankommt, daß ein thatsächliches ernstlich gemeintes Verlöbniß vorliegt, nicht auch, daß die gesetzliche Form desselben beobachtet ist;[31] der Ehegatte des Beschuldigten, auch wenn die Ehe nicht mehr besteht; diejenigen, welche mit dem Beschuldigten in gerader Linie verwandt, verschwägert oder durch Adoption verbunden, oder in der Seitenlinie bis zum dritten Grade verwandt oder bis zum zweiten Grade verschwägert sind, auch wenn die Ehe, durch welche die Schwägerschaft begründet ist, nicht mehr besteht,[32] und ohne Rücksicht darauf, ob die Verwandtschaft durch eheliche oder uneheliche Geburt begründet ist.[33]

Walten diese Beziehungen nur zu einem von mehreren Mitbeschuldigten ob, so gilt das Recht der Zeugnißweigerung auch in Bezug auf die andern Mitbeschuldigten, es müßten denn diese andern einer ganz andern selbstständigen That beschuldigt sein.[34]

Die Angehörigen sind vor jeder Vernehmung über das ihnen zustehende Recht zur Verweigerung des Zeugnisses zu belehren. Die auf die Belehrung erfolgende Erklärung des Zeugen ist in dem Protokolle zu erwähnen. Ist die Belehrung unterlassen und der Zeuge vernommen worden, so kann das Zeugniß nur verwerthet werden, wenn der

[30] StPO. §. 54. Ist die Gefahr beseitigt, z. B. durch Verjährung, Begnadigung u. s. w., so muß der Zeuge aussagen.

[31] E. X. 117. R. VI. 54.

[32] StPO. §. 51 Abs. 1.

[33] E. XII. 143, XIV. 187. R. VIII. 439.

[34] Vgl. E. I. 207, III. 161, XVI. 154. R. I. 347, V. 239.

Zeuge nachträglich noch auf das ihm zustehende Recht Verzicht leistet.[35]

c) Geistliche der anerkannten Religionsgesellschaften, Vertheidiger, Rechtsanwälte und Aerzte können das Zeugniß in Ansehung desjenigen verweigern, was ihnen bei Ausübung der Seelsorge bzw. ihres Berufs anvertraut ist.[36] Es ist hierbei gleichgültig, von wem sie die Mittheilung erhalten haben. Das Recht der Geistlichen ist vollständig unabhängig von dem Willen desjenigen, der ihnen die Mittheilung gemacht hat, dagegen dürfen die Vertheidiger, Rechtsanwälte und Aerzte das Zeugniß nicht verweigern, wenn sie von dem, der ihnen die Mittheilung gemacht hat, von der Verpflichtung zur Verschwiegenheit entbunden sind.[37]

d) Oeffentliche Beamte, auch wenn sie nicht mehr im Dienste sind, dürfen das Zeugniß über Umstände verweigern, auf welche sich ihre Pflicht zur Amtsverschwiegenheit bezieht. Die ihnen vorgesetzte oder zuletzt vorgesetzt gewesene Dienstbehörde kann sie jedoch hiervon dispensiren; ihr und nicht dem Gericht steht auch die Entscheidung darüber zu, ob im vorliegenden Falle ihre Pflicht zur Amtsverschwiegenheit besteht.[38] Die Genehmigung zur Vernehmung der öffentlichen Beamten über die erwähnten Umstände darf nur dann versagt werden, wenn die Ablegung des Zeugnisses dem Wohle des Reichs oder eines Bundesstaates Nachtheil bereiten würde.[39]

Die Personen, welche von dem ihnen eingeräumten

---

[35] Löwe S. 263, Geyer in HH. I. 278; a. M. v. Schwarze S. 177.

[36] StPO. §. 52 Abs. 1.

[37] StPO. §. 52 Abs. 2.

[38] Vgl. E. VII. 74. R. IX. 123.

[39] StPO. §. 53.

Rechte zur Verweigerung des Zeugnisses im einzelnen Falle Gebrauch machen wollen, müssen auf Verlangen die Thatsache glaubhaft machen, auf welche sie die Verweigerung stützen. Es genügt hierbei die eidliche Versicherung.[40] Die zur Verweigerung des Zeugnisses berechtigten Personen können noch während der Vernehmung zurücktreten und die weitere Aussage bzw. den Eid verweigern.[41] Ihre bereits abgegebene Aussage darf alsdann in einer ferneren Verhandlung durch Verlesen nicht mehr benutzt werden.[42]

4. Verweigert der erschienene Zeuge unberechtigt die Aussage oder, was in dieser Beziehung der Aussage selbst gleichsteht, die Leistung des Eides, so ist derselbe in die durch die Weigerung verursachten Kosten und in eine Geldstrafe bis zu dreihundert Mark zu verurtheilen. Kann der Zeuge die Geldstrafe nicht bezahlen, so tritt Haft bis zu sechs Wochen ein.[43] Die Umwandlung erfolgt auch hier nicht nach den im Strafgesetzbuche enthaltenen Grundsätzen. Die Verurtheilung kann nicht wieder aufgehoben werden, auch wenn der Zeuge sich später bereit erklärt, die Aussage zu machen oder den Eid zu leisten. Sie kann aber nur einmal erfolgen, auch wenn die Maximalhöhe der Strafe nicht erreicht ist.

---

[40] StPO. §. 70.

[41] StPO. §. 51 Abs. 2, §. 57 Abs. 2.

[42] StPO. §. 251. Ob die Aussage auf anderem Wege, z. B. durch Vernehmung des Untersuchungsrichters, welcher die frühere Aussage entgegengenommen hat, benutzt werden darf, ist sehr zweifelhaft. Dafür: E. V. 142, XIV. 266, XVI. 119. R. II. 644, III. 678, IX. 372, Gösch in d. Mecklenburg. Zeitschr. für Rechtspflege I. 141, Pollack in GA. XXXIII. 232 ff. Dagegen: E. X. 374, R. VI. 337 und fast die gesammte Theorie; vgl. insb. Keller S. 660, Löwe S. 541. Die erste Ansicht dürfte allerdings auf eine Umgehung des Gesetzes hinauslaufen.

[43] StPO. §. 69 Abs. 1.

Nach und auch neben der Verurtheilung hat der Richter das Recht, zur Erzwingung des Zeugnisses die Haft anzuordnen. Bei der Anordnung der Haft kann der Richter die Dauer derselben für den betreffenden Fall festsetzen. Als Maximum der Haft gilt bei Verbrechen und Vergehen die Zeit von sechs Monaten und bei Uebertretungen die Zeit von sechs Wochen. Der Richter kann aber auch die Dauer unbestimmt lassen.[44] Die Haft hört auf, wenn sie nicht mehr nothwendig ist, d. h. wenn der Zeuge seine Pflicht erfüllt hat oder das Zeugniß entbehrlich ist und außerdem, wenn das Verfahren in der Instanz beendigt oder wenn die Maximaldauer der Haft erreicht ist.[45] Sind die erwähnten Zwangsmaßregeln erschöpft, so können sie in demselben oder in einem anderen Verfahren, welches dieselbe That zum Gegenstande hat, nicht wiederholt werden.[46]

Die Zwangsmaßregeln wegen Verweigerung des Zeugnisses bzw. des Eides sind unabhängig von denen, welche wegen Nichterscheinens des Zeugen angewendet werden, und sind daher neben einander zulässig. Anders, wie bereits oben erwähnt,[47] bei den Sachverständigen.

Die Verhängung dieser Maßregeln steht auch hier demjenigen Richter zu, vor welchem die Vernehmung erfolgen soll.[48] Beschwerde ist zulässig, falls nicht die Maßregel vom Reichsgericht oder einem Oberlandesgericht verhängt ist.[49]

---

[44] Die Haft kann auch mit Unterbrechungen angeordnet werden.

[45] StPO. §. 69 Abs. 2.

[46] StPO. §. 69 Abs. 4. Es ist dabei gleichgültig, ob die That juristisch anders qualifizirt wird oder die Person des Beschuldigten sich geändert hat.

[47] oben sub I. 3. Vgl. StPO. §. 77.

[48] StPO. §. 69 Abs. 3. Anm. 22 (sieh' oben) gilt aber auch hier. StPO. §. 69 Abs. 5.

[49] StPO. §. 346.

§. 59.

3. Beschlagnahme.[1]

I. Gegenstände der Beschlagnahme.

Als Zwangsmittel zur Herbeischaffung von sachlichen Beweismitteln und zur Sicherung der sachlichen Exekution dient die Beschlagnahme. Beschlagnahme ist die Ergreifung und Zurückbehaltung eines bestimmten[2] Gegenstandes gegen den Willen der Person, in deren Gewahrsam er sich befindet, unter der ausdrücklichen Erklärung, daß und zu welchem Zwecke dies geschieht,[3] und zwar nach dem Sprachgebrauch der Strafprozeßordnung sowohl die Anordnung dieser Maßregel, als auch der Akt, durch welchen die angeordnete Beschlagnahme ausgeführt wird.

Die Beschlagnahme erstreckt sich auf alle Gegenstände, welche als Beweismittel für die Untersuchung von Bedeutung sein können oder welche der Einziehung unterliegen. Derartige Gegenstände werden ohne Weiteres in einfache Verwahrung genommen, wenn sie sich überhaupt nicht in dem Gewahrsam einer Person befinden oder freiwillig herausgegeben werden. Ist dies jedoch nicht der Fall, so bedarf es der Beschlagnahme.[3]

Ausgenommen von der Beschlagnahme sind schriftliche Mittheilungen zwischen dem Beschuldigten und

---

[1] Planck §. 101, Zachariae §§. 95, 97, HH. I. 307 ff., Geyer §§. 145—147, 151, John §. 27, Binding §. 74, Glaser §. 82. 6, Stenglein §. 37, Bennecke §§. 64—66, v. Schwarze, Erört. II. 100 ff., John, Komm. 744 ff.

[2] Die Strafprozeßordnung kennt auch die Beschlagnahme eines ganzen Vermögens oder Theile desselben; vgl. StPO. §§. 325, 326, 333—335, 480. Diese verfolgt jedoch andere Zwecke und ist nur in Spezialfällen zulässig, wird daher hier zugleich mit diesen erörtert werden.

[3] StPO. §. 94.

den nach den §§. 51 und 52 der Strafprozeßordnung zur Verweigerung des Zeugnisses berechtigten Personen, wenn sich dieselben in den Händen der letzteren Personen befinden und diese nicht einer Theilnahme, Begünstigung oder Hehlerei verdächtig sind.[4]

Eine bedingte Ausnahme ist außerdem noch hinsichtlich der Akten und anderer in amtlicher Verwahrung befindlicher Schriftstücke gemacht. Die Vorlegung und Auslieferung derselben durch Behörden und öffentliche Beamte darf nicht gefordert werden, wenn deren oberste Dienstbehörde erklärt, daß das Bekanntwerden des Inhalts dieser Akten oder Schriftstücke dem Wohle des Reichs oder eines Bundesstaates Nachtheil bereiten würde.[5]

II. Pflicht zur Herausgabe.

Jeder, der einen Gegenstand, welcher als Beweismittel dienen kann oder der Einziehung unterliegt, in seinem Gewahrsam hat, ist verpflichtet, denselben auf Erfordern vorzulegen und auszuliefern (Editionspflicht). Zur Erfüllung dieser Pflicht kann er durch die bei der Verweigerung des Zeugnisses bzw. Eides zulässigen[6] Zwangsmittel (Verurtheilung in Strafe und Kosten, Zwangshaft) angehalten werden. Da die Editionspflicht der Zeugnißpflicht analog behandelt wird, so dürfen die erwähnten Zwangsmaßregeln gegen die Personen nicht angewendet werden, welche zur Verweigerung des Zeugnisses[7] berechtigt sind.[8] Abgesehen von den erwähnten Zwangsmaßregeln kann noch die

---

[4] StPO. §. 97; vgl. oben §. 58. II. 3. — Hinsichtlich der Korrespondenz mit dem Vertheidiger vgl. StPO. §. 148.

[5] StPO. §. 96.

[6] StPO. §. 69.

[7] StPO. §§. 51, 52. Auch nicht gegen öffentliche Beamte und den Beschuldigten.

[8] StPO. §. 95.

Durchsuchung[9] angewendet werden, um zu dem betreffenden Gegenstande zu gelangen; dieser Durchsuchung und der zwangsweisen Wegnahme sind auch die letztgenannten Personen unterworfen. Und zwar sind alle diese Zwangsmaßregeln von einander unabhängig; es kann daher die Durchsuchung vor, nach und neben den anderen Zwangsmaßregeln eintreten.

III. Berechtigung zur Beschlagnahme.

Die Anordnung der Beschlagnahme[10] steht in der Regel dem Richter zu, bei Gefahr im Verzug auch der Staatsanwaltschaft und denjenigen Polizei- und Sicherheitsbeamten, welche als Hülfsbeamte[11] der Staatsanwaltschaft den Anordnungen derselben Folge zu leisten haben.[12]

Eine ohne richterliche Anordnung erfolgte Beschlagnahme bedarf der richterlichen Bestätigung:[13]

1. wenn bei der Beschlagnahme weder der davon Betroffene noch ein erwachsener Angehöriger anwesend war, oder
2. wenn der Betroffene und im Falle seiner Abwesenheit ein erwachsener Angehöriger desselben gegen die Beschlagnahme ausdrücklich Widerspruch erhoben hat.

Die richterliche Bestätigung ist von dem Beamten, welcher

[9] StPO. §. 103. Vgl. den folgenden §. 60.

[10] Wesentliche Abweichungen enthält das Verfahren bei B. von Druckschriften; vgl. G. über die Presse vom 7./5. 74 (RGBl. 65) §§. 23—29.

[11] Vgl. oben §. 34. In Preußen sind daher die Gendarmen zu einer Beschlagnahme gemäß §. 94 ff. StPO. nicht befugt. Zu beachten ist aber, daß die Rechte der Präventivpolizei durch die §§. 94 ff. cit. überhaupt nicht berührt werden. Vgl. E. VIII. 288, XIII. 44. R. V. 194, VII. 668.

[12] StPO. §. 98 Abs. 1.

[13] StPO. §. 98 Abs. 2.

die Beschlagnahme angeordnet hat, binnen drei Tagen[14] nachzusuchen. Ist die öffentliche Klage noch nicht erhoben, so entscheidet hierüber der Amtsrichter, in dessen Bezirke die Beschlagnahme erfolgte, ist die öffentliche Klage aber schon erhoben, so entscheidet der Richter bzw. das Gericht, bei welchem die Sache anhängig ist.

Der von der Beschlagnahme Betroffene d. h. Jeder, der ein Interesse daran hat, daß die Beschlagnahme des betreffenden Gegenstandes nicht erfolge, kann[15] jederzeit die richterliche Entscheidung nachsuchen.[16]

Wenn nach erhobener öffentlicher Klage eine Beschlagnahme durch die Staatsanwaltschaft oder einen Polizei- oder Sicherheitsbeamten erfolgt, so muß[17] hiervon dem Richter binnen drei Tagen Anzeige gemacht werden, auch sind ihm die in Beschlag genommenen Gegenstände zur Verfügung zu stellen.[18]

IV. Beschlagnahme von Postsendungen und Telegrammen.

1. Für die Beschlagnahme von Postsendungen und Telegrammen gelten zunächst die allgemeinen Bestimmungen; besondere sind jedoch für den Fall aufgestellt, daß die Beschlagnahme auf der Post oder den Telegraphenanstalten stattfinden soll. Nach der Strafprozeßordnung[19]

---

[14] Die Frist wird von der erfolgten Beschlagnahme gerechnet. Nichtbeobachtung dieser Frist hebt die Beschlagnahme nicht von selbst auf.

[15] Diese Bestimmung gilt wohl ganz allgemein für die in §. 94 der StPO. erwähnten Fälle.

[16] StPO. §. 98 Abs. 2.

[17] StPO. §. 98 Abs. 3.

[18] Ueber B. in militärischen Dienstgebäuden vgl. StPO. §. 98 Abs. 4.

[19] §. 99; vgl. G. über das Postwesen v. 28./10. 71 (RGBl. 347) §. 5; Telegraphenordnung v. 13./8. 80 (RCBl. 560) §. 2; StGB. §§. 354 f.

können an den bezeichneten Orten in Beschlag genommen werden:

a) Briefe, Sendungen und Telegramme, die an den Beschuldigten gerichtet sind;

b) solche Briefe, Sendungen und Telegramme,[20] in Betreff deren Thatsachen vorliegen, aus welchen zu schließen ist, daß sie von dem Beschuldigten herrühren oder für ihn bestimmt sind und daß ihr Inhalt für die Untersuchung Bedeutung habe.

2. Die Beschlagnahme der erwähnten Postsendungen und Telegramme und die Eröffnung derselben steht nur dem Richter zu. Ausnahmsweise kann jedoch auch die Staatsanwaltschaft, wenn es sich um Verbrechen und Vergehen handelt und Gefahr im Verzug obwaltet, die Beschlagnahme verfügen. Sie muß aber den ihr überlieferten Gegenstand sofort, und zwar Briefe und andere Postsendungen[21] uneröffnet dem Richter vorlegen.[22]

Die von der Staatsanwaltschaft verfügte Beschlagnahme, auch wenn sie eine Auslieferung noch nicht zur Folge gehabt hat, wird unwirksam,[23] wenn sie nicht binnen drei Tagen[24] von dem zuständigen[25] Richter bestätigt wird.[26]

3. Von der Beschlagnahme sind die Betheiligten zu benachrichtigen, sobald dies ohne Gefährdung des Untersuchungszweckes geschehen kann. Sendungen, die nicht er-

---

[20] Den Post- und Telegraphenbehörden sind diese Briefe u. s. w. derartig zu bezeichnen, daß sie die Beschlagnahme ausführen können.

[21] Vgl. hinsichtlich der Telegramme Löwe S. 333.

[22] StPO. §. 100 Abs. 1.

[23] d. h. von Anfang an und nicht nur für die Zeit von dem vierten Tage an.

[24] Die Frist wird gerechnet von dem Tage, an welchem die betr. Behörde Kenntniß von der Verfügung erhalten hat.

[25] Vgl. StPO. §§. 100, 98, 160.

[26] StPO. §. 100 Abs. 2.

öffnet werden sollen, sind ihnen sofort, eröffnete dann auszuantworten, wenn die Zurückbehaltung derselben nicht mehr erforderlich ist. Der unverfängliche Theil eines zurückbehaltenen Briefes ist dem Empfangsberechtigten abschriftlich mitzutheilen.[27]

§. 60.

4. Durchsuchung.[1]

I. Zulässigkeit.

1. Die Durchsuchung kann sich auf Personen, Räume und Sachen erstrecken und zum Zwecke der Ergreifung des Beschuldigten oder der Auffindung von Beweismitteln stattfinden. Nothwendige Voraussetzung der Durchsuchung ist die Wahrscheinlichkeit, daß eine strafbare Handlung begangen ist.

Bei der Ausführung der Durchsuchung ist zu unterscheiden, ob sie bei dem einer strafbaren Handlung Verdächtigen oder bei anderen Personen erfolgt; im ersteren Falle sind die bei der Durchsuchung zu beobachtenden Vorschriften weniger streng als im letzteren.

2. Bei dem Verdächtigen kann eine Durchsuchung sowohl zum Zwecke der Ergreifung, als auch dann vorgenommen werden, wenn zu vermuthen ist, daß sie zur Auffindung von Beweismitteln führen werde.[2]

Bei anderen Personen ist eine Durchsuchung nur zulässig behufs Ergreifung des Beschuldigten oder behufs der Verfolgung von Spuren einer strafbaren Handlung oder behufs der Beschlagnahme von bestimmten Gegen-

---

[27] StPO. §. 101.

[1] Planck §§. 99, 101, Zachariae §§. 95, 96, HH. I. 324 ff., Geyer §§. 145, 148—151, John §. 25, Binding §. 73, Glaser §. 82 VIII, Stenglein §. 37, Bennecke §§. 67, 68.

[2] StPO. §. 102.

ständen, wenn Thatsachen vorliegen, daß die gesuchte[3] Person, Spur oder Sache sich in den zu durchsuchenden Räumen[4] befinde. Diese Beschränkung findet keine Anwendung auf die Räume, in denen der Beschuldigte ergriffen worden ist oder die er während der Verfolgung betreten hat oder in denen eine unter Polizeiaufsicht[5] stehende Person wohnt oder sich aufhält.[6]

3. Eine besondere Vorschrift ist für die Durchsuchungen zur Nachtzeit[7] aufgestellt. Die Wohnung, die Geschäftsräume und das befriedete Besitzthum sollen zur Nachtzeit nur durchsucht werden:

a) bei Verfolgung auf frischer That,

b) bei Gefahr im Verzug und

c) zur Wiederergreifung eines entwichenen Gefangenen.

Diese Vorschrift ist nicht anzuwenden auf Wohnungen von Personen, welche unter Polizeiaufsicht stehen, auf Räume, welche zur Nachtzeit Jedermann zugänglich oder welche der Polizei als Herbergen oder Versammlungsorte bestrafter

---

[3] Hieraus folgt, daß es sich um bestimmte Personen u. s. w. handeln muß; vgl. Löwe S. 336.

[4] Da hier von „Räumen" gesprochen ist, so wird die Ansicht vertreten, daß bei Nichtverdächtigen nur dessen Räume, nicht aber dessen Sachen, soweit sie nicht in den durchsuchten Räumen sich befinden, und namentlich nicht dessen Person durchsucht werden dürfe. So v. Holtzendorff in HH. I. 324, Geyer §. 148 und besonders John, Komm. I. 812. Die Ansicht scheitert aber an der Fassung des Abs. 2 des §. 103, welcher klar erkennen läßt, daß an eine Beschränkung der Durchsuchung einer Person nicht gedacht ist. Das Reichsgericht hat sich auch für die entgegengesetzte Ansicht entschieden. E. XIV. 189. R. VIII. 454. Auch Löwe S. 312, 337, Stenglein, Komm. S. 242, Glaser §. 82. VIII.

[5] StGB. §§. 38, 39.

[6] StPO. §. 103.

[7] Die Nachtzeit umfaßt vom 1. April bis 30. Sept. die Stunden von 9 Uhr Abends bis 4 Uhr Morgens und vom 1. Okt. bis 31. März die Stunden von 9 Uhr Abends bis 6 Uhr Morgens; StPO. §. 104 Abs. 3.

Personen, als Niederlagen von Sachen, welche mittels strafbarer Handlungen erlangt sind, oder als Schlupfwinkel des Glückspiels oder gewerbsmäßiger Unzucht bekannt sind.[8]

II. Verfahren.

1. Die Anordnung von Durchsuchungen steht dem Richter, bei Gefahr im Verzug auch der Staatsanwaltschaft und denjenigen Polizei- und Sicherheitsbeamten zu, welche als Hülfsbeamte[9] der Staatsanwaltschaft den Anordnungen derselben Folge zu leisten haben.[10]

Zur Durchsicht der Papiere des von der Durchsuchung Betroffenen ist nur der Richter befugt, andere Beamte nur dann, wenn der Inhaber der betreffenden Papiere damit einverstanden ist. Ist dies letztere nicht der Fall, so müssen die Papiere in Gegenwart des Inhabers mit dem Amtssiegel verschlossen und an den Richter abgeliefert werden. Es ist dem Inhaber oder dessen Vertreter die Beidrückung seines Siegels gestattet. Der Entsiegelung und Durchsicht der in Beschlag genommenen Papiere kann er beiwohnen; wenn es möglich ist, ist er hierzu aufzufordern.[11]

2. Findet eine Durchsuchung der Wohnung, der Geschäftsräume oder des befriedeten Besitzthums ohne Beisein des Richters oder des Staatsanwalts statt, so sind, wenn dies möglich, ein Gemeindebeamter oder zwei Mitglieder der Gemeinde, in deren Bezirke die Durchsuchung erfolgt, zuzuziehen. Die letzteren dürfen nicht Polizei- oder Sicherheitsbeamte sein. Diese Beschränkungen

---

[8] StPO. §. 104.

[9] Vgl. oben §. 34, aber auch Anm. 11 zu §. 59.

[10] StPO. §. 105 Abs. 1.

[11] StPO. §. 110.

finden auf die in der Strafprozeßordnung §. 104 Abs. 2 bezeichneten allgemein verdächtigen Wohnungen und Räume keine Anwendung.[12]

Ist der Inhaber der zu durchsuchenden Räume oder Gegenstände anwesend, so darf er der Durchsuchung beiwohnen,[13] ist er abwesend, so ist, wenn dies möglich, sein Vertreter oder ein erwachsener Angehöriger, Hausgenosse oder Nachbar zuzuziehen. Vor Beginn der Durchsuchung ist in den Fällen, wo sie bei Anderen, als den Verdächtigen erfolgt, dem Inhaber bzw. der in dessen Abwesenheit zugezogenen Person der Zweck der Durchsuchung bekannt zu machen. Diese Bekanntmachung findet bei den Inhabern der vorher erwähnten allgemein verdächtigen Wohnungen und Räume nicht statt.[14]

Nach Beendigung der Durchsuchung ist dem davon Betroffenen auf Verlangen eine schriftliche Mittheilung über den Grund der Durchsuchung zu machen und, wenn diese bei dem einer strafbaren Handlung Verdächtigen[15] vorgenommen ist, auch die strafbare Handlung zu bezeichnen. Außerdem ist dem von der Durchsuchung Betroffenen auf Verlangen ein Verzeichniß der in Verwahrung oder in Beschlag genommenen Gegenstände, falls aber nichts Verdächtiges gefunden wird, eine Bescheinigung hierüber zu geben.[16]

3. Werden die gesuchten Gegenstände gefunden, so sind dieselben in Beschlag zu nehmen;[17] werden andere Gegenstände, die zwar in keiner Beziehung zu der Unter-

[12] StPO. §. 105 Abs. 2 und 3; über D. in militärischen Dienstgebäuden vgl. Abs. 4.

[13] Auch die Staatsanwaltschaft ist befugt, der vom Richter vorgenommenen D. beizuwohnen.

[14] StPO. §. 106.

[15] StPO. §. 102.

[16] StPO. §. 107.

[17] Vgl. noch bes. StPO. §. 109.

suchung stehen, aber auf die Begehung einer anderen strafbaren Handlung[18] hindeuten, gefunden, so sind dieselben einstweilen auch in Beschlag zu nehmen,[17] und es ist die Staatsanwaltschaft hiervon zu benachrichtigen.[18]

Die Gegenstände, welche dem Verletzten durch die strafbare Handlung entzogen und bei dem Beschuldigten in Beschlag genommen wurden, sind dem ersteren nach Beendigung der Untersuchung oder auch schon vorher von Amtswegen und ohne daß es eines Urtheils hierüber bedarf zurückzugeben, falls nicht Ansprüche Dritter entgegenstehen. Dem Betheiligten[20] bleibt die Geltendmachung seiner Rechte auf die betreffenden Gegenstände im Civilverfahren vorbehalten.[21]

§. 61.

5. Verhaftung.[1]

I. Begriff.

Verhaftung ist jede Freiheitsentziehung auf Grund richterlicher Anordnung zum Zweck der Strafverfolgung. Zu scheiden ist jedoch, ob sie vor oder nach Erhebung der öffentlichen Klage erfolgt, indem erstere, abgesehen davon, daß eine andere richterliche Zuständigkeit begründet ist, nach der Strafprozeßordnung den Charakter einer bloß provi-

---

[18] Die Antragsdelikte bilden keine Ausnahme, vgl. StPO. §§. 127 Abs. 3, 130.

[19] StPO. §. 108.

[20] Der Beschuldigte oder dritte Personen.

[21] StPO. §. 111.

[1] Vgl. Planck §. 97, Zachariae §§. 90—93, Geyer §§. 152—158, H.H. I. 339, Binding §. 70, John §. 24, Glaser §. 83, Stenglein §. 32, Bennecke §§. 59, 60, Heinze, Recht der Untersuchungshaft (1865), Zucker, Untersuchungshaft (1873—1879), Anlage 3 zu den Mot. zur StPO. Die Untersuchungshaft S. 117 ff.

sorischen Maßregel hat, namentlich, wie unten näher ausgeführt wird, eine gewisse Zeitdauer nicht überschreiten darf.

II. Zulässigkeit.

1. Allgemeine Voraussetzung einer jeden Verhaftung, mag sie vor oder nach Erhebung der öffentlichen Klage eintreten, ist das Vorhandensein dringender Verdachtsgründe. Ist dies der Fall, so kann der Beschuldigte verhaftet werden, wenn er der Flucht verdächtig ist oder Thatsachen vorliegen, aus denen zu schließen ist, daß er Spuren der That vernichten oder daß er Zeugen oder Mitschuldige zu einer falschen Aussage oder Zeugen dazu verleiten werde, sich der Zeugnißpflicht zu entziehen (Kollusionshaft). Diese Thatsachen sind aktenkundig zu machen.[2]

Der Verdacht der Flucht wird vermuthet und bedarf daher keiner weiteren Begründung:[3]

a) wenn es sich um ein Verbrechen[4] handelt oder

b) wenn der Angeschuldigte ein Heimatloser oder Landstreicher[5] oder nicht im Stande ist, sich über seine Person auszuweisen, oder wenn er ein Ausländer ist und gegründeter Zweifel besteht, daß er der Ladung oder dem Urtheile nicht Folge leisten werde.

Eine Ausnahme von der obigen Regel ist zu Gunsten der mit Haft oder mit Geldstrafe bedrohten strafbaren Handlungen gemacht.[6] Bei diesen darf eine Verhaftung

---

[2] StPO. §. 112 Abs. 1. Außerdem ist Verhaftung noch zulässig, wenn der Angeklagte in der Hauptverhandlung unentschuldigt ausbleibt. StPO. §§. 229 Abs. 2, 235.

[3] StPO. §. 112 Abs. 2.

[4] StGB. §. 1 Abs. 1.

[5] StGB. §. 361 Z. 3.

[6] StPO. §. 113. Hierhin gehören auch die kumulativ mit Haft und mit Geldstrafe be-

wegen Verdachts der Kollusion überhaupt nicht, wegen Verdachts der Flucht nur dann eintreten, wenn der Angeschuldigte

a) zu den vorher sub b) genannten Personen [7] gehört, oder
b) unter Polizeiaufsicht [8] steht, oder
c) einer Uebertretung sich schuldig gemacht hat, wegen deren auf Ueberweisung an die Landespolizeibehörde [9] erkannt werden kann.[10]

III. Ausführung der Verhaftung.

1. Die Verhaftung erfolgt auf Grund eines schriftlichen Haftbefehls des Richters. Der Haftbefehl muß eine genaue Bezeichnung des Angeschuldigten, der ihm zur Last gelegten That [11] und des Grundes der Verhaftung enthalten.[12]

2. Der Haftbefehl ist von dem zuständigen d. h. von dem mit der betreffenden Strafsache befaßten Gerichte [13] zu erlassen. In der Voruntersuchung ist der Untersuchungsrichter und nach Eröffnung des Hauptverfahrens [14] die Strafkammer, in dringenden Fällen auch der Vorsitzende des Gerichts hierzu befugt; [15] auch der Untersuchungsrichter kann übrigens die Entscheidung über die Verhaftung der Strafkammer überlassen.[16] Vor Erhebung der

drohten strafbaren Handlungen, Löwe S. 349 f., v. Schwarze S. 248. — Vgl. übrigens auch EG. zur StPO. §. 4, §. 6 Nr. 1.

[7] StPO. §. 112 Abs. 2.

[8] StGB. §§. 38, 39.

[9] StGB. §. 362.

[10] Ueber den Haftbefehl behufs Vollstreckung einer Freiheitsstrafe vgl. StPO. 489.

[11] Eine Angabe des Gattungsbegriffes genügt nicht.

[12] StPO. §. 114 Abs. 1 und 2.

[13] StPO. §. 124 Abs. 1. Dies gilt für alle auf die Untersuchungshaft und Sicherheitsleistung bezüglichen Entscheidungen.

[14] StPO. §. 201.

[15] StPO. §. 124 Abs. 2 und 3.

[16] Vgl. Mot. S. 76, Löwe S. 364, Glaser §. 88 IV.

öffentlichen Klage kann jeder Amtsrichter einen Haftbefehl erlassen, in dessen Bezirke ein Gerichtsstand für die Strafsache begründet ist oder der zu Verhaftende betroffen wird. Es bedarf jedoch hierzu eines Antrages der Staatsanwaltschaft, von dem nur bei Gefahr im Verzug abgesehen werden kann.[17]

3. Dem Angeschuldigten ist der Haftbefehl durch Verkündung bekannt zu machen, wenn dieser in Anwesenheit des Angeschuldigten erlassen wurde, sonst durch Zustellung. Im ersteren Falle erhält der Angeschuldigte nur auf Verlangen eine Abschrift des Haftbefehls, im letzteren soll der Haftbefehl ihm bei der Verhaftung und, wenn dies nicht thunlich ist, spätestens am Tage nach seiner Einlieferung in das Gefängniß zugestellt werden.[18] In beiden Fällen ist dem Angeschuldigten zu eröffnen, daß ihm das Rechtsmittel der Beschwerde[19] zustehe.[20]

Der Verhaftete muß spätestens am Tage nach seiner Einlieferung in das Gefängniß[18] durch einen Richter über den Gegenstand der Beschuldigung gehört werden,[21] um dem Angeschuldigten hierdurch Gelegenheit zu geben, sich so zu rechtfertigen, daß der Haftbefehl sofort wieder aufgehoben werden kann.

Der auf Grund eines Haftbefehls (oder eines Steckbriefs) Ergriffene ist vor den zuständigen Richter zu stellen. Ist dies jedoch nicht spätestens am Tage nach der

---

[17] StPO. §. 125.

[18] Bei den in Betreff der Verhaftung vorgeschriebenen Fristen ist es gleichgültig, ob es sich um Werktage oder Sonntage bzw. Feiertage handelt.

[19] StPO. §§. 346, 347, 352.

[20] StPO. §. 114. Hinsichtlich der Zeit ist die Verhaftung unbeschränkt.

[21] StPO. §. 115. Nicht zu verwechseln mit der Vernehmung; vgl. §§. 135, 136.

Ergreifung[18] ausführbar, so ist er auf sein Verlangen dem nächsten Amtsrichter vorzuführen. Weist er bei der Vernehmung, die spätestens am Tage nach der Ergreifung zu bewirken ist, nach, daß er nicht die verfolgte Person oder daß die Verfolgung durch die zuständige Behörde wieder aufgehoben sei, so hat der Amtsrichter die Freilassung zu verfügen.[22]

4. Die Strafprozeßordnung hat für die Behandlung der Untersuchungsgefangenen einige Normativbestimmungen aufgestellt.[23] Hiernach soll jeder Verhaftete, soweit möglich, einzeln und namentlich nicht mit Strafgefangenen zusammen verwahrt werden. Mit Zustimmung des Verhafteten kann aber von dieser Vorschrift abgesehen werden. Nur solche Beschränkungen sollen ihm auferlegt werden, welche zur Sicherung des Zweckes der Haft oder zur Aufrechthaltung der Ordnung im Gefängnisse nothwendig sind. Bequemlichkeiten und Beschäftigungen, die dem Stande und den Vermögensverhältnissen des Verhafteten entsprechen, darf sich derselbe auf seine Kosten verschaffen, soweit sie mit dem Zwecke der Haft vereinbar sind und weder die Ordnung im Gefängnisse stören, noch die Sicherheit gefährden. Fesseln sind dem Verhafteten im Gefängnisse nur dann anzulegen, wenn es wegen besonderer Gefährlichkeit seiner Person, namentlich zur Sicherung Anderer erforderlich erscheint, oder wenn er einen Selbstentleibungs- oder Entweichungsversuch gemacht oder vorbereitet hat. Bei der Hauptverhandlung soll[24] er ungefesselt sein.

---

[22] StPO. §. 132.

[23] StPO. §. 116.

[24] Hierdurch ist jedoch nicht ausgeschlossen, daß ausnahmsweise von dieser Bestimmung abgewichen wird; vgl. Löwe S. 353, Keller S. 133.

Die hierauf bezüglichen Verfügungen hat der Richter zu treffen oder, wenn sie von anderen Beamten getroffen sind, zu genehmigen.

IV. Aufhebung des Haftbefehls.

1. Die Aufhebung eines jeden Haftbefehls hat zu erfolgen,[25] wenn der in demselben angegebene Grund weggefallen und nicht inzwischen ein anderer Grund, der alsdann in den Haftbefehl aufzunehmen ist, hervorgetreten ist, oder wenn der Angeschuldigte freigesprochen oder außer Verfolgung gesetzt wird. Die Freilassung darf durch Einlegung eines Rechtsmittels nicht verzögert werden, doch ist die Wiederverhaftung zulässig, wenn ein Grund hierfür eintritt.

2. Der Haftbefehl wird durch das zuständige Gericht aufgehoben.[26] In der Voruntersuchung kann der Untersuchungsrichter den Haftbefehl jedoch nur mit Zustimmung der Staatsanwaltschaft aufheben.[27] Versagt die Staatsanwaltschaft diese Zustimmung, so hat der Untersuchungsrichter, wenn er trotzdem die beanstandete Maßregel vornehmen will, sofort, spätestens binnen vierundzwanzig Stunden, die Entscheidung des Gerichts nachzusuchen. Nur unter derselben beschränkenden Bedingung ist nach Eröffnung des Hauptverfahrens in dringenden Fällen der Vor-

---

[25] StPO. §. 123.

[26] StPO. §. 124 Abs. 1; vgl. 2 oben III. 2.

[27] Hält der Untersuchungsrichter den zur Zeit, wo er mit der Sache befaßt wird, noch laufenden amtsrichterlichen Haftbefehl für nicht oder nicht mehr begründet, so hat er nur seinerseits eine Anordnung der Fortdauer der Untersuchungshaft abzulehnen und hiervon dem Amtsrichter Kenntniß zu geben. Die Aufhebung des Haftbefehls erfolgt alsdann durch diesen, ohne daß es der Zustimmung der Staatsanwaltschaft bedarf. Vgl. StPO. §. 126.

sitzende des erkennenden Gerichts zur Aufhebung eines Haftbefehls berechtigt.[28]

3. Die Aufhebung des vor Erhebung der öffentlichen Klage erlassenen Haftbefehls erfolgt, abgesehen von den auch hier geltenden oben aufgeführten allgemeinen Gründen:

a) wenn die Staatsanwaltschaft es beantragt oder

b) wenn nicht binnen einer Woche nach Vollstreckung des Haftbefehls die öffentliche Klage erhoben, die Fortdauer der Haft von dem für die betreffende Strafsache zuständigen Richter angeordnet und diese Anordnung zur Kenntniß des Amtsrichters[29] gelangt ist.[30] Die Frist beginnt mit der Vollstreckung des Haftbefehls. Erhält der Amtsrichter nicht vor Ablauf der Frist in irgend einer Weise Kenntniß davon, daß die Haft bestehen bleiben solle, so ist der Haftbefehl unter allen Umständen aufzuheben.

Die Dauer dieser Frist von einer Woche kann bei allen strafbaren Handlungen auf Antrag der Staatsanwaltschaft noch um eine Woche verlängert werden, wenn zur Vorbereitung und Erhebung der öffentlichen Klage die Frist von einer Woche nicht genügt.[31] Bei Verbrechen und Vergehen ist auf erneuten Antrag der Staatsanwaltschaft noch eine Verlängerung der Frist um fernere zwei Wochen zulässig.[32] Die längste Dauer dieser vor Erhebung

---

[28] StPO. §. 124 Abs. 2, 3.

[29] und zwar derjenige, der den Haftbefehl erlassen hat. Vgl. Simonsohn in GsaalXXXIV. 360.

[30] StPO. §. 126 Abs. 1. Vgl. Peterson in GA. XXX. 322.

[31] Der Amtsrichter entscheidet hierüber nach freiem Ermessen; er kann auch eine kürzere Frist als die von der Staatsanwaltschaft beantragte bewilligen.

[32] StPO. §. 126 Abs. 2. Vgl. Peterson in GA. XXX. 322 ff.

der öffentlichen Klage eintretenden Untersuchungshaft beträgt daher vier Wochen für Verbrechen und Vergehen, zwei Wochen für Uebertretungen.[33]

§. 62.

6. Sicherheitsleistung.[1]

1. Ein Angeschuldigter, der lediglich wegen Fluchtverdachts verhaftet ist, kann gegen Sicherheitsleistung mit der Untersuchungshaft verschont werden.[2] Es ist hierbei gleichgültig, ob die Verhaftung vor oder nach Erhebung der öffentlichen Klage eingetreten ist.[3] Der Haftbefehl bleibt dabei an sich bestehen. Wie die Verhaftung, so bezweckt auch die geleistete Sicherheit die Durchführung der Untersuchung und den Antritt einer erkannten Freiheitsstrafe.

Die Freilassung gegen Sicherheitsleistung ist kein Recht des Angeschuldigten, sondern hängt von dem Ermessen des Richters ab. Dieser hat auch über die Höhe und die Art der zu leistenden Sicherheit zu entscheiden.[4] Als Mittel der Sicherheitsleistung gelten die Hinterlegung in baarem Gelde oder in Werthpapieren, die Pfandbestellung oder die Bürgschaft geeigneter Personen.[5] Bei allen Mitteln handelt es sich um eine bestimmte[5] Geldsumme. Der

---

[33] Ueber die Berechnung der Fristen vgl. oben §. 53.

[1] Vgl. Planck §. 96, Zachariae §. 94, Geyer §§. 160 bis 162, HH. I. 364 ff., Binding §. 71, John §. 24, Glaser §. 83 IV. 6, Stenglein §. 32, Bennecke §. 61, Sontag, Entlassung gegen Kaution (1865), Voitus in GA. XXX. 225 ff.

[2] StPO. §. 117. Dies gilt für alle strafbaren Handlungen.

[3] StPO. §. 125 Abs. 3. Ueber die Zuständigkeit für die auf die Sicherheitsleistung bezüglichen Entscheidungen vgl. StPO. §. 124 und oben Anm. 13 zu §. 61.

[4] StPO. §. 118 Abs. 2.

[5] Vgl. Löwe S. 355, v. Schwarze S. 254. — Auch der Bürge verspricht nur, die Geldsumme zu zahlen, wenn der Angeschuldigte sich nicht stellen

Richter hat dieselbe so zu wählen, daß ihr Verlust, gleichviel ob dieser den Angeschuldigten oder einen Dritten trifft, für den Angeschuldigten schwerwiegend genug erscheint, der Untersuchung sich nicht zu entziehen. Hierbei sind die persönlichen Verhältnisse des Angeschuldigten und die Schwere der That zu berücksichtigen.

Der nicht im deutschen Reiche wohnende Angeschuldigte muß außerdem noch, wenn er seine Freilassung beantragt, eine im Bezirke des zuständigen Gerichts wohnende Person zur Empfangnahme von Zustellungen bevollmächtigen. Es soll hierdurch vermieden werden, daß der Angeschuldigte eine Verschleppung der Untersuchung herbeiführen oder den Verfall der geleisteten Sicherheit hintertreiben kann.[6]

2. Trotz geleisteter Sicherheit kann der Angeschuldigte verhaftet werden:[7]

a) wenn er Anstalten zur Flucht trifft,

b) wenn er auf ergangene Ladung ohne genügende Entschuldigung ausbleibt, oder

c) wenn neu hervorgetretene Umstände seine Verhaftung erforderlich machen z. B. wegen Verdachts der Kollusion.

3. Eine noch nicht verfallene Sicherheit, gleichviel ob sie von dem Angeschuldigten oder einem Dritten geleistet ist, wird frei:[8]

a) wenn der Angeschuldigte verhaftet, oder

b) wenn der Haftbefehl aufgehoben worden ist, oder

---

sollte. Die civilistischen Grundsätze über die Bürgschaft finden hier keine Anwendung.

[6] StPO. §. 119.

[7] StPO. §. 120. Durch Erhöhung der geleisteten Sicherheit kann auch hier wieder unter Umständen Freilassung eintreten.

[8] StPO. §. 121 Abs. 1.

c) wenn der Antritt[9] der erkannten Freiheitsstrafe erfolgt.

Diejenigen, welche für den Angeschuldigten Sicherheit geleistet haben, können noch aus zwei anderen Gründen[10] die von ihnen geleistete Sicherheit zurückerhalten. Zunächst dann, wenn sie binnen einer vom Gerichte[11] zu bestimmenden Frist die Gestellung des Angeschuldigten bewirken. Das Gericht ist jedoch nicht verpflichtet, hierauf einzugehen. Es entspricht nicht dem Ausdrucke des Gesetzes, wenn man die erwähnte Bestimmung nur auf den Fall beziehen will, in welchem die geleistete Sicherheit bereits verfallen war.[12] Die Befreiung tritt ein, sobald die Gestellung bewirkt ist. Man würde zu weit gehen, wenn man verlangen wollte, daß die Gestellung ohne richterliche oder polizeiliche Hülfe bewirkt sein müsse.[13] Und außerdem wird die geleistete Sicherheit denjenigen zurückgegeben, welche sie für den Angeschuldigten geleistet haben, wenn sie von den Thatsachen, welche den Verdacht einer von dem Angeschuldigten beabsichtigten Flucht begründen, rechtzeitig dergestalt Anzeige machen, daß die Verhaftung bewirkt werden kann. Die Befreiung tritt ein, sobald rechtzeitig Anzeige gemacht ist. Es wird daher die Sicherheit auch dann zurückgegeben, wenn trotz rechtzeitiger Anzeige durch ein Verschulden der Behörden die Verhaftung nicht ausgeführt werden konnte.[14]

---

[9] Späteres Entweichen aus dem Gefängnisse ist einflußlos.

[10] StPO. §. 121 Abs. 2.

[11] Bezeichnet auch den Richter.

[12] A. M. Löwe S. 358. Aus den Motiven S. 75 kann die entgegengesetzte Ansicht nicht abgeleitet werden. So auch Voitus in GA. XXX. 228, Stenglein, Komm. S. 264; vgl. auch John, Komm. I. 876 f.

[13] v. Holtzendorff in HH. I. 371 f.

[14] Löwe S. 358, von Schwarze S. 257, v. Holtzendorff in HH. I. 372.

Die Entscheidung darüber, ob die Anzeige rechtzeitig erfolgt und ob ein Verschulden der Behörden anzunehmen ist, gebührt dem Gerichte bzw. Richter, welcher über den Verfall der Sicherheit zu entscheiden hat.[15]

Die geleistete Sicherheit ist unverkürzt wieder herauszugeben. Es ist durchaus unzulässig, die etwa erkannte Geldstrafe oder die Kosten des Verfahrens oder den Betrag der an den Verletzten zu zahlenden Buße abzuziehen.

4. Eine noch nicht frei gewordene Sicherheit verfällt dagegen, wenn der Angeschuldigte sich der Untersuchung oder dem Antritte der erkannten Freiheitsstrafe entzieht.[16]

Die geleistete Sicherheit verfällt der Staats- bzw. Reichskasse. Vor der Entscheidung des Strafrichters[17] darüber, ob die Sicherheit als verfallen zu erklären sei, sind die Betheiligten d. h. der Angeschuldigte und diejenigen Personen, welche für diesen Sicherheit geleistet haben, außerdem auch noch die Staatsanwaltschaft[18] zu einer Erklärung aufzufordern. Gegen die Entscheidung, welche außerhalb der Hauptverhandlung erfolgt, kann die sofortige Beschwerde eingelegt werden.[19] Vor der Entscheidung über die sofortige Beschwerde ist den Betheiligten und der Staatsanwaltschaft Gelegenheit zur mündlichen Begründung ihrer Anträge, sowie zur Erörterung über stattgehabte Ermittelungen zu geben.[20]

---

[15] Löwe S. 358, v. Holtzendorff S. 372. — In vielen Fällen, wo es sich um eine Entscheidung des Gerichts in eigener Sache handelt, dürfte StPO. §. 30 praktisch werden.

[16] StPO. §. 122 Abs. 1.

[17] StPO. §. 124.

[18] StPO. §. 33.

[19] Auch von der Staatsanwaltschaft, was zwar bestritten ist, aber aus den allgemeinen Vorschriften über Rechtsmittel folgt; vgl. Löwe S. 360 f.

[20] StPO. §. 122 Abs. 2. Ueber die vielfachen Zweifel, zu welchen dieser §. Veranlassung gibt, vgl. Löwe S. 359 ff.

Die Entscheidung, durch welche der Verfall einer geleisteten Sicherheit ausgesprochen wird, hat gegen diejenigen, welche für den Angeschuldigten Sicherheit geleistet haben, die Wirkung eines von dem Civilrichter erlassenen, für vorläufig vollstreckbar erklärten Endurtheils bzw. nach Ablauf der Beschwerdefrist eines rechtskräftigen Civilendurtheils.[21]

5. Hinsichtlich der auf die Sicherheitsleistung bezüglichen Entscheidungen gelten dieselben Grundsätze, welche über die Erlassung und Aufhebung eines Haftbefehls aufgestellt sind.[22]

§. 63.

7. Vorläufige Festnahme.[1]

I. Zulässigkeit.

Die vorläufige Festnahme ist die Freiheitsentziehung einer Person ohne richterliche Anordnung zum Zweck der Strafverfolgung.[2] Sie ist in folgenden Fällen zulässig:

1. In den Fällen, in welchen ein Haftbefehl erlassen werden kann,[3] sind die Staatsanwaltschaft und die Polizei- und Sicherheitsbeamten (nicht bloß, soweit sie Hülfsbeamte der Staatsanwaltschaft sind) zur vorläufigen Festnahme befugt, wenn Gefahr im Verzug obwaltet.[4]

---

[21] StPO. §. 122 Abs. 3; vgl. CPO. §§. 648 ff.

[22] StPO. §§. 124, 125; vgl. oben §. 61 III. IV.

[1] Vgl. Planck §. 100B, Geyer §. 153, HH. I. 359 ff., Binding §. 70, John §. 24, Glaser §. 83 VI, Stenglein §. 32, Bennecke §. 63, Zimmermann in GA. XXX. 404 ff.

[2] Dadurch unterscheidet sie sich von der polizeilichen Sistirung und Festnahme auf Grund der den Polizeibehörden beigelegten Exekutivgewalt. Vgl. E. I. 381, II. 263, III. 185, IV. 101. R. I. 152, II. 248.

[3] StPO. §§. 112, 113, vgl. oben §. 61 II.

[4] StPO. §. 127 Abs. 2.

2. Wird Jemand auf frischer That betroffen oder verfolgt, so ist, wenn er der Flucht verdächtig ist oder seine Persönlichkeit nicht sofort festgestellt werden kann, **Jedermann** zur vorläufigen Festnahme desselben befugt.[5]

Diese Regeln gelten für alle strafbaren Handlungen, auch für die Antragsdelikte, selbst wenn der Antrag auf Strafverfolgung im einzelnen Falle noch nicht gestellt ist.[6]

II. **Verfahren.**

Bei dem Verfahren, welches nach der vorläufigen Festnahme einer Person eintritt, ist zu unterscheiden, ob gegen diese bereits die öffentliche Klage erhoben ist oder nicht.

Ist die öffentliche Klage gegen den Festgenommenen noch nicht erhoben, so ist derselbe, wenn er nicht wieder in Freiheit gesetzt wird,[7] unverzüglich dem Amtsrichter des Bezirks vorzuführen, in welchem die Festnahme erfolgt ist. Die Vernehmung des Festgenommenen durch den Amtsrichter muß spätestens am Tage nach der Vorführung[8] stattfinden. Der Amtsrichter verordnet die **Freilassung**, wenn er die Festnahme nicht für gerechtfertigt oder die Gründe derselben für beseitigt hält; im entgegengesetzten Falle erläßt er einen Haftbefehl, auf welchen die Bestimmungen des §. 126 der Strafprozeßordnung Anwendung finden.[9]

Ist die öffentliche Klage gegen den Festgenommenen

---

[5] StPO. §. 127 Abs. 1.

[6] StPO. §. 127 Abs. 3.

[7] Dies kann schon durch den geschehen, der die Festnahme bewirkt hat, aber auch durch die Polizeibehörden bzw. die Staatsanwaltschaft, welchen der Festgenommene vorgeführt wird.

[8] Vgl. oben Anm. 18 zu §. 61.

[9] StPO. §. 128; vgl. auch §. 211.

aber bereits erhoben, so ist derselbe sofort dem zuständigen Gerichte oder Untersuchungsrichter vorzuführen. Es kann dies direkt oder auf Verfügung des Amtsrichters geschehen, welchem der Festgenommene zunächst vorgeführt ist. Der Amtsrichter braucht nicht unter allen Umständen die Vorführung des Festgenommenen anzuordnen, sondern kann ihn, wenn er die Festnahme nicht für gerechtfertigt oder die Gründe derselben für beseitigt hält, freilassen.[10] Ist der Festgenommene dem zuständigen Gerichte oder Untersuchungsrichter vorgeführt, so sollen diese spätestens am Tage nach der Vorführung[8] über Freilassung oder Verhaftung entscheiden.[11]

§. 64.

8. Steckbrief.[1]

1. Wenn eine zu verhaftende Person nicht verhaftet werden kann, weil sie flüchtig ist oder sich verborgen hält, so kann auf Grund des Haftbefehls ein Steckbrief erlassen werden, d. h. ein öffentliches Ersuchungsschreiben an alle zur Verhaftung eines Angeschuldigten möglicherweise fähigen Behörden, die Ergreifung und zwangsweise Vorführung desselben vor das ersuchende Gericht bzw. in ein bestimmtes Gefängniß zu bewirken. Hierzu ist sowohl der Richter wie die Staatsanwaltschaft befugt.[2]

Ohne vorgängigen Haftbefehl ist ein Steckbrief nur statthaft, wenn ein Festgenommener aus dem Gefängnisse entweicht oder sonst sich der Bewachung ent-

---

[10] Löwe S. 370, John, Komm. I. 912.

[11] StPO. §. 129.

[1] Vgl. Zachariae §. 88, Geyer §. 159, HH. I. 362 ff., Binding §. 72. 2d, Stenglein §. 32, Bennecke §. 63 B.

[2] StPO. §. 131 Abs. 1.

zieht. In diesem Falle sind außer dem Richter und der Staatsanwaltschaft auch die Polizeibehörden befugt, einen Steckbrief zu erlassen.[3]

Die Staatsanwaltschaft[4] kann außerdem noch behufs Vollstreckung einer Freiheitsstrafe den Verurtheilten steckbrieflich verfolgen, wenn dieser flüchtig ist oder sich verborgen hält.[5]

2. In Betreff des Inhaltes eines Steckbriefes schreibt die Strafprozeßordnung[6] nur vor, daß der Steckbrief, soweit dies möglich, die Person des zu Verhaftenden und die demselben zur Last gelegte strafbare Handlung[7] sowie das Gefängniß bezeichnen soll, in welches die Ablieferung zu erfolgen hat.[8]

3. Das weitere Verfahren gegen einen auf Grund eines Steckbriefs Ergriffenen ist dasselbe, wie gegen einen auf Grund eines Haftbefehls Ergriffenen und daher bereits oben dargestellt.[7]

VI. Der Beweis.[1]

A. Allgemeines.[2]

§. 65.

1. Der Gegenstand des Beweises.

Eine Verurtheilung des Beschuldigten kann nur erfolgen, wenn seine Schuld nach Art und Maß festgestellt,

[3] StPO. §. 131 Abs. 2.

[4] Unter Umständen auch der Amtsrichter, vgl. StPO. §§. 489 Abs. 3, 483 Abs. 3.

[5] StPO. §. 489 Abs. 2.

[6] StPO. §. 131 Abs. 3.

[7] Es genügt die Angabe des Gattungsbegriffes.

[8] Vgl. oben §. 61 III. 3 Abs. 3.

[1] Vgl. vor Allem Glaser §§. 32—61 und dessen Beiträge zur Lehre vom Beweis im Strafprozeß (1883). Erwähnt sei auch Rupp, Beweis im Strafverfahren.

[2] Vgl. Zachariae §. 140, HH. I. 211 ff., Geyer §. 204, John §. 29, Glaser §. 36, John, Komm. I. 460 ff., Ortloff, gerichtliche Redekunst S. 234 ff.

d. h. bewiesen ist. Aus dem historischen Vorgange, welcher dem eingeleiteten Strafverfahren zu Grunde liegt, müssen mindestens alle diejenigen Thatsachen, welche den gesetzlichen Merkmalen des speziellen Thatbestandes eines materiellen Strafgesetzes entsprechen, bewiesen werden, und zwar selbstverständlich, wenn eine erhöhte Strafe von einem im Gesetze vorgesehenen Qualifikationsgrund abhängt,[3] um diese höhere Strafe verhängen zu können, einschließlich der diesem Qualifikationsgrunde entsprechenden Thatsachen. Sind ferner im materiellen Strafgesetz neben dem allgemeinen Thatbestande eines Delikts besondere Umstände als Milderungsgründe hervorgehoben,[4] oder hat bei dem Hinzutritt besonderer mildernder Thatumstände das Gesetz ein besonderes geringer zu strafendes Delikt normirt,[5] so bedarf es, um diese mildere Strafbestimmung anwenden zu können, auch des Nachweises dieser mildernden Thatumstände, und muß es also, wenn in letzterer Beziehung die Sache unaufgeklärt bzw. zweifelhaft bleibt, bei der schwereren Strafe bewenden.

Bewiesen werden müssen an sich auch die allgemeinen Erfordernisse jedes strafrechtlichen Thatbestandes, wie Zurechnungsfähigkeit und dergl. Da jedoch ihr regelmäßiges Vorliegen der allgemeinen Lebenserfahrung entspricht, so bedürfen sie eines besonderen Beweises, einer ausdrücklichen Feststellung nur dann, wenn sie bestritten oder sonst begründete Zweifel, ob sie vorhanden, hervorgetreten sind. In solchen Fällen ist dann aber auch hier ein Beweis in

---

[3] z. B. StGB. §. 243.

[4] z. B. StGB. §. 313 Abs. 2.

[5] Vgl. z. B. StGB. §. 370 Nr. 5 im Verhältniß zu §. 242.

gleicher Weise erforderlich, wie bei den speziellen Thatbestandsmerkmalen eines Delikts, wird also durch Rechtsvermuthungen nicht ersetzt.

Stehen die allgemeinen und besonderen Erfordernisse eines strafrechtlichen Thatbestandes fest, so muß eine innerhalb der im Strafgesetz aufgestellten Strafgrenzen liegende Strafe erkannt werden. Für die Bemessung dieser Strafe kommen die Zumessungsgründe in Betracht, und da für diese vor Allem die Ausführung der That im Einzelnen und die begleitenden Umstände maßgebend sind, so ist das Beweisverfahren auf eine möglichste Klarstellung des ganzen historischen Vorganges, welcher der Anklage zu Grunde liegt, zu richten, außerdem aber auch, falls andere außerhalb desselben liegende Umstände, welche zu einer Milderung oder Schärfung der Strafe führen würden, hervortreten, die Beweisaufnahme auch auf diese auszudehnen.

Nur ausnahmsweise, und hauptsächlich nur auf dem Gebiet der Zoll- und Steuer-Kontraventionen,[6] wird im Strafprozeß der Beweis durch gesetzliche Präsumtionen in der Weise ersetzt, daß unter gegebenen Umständen der volle Thatbestand des Delikts als vorhanden angenommen wird, wenn der Beschuldigte nicht den Gegenbeweis führt.[7] In Fällen, wo auch ein solcher Gegenbeweis nicht nachgelassen ist, handelt es sich überhaupt nicht um eine Lehre des Beweisrechts, sondern um eine eigenartige materiellrechtliche Normirung des gesetzlichen Thatbestandes.

---

[6] Vgl. übrigens auch §. 3 des G. v. 21./5. 78 (RGBl. 95).

[7] Vgl. z. B. Vereinszollg. v. 1./7. 69 (RGBl. 317) §§. 136, 137, 146; G., betr. Erhebung einer Abgabe von Salz, v. 12./10. 67 (BGBl. 41) §. 13, u. s. w.

§. 66.

2. Freie Beweiswürdigung.[1]

Beweisen heißt im Prozeßrecht, etwas zur juristischen Gewißheit erheben. Juristische Gewißheit ist nicht absolute, apodiktische Gewißheit. Denn es handelt sich beim Beweis im Prozesse nicht um ein Gebiet abstrakten, insbesondere mathematischen Wissens, sondern um Feststellung konkreter Ereignisse, um thatsächliche Erkenntniß, bei welcher überhaupt nur eine sog. empirische, historische Gewißheit erreichbar ist, die auf der Annahme beruht, daß die auf bewährter menschlicher Einsicht und Erfahrung beruhenden Regeln über die gewöhnliche Beschaffenheit und den gewöhnlichen Zusammenhang der Dinge auch im vorliegenden Fall die Annahme der Wahrheit und Gewißheit rechtfertigen. Danach schließt die juristische Gewißheit die Unmöglichkeit des Gegentheils nicht in sich und ist von der bloßen Wahrscheinlichkeit nicht der Art, sondern nur dem Grade nach verschieden.

Die Gewißheit ist insofern immer etwas Subjektives, als sie in der Ueberzeugung des die Gewißheit Annehmenden beruht, und um so mehr, als die Ueberzeugung, welche das unwillkürliche Resultat einer durch Wahrnehmungen angeregten Verstandesthätigkeit ist, nach der Art dieser ihrer Entstehung nothwendig beeinflußt ist von der Persönlichkeit des Wahrnehmenden, seinen Stimmungen, seiner Antipathie und Sympathie. Lange Zeit, bis in die neueste Zeit hinein hat man daher Bedenken getragen, die subjektive Ueber-

---

[1] Vgl. Planck §§. 73, 134, Zachariae §§. 137, 138, HH. I. 193 ff., Geyer §§. 200—202, Glaser §§. 34, 35, dessen Beitr. S. 1 ff.

zeugung ohne Weiteres als Beweis anzuerkennen; man hat vielmehr in dem Glauben, dadurch die subjektive Gewißheit zur objektiven zu erheben, erfordert, daß die Ueberzeugung auf allgemein gültigen Beweisgründen beruhe, welche jeden Unbefangenen zu überzeugen geeignet seien, und von denen man sich selbst und Andern bestimmte Rechenschaft zu geben vermöchte. Dies führte dahin, ein System allgemein gültiger Beweisregeln aufzustellen, wonach genau und fest bestimmt war, wann und in welchem Maße etwas für erwiesen angesehen werden konnte (die sog. gesetzliche Beweistheorie).

Diesen Standpunkt hat das moderne Recht und mit ihm auch die geltende Strafprozeßordnung verlassen. Letztere bestimmt:[2] Ueber das Ergebniß der Beweisaufnahme entscheidet das Gericht nach seiner freien, aus dem Inbegriff der Verhandlung geschöpften Ueberzeugung. Man hat erkannt, daß auch die gesetzliche Beweistheorie die objektive Gewißheit nicht herzustellen vermag, daß vielmehr bei der unendlichen Mannigfaltigkeit der Lebenserscheinungen das, was regelmäßig der Fall ist, im einzelnen Falle nicht zutrifft, daß die festen Beweisregeln die Berücksichtigung der Individualität des Falles ausschließen, und daß daher unter ihrer Herrschaft ein materiell richtiges Resultat noch weniger garantirt erscheint, und daß es an sich ein Unding ist, wenn ein Richter verurtheilen muß, obgleich er von der Schuld nicht überzeugt ist, freisprechen, obgleich er die Ueberzeugung der Schuld völlig gewonnen hat. Im heutigen Recht ist das ausschlaggebende Gewicht der persönlichen Ueberzeugung anerkannt. Aber, um die schon

[2] StPO. §. 260.

angedeuteten Gefahren der rein subjektiven Ueberzeugung nach Möglichkeit zu bannen, um mit der subjektiven Gewißheit nach Möglichkeit auch die objektive zu erreichen, schließt sich an jenen Fundamentalgrundsatz sofort die weitere Vorschrift, daß die Ueberzeugung nur aus dem Inbegriff der Verhandlung geschöpft werden muß. Wenn sich auch, eben weil die Ueberzeugung ein unwillkürliches Resultat ist, ein Einfluß von Stimmungen, Sympathien u. s. w. nicht völlig bannen läßt, so ist doch durch diese Vorschrift eine Kontrole der Ueberzeugung an der Hand der Verhandlungen, welche sich abgespielt haben, geboten, es läßt sich prüfen, ob das gefundene Resultat nach den allgemein anerkannten Gesetzen des menschlichen Denkens gerechtfertigt erscheint. Dazu kommt, daß als weiteres Gegengewicht gegen das hiernach vorwiegende subjektive Element, von ganz geringfügigen Ausnahmen abgesehen, allgemein wie bereits oben ausgeführt ist, für die Entscheidung der Schuldfrage eine kollegiale Behörde, eine Mehrzahl von Richtern berufen ist.

Hinsichtlich des Begriffes der Ueberzeugung ist noch hervorzuheben, daß sie als die subjektive Seite der juristischen Gewißheit im Einklang mit der Unmöglichkeit einer absoluten Erkenntniß auf empirischem Gebiet völlig bestehen kann mit dem gleichzeitigen Bewußtsein der abstrakten Möglichkeit eines Irrthums.

Die Vorschrift, die Ueberzeugung nur aus dem Inbegriff der Verhandlung zu schöpfen, äußert sich praktisch im Wesentlichen darin, daß bei Beurtheilung des Beweisergebnisses eine Privatwissenschaft, wohin übrigens Notorietät nicht zu rechnen ist,[3] und ferner auch der Inhalt der Akten

[3] Vgl. E. II. 76. R. I. 840.

nicht berücksichtigt werden darf. Verhandlung ist nach dem Zusammenhang des Gesetzes nur der Inhalt der Hauptverhandlung[4].

§. 67.

3. Beweislast und Beweisfrist.[1]

1. Es liegt in der Natur der Sache, daß der Ankläger seine Belastungs-, der Angeklagte seine Entlastungsbehauptungen zu beweisen bemüht ist und insoweit auch bemüht sein muß, als, wenn die Behauptungen des einen oder anderen nicht erwiesen werden, die Entscheidung zu seinem Ungunsten ausfallen muß. Insoweit kann man in materieller Beziehung noch von einer Beweislast reden. Die Beweislast im eigentlichen, formellen Sinne, worunter man versteht, daß das Gericht eine Behauptung lediglich deshalb unberücksichtigt lassen kann, weil die sie aufstellende Partei sie nicht beweist, ist dagegen dem heutigen Strafprozeßrecht gänzlich fremd. Da es sich im Strafprozeß nicht um verzichtbare Parteirechte, sondern um Ermittlung der materiellen Wahrheit handelt, so hat das Gericht mit allen ihm zu Gebote stehenden Mitteln die Wahrheit zu erforschen, gleichgültig von wem die Behauptung aufgestellt ist, und ob und von welcher Seite Beweise angeboten sind. Dies gilt selbst in den Fällen, wo die materiellrechtlichen Strafgesetze dem Angeklagten ausdrücklich den Beweis auferlegen.[2] Auch hier ist dem Gericht keineswegs eine bloß

[4] Ausnahmen von dem Grundsatz der freien Beweiswürdigung: StPO. §§. 274, 475 und gemäß §. 5 EG. zur StPO. Beweisregeln anderer Reichsgesetze; hinsichtlich der in Landesgesetzen etwa enthaltenen vgl. EG. §. 6, §. 3 Abs. 2, 3.

[1] Vgl. Zachariae §. 141, HH. I. 216 ff., Geyer §. 205, John §. 30, Binding §. 77, Glaser §. 6.

[2] Vgl. oben §. 65 Anm. 5, 6.

passive Rolle zugewiesen, sondern es hat auch hier die Pflicht, die ihm zu Gebote stehenden Mittel für den Entlastungsbeweis zu benutzen, auch wenn der Angeklagte sich auf diese nicht bezieht, sie vielleicht gar nicht kennt. Die gesetzlichen Vorschriften haben nur die Bedeutung, daß der Angeklagte das negative Resultat des Beweises zu tragen hat.[3]

2. Ebensowenig und aus demselben Grunde kennt die Strafprozeßordnung eine Beweisfrist. §. 245 Abs. 1 derselben bestimmt ausdrücklich: „Eine Beweiserhebung darf nicht deshalb abgelehnt werden, weil das Beweismittel oder die zu beweisende Thatsache zu spät vorgebracht sei." Auch in der Berufungsinstanz sind neue Beweise unbeschränkt zulässig.[4] Nur falls der Angeschuldigte Beweiserhebungen vor der Hauptverhandlung beantragen will, hat er die ihm hierfür vom Vorsitzenden gestellte Frist innezuhalten;[5] materiell ist dies jedoch ohne Bedeutung, da er nicht gehindert ist, die Anträge demnächst in der Hauptverhandlung zu stellen. Wird ein Beweisantrag so spät vorgebracht, daß der Gegner an etwa nöthigen Erkundigungen dadurch verhindert ist, so kann eine Verlegung der Hauptverhandlung beschlossen werden.[6]

§. 68.

4. Eintheilungen des Beweises.[1]

Die mannigfachen Eintheilungen des Beweises zur Zeit der Geltung der gesetzlichen Beweistheorie haben für das heutige Recht ihre Bedeutung verloren. Erwähnung ver-

[3] A. A. Binding §. 77. 1.
[4] StPO. §. 364 Abs. 3.
[5] StPO. §. 199.
[6] StPO. §. 245 Abs. 2, 3, 4.

[1] Vgl. Zachariae §. 139, HH. I. 206 ff., Geyer §. 203, Glaser §. 37.

dienen mit Rücksicht darauf, daß diese das Verständniß des geltenden Rechts zu fördern geeignet ist, folgende:

1. Zunächst die Eintheilung in vollständigen und unvollständigen Beweis, welcher letzterer wieder in halben und mehr oder weniger als halben Beweis geschieden wurde. Für das heutige Recht ist diese Eintheilung werthlos, weil nach diesem für das Endresultat des Prozesses, den Urtheilsspruch, nur der volle Beweis, d. i. im Sinne des heutigen Rechts die volle Ueberzeugung der gesetzlichen Majorität der Urtheilsfinder, überhaupt von Bedeutung ist. Ist dieser volle Beweis nicht vorhanden, so liegt im Sinne des Gesetzes überhaupt kein Beweis vor und muß Freisprechung erfolgen. Nur für gewisse Zwischenentscheidungen im Laufe des Prozesses, nämlich in Bezug auf Ablehnung eines Richters oder eines Sachverständigen, auf Wiedereinsetzung in den vorigen Stand und auf Zeugnißverweigerung,[2] brauchen die dafür vorgebrachten Gründe nicht voll bewiesen zu werden, sondern es genügt, wenn sie glaubhaft, d. h. den zur Entscheidung Berufenen glaubhaft gemacht sind. Diese Glaubhaftmachung entspricht zwar im Allgemeinen der sog. Bescheinigung des früheren Rechts, ist aber insofern mit ihr nicht identisch, als bei der Glaubhaftmachung das Gewicht auf das subjektive Moment im Geiste des Entscheidenden gelegt, hiermit diesem eine freiere Stellung gewährt ist. An sich ist für die Glaubhaftmachung jedes im Strafprozeß überhaupt statthafte Beweismittel zulässig; bei der Ablehnung eines Richters oder Geschworenen ist jedoch der Eid als Mittel der Glaubhaftmachung ausdrücklich ausgeschlossen, bei der Zeugnißver-

[2] StPO. §§. 26, 74, §§. 45, 234, 370, 431, 455, §. 55.

weigerung derselbe ausdrücklich für genügend erklärt, bei der Wiedereinsetzung hinsichtlich seiner Nichts bestimmt, so daß hierdurch die Streitfrage entstanden ist, ob er in letzterem Falle zulässig ist. Die Frage ist zu verneinen, da die Strafprozeßordnung einen Parteieid an sich nicht kennt, bei der Zeugnißweigerung es sich um diesen nicht handelt und die ausdrückliche Ausschließung des Eides bei der Ablehnung sich aus der Entstehung der betreffenden Vorschrift dadurch erklärt, daß man das juramentum perhorrescentiae ausschließen wollte.[3]

Erwähnt muß endlich werden, daß auch der Fortgang des Strafverfahrens und einzelne Akte desselben davon abhängen, daß eine gewisse Wahrscheinlichkeit für die Schuld des Angeschuldigten vorliegt, und daß man im heutigen Recht auch insoweit von „einigem" Beweis reden könnte. Die Strafprozeßordnung spricht aber in diesen Fällen korrekter von Verdacht, hinreichendem Verdacht und dringendem Verdacht. Verdacht erfordert jedes strafrechtliche Einschreiten, hinreichenden Verdacht die Eröffnung des Hauptverfahrens und dringenden die Verhängung der Untersuchungshaft.[4]

Auch die fernere Eintheilung in direkten und indirekten (oder Indizien-) Beweis, wofür auch die Ausdrücke natürlicher und künstlicher Beweis gebraucht wurden, ist für das heutige Recht ohne Bedeutung. Von direktem Beweise sprach man, wenn der Thatbestand des Verbrechens oder ein Theil desselben durch unmittelbare sinnliche Wahrnehmungen sei es des Richters selbst, sei es anderer Personen,

---

[3] So auch Löwe S. 249. A. A. John, Komm. I. 449 ff., Stenglein, Komm. S. 160.

[4] Vgl. StPO. §. 158, §. 201, §. 112.

der Zeugen, erwiesen werden konnte, von indirektem, wenn zunächst nur andere, nicht zum Thatbestande des Verbrechens gehörige Thatsachen erwiesen werden konnten, welche aber sei es allein oder sei es mit andern zusammen einen Schluß auf die Existenz oder Nichtexistenz des Verbrechens oder die Art seiner Ausführung zuließen, die sog. Indizien. Die sog. Indizien[5] sind also, was auch für das heutige Recht zu beachten ist, zunächst nicht selbst Beweismittel und daher nicht mit Zeugen, Sachverständigen auf eine Linie zu stellen, weil sie zunächst selbst durch diese Beweismittel eines Beweises bedürfen. Sind sie aber erwiesen, so erscheinen sie für die eigentlich zu beweisenden Thatsachen, für die Thatbestandsmomente des Verbrechens immerhin wieder als Mittel des Beweises und können insoweit auch den Beweismitteln zugezählt werden. Für das heutige Recht, in welchem der Beweis in der freien Ueberzeugung der Urtheilsfinder beruht, ist auch diese Unterscheidung des Beweises werthlos, weil der Indizienbeweis ganz dieselbe und oft eine höhere überzeugende Kraft in sich tragen kann, als der direkte Beweis.

B. Die einzelnen Beweismittel.

§. 69.

1. Geständniß.[1]

Unter Geständniß versteht man im Strafprozeß einmal die Erklärung des Beschuldigten, wonach er sich der

[5] Hinsichtlich des Indizienbeweises vgl. Zachariae §. 148, H.H. I. 302, Geyer §. 212, John §. 36, Glaser §. 61, Glaser, Beitr. 104 ff.

[1] Vgl. H.H. I. 259 ff., Geyer §. 209, John §. 31, Glaser §§. 52, 53, Heinze in GA. XXIV. 287 ff., ders., strafprozessual. Erört. S. 23 ff.

ihm zur Last gelegten That für schuldig erklärt, dann aber auch die Einräumung eines einzelnen ihm nachtheiligen Umstandes. In beiden Fällen, insbesondere also auch im ersten, ist das Geständniß im Gegensatz zum Civilprozeß nicht Dispositionsakt, sondern lediglich Beweismittel. Die Frage, ob ein Geständniß eine weitere Beweisaufnahme erübrigt, hängt daher auch lediglich davon ab, ob durch dasselbe der erkennende Richter hinsichtlich aller als Gegenstand des Beweises in Betracht kommender Umstände[2] die volle Ueberzeugung gewinnen kann, und dies in erster Linie wieder davon, ob das Geständniß an sich glaubwürdig erscheint, d. h. ob der Gestehende die Wahrheit sagen wollte und auch sagen konnte, was wiederum der erkennende Richter nach freiem Ermessen zu beurtheilen hat, und welche Prüfung in keinem Fall unterlassen werden darf.

Das Geständniß ist entweder ein gerichtliches oder ein außergerichtliches. Das gerichtliche ist das in der Hauptverhandlung oder außerhalb derselben vor einem Richter abgelegte. Im letzteren Falle darf das richterliche Protokoll in der Hauptverhandlung zum Zwecke der Beweisaufnahme über das Geständniß verlesen werden.[3] Das außergerichtliche Geständniß, mag dasselbe vor einer nicht richterlichen Behörde oder vor einer Privatperson abgelegt sein, wird in der Hauptverhandlung durch Zeugenaussagen festgestellt. In allen Fällen, in welchen das Geständniß nicht vor dem erkennenden Gericht abgegeben ist, bedarf es also zunächst selbst eines Beweises und hat insoweit die Natur der Indizien.[4] Auch bei dem außergerichtlichen Geständniß hängt die Beweiskraft, welche ihm

[2] Vgl. oben §. 65.

[3] StPO. §. 253 Abs. 1.

[4] Vgl. oben §. 68 Nr. 2.

beizumessen ist, lediglich von dem Ermessen des erkennenden Gerichts ab.

Für das Verfahren hat die Ablegung eines Geständnisses gegenwärtig, nachdem die früher vielfach geltende Bestimmung, daß bei solchem eine Mitwirkung der Geschworenen entbehrlich werde, in die Strafprozeßordnung nicht aufgenommen ist, nur noch die geringfügige Bedeutung, daß bei Uebertretungen, im Falle ein vorgeführter Beschuldigter die ihm zur Last gelegte That eingesteht, mit Zustimmung der Staatsanwaltschaft ohne Zuziehung von Schöffen verhandelt werden kann.[5]

§. 70.

2. Zeugen.[1]

I. Begriff und Zeugnißpflicht.

Zeugen sind diejenigen Personen, welche über das, was ihnen von dem Gegenstande einer Untersuchung aus eigener Wahrnehmung bekannt ist, auf Erfordern des Richters aussagen sollen, soweit sie nicht selbst in demselben Verfahren mitbeschuldigt, mitangeklagt sind.[2] Die Strafprozeßordnung hat im Einklange mit dem Grundsatze der freien Beweiswürdigung die bisher üblichen Eintheilungen der Zeugen, besonders auch die in klassische und verdächtige, aufgegeben und unterscheidet nur, ob die Zeugen beeidigt oder unbeeidigt zu vernehmen sind.

Ueber Zeugnißpflicht d. h. die Pflicht, der Ladung Folge zu leisten, eine Aussage zu machen und die Wahr=

[5] StPO. §. 211 Abs. 2.

[1] Vgl. Planck §§. 129, 130, Zachariae §. 146, HH. I. 265 ff., Geyer §. 210, John §. 33, Binding §. 81, Glaser §§. 45—51, Stenglein §§. 34, 35; Ditzen, Zeugenbeweisanträge im Strafverfahren in d. Ztschr. X. 111 ff.

[2] Vgl. E. VI. 279. R. IV. 455, Ditzen a. a. O. S. 128 ff.

heit derselben durch Eid oder was der Ableistung eines Eides gesetzlich gleich geachtet ist zu bekräftigen, ist bereits oben [3] gehandelt worden. Hier ist nur nachzutragen, daß diese Pflicht nicht nur für den Inländer, sondern auch für den im Inlande sich aufhaltenden Ausländer gilt.[4] Auf die Vernehmung des im deutschen Reiche sich aufhaltenden Ausländers werden die deutschen Gesetze angewendet. Es hängt dagegen lediglich von dem im Auslande sich aufhaltenden Ausländer ab, ob er sich im deutschen Reiche als Zeuge vernehmen lassen will. Die Vernehmung des Ausländers im Auslande erfolgt durch Requisition der ausländischen Behörde und nach den ausländischen Gesetzen.[5]

Voraussetzung der Zeugnißpflicht ist die Wahrscheinlichkeit, daß eine strafbare Handlung begangen, auch wenn die Untersuchung noch nicht gegen eine bestimmte Person eingeleitet worden ist.

II. Verfahren bei der Vernehmung.

Jeder Zeuge ist, um eine Beeinflussung zu vermeiden, einzeln und in Abwesenheit der später abzuhörenden Zeugen zu vernehmen.[6] Gegenüberstellungen mit anderen Zeugen oder mit dem Beschuldigten sollen im Vorverfahren nur dann stattfinden, wenn sie ohne Nachtheil für die Sache nicht bis zur Hauptverhandlung ausgesetzt werden können.[7]

---

[3] Vgl. oben §. 58.

[4] Ueber die Ausnahmen vgl. Einleitung §. 5. IV. Abs. 2.

[5] Vgl. über die Zeugnißpflicht des Ausländers bes. Dochow, der Zeugnißzwang (1877) S. 29 bis 32.

[6] StPO. §. 58 Abs. 1. Die Vorschrift ist übrigens bloß instruktionell, und läßt die Anwesenheit eines Zeugen seine spätere Vernehmung nicht unstatthaft erscheinen. E. I. 366, II. 53. R. I. 603. — Ueber die Zuziehung eines Dolmetschers vgl. oben §. 52.

[7] StPO. §. 58 Abs. 2. Gegenüberstellungen zum Zwecke der Rekognition einer Person sind jedoch zulässig.

Vor der Vernehmung des Zeugen ist demselben der Gegenstand der Untersuchung und der Beschuldigte, sofern ein solcher vorhanden ist, zu bezeichnen.[8] Die Vernehmung beginnt mit den Generalfragen nach Namen, Alter, Religionsbekenntniß, Stand oder Gewerbe und Wohnort. Es können dem Zeugen auch noch Fragen mit Bezug auf seine Glaubwürdigkeit vorgelegt werden.[9] Der Zeuge ist dann zu veranlassen, dasjenige, was ihm von dem Gegenstande seiner Vernehmung bekannt ist, im Zusammenhange anzugeben. Zur Aufklärung und zur Vervollständigung der Aussage können weitere Fragen an den Zeugen gestellt werden.[10]

III. Beeidigung.

1. Das Zeugniß ist, abgesehen von einigen unter 3. zu erörternden Ausnahmen, zu beeidigen, und zwar ganz gleichgültig, ob es auch ohne Beeidigung glaubhaft oder auch mit Beeidigung unglaubwürdig ist, und ob die Parteien auf die Beeidigung verzichten.[11] Vor der Beeidigung ist der Zeuge von dem Richter auf die Bedeutung des Eides hinzuweisen.[12] Der Eid ist einzeln und in der Regel vor der Vernehmung und nur ausnahmsweise, namentlich wenn Bedenken gegen die Zulässigkeit der Beeidigung obwalten, nach der Vernehmung zu leisten.[13]

---

[8] StPO. §. 68 Abs. 1 Satz 2. Auch dieser Satz ist bloß instruktionell. E. VI. 267.

[9] StPO. §. 67. — Die Frage nach etwaigen Bestrafungen ist zulässig, vgl. StPO. §. 54. Es wird sich in der Regel aber wohl nur darum handeln, ob der Betreffende schon auf Grund des §. 161 des StGB. verurtheilt und daher unfähig ist, als Zeuge vernommen zu werden. Eine diesbezügliche Frage ist aber ebenfalls nicht nothwendig. E. III. 100.

[10] StPO. §. 68.

[11] Vgl. R. I. 359, 400; a. A. Domsch im Gsaal XXXVI. 590 ff.

[12] StPO. §. 59. Die Nichtbeobachtung dieser Vorschrift ist juristisch einflußlos. E. VI. 267.

[13] StPO. §. 60. Besonderer Gerichtsbeschluß und Begrün-

Aus der Stellung des Vorverfahrens (Vorbereitungsverfahren und Voruntersuchung) zu dem Hauptverfahren folgt, daß die Beeidigung der Zeugen, welche einen wesentlichen Theil der Beweisaufnahme bildet, in der Hauptverhandlung stattzufinden hat.[14] Da diese Regel sich jedoch nicht ohne Ausnahme durchführen läßt, so hat die Strafprozeßordnung unter gewissen Bedingungen die Beeidigung der Zeugen auch in anderen Stadien des Verfahrens zugelassen.

a) In dem Vorbereitungsverfahren[15] ist die Beeidigung zulässig, wenn Gefahr im Verzug obwaltet, oder wenn die Beeidigung als Mittel zur Herbeiführung einer wahrheitsgemäßen Aussage über eine Thatsache, von der die Erhebung der öffentlichen Klage abhängig ist, erforderlich erscheint.

b) In der Voruntersuchung[16] kann die Beeidigung erfolgen, wenn voraussichtlich der Zeuge am Erscheinen in der Hauptverhandlung verhindert[17] oder sein Erscheinen wegen großer Entfernung besonders erschwert sein wird,[18] oder wenn die Beeidigung als Mittel zur Herbeiführung einer wahrheitsgemäßen Aussage erforderlich erscheint.[19]

c) Nach Eröffnung des Hauptverfahrens, aber vor der Hauptverhandlung[20] ist die Be-

---

dung desselben ist für die Nachbeeidigung nicht erforderlich; E. III. 370.

[14] StPO. §. 65 Abs. 1.

[15] StPO. §. 65 Abs. 3.

[16] StPO. §. 65 Abs. 2.

[17] Hierhin gehören die Fälle, wenn der Zeuge in den Krieg zieht, eine große Reise macht, auswandert, viel von seinem Wohnorte entfernt ist. Auch Krankheit kann die Ausnahme rechtfertigen.

[18] Es wird dabei auf die Wichtigkeit der Sache, die Erheblichkeit des Zeugnisses und die Höhe der Kosten Rücksicht zu nehmen sein.

[19] d. h. wenn anzunehmen ist, daß der Zeuge ohne Beeidigung nicht die Wahrheit sagen wird.

[20] StPO. §§. 65 Abs. 1, 122.

eidigung gestattet, wenn dem Erscheinen des Zeugen in der Hauptverhandlung für eine längere oder ungewisse Zeit Krankheit oder Gebrechlichkeit oder andere nicht zu beseitigende Hindernisse entgegenstehen oder dasselbe wegen großer Entfernung besonders erschwert sein wird.[21]

Die Beeidigung eines Zeugen vor der Hauptverhandlung, gleichviel in welchem Stadium des Verfahrens, macht die nochmalige Beeidigung desselben in der Hauptverhandlung nicht überflüssig. Um aber eine Häufung der Eide zu vermeiden, kann[22] der Richter, wenn ein bereits eidlich vernommener Zeuge in demselben Vorverfahren[23] oder in demselben Hauptverfahren[24] nochmals vernommen wird, statt der nochmaligen Beeidigung den Zeugen die

[21] Die Frage, ob die gesetzlichen Voraussetzungen für die Beeidigung eines Zeugen vor der Hauptverhandlung vorliegen, entscheidet im Vorbereitungsverfahren der Amtsrichter, nicht die Staatsanwaltschaft. So auch Löwe S. 283, Glaser §. 51 IV. 1. a, Kronecker in GA. XXIX. 325, Stenglein, Komm. S. 196; a. A. John, Komm. I. 624. In der Voruntersuchung entscheidet der Untersuchungsrichter; der beauftragte oder ersuchte Richter hat nur die gesetzliche Zulässigkeit der Beeidigung überhaupt zu prüfen.

[22] StPO. §. 66.

[23] Es gehört hierhin auch der Fall, wenn ein Zeuge im Vorbereitungsverfahren eidlich vernommen ist und in der Voruntersuchung noch einmal vernommen werden soll, nicht aber der Fall des §. 222 StPO. Vgl. E. XII. 373. R. VII. 529.

[24] Nicht bloß in derselben Hauptverhandlung. Daher braucht auch im Fall, daß die Beeidigung in dem Verfahren gemäß §. 222 StPO. erfolgt ist, dieselbe in der Hauptverhandlung nicht wiederholt zu werden; ebensowenig in einer zweiten Hauptverhandlung nach stattgehabter Vertagung (StPO. 228). — E. IV. 437. R. I. 398, III. 490 — Ferner in der Berufungsinstanz, und in einer erneuten Hauptverhandlung nach Aufhebung des ersten Urtheils. Im Fall der Wiederaufnahme (StPO. §§. 399 ff.), welche ein neues Hauptverfahren bildet, ist dagegen neue Beeidigung geboten. E. II. 234. XVIII. 417. R. VI. 29, auch Stenglein, Komm. S. 199. Vgl. auch Glaser §. 51. IV. 3. c. a. a. für die Berufungsinstanz und die neue Hauptverhandlung nach Aufhebung des ersten Urtheils. Löwe S. 286, John, Komm. I. 633.

Richtigkeit seiner Aussage unter Berufung auf den früher geleisteten Eid versichern lassen. Ein Eid gilt daher nur für das Stadium des Verfahrens, in welchem er geleistet ist.

2. Der Eid beginnt mit den Worten: „Ich schwöre bei Gott dem Allmächtigen und Allwissenden“ und schließt mit den Worten: „So wahr mir Gott helfe.“ [25] Wird der Zeuge vor der Vernehmung beeidigt, so lautet der Eid: daß Zeuge nach bestem Wissen die reine Wahrheit sagen, nichts verschweigen und nichts hinzusetzen werde; wird der Zeuge nach der Vernehmung beeidigt, so lautet der Eid: daß Zeuge nach bestem Wissen die reine Wahrheit gesagt, nichts verschwiegen und nichts hinzugesetzt habe. [26]

Der Eid wird mittels Nachsprechens oder Ablesens der die Eidesnorm enthaltenden Eidesformel geleistet, wobei der Schwörende ohne Unterschied, ob er Mann oder Frau, die rechte Hand erheben soll. [27] Stumme, welche schreiben können, leisten den Eid mittels Abschreibens und Unterschreibens der die Eidesnorm enthaltenden Eidesformel, Stumme, welche nicht schreiben können, mit Hülfe eines Dolmetschers durch Zeichen. [28]

Die Mitglieder einer Religionsgesellschaft, welcher durch reichs- oder landesrechtliche [29] Bestimmungen der Gebrauch gewisser Betheuerungsformeln an Stelle des Eides gestattet

[25] StPO. §. 62 (Eidesformel). Confessionelle Zusätze z. B. „durch Jesum Christum zur Seligkeit“ und dergl. heben die Gültigkeit des Eides nicht auf. E. X. 181. R., VI. 44.

[26] StPO. §. 61 (Eidesnorm).

[27] StPO. §. 63 Abs. 1. — Nichtbeobachtung dieser Vorschrift ist juristisch einflußlos.

[28] StPO. §. 63 Abs. 2 und 3; vgl. auch GVG. §§. 188, 190.

[29] Die Mitglieder können sich nur in dem Bundesstaate hierauf berufen, dessen Landesrecht ihnen das Privilegium eingeräumt hat; Löwe S. 282, Stenglein Komm. S. 194; a. A. Geyer in HH. I. 292, John. Komm. I. 613, Keller S. 71, Glaser §. 51. VI. 3b.

ist, geben ihre Erklärungen unter der Betheuerungsformel ihrer Religionsgesellschaft ab.[30] Weitere Ausnahmen sind nicht zugelassen. Auch die Beamten können sich nicht mehr auf den Diensteid berufen, sondern müssen den Zeugeneid leisten.

3. Unbeeidigt sind zu vernehmen:[31]

a) Personen, welche zur Zeit der Vernehmung das sechzehnte Lebensjahr noch nicht vollendet oder wegen mangelnder Verstandesreife oder wegen Verstandesschwäche von dem Wesen und der Bedeutung des Eides keine genügende Vorstellung haben;

b) Personen, welche nach den Bestimmungen der Strafgesetze unfähig sind, als Zeugen eidlich vernommen zu werden;[32]

c) Personen, welche hinsichtlich der den Gegenstand der Untersuchung bildenden That als Theilnehmer, Begünstiger oder Hehler verdächtig oder bereits verurtheilt sind.

Hinsichtlich dieser letzten, sub c, mit den Worten des Gesetzes aufgeführten Kategorie ist zu bemerken, daß der Ausdruck „That" den ganzen Vorfall, das ganze historische Vorkommniß umfaßt, wenn auch nicht das gleiche Delikt in Frage steht,[33] und daß, wie die bloße Theilnahme im technischen Sinne, so selbstverständlich auch der Verdacht

---

[30] StPO. §. 64.

[31] StPO. §. 56.

[32] StGB. §. 161 und für Verurtheilungen aus früherer Zeit (vor Einführung des Strafgesetzbuchs) die damals geltenden Landesgesetze. Vgl. für Preußen den AE. v. 28./2. 72 (GS. 259), auch E. IV. 335.

[33] Nicht dagegen die bloß gleichzeitige, gar nicht zur Aburtheilung stehende Strafthat des Verletzten. Vgl. E. VII. 331, XI. 300, XII. 190, XVII. 101. R. I. 523 IV. 871, VI. 774, VII. 281. Bei von beiden Seiten behaupteter Körperverletzung vgl. E. VII. 331, XVII. 116. R. IV. 871, IX. 234, 312.

der Alleinthäterschaft die Beeidigung ausschließt.[34] Ob ein Verdacht vorliegt, ist dem freien Ermessen des über die Beeidigung beschließenden Richters überlassen; bereits erfolgte Freisprechung schließt die Annahme eines Verdachts nicht aus, wie andererseits selbst ein gegen den Zeugen noch anhängiges Strafverfahren nicht hindert, ihn für unverdächtig zu erklären.[35]

Stehen mehrere strafbare Handlungen in Frage, so ist auch eine theils eidliche, theils uneidliche Vernehmung nicht ausgeschlossen.[36]

Außerdem ist es dem Richter überlassen, ob er die Personen, welche zu dem Beschuldigten in einem Verhältnisse stehen, das sie nach §. 51 der Strafprozeßordnung zur Verweigerung des Zeugnisses berechtigt, unbeeidigt oder beeidigt vernehmen will.[37] Dieselben können aber auch nach ihrer Vernehmung die Beeidigung verweigern und sind auch über dieses Recht zu belehren.[37]

Die Beobachtung der für die Beeidigung bestehenden Vorschriften ist zunächst Sache des Vorsitzenden, wird seine diesbezügliche Anordnung beanstandet, so bedarf es eines auch wenigstens kurz zu begründenden Gerichtsbeschlusses, und ist dieser, ebenso wie die Beeidigung oder Nichtbeeidigung, durch das Protokoll festzustellen.[38]

IV. Gebühren.

Jeder von dem Richter oder der Staatsanwaltschaft geladene Zeuge hat nach Erfüllung der Zeugnißpflicht An-

---

[34] E. VIII. 299. R. V. 341, IV. 237.

[35] Vgl. E. VIII. 382, XVI. 209.

[36] E. XI. 1. R. VI. 466, VII. 98.

[37] StPO. §. 57. Begründung der Beeidigung oder Nichtbeeidigung ist nicht erforderlich. R. I. 358. 631.

[38] Vgl. StPO. §§. 273, 274, ferner E. IV. 324. XIX. 354. R. III. 422.

spruch auf Entschädigung aus der Staatskasse für Zeitversäumniß und die durch eine etwaige Reise verursachten Kosten.[39] Die Entschädigung der unmittelbar zur Hauptverhandlung geladenen Zeugen, welche zum Erscheinen nur dann verpflichtet sind, wenn ihnen bei der Ladung die gesetzliche Entschädigung für Reisekosten und Versäumniß baar dargeboten oder deren Hinterlegung bei dem Gerichtsschreiber nachgewiesen wird, kann ebenfalls aus der Staatskasse erfolgen, wenn die Vernehmung zur Aufklärung der Sache dienlich war.[40]

Hat der Zeuge keinen Erwerb versäumt, so hat er keinen Anspruch auf Gebühren; nur Personen, welche durch gemeine Handarbeit, Handwerksarbeit oder geringeren Gewerbebetrieb ihren Unterhalt suchen, oder sich in gleichen Verhältnissen mit solchen Personen befinden, erhalten auch dann eine nach dem geringsten Satze zu bemessende Entschädigung, wenn die Versäumniß eines Erwerbes nicht stattgefunden hat.[41] Für die Berechnung der Gebühren gilt die Gebührenordnung für Zeugen und Sachverständige vom 30. Juni 1878. Die Gebühren, welche nur auf Verlangen gewährt werden,[42] sind durch das Gericht oder den Richter, vor welchem die Verhandlung stattfindet,[43] unter Berücksichtigung des von dem Zeugen versäumten Erwerbes festzusetzen.

§. 71.

3. Sachverständige.[1]

I. Begriff.

Sachverständige sind Personen, welche vermöge ihrer

[39] StPO. §. 70.
[40] StPO. §. 219 Abs. 2, 3.
[41] GO. für Z. u. S. §. 2.
[42] GO. für Z. u. S. §. 16.
[43] GO. für Z. u. S. §. 17; vgl. überhaupt §§. 2, 5--12, 14--17, die sich auf Zeugen beziehen.

[1] Vgl. Planck §§. 87, 131, Zachariae §. 144, HH. I. 231 ff.,

Fachkenntnisse oder Fertigkeiten gewisse Thatsachen zu beobachten und zu beurtheilen besonders geeignet sind und daher vom Richter zur Wahrnehmung und Begutachtung solcher Thatsachen im Strafprozeß herangezogen werden. Dem äußern Anschein nach haben sie hiernach gewissermaßen die Stellung von Gehülfen des Richters, was jedoch rechtlich ohne Bedeutung, namentlich ohne Konsequenzen ist; in Wahrheit sind sie ein eigengeartetes Beweismittel, auf welches die allgemeinen Beweisgrundsätze völlige Anwendung finden.[2] Sie stehen von den übrigen Beweismitteln den Zeugen am nächsten und sind deshalb auch in der Strafprozeßordnung die über Zeugen gegebenen Vorschriften auf sie entsprechend für anwendbar erklärt, soweit nicht abweichende Bestimmungen getroffen sind.[3] Innerlich sind sie von den Zeugen hauptsächlich dadurch geschieden, daß die Zeugen bekunden, was sie in der Vergangenheit mit ihren Sinnen mehr oder minder zufällig wahrgenommen haben, während der Sachverständige während des Prozesses mit voller Absichtlichkeit thätig wird und seine Kenntnisse und Fachkunde zur Wahrnehmung und Begutachtung verwerthet. Handelt es sich daher um Wahrnehmungen der Vergangenheit, so bleiben die darüber vernommenen Personen Zeugen, und finden nur die Vorschriften über Zeugenbeweis Anwendung, auch wenn die Wahrnehmung selbst eine besondere Sachkunde erforderte.[4] Nur wenn sie aus den bekundeten Thatsachen auch Schlüsse zu ziehen, also Gutachten abzu-

---

Geyer §§. 207, 208, John §. 34, Binding §. 80, Glaser §§. 56—60, Stenglein §. 36.

[2] Gegenwärtig in der Theorie ziemlich allgemein anerkannt; a. A. noch Binding §. 80. I.

[3] StPO. §. 72.

[4] StPO. §. 85.

geben haben, gewinnen sie zugleich den Charakter als Sachverständige.

II. Auswahl der Sachverständigen.

Es hängt von dem Ermessen des Richters ab, ob und wann er Sachverständige zuziehen will. Dasselbe gilt hinsichtlich der Auswahl und der Zahl der zuzuziehenden Sachverständigen.[5] Doch sind diese Regeln nicht ohne Ausnahmen. Sind für gewisse Arten von Gutachten Sachverständige öffentlich bestellt, so sollen andere Personen nur dann gewählt werden, wenn besondere Umstände es erfordern.[6] Das Ermessen des Richters ist ferner bei der Leichenschau und der Leichenöffnung theilweise beschränkt.[7] Und endlich darf der Richter Personen, welche eidesunfähig sind, zu Sachverständigen nicht ernennen, weil jedes Gutachten, wenn es in der Hauptverhandlung verwerthet werden soll, beeidigt werden muß.

Bei der Auswahl der Sachverständigen kann der Richter die Anträge der Betheiligten berücksichtigen; es ist aber auch dem Angeklagten gestattet, Sachverständige unmittelbar zu laden.[8] Die von dem Richter ernannten Sachverständigen können von den Parteien[9] aus denselben Gründen abgelehnt werden,[10] welche zur Ablehnung eines Richters berechtigen, jedoch mit der Ausnahme, daß die geschehene Vernehmung des Sachverständigen als Zeugen einen Ab-

[5] StPO. §. 73 Abs. 1.

[6] StPO. §. 73 Abs. 2; vgl. v. Schwarze S. 209.

[7] Vgl. darüber unten §. 72. Nr. 2

[8] Vgl. StPO. §§. 164, 167, 193, 218, 219.

[9] Staatsanwaltschaft, Beschuldigter, Privat- und Nebenkläger, StPO. §§. 74 Abs. 2, 437.

[10] Eine Ausschließung kraft Gesetzes tritt bei den Sachverständigen nicht ein (vgl. jedoch StPO. §. 87); ohne Ablehnung daher auch keine Nichtigkeit. R. VII. 501.

lehnungsgrund nicht bildet. Den zur Ablehnung Berechtigten sind die ernannten Sachverständigen namhaft zu machen, wenn nicht besondere Umstände z. B. Kürze der Zeit entgegenstehen. Der Ablehnungsgrund muß glaubhaft gemacht werden, wobei der Eid als Mittel der Glaubhaftmachung ausgeschlossen ist.[11]

III. Beeidigung.

Der Sachverständige hat sein Gutachten zu beeidigen, und zwar ist der Eid vor[12] Erstattung des Gutachtens von dem Sachverständigen dahin zu leisten:[13] daß er das von ihm erforderte Gutachten unparteiisch und nach bestem Wissen und Gewissen erstatten werde. Die Eidesformel ist dieselbe wie bei dem Zeugeneide.[14] Bei Sachverständigen, die für die Erstattung von Gutachten der betreffenden Art im Allgemeinen beeidigt sind, genügt die Berufung auf den geleisteten Eid.[15] Sagt der Sachverständige zugleich über Thatsachen aus, so hat er zugleich den Zeugeneid zu leisten, soweit er seine thatsächlichen Wahrnehmungen nicht eben in seiner Eigenschaft als Sachverständiger gemacht hat.[16]

Die Zeit der Beeidigung ist, entsprechend wie bei den Zeugen, regelmäßig die Hauptverhandlung; in dem Vorverfahren ist er regelmäßig uneidlich zu vernehmen.[17]

IV. Stellung des Richters zu den Sachverständigen.

1. Der Richter hat, soweit er dies für nothwendig hält,

---

[11] StPO. §. 74.

[12] Die Vorschrift ist jedoch nur instruktionell. So auch E. VIII. 359. R. V. 401. v. Schwarze, S. 214, Stenglein, Komm. S. 216. A. A. Geyer in HH. I. 248, Löwe S. 304 u. A.

[13] StPO. §. 79 Abs. 1.

[14] StPO. §. 62.

[15] StPO. §. 79 Abs. 2.

[16] Vgl. E. I. 402, II. 153, 389. IV. 231. R. I. 698. II. 293.

[17] StPO. §§. 72, 65; sieh' oben §. 70. III. 1.

die Thätigkeit der Sachverständigen zu leiten.[18] Er kann zur Vorbereitung eines Gutachtens dem Sachverständigen auf dessen Verlangen weitere Aufklärung durch Vernehmung des Beschuldigten oder der Zeugen verschaffen; er kann ihm auch gestatten, die Akten einzusehen, der Vernehmung des Beschuldigten oder der Zeugen beizuwohnen und an dieselben unmittelbar Fragen zu stellen.[19] Der Richter hat auch darüber zu entscheiden, ob die Sachverständigen im Vorverfahren ihr Gutachten schriftlich oder mündlich zu erstatten haben.[20]

2. Nach dem Grundsatze der freien Beweiswürdigung[21] ist der Richter an das erstattete Gutachten nicht gebunden; er kann bei sich widersprechenden Gutachten dem einen den Vorzug vor dem anderen einräumen. Hält er die Begutachtung überhaupt für ungenügend, so kann er eine neue und zwar durch die früheren oder durch andere Sachverständige anordnen. In wichtigeren Fällen kann auch das Gutachten einer Fachbehörde eingeholt werden.[22]

V. Gebühren.

Die Sachverständigen haben[23] nach der Gebührenordnung für Zeugen und Sachverständige vom 30. Juni 1878 Anspruch auf Entschädigung für Zeitversäumniß, auf Erstattung der ihnen verursachten Kosten und außerdem auf angemessene Vergütung für ihre Mühewaltung.[24] Die Gebühren werden nur auf Verlangen der Sachverständigen gewährt[25] und durch das Gericht oder den Richter, vor welchem die Verhandlung stattfindet, festgesetzt.[26]

---

[18] StPO. §. 78.

[19] StPO. §. 80.

[20] StPO. §. 82.

[21] Vgl. oben §. 66.

[22] StPO. §. 83; vgl. §. 255.

[23] StPO. §. 84. Vgl. in Betreff der unmittelbar geladenen Sachverständigen StPO. §. 219 Abs. 2, 3.

[24] Vgl. GO. für Z. u. S. §§. 3—11, 13—17.

[25] GO. für Z. u. S. §. 16.

[26] GO. für Z. u. S. §. 17 Abs. 1.

VI. Besondere Fälle.

1. Gutachten über den Geisteszustand eines Angeschuldigten. Zur Vorbereitung eines solchen Gutachtens kann das Gericht, daher in der Voruntersuchung die Strafkammer, nicht der Untersuchungsrichter, im Laufe einer gerichtlichen Untersuchung, nicht schon im vorbereitenden Verfahren[27] auf Antrag eines Sachverständigen anordnen, daß der Angeschuldigte in eine öffentliche Irrenanstalt gebracht und dort beobachtet werde. Der Vertheidiger des Angeschuldigten muß jedoch vorher gehört werden; hat der letztere noch keinen Vertheidiger, so ist ihm ein solcher zu bestellen.[28] Gegen den Beschluß des Gerichts ist sofortige Beschwerde zulässig, welche in diesem Falle aufschiebende Wirkung hat. Die Dauer der Verwahrung darf sechs Wochen nicht übersteigen.[29]

2. Gutachten bei Münzverbrechen und Münzvergehen. Bei diesen strafbaren Handlungen kann[30] der Richter die Münzen und Papiere der Behörde vorlegen, von welcher echte Münzen und Papiere dieser Art in Umlauf gesetzt werden. Hinsichtlich ausländischer Münzen und Papiere kann an Stelle des Gutachtens der ausländischen Behörde dasjenige einer deutschen erfordert werden.

Das Gutachten der Behörde ist über die Unechtheit oder Verfälschung und darüber einzuholen, in welcher Art die Fälschung muthmaßlich begangen worden sei.[31]

---

[27] Folgt aus dem Ausdruck „Angeschuldigter" in §. 81 StPO. Vgl §. 155 das.

[28] Vgl. oben §. 44. 3.

[29] StPO. §. 81 Abs. 1—4. Vgl. dazu Ortloff im Gsaal XXXV. 454ff.

[30] Der Richter ist hierzu nicht verpflichtet, da er in sehr vielen Fällen die erforderliche Sachkenntniß selbst haben wird.

[31] StPO. §. 92. In Betreff der nachgemachten oder verfälschten Reichsmünzen, Reichs-

3. Schriftvergleichung. Die Beweiskraft eines Schriftstückes und somit seine Brauchbarkeit als Beweismittel hängt von der Echtheit desselben ab. Zur Ermittelung der Echtheit oder Unechtheit eines Schriftstückes sowie zur Ermittelung des Urhebers kann eine Schriftvergleichung unter Zuziehung von Sachverständigen sowie auch ohne solche vorgenommen werden.[32] Der Angeschuldigte darf, entsprechend der Stellung, welche er im Strafverfahren einnimmt, zum Niederschreiben einzelner Worte, um diese zur Vergleichung benutzen zu können, nicht gezwungen werden.

§. 72.

4. Richterlicher Augenschein.[1]

1. Der richterliche Augenschein, die eigene sinnliche Wahrnehmung des Gerichts, ist in manchen Fällen, namentlich wenn es sich um bewegliche Gegenstände, die Ueberführungsstücke, die Person des Verletzten oder Beschuldigten handelt, in der Hauptverhandlung selbst, unmittelbar von dem erkennenden Gericht möglich. Es ist auch nicht ausgeschlossen, daß das gesammte erkennende Gericht, alsdann aber in Begleitung aller in der Hauptverhandlung nothwendig anwesenden Personen sich zu diesem Zwecke nach einem auswärtigen Orte selbst begibt. Für diese Fälle hat jedoch der Augenschein keine selbstständige Bedeutung als Beweis-

---

kassenscheine bzw. Reichsbanknoten vgl. die vom Bundesrathe erlassenen Bek. v. 9./5. 76 (RCBl. 260; preuß. JMBl. 114), B. v. 6./6. 76 (Reichs-Anzeiger Nr. 234; preuß. JMBl. 119), B. v. 20./3. 77 (preuß. JMBl. 54).

[32] StPO. §. 93. Mot. 59.

[1] Vgl. Planck §§. 86, 132, Zachariae §§. 102, 143, HH. I. 221 ff., Geyer §. 206, John §. 32, Glaser §. 55, Stenglein §. 38.

mittel; was in Frage steht, sind die sachlichen Beweismittel, und es liegt kein Grund vor, hier die receptive Thätigkeit des Richters, die Augenscheinseinnahme, mehr hervortreten zu lassen, als bei den persönlichen Beweismitteln, den Zeugen und Sachverständigen, welche, um Verwerthung finden zu können, der receptiven Thätigkeit des Richters, der sinnlichen Wahrnehmung durch Anhören, in gleicher Weise bedürfen. Für diese Fälle des richterlichen Augenscheins sind besondere gesetzliche Vorschriften auch nicht gegeben.

In vielen Fällen, namentlich wenn es sich um einen augenblicklichen Befund, um verschwindende Spuren einer That handelt, ist aber diese Augenscheinseinnahme durch das erkennende Gericht ausgeschlossen oder wenigstens nicht angebracht, und um dennoch diesen Befund, diese Spuren für die Untersuchung verwerthen zu können, bedarf es der Augenscheinseinnahme im Vorverfahren oder auch durch einen beauftragten oder ersuchten Richter im Hauptverfahren und der Feststellung des Resultats der Augenscheinseinnahme durch ein Protokoll.

Hierdurch hat der Augenschein eine besondere selbstständige juristische Bedeutung als Beweismittel gewonnen und sind hierfür folgende Vorschriften gegeben: Bei der Augenscheinseinnahme muß ein Gerichtsschreiber mitwirken; in dringenden Fällen kann der Untersuchungsrichter eine von ihm zu beeidigende Person als Gerichtsschreiber zuziehen.[2] Der Staatsanwaltschaft, dem Angeschuldigten bzw. seinem Vertheidiger und den von ihm benannten Sachverständigen, dem Privat- und Nebenkläger ist es, da

---

[2] StPO. §§. 166, 185.

es sich gewissermaßen um eine antizipirte Beweisaufnahme der Hauptverhandlung handelt, gestattet, der Einnahme eines richterlichen Augenscheins beizuwohnen.[3]

In dem Protokolle ist der vorgefundene Sachbestand festzustellen und darüber Auskunft zu geben, welche Spuren und Merkmale, deren Vorhandensein nach der besonderen Beschaffenheit des Falles vermuthet werden konnte, gefehlt haben.[4]

In der Hauptverhandlung ist alsdann behufs Verwerthung dieser Augenscheinseinnahme das darüber aufgenommene Protokoll zu verlesen und zwar einschließlich der zur Klarstellung des Befundes in das Protokoll, wie oft nicht zu umgehen sein wird, aufgenommenen Aussagen von Zeugen und Sachverständigen, wobei jedoch zu beachten ist, daß dadurch die persönliche Vernehmung dieser Personen nicht ersetzt werden darf, diese somit nicht überflüssig wird.

Ob überhaupt eine richterliche Augenscheinseinnahme eintreten und ob Sachverständige dabei zugezogen werden sollen oder nicht, unterliegt dem freien richterlichen Ermessen.[5]

Die Augenscheinseinnahme erstreckt sich übrigens, wie bereits oben angedeutet, ebensowohl auf Personen, wie auf Sachen und kann in jedem Stadium des Verfahrens angeordnet werden.

2. Der wichtigste Fall der Augenscheinseinnahme ist die richterliche Leichenschau. Dieselbe erstreckt sich nur auf die äußere Beschaffenheit der Leiche und soll unter Zuziehung eines Arztes vorgenommen werden.[6] Da in vielen

[3] StPO. §§. 167, 191, 223, 224, 409, 425, 437.

[4] StPO. §. 86.

[5] Vgl. E. XIV. 276.

[6] StPO. §. 87 Abs. 1; vgl. hierzu §. 157.

Fällen die Zuziehung eines Arztes überflüssig sein würde, so kann der Richter auch hiervon absehen.[7]

Im Gegensatze zur richterlichen Leichenschau ist die Leichenöffnung im Beisein des Richters von zwei Aerzten vorzunehmen. Unter diesen muß sich ein Gerichtsarzt befinden. Demjenigen Arzte, welcher den Verstorbenen in der dem Tode vorausgegangenen Krankheit behandelt hat, ist die Leichenöffnung nicht zu übertragen. Er kann jedoch aufgefordert werden, der Leichenöffnung anzuwohnen, um aus der Krankheitsgeschichte Aufschlüsse zu geben.[8]

Vor der Leichenöffnung ist die Persönlichkeit des Verstorbenen möglichst festzustellen, auch ist die Leiche dem etwaigen Beschuldigten, soweit nicht besondere Hindernisse entgegenstehen, zur Anerkennung vorzuzeigen.[9] Die Leichenöffnung[10] soll sich, soweit dies durchführbar ist, stets auf die Oeffnung der Kopf-, Brust- und Bauchhöhle erstrecken.[11] Bei Oeffnung der Leiche eines neugeborenen Kindes ist die Untersuchung auch besonders darauf zu richten, ob das Kind nach oder während der Geburt gelebt und ob es reif oder wenigstens fähig gewesen, das Leben außerhalb des Mutterleibes fortzusetzen.[12]

In den Fällen, wo der Verdacht einer Vergiftung vorliegt, sollen die in der Leiche oder sonst gefundenen verdächtigen Stoffe durch einen Chemiker oder durch eine für solche Untersuchungen bestehende Fachbehörde untersucht

---

[7] StPO. §. 87 Abs. 2.

[8] StPO. §. 87 Abs. 1.

[9] StPO. §. 88.

[10] In Preußen gilt hierfür das Regulativ des Ministers der geistl. u. s. w. Angelegenheiten vom 13. Februar 1875, welches durch allg. Verfügung des Justizministers vom 22. März 1875 den Gerichten und Beamten der Staatsanwaltschaft mitgetheilt ist (JMB. S. 75).

[11] StPO. §. 89.

[12] StPO. §. 90.

werden. Der Richter braucht dieser Untersuchung nicht beizuwohnen, kann aber anordnen, daß dieselbe unter Mitwirkung oder Leitung eines Arztes stattzufinden hat.[13]

§. 73.

5. Urkunden.[1]

Unter Urkunden im weiteren Sinne versteht man alle sinnlich wahrnehmbaren Gegenstände, welche zur Begründung der Ueberzeugung des Richters von der Existenz oder Beschaffenheit einer Thatsache beitragen können, also alle sachlichen Beweismittel, im engeren, hier zunächst in Betracht kommenden Sinne Schriftstücke, welche diese Bedeutung haben. Die Urkunden in diesem letzteren Sinne können diese Beweiserheblichkeit einmal in der Richtung haben, daß die Urkunde selbst unmittelbar von Bedeutung ist, die Existenz der Urkunde selbst mit diesem oder jenem Wortlaut. Dies ist z. B. der Fall, wenn die Urkunde selbst das Objekt des Verbrechens ist, wie bei der Urkundenfälschung, wenn sie das Mittel des Verbrechens ist, wie bei der schriftlichen Beleidigung, und endlich allgemein dann, wenn es überhaupt aus irgend welchem Grunde erheblich erscheint, daß diese Urkunde in dieser Weise zu fraglicher Zeit überhaupt geschrieben ist. Es kann aber auch die Urkunde nur mittelbar von Bedeutung sein, indem nicht die Urkunde selbst, sondern nur das außer ihr Liegende, das, was sie als geschehen oder vorhanden bezeugt, von Wichtigkeit ist.

---

[13] StPO. §. 91.

[1] Vgl. Planck §§. 89, 133, Zachariae §§. 147, 131, HH. I. 300, Geyer §§. 211, 195, John §. 35, Glaser §. 54.

Diese Unterscheidung ist deshalb wichtig, weil im Interesse der Unmittelbarkeit und Mündlichkeit des Verfahrens[2] die Urkunden letzterer Art in der Hauptverhandlung als Beweismittel nicht benutzt, d. h. nicht verlesen werden dürfen, wenn der in der Urkunde enthaltene Beweis einer Thatsache auf der Wahrnehmung einer Person beruht. Alsdann ist auf dieses unmittelbare Beweismittel, die Person selbst, zurückzugehen. Diese ist in der Hauptverhandlung zu vernehmen, und darf ihre Vernehmung nicht durch Verlesung des über eine frühere Vernehmung aufgenommenen Protokolls oder einer schriftlichen Erklärung ersetzt werden.[3]

Dies gilt nicht[4] für früher ergangene Strafurtheile, Straflisten, Auszüge aus Kirchenbüchern und Personenstandesregistern u. dgl., bei welchen die Thatsache der Existenz dieser Urkunden das Beweisende ist, aber auch nicht, was als positive Ausnahme erscheint, auf Protokolle über die Einnahme des richterlichen Augenscheins.

Es gilt dies ferner nicht[5] für die ein Zeugniß oder ein Gutachten enthaltenden Erklärungen öffentlicher Behörden (ausgenommen Leumundszeugnisse, welche niemals verlesen werden dürfen), und nicht für ärztliche Atteste[6] über Körperverletzungen, sofern dieselben nicht zu den schweren im Sinne des §. 224 des Strafgesetzbuchs gehören.

In allen diesen Fällen können die erwähnten Schrift-

---

[2] Vgl. oben §. 50 und von Kries, das Prinzip der Unmittelbarkeit im Beweisverfahren in der Ztschr. f. StW. VI. 88 ff.

[3] StPO. §. 249. Auch nicht bei Zustimmung aller Betheiligten. E. IX. 49. R. VII. 401.

[4] StPO. §. 248.

[5] StPO. §. 255.

[6] Aerztliche Erklärungen in Protokollen dürfen dagegen nicht verlesen werden. E. VI. 254. R. IV. 435.

stücke ebenso wie die Urkunden der oben zuerst erwähnten Kategorie als Beweismittel verlesen werden und zwar ohne Weiteres, auf einfache Anordnung des Vorsitzenden, also ohne Gerichtsbeschluß. Die Verlesung ist jedoch durch das Protokoll zu beurkunden.[7]

Seine wesentlichste Anwendung findet der Grundsatz, daß die die Wahrnehmungen einer Person bezeugenden Urkunden nicht verlesen werden dürfen, auf die Protokolle des Vorverfahrens oder früherer Prozesse. Gerade hier hat die Vorschrift für die Durchführung der Mündlichkeit ihre wesentlichste Bedeutung. Aber auch hier sind, um unter Umständen relevante Beweismittel nicht ganz zu verlieren, folgende Ausnahmen zugelassen:

a) Die Protokolle über frühere richterliche eidliche oder auch uneidliche Vernehmungen[8] eines Zeugen, Sachverständigen oder (verurtheilten oder noch nicht verurtheilten) Mitbeschuldigten können verlesen werden, wenn die betreffende Person verstorben oder in Geisteskrankheit verfallen oder sonst gänzlich vernehmungsunfähig geworden[9] oder ihr Aufenthalt nicht zu ermitteln[10] gewesen ist.[11]

b) Wenn dem Erscheinen eines Zeugen oder Sachverständigen in der Hauptverhandlung Hinderungsgründe (Krankheit, Gebrechlichkeit, große Ent-

[7] StPO. §. 273 Abs. 1.

[8] und zwar nicht bloß in der vorliegenden Sache. E. VII. 156, X. 29. R. IV. 800, VI. 22.

[9] E. XV. 409. R. IX. 213; a. A. Fuld in Blätt. f. Rechtspflege in Thüringen XXXII. 342 ff.

[10] Die bloße Nichtbestellbarkeit einer Zustellung genügt nicht; es müssen Ermittelungen stattgefunden haben oder völlig aussichtslos sein. Verschollenheit ist dagegen nicht erforderlich. Vgl. E. I. 285, III. 367, IX. 88, R. I. 520, III. 105.

[11] StPO. §. 250 Abs. 1.

fernung u. s. w.) entgegenstehen und derselbe deshalb durch einen Richter kommissarisch vernommen ist,[12] ist die Verlesung des Protokolls zulässig, wenn die Vernehmung nach Eröffnung des Hauptverfahrens[13] oder zwar im Vorverfahren erfolgt ist, der Staatsanwaltschaft, dem Angeschuldigten und dem Vertheidiger aber die Möglichkeit gegeben war,[14] der Vernehmung beizuwohnen.[15]

In den beiden unter a und b erwähnten Fällen kann die Verlesung nur auf Beschluß des Gerichts erfolgen. Dabei ist der Grund der Verlesung zu verkünden und zu bemerken, ob die Beeidigung der vernommenen Person stattgefunden hat.[16]

c) Zur Unterstützung des Gedächtnisses eines Zeugen oder Sachverständigen kann, wenn derselbe erklärt, sich einer Thatsache nicht mehr zu erinnern, der hierauf bezügliche Theil des Protokolls über seine frühere auch nicht richterliche[17] Vernehmung verlesen werden. In derselben Weise können Widersprüche zwischen den in der Hauptverhandlung erfolgenden und den früheren Aussagen eines Zeugen oder Sachverständigen festgestellt oder gehoben werden, jedoch nur wenn dies auf andere Weise ohne Unterbrechung der Hauptverhandlung nicht möglich ist.[18]

d) Die Verlesung der in einem richterlichen Proto-

[12] StPO. §§. 222, 223.
[13] Vgl. StPO. §§. 206, 222.
[14] StPO. §. 191.
[15] StPO. §. 250 Abs. 2.
[16] StPO. §. 250 Abs. 3. — Dabei wird dieser Beschluß durch einen in Gemäßheit des §. 222 StPO. früher gefaßten Beschluß keineswegs ersetzt. E. I. 118, 236, 242. R. I. 139, 412, II. 562.
[17] E. I. 409.
[18] StPO. §. 252. Auch bloße Vorhaltungen aus früheren Aussagen sind zulässig. R. IX. 123.

kolle enthaltenen Erklärungen des Angeklagten gleichgültig, ob sie seiner Zeit von ihm als Angeschuldigten oder als Zeugen abgegeben sind,[19] ist zum Zwecke der Beweisaufnahme über ein Geständniß gestattet. Unter derselben Bedingung wie bei den Zeugen und Sachverständigen, nur daß hier ein gerichtliches Protokoll vorausgesetzt ist,[20] können auch Widersprüche zwischen den verschiedenen Aussagen des Angeklagten festgestellt oder gehoben werden.[21] Verlesen werden muß endlich auch die Aussage des Angeklagten, der auf seinen Antrag (wegen großer Entfernung) von der Verpflichtung zum Erscheinen in der Hauptverhandlung entbunden war.[22]

In den unter c und d erwähnten Fällen ist außer der Verlesung selbst auch der Grund derselben auf Antrag der Staatsanwaltschaft oder des Angeklagten im Protokolle zu erwähnen.[23]

Die Form der Benutzung einer Urkunde ist regelmäßig die Verlesung derselben. Bloße Konstatirung des interessirenden Inhalts derselben durch den Vorsitzenden ist jedoch insbesondere bei weitläufigen Akten und drgl., soweit nicht begründeter Widerspruch entgegengesetzt wird, nicht für unzulässig zu erachten.[24] In einzelnen Fällen, insbesondere bei Fälschungen einer Urkunde, ist die Besichtigung derselben angezeigt.

---

[19] E. IX. 174. R. IV. 427, V. 410.

[20] Folgt aus dem Worte „dasselbe" im zweiten Abs. des §. 253. Vgl. auch E. XIV. 258.

[21] StPO. §. 253.

[22] StPO. §. 232.

[23] StPO. §. 254. Vgl. auch StPO. §. 273 Abs. 1.

[24] Vgl. darüber E. II. 408, III. 141, 161, 282. R. II. 452, 595, 608, 746.

Vorschriften über die Beweiskraft der Urkunden kennt die Strafprozeßordnung im Gegensatz zur Civilprozeßordnung nicht. Es gilt uneingeschränkt der Grundsatz der freien Beweiswürdigung. Auch für den Beweis der Echtheit derselben gilt dasselbe. Daß hierfür auch die Schriftvergleichung benutzt werden kann, ist bereits oben [25] erwähnt.

§. 74.

6. Sonstige Beweismittel.

Außer den in den §§. 69—73 besprochenen Beweismitteln sind als solche ferner noch zu erwähnen die außer den eigentlichen Urkunden noch vorhandenen sachlichen Beweismittel, die sog. Ueberführungsstücke, deren Benutzung zum Beweise durch Besichtigung erfolgt, und endlich, da die richterliche Ueberzeugung sich ganz frei aus dem Inbegriff der Verhandlungen bilden soll, naturgemäß auch das äußere Verhalten und Benehmen des Angeklagten selbst. Besonderer Erörterung bedürfen diese Beweismittel nicht.

Nicht bekannt ist dem Strafprozeß im Gegensatz zum Civilprozeß der Parteieid als Beweismittel, und zwar nicht bloß in der Gestalt des zugeschobenen Eides, des sog. Schiedseides, dessen Anwendung sich schon deshalb verbietet, weil im Strafprozeß ein Dispositionsrecht der Parteien ausgeschlossen ist, sondern auch in der Gestalt des richterlichen Eides, in welcher Beziehung er als Reinigungseid an sich denkbar wäre und thatsächlich auch früher in Geltung gewesen ist. Sowohl mit Rücksicht auf die Zwangs-

[25] Vgl. §. 71 i. f.

[1] Vgl. Zachariae §. 149.

lage, in welche der Angeklagte dadurch gesetzt wurde, als im Interesse der Vermeidung des Meineides hat die moderne Gesetzgebung ihn längst allseitig beseitigt.

Ueber die Natur der Indizien endlich ist bereits oben[4] gesprochen.

VII. Zusammenhang von Straf- und Civilsachen.

§. 75.

1. Allgemeines.[1]

1. Straf- und Civilsachen können zunächst derartig zusammenhängen, daß sie denselben Entstehungsgrund haben. Dies ist der Fall, wenn aus einer strafbaren Handlung, abgesehen von dem Anspruche des Staates auf Strafe, noch ein Anspruch des Verletzten auf Schadensersatz sich ergibt.[2] Der erstere Anspruch ist durch Strafklage, der letztere durch Civilklage geltend zu machen. Nach der Strafprozeßordnung ist die gleichzeitige Erledigung beider Ansprüche im Strafverfahren (Adhäsionsprozeß) nicht allgemein, sondern nur in den Fällen zugelassen, in welchen der Schadensersatz in der Gestalt der Buße verlangt werden kann. Hierüber ist im folgenden §. gehandelt.

2. Anders ist der Zusammenhang von Straf- und Civilsachen, wenn die Strafbarkeit[3] einer Handlung von

[4] Vgl. oben §. 68 i. f.

[1] Vgl. Planck §§. 153, 209, Zachariae §§. 84–86, HH. II. 89, Geyer §§. 118, 120. Binding §§. 66—68, Glaser §. 67. — Planck, Mehrheit der Rechtsstreitigkeiten (1844); Glaser, Kl. Schriften I. 555 ff.; Glaser im Gsaal 1885 S. 81.

[2] Vgl. noch StPO. §. 111, wo es sich jedoch nicht um ein Urtheil, sondern um eine prozessualische Maßregel des Strafrichters handelt.

[3] Die drei im StGB. §§. 170, 172, 238 enthaltenen Fälle gehören nicht hierher, da nicht die Strafbarkeit, sondern die Straf-

der Beurtheilung eines bürgerlichen Rechtsverhältnisses abhängig ist. Derartige Fälle kommen am meisten bei den Verbrechen gegen das Vermögen vor und bestehen bei diesen gewöhnlich darin, daß der Angeklagte gegenüber der Anklage behauptet, zur Vornahme der betreffenden Handlung berechtigt gewesen zu sein. Allein auch bei anderen Verbrechen sind civilrechtliche Vorfragen möglich, z. B. über die eheliche und uneheliche Geburt eines Kindes, über Verwandtschaftsverhältnisse u. s. w.

Nach der Strafprozeßordnung entscheidet das Strafgericht auch über die civilrechtlichen Vorfragen und zwar nach den für das Verfahren und den Beweis in Strafsachen geltenden Vorschriften.[4] Es ist dabei prinzipiell gleichgültig, ob im einzelnen Falle die civilrechtliche Vorfrage bereits durch ein Urtheil des Civilgerichts entschieden ist oder nicht. Thatsächlich werden die Urtheile des Civilgerichts und besonders die vor der betreffenden Untersuchung ergangenen von wesentlichem Einflusse auf die Entscheidung des Strafgerichts sein. Das Strafgericht ist daher auch befugt, eine Untersuchung auszusetzen und das Urtheil eines Civilgerichts abzuwarten.[5] Bindend ist jedoch das Civilurtheil in keinem Falle, wiewohl es andererseits, wenn der Strafrichter es materiell für begründet erachtet, auch ohne Weiteres der strafrechtlichen Entscheidung zu Grunde gelegt werden kann.[6] Obwohl diese Bestimmung über die Aussetzung bei der Hauptverhandlung erwähnt wird, ist doch nicht zu bezweifeln, daß eine Aussetzung der Unter-

verfolgung davon abhängt, daß die Ehe geschieden ist; vgl. Löwe S. 403, 554.

[4] StPO. §. 261 Abs. 1; vgl. hierzu die Motive S. 144 ff.

[5] StPO. §. 261 Abs. 2.

[6] Vgl. §. 399 Nr. 4, auch E. XIV. 364. R. VIII. 583.

suchung auch im Vorverfahren gestattet ist.[7] Die Aussetzung kann nicht nur erfolgen, wenn ein Civilprozeß bereits anhängig ist, sondern auch gerade zu dem Zwecke, die Erhebung der Civilklage zu veranlassen. Es ist in dem letzteren Falle einem der Betheiligten [8] eine Frist zur Erhebung der Civilklage zu bestimmen. Ein Präjudiz kann jedoch nicht anders als dahin gestellt werden, daß nach Ablauf der Frist mit dem Strafverfahren fortgefahren werde. Die Nichterhebung der Klage wird jedoch häufig als Beweismoment verwerthet werden können. Das Strafgericht ist an den Beschluß, durch welchen die Untersuchung ausgesetzt wurde, nicht gebunden; es kann jederzeit, also auch vor Erledigung des betreffenden Civilprozesses oder vor Ablauf der zur Erhebung der Civilklage bestimmten Frist mit der Untersuchung fortfahren. Ob und in welcher Weise von der obigen Bestimmung über die Aussetzung der Untersuchung Gebrauch zu machen sei, ist dem Ermessen des Strafgerichts überlassen.

§. 76.

2. Die Buße.[1]

1. Die Strafprozeßordnung hat die gleichzeitige Erledigung des Anspruches auf Strafe und auf Ersatz des durch die strafbare Handlung verursachten Schadens (Adhäsionsprozeß) in den Fällen zugelassen, in welchen im

[7] Löwe S. 555.

[8] d. h. einer Person, welche einen civilrechtlichen Anspruch erheben kann, gleichviel ob sie an dem Strafverfahren betheiligt ist oder nicht. Vgl. Mot. 149. Kerckhoff im Magazin für deutsches R. I. 310.

[1] Vgl. HH. II. 373, Geyer §. 257, Glaser §. 77, Stenglein §. 50.

Reichsstrafrecht die Zuerkennung einer Buße beansprucht werden kann. Es sind dies:

a) §§. 188, 231 des Strafgesetzbuchs;[2]

b) §§. 18, 43, 45 des RGes. betr. das Urheberrecht an Schriftwerken u. s. w. vom 11. Juni 1870;

c) §. 15 des RGes. über Markenschutz vom 30. November 1874;

d) §. 16 des RGes. betr. das Urheberrecht an Werken der bildenden Künste vom 9. Januar 1876;

e) §. 9 des RGes. betr. den Schutz der Photographien vom 10. Januar 1876;

f) §. 14 des RGes. betr. das Urheberrecht an Mustern und Modellen vom 11. Januar 1876;

g) §. 36 des RPatentgesetzes vom 25. Mai 1877.

2. Nur der Verletzte ist berechtigt, eine Buße zu verlangen. Fehlt dem Verletzten die Prozeßfähigkeit, so ist der gesetzliche Vertreter desselben berechtigt, für ihn die Buße zu verlangen. Die Erben des Verletzten können den Anspruch auf Buße weder erheben, noch den erhobenen Anspruch nach dem Tode des Verletzten fortsetzen.[3]

3. Das Verlangen einer Buße ist durch Privatklage oder Nebenklage zu verwirklichen. Bei Privatklagesachen[4] ist dasselbe mit der Privatklage zu verbinden;[5] wird jedoch in diesen Fällen die öffentliche Klage von der

---

[2] Bei den nach §§. 186, 187 des StGB. strafbaren Beleidigungen und bei allen Fällen der Körperverletzung, auch wenn die Strafdrohung nicht im 17. Abschnitte des StGB. sich findet (vgl. z. B. StGB. §. 340), dagegen nicht, wenn die Körperverletzung bei der Begehung einer anderen strafbaren Handlung verursacht ist (vgl. z. B. StGB. §§. 118, 221, 239, 321 f).

[3] StPO. §. 444 Abs. 4.

[4] Vgl. oben §§. 39 ff.

[5] StPO. §. 446.

Staatsanwaltschaft erhoben und bei allen übrigen Strafsachen, in welchen die Zuerkennung einer Buße beansprucht werden kann, muß sich der Berechtigte, wenn er die Buße beanspruchen will, der öffentlichen Klage als Nebenkläger anschließen.[6]

4. Der Antrag auf Zuerkennung einer Buße kann mündlich oder schriftlich, vor oder in der Hauptverhandlung bis zur Verkündung des Urtheils erster Instanz gestellt, bis zur Verkündung des die Sache abschließenden Urtheils zurückgenommen, ein zurückgenommener Antrag jedoch nicht erneuert werden.[7] Dabei hat der Berechtigte den verlangten Betrag der Buße anzugeben;[8] er kann denselben innerhalb der erwähnten Frist erhöhen und ermäßigen.[9] Der verlangte Betrag darf jedoch ebenso wenig wie der im Reichsstrafrecht aufgestellte Maximalbetrag[10] der Buße vom Richter überschritten werden.[11]

5. Die Zuerkennung einer Buße setzt eine Verurtheilung und die Einziehung der zuerkannten Buße eine rechtskräftige Verurtheilung voraus; lautet das Urtheil auf Freisprechung oder Einstellung des Verfahrens oder wird die Sache ohne Urtheil erledigt, z. B. durch Tod des Nebenklägers,[12] so gilt auch der Antrag auf Zuerkennung einer Buße ohne weitere Entscheidung für erledigt.[13] Die Vollstreckung der über eine Buße ergangenen Entscheidung

---

[6] StPO. §. 443.

[7] StPO. §. 444 Abs. 1 und 2.

[8] StPO. §§. 445 Abs. 1, 446.

[9] Löwe S. 777, v. Schwarze S. 579.

[10] StPO. §. 445 Abs. 2. Das Maximum im RGes. über Markenschutz ist 5000, im RPatentgesetz 10000, in den übrigen Fällen 6000 Mark.

[11] StPO. §§. 445 Abs. 2, 446.

[12] StPO. §. 442.

[13] StPO. §. 444 Abs. 3.

erfolgt nach den Vorschriften über die Vollstreckung der Urtheile der Civilgerichte.[14]

6. Der auf die Buße sich beziehende Theil des Urtheils kann von dem Privatkläger, dem Nebenkläger und dem Angeklagten mit den gegen das betreffende Urtheil zulässigen Rechtsmitteln angefochten werden. Ein Rechtsmittel steht dagegen nicht zur Verfügung, wenn der Richter es abgelehnt hat, auf Buße zu erkennen, da dies dem freien Ermessen des Richters überlassen ist. Insbesondere wird auf den Antrag nicht einzugehen sein, wenn im Uebrigen die Sache zur Entscheidung reif ist, die Entscheidung über die Buße aber noch weitere Beweiserhebungen nöthig erscheinen läßt, die eine Aussetzung der Verhandlung nöthig machen würden. Dem Verletzten bleibt es in einem solchen Falle und ebenso auch in dem Falle, wenn der Angeklagte überhaupt freigesprochen ist, überlassen, seinen Anspruch auf Entschädigung im Wege des Civilprozesses geltend zu machen, da das Strafgericht die Buße als Schadensersatz zuerkennen, niemals aber den Anspruch auf Schadensersatz aberkennen kann.

§. 77.

VIII. Prozeßvoraussetzungen.[1]

Da die Bestrafung ein rechtlich geordnetes Verfahren voraussetzt, in welchem der Strafanspruch des Staates festgestellt wird, so kann, wenn auch sonst alle Bedingungen vorhanden sind, von welchen das materielle Strafrecht eine

[14] StPO. §. 495; CPO. §§. 644 ff.

[1] Vgl. Geyer §. 113, Glaser §. 64, Bennecke §§. 4, 5, Löwe S. 402 ff., John, Komm. I. 130 ff., v. Kries, Prozeßvoraussetzungen in Ztschr. V. 1 ff.

Bestrafung abhängig macht, diese dennoch nicht erfolgen, wenn aus irgend einem Grunde jenes Verfahren nicht stattfinden kann. Die Thatsachen, welche — sei es positiv, sei es negativ — nach rechtlicher Vorschrift vorhanden sein müssen, damit ein strafrechtliches Verfahren eingeleitet oder in seinem Verlaufe durchgeführt werden kann, nennt man Prozeßvoraussetzungen. Ist trotz ihres Mangels ein Verfahren eingeleitet, so kann — und darin besteht ihre augenfälligste Wirkung — in der Sache selbst, also auf Freisprechung oder Verurtheilung nicht erkannt werden, sondern das Verfahren muß eingestellt werden, das etwaige Urtheil auf Einstellung lauten.[2]

Die Prozeßvoraussetzungen sind theils ganz allgemeiner Natur, so daß sie bei jedem strafprozessualen Verfahren vorhanden sein müssen. So, daß es sich überhaupt um eine Strafsache im Sinne der Strafprozeßordnung handelt,[3] daß sowohl in Ansehung der That, als der zu verfolgenden Person die deutsche Strafgewalt begründet ist,[4] daß die Strafverfolgung von zuständiger Seite beantragt,[5] das Verfahren vor dem zuständigen Gerichte anhängig gemacht[6] und die zu verfolgende Person strafprozessualisch prozeßfähig ist. Strafprozessualisch prozeßfähig ist Jeder, der vor Gericht zu erscheinen und vernunftgemäß sich zu vertheidigen im Stande ist, so daß als prozeßunfähig anzu-

[2] Vgl. StPO. §. 259. Eine sachlich gleichbedeutende Fassung z. B. auf Unzulässigkeit der Strafverfolgung und dergl. ist jedoch nicht ausgeschlossen. Vgl. E. VII. 355, IX. 14.

[3] Vgl. EG. zur StPO. §. 3. GVG. §. 13.

[4] Daß z. B. die That nicht im Auslande (vgl. StGB. §. 4) und nicht von Exterritorialen (vgl. GVG. §§. 18 ff.) begangen ist.

[5] Privatklage z. B. nur gemäß StPO. §. 414 gestattet; civilrechtliche Prozeßfähigkeit des Privatklägers erforderlich.

[6] Vgl. oben §§. 26 ff.

sehen sind Kinder unter 12 Jahren,[7] Geisteskranke,[8] Taubstumme, mit denen jede Verständigung unmöglich ist, und derartig körperlich Kranke, daß ein Erscheinen vor Gericht nicht möglich ist. Auch Abwesenheit des Beschuldigten bildet, von einigen Ausnahmefällen abgesehen,[9] aus diesem Grunde ein Hinderniß der Prozeßdurchführung.[10] Zu den allgemeinen Prozeßvoraussetzungen gehört endlich auch, daß die Sache nicht anderswo bereits anhängig oder die Strafklage bereits durch ein früheres Verfahren verbraucht ist.[11]

In manchen Fällen ist aber die Zulässigkeit der Strafverfolgung außer von diesen allgemeinen auch noch von besonderen — wieder bald positiven, bald negativen — Voraussetzungen durch gesetzliche Vorschriften abhängig gemacht, und in diesen Fällen müssen daher auch diese Voraussetzungen, wenn es zu einem Urtheil in der Sache selbst kommen soll, vorhanden sein. Solche Voraussetzungen haben theils in der Persönlichkeit des zu Verfolgenden ihren Grund. So ist zur Verfolgung von Mitgliedern des Reichstags und der gesetzgebenden Versammlungen der Bundesstaaten während der Dauer der Sitzungsperioden

---

[7] Vgl. StGB. §. 55. War der Thäter auch zur Zeit der Begehung der That noch nicht 12 Jahre alt, so liegt eine strafbare That überhaupt nicht vor.

[8] Für den Fall partieller Geisteskrankheit, die eine vernunftgemäße Vertheidigung nicht ausschließt, vgl. E. I. 149. R. I. 242.

[9] StPO. §. 319.

[10] Vgl. StPO. §. 203.

[11] Vgl. unten §. 86. V. — Ob auch die Verjährung hierher gehört, darüber vgl. einerseits Glaser §. 97 Anm. 3, Binding, Hdb. des Strafrechts S. 831, andererseits Olshausen, Strafgesetzbuch Anm. 4 zu §. 66, Löwe S. 549, v. Risch im GSaal XXXVI. 265 und Ztschr. IX. 235 ff., Stenglein, Komm. S. 451.

die Genehmigung des Reichs- oder Landtags,[12] zur Verfolgung von Mitgliedern landesherrlicher Familien landesrechtlich vielfach eine Genehmigung des Landesherrn oder eine andere Voraussetzung,[13] zur Verfolgung öffentlicher Beamten die Vorentscheidung einer besonderen Behörde[14] erforderlich. Theils sind aber auch einzelne Strafthaten nur unter besonderen Voraussetzungen vom Gesetz für verfolgbar erklärt. Dahin gehören vor Allem die sog. Antrags-[15] und Ermächtigungsdelikte,[16] bei welchen die Stellung des Antrags bzw. die Ertheilung der Ermächtigung Prozeßvoraussetzung bildet, ferner die Fälle der Eheerschleichung, des Ehebruchs und der Entführung,[17] in welchen die Auflösung der Ehe bzw. die Scheidung der Ehe als Prozeßvoraussetzungen erscheinen,[18] und weiter auch die Vergehen der falschen Anschuldigung und Beleidigung in den StGB. §. 169 Abs. 2 und §. 191 vorgesehenen Fällen, wo die dort erwähnte Vorentscheidung eine Voraussetzung für die Durchführung des Strafverfahrens bildet.

In diesen letzten Fällen ist vor einer Verwechselung der Prozeßvoraussetzungen mit den sog. objektiven Bedingungen der Strafbarkeit[19] zu warnen, worunter diejenigen Thatsachen zu verstehen sind, welche in gewissen Fällen neben der Handlung des Thäters vorliegen müssen, damit die That überhaupt als strafbar, nicht bloß auch als verfolgbar erscheint. In solchen Fällen, vgl. z. B. §. 186

[12] Reichsverf. Art. 31. EG. zur StPO. §. 6 Abs. 2 Nr. 1.
[13] Vgl. EG. zur StPO. §. 4.
[14] EG. zum GVG. §. 11.
[15] Vgl. StGB. §. 61.
[16] StGB. §§. 99, 101, 107.
[17] StGB. §§. 170, 172, 238.
[18] Vgl. E. XV. 122. R. VIII. 791.
[19] Vgl. darüber v. Liszt, Lehrb. des Strafrechts §. 42.

StGB., in welchen die Richterweisbarkeit der behaupteten Thatsachen eine Bedingung der Strafbarkeit ist, ist nicht das Verfahren einzustellen, sondern der Angeklagte freizusprechen. Auch ist insoweit zwischen beiden ein praktisch sehr wesentlicher Unterschied, als die objektiven Bedingungen der Strafbarkeit als zur Schuldfrage gehörig, nicht aber die Prozeßvoraussetzungen von den Geschworenen festzustellen sind.[20]

Der Mangel einer Prozeßvoraussetzung hindert je nach ihrer Art die Erhebung bzw. Durchführung der Strafklage bald definitiv, wie z. B. bei Mangel des Antrags nach abgelaufener Antragsfrist, bei den meisten im Auslande begangenen Strafthaten, bald nur einstweilen, wenn nämlich der Mangel derselben noch gehoben werden kann, wie z. B. beim Mangel des Antrags, wenn dieser noch nachgeholt werden kann, beim Ehebruch, wenn eine Scheidung wegen desselben noch erfolgen kann. Die in solchen Fällen erfolgende Einstellung des Verfahrens ist daher ihrer Natur nach bald eine bloß provisorische, bald eine definitive Erledigung der Sache. Ob die Einstellung durch Beschluß oder durch Urtheil zu erfolgen hat, hängt davon ab, in welchem Stadium des Verfahrens der Mangel festgestellt wird; hat eine Hauptverhandlung stattgefunden, so ist diese auch in solchen Fällen durch Urtheil zu erledigen.[21]

---

[20] Vgl. E. II. 221, XV. 122. R. II. 188, VIII. 791.

[21] Vgl. StPO. §. 259. Eine Ausnahme sieh' in §. 270 StPO. Auch wird im Fall einer alsbald möglichen Nachholung des Mangels eine Aussetzung der Hauptverhandlung durch Beschluß nicht unzulässig sein. Man denke z. B. an den Fall, wenn bei einem Vergehen gegen §. 172 StGB. erst in der Hauptverhandlung sich herausstellt, daß das Scheidungsurtheil noch nicht rechtskräftig geworden ist. — Unrichtig ist jedenfalls die Unterscheidung Bennecke's in Anm. 7 zu §. 5.

Ob durch ein solches Urtheil die Strafklage verbraucht wird, darüber wird unten [22] näher zu handeln sein.

§. 78.

IX. Gliederung des Verfahrens.

1. Nach der Strafprozeßordnung wird das Verfahren erster Instanz, wie bisher üblich war, in das Vorverfahren und das Hauptverfahren eingetheilt. In dem Vorverfahren ist die Frage zu erledigen, ob gegen eine bestimmte Person wegen eines bestimmten Verbrechens das Hauptverfahren zu eröffnen sei; in dem Hauptverfahren ist dann zu entscheiden, ob der Angeklagte des in der Anklage enthaltenen Verbrechens schuldig sei.

Das Vorverfahren umfaßt das Vorbereitungsverfahren und die Voruntersuchung und schließt mit der Entscheidung über die Eröffnung des Hauptverfahrens.[1] Das Vorbereitungsverfahren und die Voruntersuchung stimmen hinsichtlich des in ihnen zu erreichenden Zweckes überein; sie unterscheiden sich dadurch, daß die Voruntersuchung gegen eine bestimmte Person wegen eines bestimmten Verbrechens gerichtet ist, was in dem Vorbereitungsverfahren noch nicht der Fall zu sein braucht, und daß die Voruntersuchung in den Händen des Richters liegt, während das Vorbereitungsverfahren von der Staatsanwaltschaft abhängig ist. Einzelne richterliche Untersuchungshandlungen können auch im Vorbereitungsverfahren vorkommen.

---

[22] Unten §. 86. V.

[1] Diese und namentlich das Verfahren gemäß §. 199 StPO. gehört noch nicht zum Hauptverfahren. Vgl. GA. XXXV. 245 ff., XXXVI. 30 ff., 197 ff.

Das Hauptverfahren beschränkt sich nicht auf die Hauptverhandlung, sondern bildet nach der Strafprozeßordnung den Theil des Verfahrens, welcher vor dem erkennenden Gerichte stattfindet, welcher beginnt, sobald der Beschluß auf Eröffnung des Hauptverfahrens[2] erlassen ist, und mit der Erlassung des Urtheils schließt.[3]

Die drei Stadien des Verfahrens: Vorbereitungsverfahren, Voruntersuchung und Hauptverfahren stehen nicht in dem Verhältniß zu einander, daß jede Strafsache alle drei durchlaufen müßte. Es ist dies zwar möglich, aber nicht nothwendig. In vielen Fällen werden zwei genügen: Vorbereitungsverfahren und Hauptverfahren oder Voruntersuchung und Hauptverfahren. Während das Vorbereitungsverfahren überhaupt fehlen kann, ist die Voruntersuchung in gewissen Fällen theils für nothwendig, theils für unzulässig erklärt.[4] Ein Hauptverfahren kann aber auch unter Umständen ohne jedes Vorverfahren stattfinden.[5]

2. Im Gegensatze zu der in der Sache selbst liegenden Eintheilung des Verfahrens in Vorverfahren und Hauptverfahren ist noch zu erwähnen, daß die Strafprozeßordnung Voruntersuchung und Hauptverfahren zusammen auch als Untersuchung bezeichnet.[6] Es stehen sich dann Vorbereitungsverfahren und Untersuchung gegenüber. Die Untersuchung beginnt mit der Erhebung der öffentlichen Klage. Da diese entweder durch einen Antrag auf Voruntersuchung oder durch Einreichung einer Anklageschrift[7] er-

[2] StPO. §. 201.
[3] StPO. §. 259.
[4] StPO. §. 176 Abs. 1 und 3.
[5] Vgl. StPO. §§. 211, 265, 448.
[6] Vgl. z. B. StPO. §§. 151, 153, 154, 261.
[7] Die StPO. bezeichnet dies auch als Erhebung der Anklage; vgl. z. B. §. 197.

hoben wird, so kann Eröffnung der Untersuchung sowohl Eröffnung der Voruntersuchung als auch Eröffnung des Hauptverfahrens bedeuten.

3. Die Gliederung des Verfahrens zweiter und dritter Instanz ist in der Lehre von den Rechtsmitteln dargestellt.

Zweiter Abschnitt.

Vorverfahren.

§. 79.

I. Vorbereitungsverfahren.[1]

1. Zweck des Vorbereitungsverfahrens ist die Entscheidung darüber, ob wegen einer strafbaren Handlung gegen eine bestimmte Person die öffentliche Klage zu erheben sei. Da die Erhebung der öffentlichen Klage[2] durch die Staatsanwaltschaft erfolgt, so ist auch von dieser das Vorbereitungsverfahren abhängig. In demselben sind zwar, abgesehen von der Staatsanwaltschaft, noch die Behörden und Beamten des Polizei- und Sicherheitsdienstes, und zwar nicht bloß die zu Hülfsbeamten der Staatsanwaltschaft bestellten,[3] und der Amtsrichter[4] theils auf Antrag oder Ersuchen der Staatsanwaltschaft, theils aus eigener Initiative thätig, allein die Staatsanwaltschaft ist und bleibt die Trägerin und Leiterin des Verfahrens, und

---

[1] Vgl. HH. I. 441 ff., Geyer §§. 171, 172, John §. 38, Glaser §§. 84—87, Stenglein §. 40, Kronecker in GA. XXIX. 317.

[2] StPO. §. 168 Abs. 1.

[3] Vgl. StPO. §§. 159, 161, GVG. §. 153.

[4] StPO. §§. 160, 163, 164.

auch in den letzteren Fällen gebührt der Staatsanwaltschaft die weitere Verfügung.[5]

2. Die Veranlassung zum strafrechtlichen Einschreiten gibt entweder die Wahrnehmung einer strafbaren Handlung durch die Staatsanwaltschaft selbst oder in der Regel eine Anzeige[6] einer strafbaren Handlung oder ein Antrag auf Strafverfolgung. Derartige Anzeigen und Anträge können[7] bei der Staatsanwaltschaft, den Behörden und Beamten des Polizei- und Sicherheitsdienstes und den Amtsgerichten[8] mündlich oder schriftlich angebracht werden. Die mündliche Anzeige ist zu beurkunden.[9]

In Betreff des Antrages auf Strafverfolgung bei den Antragsdelikten ist insofern eine abweichende Bestimmung aufgestellt, als für diesen Antrag besondere Formvorschriften aufgestellt sind.[10] Dieser Antrag muß nämlich schriftlich gestellt werden; nur bei Gericht[11] und bei der Staatsanwaltschaft, nicht auch bei den Hülfsbeamten der Staatsanwaltschaft,[12] kann er auch mündlich zu Protokoll gestellt werden. Zur Schriftlichkeit gehört, genügt aber auch andererseits die Unterzeichnung der betreffenden Eingabe, bei Analphabeten die Unterkreuzung, daher auch die bloße Unterzeichnung bzw. Unterkreuzung des von einer andern Behörde als Gericht oder Staatsanwaltschaft aufgenommenen Protokolls.[13]

---

[5] StPO. §§. 161 Abs. 2, 165. Vgl. unten Nr. 3.

[6] Die A. kann erfolgen durch eine Privatperson (auch den Thäter selbst), einen Beamten oder eine Behörde.

[7] StPO. §. 156 Abs. 1.

[8] Das Amtsgericht braucht nicht für die betr. Strafsache zuständig zu sein.

[9] Es genügt eine schriftliche Registratur.

[10] StPO. §. 156 Abs. 2.

[11] Eine Beschränkung auf Amtsgerichte findet hier nicht statt.

[12] E. III. 55. R. II. 556.

[13] Vgl. E. II. 125, 253, III.

Daß die Eingabe von dem Antragsberechtigten persönlich geschrieben, oder auch nur unterschrieben sei, ist nicht erforderlich; es genügt, daß seine Unterschrift mit seinem Willen gefertigt ist; denn nur der Antrag selbst, nicht auch die Bevollmächtigung bedarf der Schriftform.[14]

Sobald die Staatsanwaltschaft von dem Verdachte einer strafbaren Handlung Kenntniß erhält, hat sie den Sachverhalt zu erforschen, dabei nicht bloß die zur Belastung, sondern auch die zur Entlastung dienenden Umstände zu ermitteln und diejenigen Beweise zu erheben, deren Verlust zu besorgen steht.[15] Zu diesem Zwecke kann die Staatsanwaltschaft von allen öffentlichen Behörden Auskunft verlangen und Ermittelungen jeder Art, mit Ausschluß eidlicher Vernehmungen, entweder selbst vornehmen oder durch die Behörden und Beamten des Polizei- und Sicherheitsdienstes[16] vornehmen lassen.[17] Ist im Vorbereitungsverfahren eine richterliche Untersuchungshandlung erforderlich oder zweckmäßig — und zwar gleichgültig, ob eine nur dem Richter zustehende Handlung, wie eidliche Vernehmungen, Haftbefehle, Durchsicht von Papieren, oder eine auch der

442. R. II. 128, 133, III. 172, 281.

[14] Vgl. E. III. 425, VI. 69. R. II. 625.

[15] StPO. §. 158.

[16] Hieraus folgt, daß die Staatsanwaltschaft und die Beamten und Behörden des Polizei- und Sicherheitsdienstes berechtigt sind, Zeugen und Sachverständige nicht eidlich und auch den Beschuldigten zu vernehmen. Eine Pflicht zur Vernehmlassung vor diesen Behörden ist damit jedoch nicht statuirt, die allgemein den Polizeibehörden eingeräumten Zwangsmaßregeln gelten aber auch hier, und erscheint daher auch die zwangsweise Sistirung eines Zeugen zulässig. Vgl. E. IX. 433, XIII. 426. R. V. 726, VIII. 204. Vgl. auch das Urtheil des preuß. Oberverwaltungsgerichts v. 8./10. 87 in dem Minist.Bl. für die innere Verw. S. 242, Kronecker in GA. XXXV. 409 ff.

[17] StPO. §. 159.

Staatsanwaltschaft selbst zustehende Handlung, wie uneidliche Vernehmungen, unter Umständen Beschlagnahmen und Durchsuchungen, in Frage steht —, so stellt die Staatsanwaltschaft einen Antrag bei dem Amtsrichter des Bezirks, in welchem die Untersuchungshandlung vorzunehmen ist. Der Amtsrichter hat nicht zu prüfen, ob die Untersuchungshandlung zweckmäßig oder nothwendig, sondern nur ob sie nach den Umständen des Falles gesetzlich zulässig ist.[18]

Bei der Vernehmung des Beschuldigten durch den Amtsrichter, gleichviel ob sie auf Antrag der Staatsanwaltschaft erfolgt oder nicht,[19] kann der Beschuldigte zu seiner Entlastung einzelne Beweiserhebungen beantragen. Hält der Amtsrichter dieselben für erheblich, so hat er sie vorzunehmen, wenn

a) der Verlust der Beweise zu besorgen steht, oder
b) die Beweiserhebung die Freilassung des Beschuldigten begründen kann.

Ist die Beweiserhebung in einem anderen Amtsbezirke vorzunehmen, so kann der Amtsrichter des letzteren darum ersucht werden.[20]

3. Die Behörden und Beamten des Polizei- und Sicherheitsdienstes haben strafbare Handlungen zu erforschen und alle keinen Aufschub gestattenden Anordnungen zu treffen, um die Verdunkelung der Sache zu verhüten. Ihnen gebührt also der erste Angriff. Sie übersenden aber auch in diesem Falle in gleicher Weise, wie wenn sie auf Ersuchen oder Antrag thätig gewesen sind, der Staatsanwaltschaft alsbald ihre Verhandlungen. Nur ausnahmsweise kann die Uebersendung unmittelbar an den Amtsrichter erfolgen,

---

18 StPO. §. 160.
19 Vgl. StPO. §§. 128, 136, 163.
20 StPO. §. 164.

wenn die schleunige Vornahme richterlicher Untersuchungshandlungen erforderlich ist.[21] Bei Gefahr im Verzuge kann auch der Amtsrichter Untersuchungshandlungen aus eigener Initiative vornehmen;[22] er hat jedoch ebenfalls die Akten alsbald an die Staatsanwaltschaft abzugeben.[23]

4. Für die Beurkundung der richterlichen Untersuchungshandlungen, die Zuziehung eines Gerichtsschreibers und die Theilnahme der Parteien gelten die für die Voruntersuchung aufgestellten Vorschriften.[24] Der Beschuldigte, der Vertheidiger und die von dem ersteren benannten Sachverständigen dürfen jedoch an den Untersuchungshandlungen erst theilnehmen, wenn der Beschuldigte als solcher bereits hervorgetreten, d. h. vom Richter vernommen ist oder sich in Untersuchungshaft befindet.[25]

5. Das Vorbereitungsverfahren schließt[26] entweder mit der Erhebung der öffentlichen Klage, wenn die angestellten Ermittelungen hierzu genügenden Anlaß gegeben haben, oder sonst mit der Einstellung des Verfahrens.

---

[21] StPO. §. 161.

[22] StPO. §. 163.

[23] Besondere Bestimmungen sind für den Fall aufgestellt, wenn Jemand eines nicht natürlichen Todes gestorben ist oder der Leichnam eines Unbekannten gefunden wird. Die Entscheidung darüber, ob der Verdacht einer strafbaren Handlung gerechtfertigt ist, gebührt nicht den Polizei- und Gemeindebehörden. Diese sind vielmehr verpflichtet, sofort der Staatsanwaltschaft des Landgerichts oder dem Amtsrichter Anzeige zu machen. Das Letztere wird besonders dann stattfinden, wenn der Sitz der Staatsanwaltschaft zu weit entfernt ist. Die Beerdigung darf nur auf Grund einer schriftlichen Genehmigung der Staatsanwaltschaft oder des Amtsrichters erfolgen, StPO. §. 157. Vgl. auch StGB. §. 367 Nr. 1.

[24] StPO. §§. 166, 167 Abs. 1; vgl. unten den folgenden §. 80.

[25] StPO. §. 167.

[26] StPO. §. 168.

Die Erhebung der öffentlichen Klage erfolgt durch einen Antrag auf gerichtliche Voruntersuchung oder durch Einreichung einer Anklageschrift. Abgesehen von den Fällen, in welchen die Voruntersuchung nothwendig oder unzulässig ist,[27] entscheidet das Ermessen der Staatsanwaltschaft darüber, in welcher Weise die öffentliche Klage im einzelnen Falle zu erheben sei.

Von der Einstellung des Verfahrens, welche durch einfache Verfügung der Staatsanwaltschaft erfolgt, ist der Beschuldigte dann in Kenntniß zu setzen, wenn er als solcher vom Richter vernommen oder ein Haftbefehl gegen ihn erlassen war. Der Grund der Einstellung braucht dem Beschuldigten nicht mitgetheilt zu werden.[28]

Außer dem Beschuldigten ist auch der Antragsteller, d. h. derjenige, welcher bei der Staatsanwaltschaft einen Antrag auf Erhebung der öffentlichen Klage gestellt hat, zu bescheiden, wenn die Staatsanwaltschaft diesem Antrage keine Folge gibt oder das Verfahren einstellt.[29] Und zwar gilt diese Bestimmung für alle strafbaren Handlungen. Im Gegensatze zu dem Beschuldigten sind dem Antragsteller auch die Gründe für die Abweisung bzw. Einstellung bekannt zu machen. Jeder Antragsteller kann sich über den ablehnenden Bescheid bei dem vorgesetzten Beamten der Staatsanwaltschaft beschweren. Eine Beschränkung auf den nächsten vorgesetzten Beamten der Staatsanwaltschaft ist nicht vorgeschrieben. Die Beschwerde kann daher bis an die Landesjustizverwaltung gehen. Besondere Fristen und Formen sind hierbei nicht zu beobachten.

---

[27] StPO. §. 176; vgl. den folgenden §. 80.

[28] StPO. §. 168 Abs. 2.

[29] StPO. §. 169.

Daß dem Antragsteller, welcher durch die strafbare Handlung verletzt ist, als weiteres Recht gegen den ablehnenden Bescheid der Staatsanwaltschaft auch noch der Antrag auf gerichtliche Entscheidung zusteht, ist bereits oben[30] erörtert. Diese beiden Rechte, welche der durch die strafbare Handlung verletzte Antragsteller hat, sind von einander unabhängig. Der Antragsteller kann sich an die vorgesetzten Beamten der Staatsanwaltschaft wenden und gerichtliche Entscheidung herbeizuführen suchen. Wegen der bei dem Antrage auf gerichtliche Entscheidung zu beobachtenden Fristen ist die Geltendmachung der beiden Rechte im einzelnen Falle jedoch thatsächlich oft nicht ausführbar.

§. 80.

II. Voruntersuchung.[1]

I. Zweck der Voruntersuchung ist die Entscheidung darüber, ob das Hauptverfahren gegen einen bestimmten Angeschuldigten wegen eines bestimmten Verbrechens oder Vergehens zu eröffnen oder der Angeschuldigte außer Verfolgung zu setzen sei, zugleich aber auch, obwohl die Strafprozeßordnung dies nicht ausdrücklich ausspricht, die Aufklärung des Sachverhaltes insoweit, daß in sachgemäßer Weise die Hauptverhandlung geleitet werden und damit überhaupt vor sich gehen kann. Es sollen außerdem in der Voruntersuchung die Beweise erhoben werden, deren Verlust für die Hauptverhandlung zu besorgen steht, oder

[30] Vgl. oben §. 32. 2.

[1] Vgl. H.H. I. 458 ff., Geyer §§. 175—180, Binding §. 103, John §. 39, Glaser §. 88, Stenglein §. 41, Ortloff in d. Ztschr. II. 497 und in GA. XXX. 256 ff.

deren Aufnahme zur Vorbereitung der Vertheidigung des Angeschuldigten nothwendig erscheint.[2]

Eine Ausdehnung der Voruntersuchung auf eine in dem Antrage der Staatsanwaltschaft nicht bezeichnete Person oder That ist nur mit Zustimmung der Staatsanwaltschaft zulässig. Der Untersuchungsrichter hat zwar in dringenden Fällen, wenn sich ein Anlaß zur Ausdehnung ergibt, die erforderlichen Untersuchungshandlungen von Amtswegen vorzunehmen, allein die weitere Verfügung hierüber gebührt der Staatsanwaltschaft.[3]

II. Nach der Wichtigkeit der Strafsachen ist die Voruntersuchung entweder ein nothwendiger oder ein zulässiger oder ein unzulässiger Bestandtheil des Verfahrens.[4]

1. In den zur Zuständigkeit des Reichsgerichts[5] und der Schwurgerichte[6] gehörenden Strafsachen muß[7] Voruntersuchung stattfinden.

2. In den zur Zuständigkeit der Landgerichte[8] gehörenden Strafsachen hängt es lediglich von der Staatsanwaltschaft ab, ob Voruntersuchung eintreten soll oder nicht, jedoch kann auch der Angeschuldigte in dem Falle die Eröffnung der Voruntersuchung beantragen, wenn

die Staatsanwaltschaft den Antrag auf sofortige Eröffnung des Hauptverfahrens gestellt hat,[9] und der

---

[2] StPO. §. 188 Abs. 1 und 2.
[3] StPO. §. 189.
[4] StPO. §. 176.
[5] Vgl. oben §. 16. II. a.
[6] Vgl. oben §. 14. II.
[7] d. h. es darf ohne Vorausgang derselben das Hauptverfahren nicht eröffnet werden, widrigenfalls Beschwerde gemäß §. 199 Abs. 3 StPO. gegeben ist. Revision gegen das Urtheil findet nicht statt. Vgl. R. III. 91. — Eine Ausnahme von der Nothwendigkeit der Voruntersuchung in diesen Fällen bildet der §. 270 StPO. Vgl. E. III. 311.
[8] Vgl. oben §. 13. II. 1. A.
[9] StPO. §. 197.

Angeschuldigte erhebliche Gründe geltend macht, aus denen eine Voruntersuchung zur Vorbereitung seiner Vertheidigung erforderlich erscheint.

3. In den zur Zuständigkeit der Schöffengerichte[10] gehörenden Strafsachen ist außer dem Falle der Verbindung in Folge eines Zusammenhanges[11] die Voruntersuchung unzulässig. Im Fall der Verbindung mit reichs- oder schwurgerichtlichen Sachen wird aber auch hier die Voruntersuchung nothwendig.[12]

III. Die Eröffnung der Voruntersuchung setzt einen Antrag der Staatsanwaltschaft voraus, doch kann ausnahmsweise,[13] nämlich wenn bei Antrag der Staatsanwaltschaft auf Eröffnung des Hauptverfahrens das Gericht eine weitere Aufklärung durch eine gerichtliche Voruntersuchung für nöthig erachtet, auch das Gericht von Amtswegen oder auf Antrag des Angeschuldigten beschließen, daß die Voruntersuchung zu eröffnen sei.

Der Antrag der Staatsanwaltschaft auf Eröffnung der Voruntersuchung muß, da er als Erhebung der öffentlichen Klage anzusehen ist, den Beschuldigten und die ihm zur Last gelegte That bezeichnen.[14] Der Antrag ist bei dem ein für allemal bestellten[15] Untersuchungsrichter des Landgerichts, in Reichsgerichtssachen bei dem vom Präsidenten des Reichsgerichts ernannten Untersuchungsrichter[16] zu stellen.

---

[10] Vgl. oben §. 12. II. 1. Hierhin gehören die Strafsachen nicht, welche den Schöffengerichten überwiesen werden können; vgl. GVG. §. 75, Löwe S. 447, Fuchs in HH. I. 472.

[11] Vgl. oben §§. 27, 28. II.

[12] StPO. §. 5. E. IV. 364.

[13] StPO. §§. 176 Abs. 2 Nr. 2 und 200.

[14] StPO. §. 177.

[15] GVG. §. 60.

[16] StPO. §. 184. Vgl. Stenglein, Komm. S. 531.

Zur Ablehnung des obigen Antrages ist der Untersuchungsrichter nicht befugt; hierzu bedarf es vielmehr eines gerichtlichen Beschlusses. Vor der Beschlußfassung kann das Gericht den Angeschuldigten hören.[17] Der Antrag kann von dem Gerichte nur abgelehnt werden, wenn

a) die Vorschrift über den Inhalt des Antrages[18] nicht beobachtet oder

b) das Gericht (sachlich oder örtlich) unzuständig, oder

c) die Strafverfolgung unzulässig z. B. wegen Verjährung, Begnadigung, Fehlen des Antrages bei den Antragsdelikten, oder

d) die Voruntersuchung unzulässig[19] ist, oder

e) die in dem Antrage bezeichnete That unter kein Strafgesetz fällt.

Es kommt hierbei lediglich auf die Behauptungen der Staatsanwaltschaft an, und nur aus rechtlichen, niemals aus thatsächlichen Gründen kann der Antrag zurückgewiesen werden. Die Eröffnung der Voruntersuchung geschieht durch eine ausdrückliche Verfügung des Untersuchungsrichters, und zwar gilt dies auch für die Fälle, in welchen die Voruntersuchung auf Beschluß des Gerichts stattzufinden hat.

IV. Auch die Führung der Voruntersuchung erfolgt durch den Untersuchungsrichter.[20] Wie bei dem

---

[17] StPO. §. 178. Es wird sich empfehlen, den Angeschuldigten in den Fällen zu hören, in welchen von ihm die Erhebung des Einwandes (StPO. §. 179) zu erwarten ist. Ob der Angeschuldigte mündlich oder schriftlich zu hören ist, hängt von dem Ermessen der Strafkammer ab; vgl. Löwe S. 450 f.

[18] StPO. §. 182.

[19] StPO. §. 176.

[20] StPO. §. 182; vgl. auch

Vorbereitungsverfahren die Staatsanwaltschaft, so ist in der Voruntersuchung der Untersuchungsrichter Herr und Leiter des Verfahrens. Die Staatsanwaltschaft kann auf den Gang der Voruntersuchung nur durch Stellung von Anträgen einwirken,[21] und ein Einfluß des Gerichts zeigt sich, abgesehen von Entscheidungen auf Beschwerden, nur darin, daß gewisse Entscheidungen[22] einem Gerichtsbeschlusse vorbehalten sind.

Die Führung der Voruntersuchung, nachdem dieselbe durch den Untersuchungsrichter eröffnet ist, kann aus Zweckmäßigkeitsgründen auf Antrag der Staatsanwaltschaft durch Beschluß des Landgerichts einem Amtsrichter übertragen werden. Um die Vornahme einzelner Untersuchungshandlungen kann der Untersuchungsrichter selbst die Amtsrichter ersuchen. Diese beiden Bestimmungen gelten jedoch nicht für die Amtsrichter, welche mit dem Untersuchungsrichter denselben Amtssitz haben.[23] Bei der Führung der Voruntersuchung kann sich der Untersuchungsrichter ebenso wie die Staatsanwaltschaft der Behörden und Beamten des Polizei- und Sicherheitsdienstes bedienen; dieselben sind verpflichtet, dem Ersuchen oder Auftrage des Untersuchungsrichters zu genügen.[24]

In welcher Weise eine einzelne Voruntersuchung zu führen ist, ist dem völlig freien Ermessen des Untersuchungsrichters überlassen. Die Strafprozeßordnung enthält nur die eine Vorschrift, daß der Angeschuldigte in der Voruntersuchung vernommen werden muß, selbst wenn derselbe

---

§. 190. Ueber die Ausschließung des Untersuchungsrichters von gewissen Entscheidungen vgl. oben §. 23 II.

[21] StPO. §. 194.

[22] Vgl. StPO. §§. 178—181, 183, 195, auch §. 124 Abs. 2.

[23] StPO. §. 183.

[24] StPO. §. 187; vgl. oben §. 34.

auch im Vorbereitungsverfahren bereits eingehend vernommen sein sollte. Demselben ist hierbei die Verfügung, durch welche die Voruntersuchung eröffnet ist, bekannt zu machen.[25] Im Uebrigen sind für den Untersuchungsrichter lediglich die Zwecke der Voruntersuchung maßgebend.

V. Die Strafprozeßordnung bestimmt,[26] daß über jede Untersuchungshandlung ein Protokoll aufzunehmen ist. Aus den Vorschriften über den Inhalt des Protokolls und aus der Natur der Sache ergibt sich jedoch, daß hier nur solche Untersuchungshandlungen gemeint sind, bei welchen ein Verhandeln mit dritten Personen stattfindet oder stattfinden kann. Bloße Anordnungen des Untersuchungsrichters, z. B. die Anordnung einer Beschlagnahme, einer Verhaftung u. s. w., und selbstredend Ersuchungsschreiben und dergl. bedürfen nicht der Aufnahme eines Protokolls. Bei der Vernehmung des Angeschuldigten, der Zeugen und Sachverständigen und bei der Einnahme des Augenscheins ist ein Gerichtsschreiber zuzuziehen. Als solcher kann in dringenden Fällen eine von dem Untersuchungsrichter zu beeidigende Person fungiren.[27] Das Protokoll ist von dem Untersuchungsrichter und, wenn ein Gerichtsschreiber zugezogen ist, auch von diesem zu unterschreiben.[28] Abgesehen hiervon enthält die Strafprozeßordnung keine Bestimmung darüber, wie das Protokoll angefertigt werden soll, und ist daher dem Untersuchungsrichter anheimgegeben, ob er es diktiren oder die Fassung dem Gerichtsschreiber — selbstverständlich jedoch unter seiner, des Untersuchungsrichters, Kontrole überlassen will.

Das Protokoll muß Ort und Tag der Verhandlung

[25] StPO. §. 190.
[26] StPO. §. 186 Abs. 1.
[27] StPO. §. 185.
[28] StPO. §. 186 Abs. 1.

und die Namen der mitwirkenden oder betheiligten Personen angeben und zugleich ersehen lassen, ob die wesentlichen Förmlichkeiten des Verfahrens beobachtet sind. Den bei der Verhandlung betheiligten Personen ist das Protokoll, soweit es dieselben betrifft, behufs der Genehmigung vorzulesen oder zur eigenen Durchlesung vorzulegen. Die erfolgte Genehmigung ist zu vermerken und das Protokoll von den Betheiligten zu unterschreiben bzw. in demselben anzugeben, weshalb die Unterschrift unterblieben ist.[29]

VI. Unter den Rechten, welche die Parteien in der Voruntersuchung ausüben können, ist zunächst das Recht auf Anwesenheit bei den Untersuchungshandlungen zu erwähnen. Nach der Strafprozeßordnung ist für die Voruntersuchung der Grundsatz der Oeffentlichkeit überhaupt nicht und der Grundsatz der Parteienöffentlichkeit[30] nur bei einigen Untersuchungshandlungen anerkannt, deren Wiederholung in der Hauptverhandlung nicht möglich oder nicht zu erwarten ist. Es sind dies die Einnahme des Augenscheins und die Vernehmung eines Zeugen oder Sachverständigen, welcher voraussichtlich am Erscheinen in der Hauptverhandlung verhindert, oder dessen Erscheinen wegen großer Entfernung besonders erschwert sein wird. Diesen Untersuchungshandlungen können die Staatsanwaltschaft, welcher der Nebenkläger in dieser Beziehung gleichsteht, der Angeschuldigte und der Vertheidiger[31] beiwohnen. Sie sind von den Terminen möglichst vorher zu benachrichtigen, haben jedoch keinen Anspruch auf Verlegung eines Termins.[32]

---

[29] StPO. §. 186 Abs. 2 und 3

[30] Vgl. oben §. 51.

[31] In Betreff der Beistände vgl. StPO. §. 149 Abs. 3, oben §. 48.3.

[32] StPO. §. 191 Abs. 1, 2, 4 u. 5.

Der nicht auf freiem Fuße befindliche Angeschuldigte hat ein Recht auf Anwesenheit nur bei solchen Terminen, welche an der Gerichtsstelle des Orts abgehalten werden, wo er sich in Haft befindet.[33]

Trotz seiner Berechtigung kann der Angeschuldigte durch den Richter von einer Untersuchungshandlung ausgeschlossen werden, wenn zu befürchten ist, daß ein Zeuge in seiner Gegenwart die Wahrheit nicht sagen werde.[34]

Eine Ergänzung zu dem Rechte auf Anwesenheit ist das Recht der Akteneinsicht. Die Staatsanwaltschaft kann dasselbe während der Voruntersuchung stets, ohne daß jedoch das Verfahren dadurch aufgehalten werden darf, ausüben.[35] Der Angeschuldigte hat dieses Recht überhaupt nicht, der Vertheidiger insoweit, als nach dem Ermessen des Untersuchungsrichters diese Einsicht ohne Gefährdung des Untersuchungszweckes geschehen kann.[36]

Der Angeschuldigte hat außerdem das Recht, wenn bei der Einnahme eines Augenscheins vom Richter Sachverständige zugezogen werden, auch seinerseits die Ladung der von ihm für die Hauptverhandlung in Vorschlag zu bringenden Sachverständigen zu beantragen. Lehnt der Richter den Antrag ab, so kann der Angeschuldigte die Sachverständigen selbst laden lassen. Den von dem Angeschuldigten benannten Sachverständigen ist die Theilnahme am Augenschein und an den erforderlichen Untersuchungen insoweit zu gestatten, als dadurch die Thätigkeit der vom Richter bestellten Sachverständigen nicht behindert wird.[37] Werden von dem Richter bei der Einnahme eines Augen-

---

[33] StPO. §. 191 Abs. 3.
[34] StPO. §. 192, vgl. §. 246.
[35] StPO. §. 194.
[36] StPO. §. 147 Abs. 2. Vgl. oben §. 47 II. 2.
[37] StPO. §. 193.

scheins keine Sachverständigen zugezogen, so ist auch der Angeschuldigte nicht berechtigt, obwohl er selbst anwesend sein darf, Sachverständige laden zu lassen.[38]

VII. In Betreff der Rechtsmittel ist von der allgemeinen Bestimmung auszugehen, daß gegen alle Verfügungen des Untersuchungsrichters die Beschwerde zulässig ist.[39] Besondere Bestimmungen gelten für die Anfechtung der Verfügungen und Beschlüsse, durch welche die Voruntersuchung eröffnet oder ein Antrag auf Eröffnung derselben abgelehnt wird.

Die Verfügung des Untersuchungsrichters, durch welche auf Antrag der Staatsanwaltschaft die Voruntersuchung eröffnet worden ist, kann von dem Angeschuldigten durch Beschwerde nicht angefochten werden; der Angeschuldigte kann aber aus denselben Gründen, aus denen das Gericht einen Antrag der Staatsanwaltschaft auf Eröffnung der Voruntersuchung ablehnen darf,[40] Einwand erheben.[41] Dieser Einwand ist dem Angeschuldigten auch gegen den Beschluß des Gerichts gestattet, durch welchen die Voruntersuchung auf Antrag der Staatsanwaltschaft, aber gegen die Ansicht des Untersuchungsrichters angeordnet ist, wenn der Angeschuldigte vor der Beschlußfassung nicht gehört worden ist. Ausgeschlossen ist dagegen die Erhebung des Einwandes, wenn in dem letzteren Falle der Angeschuldigte vor der Beschlußfassung gehört worden ist.[42]

---

[38] Vgl. noch StPO. §§. 219, 221.

[39] StPO. §§. 346, 348, 338.

[40] Vgl. oben Nr. III dieses §. 80.

[41] StPO. §. 179 Abs. 1. Der Einwand kann auch in Reichsgerichtssachen erhoben werden.

[42] StPO. §. 179.

Der Einwand, über den das Gericht entscheidet, ist nicht der Beschwerde gleich zu achten; er kann mündlich und schriftlich bis zum Schlusse der Voruntersuchung erhoben werden. Wird der Einwand des Angeschuldigten durch Beschluß des Gerichts für begründet erklärt, so hat hiergegen die Staatsanwaltschaft[43] die sofortige Beschwerde.[44] Der Beschluß, durch welchen der Einwand für unbegründet erklärt wird, kann von dem Angeschuldigten durch sofortige Beschwerde nur angefochten werden, wenn in dieser die örtliche Unzuständigkeit des Gerichts behauptet wird.[45] Und zwar ist dies im letzteren Falle zugelassen, weil durch eine Entscheidung, welche die Zuständigkeit für die Voruntersuchung feststellt, die Zuständigkeit auch für das Hauptverfahren festgestellt wird.[46] Abgesehen hiervon ist der Beschluß des Gerichts, durch welchen die Eröffnung der Voruntersuchung angeordnet ist, nicht anfechtbar.[47]

Der Beschluß des Gerichts, durch welchen der Antrag der Staatsanwaltschaft oder des Angeschuldigten auf Eröffnung der Voruntersuchung abgelehnt worden ist, kann durch sofortige Beschwerde angefochten werden.[48]

VIII. Der Schluß der Voruntersuchung erfolgt, sobald der Untersuchungsrichter den Zweck derselben für erreicht erachtet. Die Akten werden der Staatsanwaltschaft zur Stellung ihrer Anträge übersandt,[49] und der Angeschuldigte wird von dem Schlusse der Voruntersuchung in Kenntniß gesetzt.[50] Hiermit endigt die Thätigkeit des

[43] StPO. §. 181.
[44] StPO. §. 353.
[45] StPO. §. 180 Abs. 1.
[46] StPO. §. 16.
[47] StPO. §. 180 Abs. 2.
[48] StPO. §. 181.
[49] StPO. §. 195 Abs. 1.
[50] StPO. §. 195 Abs. 3; vgl. §. 147 Abs. 1. Ueber den Schluß der Vll. vgl. noch Ortloff in GA. XXX. 256 ff., XXXI 375 ff. und in Blätter für Rechtspfl.

Untersuchungsrichters; über das Ergebniß der Voruntersuchung hat er nicht zu entscheiden. Beantragt die Staatsanwaltschaft eine Ergänzung der Voruntersuchung, so gehen die Akten an den Untersuchungsrichter zurück. Der Untersuchungsrichter darf den Antrag nicht ablehnen, sondern muß, wenn er demselben nicht stattgeben will, die Entscheidung des Gerichts einholen.[51] Hält auch das Gericht eine Ergänzung der Voruntersuchung nicht für erforderlich, so steht der Staatsanwaltschaft gegen den Beschluß das Recht der Beschwerde zu.

§. 81.

III. Entscheidung über die Eröffnung des Hauptverfahrens.[1]

I. Die Strafprozeßordnung geht davon aus,[2] daß die Eröffnung des Hauptverfahrens nicht lediglich von dem Ermessen der Staatsanwaltschaft abhängig sein soll, sondern auf Beschluß des Gerichts zu erfolgen hat, und zwar gleichgültig, ob eine Voruntersuchung stattgefunden hat oder nicht.

Hat aber eine Voruntersuchung stattgefunden, so hat die Staatsanwaltschaft in allen Fällen, also auch wenn sie der Ansicht ist, daß das Verfahren einzustellen sei, die Akten mit ihrem Antrage der Strafkammer des Landgerichts bezw. dem ersten Straffenate des

---

in Thüringen und Anhalt X. 209 ff.

[51] StPO. §. 195 Abs. 2.

[1] Vgl. HH. II. 3 ff., Geyer §§. 181—186, John §§. 40, 41, Glaser §§. 89—92, Stenglein §. 42, Hellwig in GA. XXXII. 89 ff.

[2] Vgl. oben §. 33.

Reichsgerichts vorzulegen.[3] Beantragt die Staatsanwaltschaft die Eröffnung des Hauptverfahrens, so hat dies durch Einreichung einer Anklageschrift zu erfolgen.[4]

Hat eine Voruntersuchung nicht stattgefunden, so ist die Erhebung der Klage dem Ermessen der Staatsanwaltschaft überlassen, der Antrag auf Eröffnung des Hauptverfahrens erfolgt aber auch hier durch Einreichung einer Anklageschrift, welche in Schöffengerichtssachen bei dem Amtsrichter, sonst bei der Strafkammer des Landgerichts einzureichen ist.[5]

Eine Ausnahme ist bei dem Verfahren vor den Schöffengerichten zugelassen.[6] Hierbei kann ohne schriftlich erhobene Anklage und ohne Entscheidung über die Eröffnung des Hauptverfahrens zur Hauptverhandlung geschritten werden:

a) wenn der Beschuldigte ein zur Zuständigkeit der Schöffengerichte[7] gehörendes Vergehen begangen hat und entweder sich freiwillig stellt oder in Folge einer vorläufigen Festnahme dem Gerichte vorgeführt, oder

b) wenn er nur wegen einer Uebertretung verfolgt wird.

Der wesentliche Inhalt der Anklage ist in den Fällen der freiwilligen Stellung oder der Vorführung in das Sitzungsprotokoll, anderenfalls in die Ladung des Beschuldigten aufzunehmen.

---

[3] StPO. §. 196. Vgl. oben §. 33.

[4] StPO. §. 196 Abs. 2.

[5] StPO. §. 197.

[6] StPO. §. 211; vgl. ferner §§. 265, 451, 456, 462. Ueber §. 211 vgl. insbesondere Grohmann in d. Mecklenburg. Ztschr. für Rechtspflege III. 198 ff.

[7] GVG. §. 27 Nr. 2, 4—8. Die Nr. 3 ist ausgeschlossen; vgl. StPO. §. 421.

II. Die Anklageschrift bildet mit den ihr beizufügenden über die bisherigen Untersuchungshandlungen aufgenommenen Akten die Grundlage für die Entscheidung des Gerichts, ob das Hauptverfahren zu eröffnen sei oder nicht. Sie muß die dem Angeschuldigten zur Last gelegte That unter Hervorhebung ihrer gesetzlichen Merkmale,[8] das anzuwendende Strafgesetz, die Beweismittel und das Gericht angeben, vor welchem die Hauptverhandlung stattfinden soll. In den Strafsachen, welche nicht vor den Schöffengerichten zu verhandeln sind, muß die Anklageschrift auch die wesentlichen Ergebnisse der stattgehabten Ermittelungen enthalten.[9] Da der Angeschuldigte durch die Anklageschrift in die Lage versetzt werden soll, seine Vertheidigung vorzubereiten, und ihm eine Einsicht der erwachsenen Akten nicht gestattet ist, so ist dabei auf die entlastenden wie belastenden Momente in gleicher Weise Rücksicht zu nehmen.

Eine Anklageschrift, welche den gesetzlichen Erfordernissen nicht entspricht, ist das Gericht durch Beschluß zurückzuweisen für befugt zu erachten.[10]

Bei allen Strafsachen, abgesehen von denjenigen, welche vor den Schöffengerichten zu verhandeln sind,[11] wird die Anklageschrift dem Angeschuldigten durch den Vorsitzenden des Gerichts mitgetheilt. Hierbei ist der Angeschuldigte

---

[8] und zwar in konkreter Weise; die bloße Angabe der abstrakten gesetzlichen Thatbestandsmerkmale genügt nicht. E. III. 406. R. V. 583.

[9] StPO. §. 198; vgl. bes. Fuchs in HH. II. 10ff. In den Fällen des §. 75 GVG. ist, falls die Strafkammer die zunächst beantragte Ueberweisung an das Schöffengericht ablehnt, die Anklageschrift durch Aufnahme der wesentlichen Ergebnisse der Ermittelungen zu vervollständigen.

[10] Vgl. Glaser II. 417, Stenglein Komm. S. 367. A. A. Löwe S. 471, Keller S. 241.

[11] StPO. §. 199 Abs. 4.

aufzufordern, sich innerhalb einer zu bestimmenden Frist zu erklären, ob er noch die Vornahme einzelner Beweiserhebungen oder, wenn eine Voruntersuchung nicht stattgefunden, eine Voruntersuchung[12] beantragen oder Einwendungen gegen die Eröffnung des Hauptverfahrens vorbringen wolle.[13] Läßt der Angeschuldigte die Frist verstreichen, ohne bestimmte Anträge zu stellen, so erfolgt die Entscheidung in der Sache selbst. Hat der Angeschuldigte dagegen schriftlich oder durch Erklärung zu Protokoll Anträge gestellt, so muß hierüber ein ausdrücklicher Beschluß des Gerichts erfolgen.[14] Der Beschluß des Gerichts kann von dem Angeschuldigten nur angefochten werden:

a) wenn der erhobene Einwand der Unzuständigkeit des Gerichts verworfen oder
b) der Antrag auf Eröffnung der Voruntersuchung abgelehnt worden ist.[15]

Der Beschluß über die von dem Angeschuldigten gemachten Anträge und Einwendungen wird, soweit er nicht auf weitere Ermittelungen gerichtet ist, in der Regel mit dem Beschlusse über die Eröffnung des Hauptverfahrens zu verbinden sein; für die Anfechtung dieses Theiles des Beschlusses gelten jedoch auch in diesem Falle die angegebenen Vorschriften.

III. Der Beschluß des Gerichts, bei dessen Fassung das

[12] StPO. §. 177 Abs. 2 Nr. 2. Der Angeschuldigte muß in diesem Falle erhebliche Gründe anführen können. Ob solche vorhanden sind, entscheidet das Gericht.

[13] StPO. §. 199 Abs. 1 und 2.

[14] Eine bloß stillschweigende Bescheidung durch Eröffnung des Hauptverfahrens genügt nicht. E. I. 170. R. I. 256.

[15] StPO. §. 199 Abs. 3.

Gericht an die gestellten Anträge nicht gebunden ist,[16] kann folgenden Inhalt haben:

1. Das Beweismaterial ist zu vervollständigen. Es kann dies dadurch geschehen, daß in Fällen, in welchen eine Voruntersuchung nicht stattgefunden hat, die Eröffnung einer solchen,[17] anderenfalls eine Ergänzung der stattgehabten Voruntersuchung angeordnet wird. Im ersteren Fall kann sich das Gericht aber auch darauf beschränken, nur einzelne Beweiserhebungen anzuordnen. Diese letztere Befugniß steht auch dem Amtsrichter zu. Der Beschluß des Gerichts auf weitere Ermittelungen ist nicht anfechtbar.[18]

2. Das Verfahren ist vorläufig einzustellen. Dieses Resultat tritt ein, wenn der Angeschuldigte nach der That in Geisteskrankheit verfallen oder wenn er abwesend ist und es sich um eine That handelt, bei welcher eine Hauptverhandlung in Abwesenheit des Angeschuldigten nicht stattfinden darf.[19]

3. Das Hauptverfahren ist nicht zu eröffnen. Aus dem Beschlusse muß hervorgehen, ob derselbe auf thatsächlichen oder auf Rechtsgründen beruht. Der Beschluß ist dem Angeschuldigten durch Zustellung bekannt zu machen. Auch ist der Angeschuldigte, wenn eine Voruntersuchung

---

[16] StPO. §§. 200, 204.

[17] Ob nach Schluß dieser Voruntersuchung eine neue Anklageschrift einzureichen ist, unterliegt m. E. dem Ermessen der Staatsanwaltschaft. Wird sie eingereicht, dann findet auch §. 199 statt. Ueber die verschiedenen Ansichten vgl. Löwe S. 474, Glaser §. 90 IV. v. Schwarze im GSaal XXXII. 619, John, Komm. II. 82 ff., Keller S. 236, Hertzsch im GSaal XXXII. 614, Stenglein, Komm. 373 und im GSaal XLI. 81 ff.

[18] StPO. §. 200.

[19] StPO. §§. 203, 208; vgl. noch §§. 319, 470.

stattgefunden hat, außer Verfolgung zu setzen und ein etwa erlassener Haftbefehl aufzuheben.[20] Ist der Beschluß rechtskräftig geworden, so kann die Klage nur auf Grund neuer d. h. zur Zeit der Beschlußfassung unbekannt gewesener Thatsachen oder Beweismittel wieder aufgenommen werden.[21]

4. Das Hauptverfahren ist zu eröffnen. Der Beschluß setzt voraus, daß der Angeschuldigte nach den Ergebnissen des Vorverfahrens einer strafbaren Handlung hinreichend verdächtig ist,[22] und muß die letztere in konkreter Weise, unter Hervorhebung ihrer gesetzlichen Merkmale, das anzuwendende Strafgesetz und das Gericht bezeichnen, vor welchem die Hauptverhandlung stattfinden soll. Auch muß das Gericht zugleich über die Anordnung oder Fortdauer der Untersuchungshaft beschließen.[23]

Beschließt das Gericht im Widerspruche mit dem Antrage der Staatsanwaltschaft, das Hauptverfahren zu eröffnen, so ist diese verpflichtet, eine dem Beschlusse entsprechende Anklageschrift einzureichen.[24] Die über die Mittheilung der Anklageschrift aufgestellten Bestimmungen[25] gelten auch in diesem Falle; da jedoch das Hauptverfahren bereits endgültig eröffnet ist, so hat der Angeschuldigte nur das Recht, die Vornahme einzelner Beweiserhebungen vor der Hauptverhandlung zu beantragen. Die Aufforderung

---

[20] StPO. §. 202; vgl. §. 120 Abs. 1.

[21] StPO. §. 210. Ueber die Form dieser Wiederaufnahme vgl. Nagel im Gsaal XXXVI. 446 ff. Seiner Ansicht ist jedoch schwerlich beizustimmen.

[22] StPO. §. 201.

[23] StPO. §. 205. Im Gegensatze zu der Anklageschrift sind in dem Beschlusse die Beweismittel und die wesentlichen Ergebnisse der Ermittelungen nicht anzugeben.

[24] StPO. §. 206 Abs. 1; vgl. oben §. 33 und Ortloff in GA. XXXV. 460 ff.

[25] StPO. §. 199.

des Vorsitzenden an den Angeschuldigten ist daher entsprechend zu beschränken.[26]

Der Beschluß des Gerichts kann unter Umständen Eröffnungs- und zugleich Einstellungsbeschluß sein. Es ist dies zunächst stets dann der Fall, wenn mehrere dem Angeschuldigten zur Last gelegte strafbare Handlungen in Frage stehen, und der Angeschuldigte nur einer oder eines Theiles derselben hinreichend verdächtig ist. Aber selbst wenn der Angeschuldigte der mehreren von dem Vorverfahren betroffenen Handlungen hinreichend verdächtig ist, kann doch, falls für die Strafzumessung die Feststellung des einen oder des anderen Straffalles unwesentlich erscheint, das Verfahren hinsichtlich dieser strafbaren Handlung auf Antrag der Staatsanwaltschaft vorläufig eingestellt werden. Die Aufhebung dieses Beschlusses kann binnen einer Frist von drei Monaten nach Rechtskraft des Urtheils von der Staatsanwaltschaft beantragt werden, wenn nicht Verjährung eingetreten ist,[27] im Fall der Versäumung der Frist ist die Strafklage erloschen.

IV. Der Beschluß über die Eröffnung des Hauptverfahrens erfolgt in Schöffengerichtssachen durch den Amtsrichter, in Landgerichts- und Schwurgerichtssachen durch die Strafkammer und in Reichsgerichtssachen durch den ersten Strafsenat des Reichsgerichts. Das Gericht höherer Ordnung ist jedoch auch befugt, das Hauptverfahren vor den Gerichten niederer Ordnung seines Bezirkes zu eröffnen.[28] Das Gericht höherer Ordnung hat sich daher nicht bloß für unzuständig zu erklären, wenn es sachlich

---

[26] StPO. §. 206 Abs. 2.
[27] StPO. §. 208.
[28] StPO. §. 207 Abs. 1. R. II. 219.

nicht zuständig ist, sondern muß die betreffende Strafsache zugleich an das zuständige Gericht verweisen. Und zwar ist ein derartiger Beschluß für das Gericht niederer Ordnung bindend.[29] Gehört eine bei dem Landgerichte eingereichte Strafsache zur Zuständigkeit des Reichsgerichts, so sind die Akten durch Vermittelung der Staatsanwaltschaft dem Reichsgerichte zur Entscheidung vorzulegen. Und überschreitet eine bei dem Amtsrichter eingereichte Strafsache die Zuständigkeit des Schöffengerichts, so hat der Amtsrichter die Akten durch Vermittelung der Staatsanwaltschaft dem Landgerichte zur Entscheidung vorzulegen;[30] eine eigene Unzuständigkeitserklärung der niederen Gerichte erfolgt also in diesen Fällen nicht.

V. Eine Anfechtung der in Frage stehenden gerichtlichen Beschlüsse ist nur in folgenden Fällen[31] — und zwar durch das Rechtsmittel der sofortigen Beschwerde[32] — gestattet:[33] dem Angeschuldigten nur, wenn sein Antrag auf Eröffnung der Voruntersuchung oder sein Einwand der örtlichen Unzuständigkeit verworfen,[34] der Staatsanwaltschaft,[35] wenn abweichend von ihrem Antrage die Verweisung an ein Gericht niederer Ordnung ausgesprochen oder die Eröffnung des Hauptverfahrens ganz abgelehnt ist. Vorläufige Einstellung des Verfahrens steht in dieser

[29] d. h. insoweit, daß es in die Hauptverhandlung eintreten muß. StPO. §. 270 gilt auch in diesem Falle.

[30] StPO. §. 207.

[31] Ueber die sehr streitige Frage des Umfangs des Beschwerderechtes vgl. besonders Glaser, §. 92. I, Löwe S. 487, v. Schwarze im GSaal XXXVI. 294 ff., Zimmermann das. 605 ff.

[32] StPO. §. 353.

[33] StPO. §. 209.

[34] Vgl. StPO. §. 199 Abs. 3.

[35] und dem Nebenkläger; vgl. StPO. §. 441 Abs. 1.

Beziehung der Ablehnung der Eröffnung des Hauptverfahrens gleich.

Dritter Abschnitt.

Hauptverfahren.

§. 82.

I. Vorbereitung der Hauptverhandlung.[1]

1. Wenn man auch das ganze Vorverfahren als eine Vorbereitung der Hauptverhandlung ansehen kann, so bezeichnet die Strafprozeßordnung mit diesem Ausdrucke doch nur den Inbegriff aller derjenigen Handlungen des Gerichts, der Staatsanwaltschaft und des Angeklagten, welche in den Zeitraum zwischen dem Beschlusse auf Eröffnung des Hauptverfahrens und dem Beginne der Hauptverhandlung selbst fallen und die ungestörte Durchführung der Hauptverhandlung sichern sollen.[2] Zu diesen Handlungen gehören insbesondere die Anberaumung des Termins zur Hauptverhandlung, die Ladungen, die Herbeischaffung der als Beweismittel dienenden Gegenstände und die kommissarische Aufnahme derjenigen Beweise, deren Aufnahme in der Hauptverhandlung selbst nicht angängig ist.

2. Die Anberaumung des Termins zur Hauptverhandlung erfolgt durch den Vorsitzenden des erkennenden Gerichts.[3] Der Termin ist soweit hinauszurücken, daß zwischen der Zustellung der Ladung des Angeklagten und dem Tage

---

[1] Vgl. Planck §§. 116 ff., HH. §§. 13, 14, Geyer §§. 188 ff., Glaser §. 94, Stenglein §. 43.

[2] Motive zur StPO. S. 118.

[3] StPO. §. 212.

der Hauptverhandlung eine Frist von mindestens einer Woche liegt. Die Nichtbeobachtung dieser Frist giebt dem Angeklagten die Befugniß, Aussetzung der Verhandlung zu verlangen, so lange mit der Verlesung des Beschlusses über die Eröffnung des Hauptverfahrens[4] noch nicht begonnen ist.[5] Ist die Frist nicht beobachtet, so soll der Angeklagte in der Hauptverhandlung auf die ihm zustehende Befugniß von dem Vorsitzenden aufmerksam gemacht werden.[6]

3. Die Ladungen, sowie die Herbeischaffung der als Beweismittel dienenden Gegenstände erfolgen durch die Staatsanwaltschaft.[7] Zu laden ist zunächst der Angeklagte. Spätestens mit der Ladung ist dem Angeklagten auch der Beschluß über die Eröffnung des Hauptverfahrens zuzustellen.[8] Befindet sich der Angeklagte auf freiem Fuße, so ist er schriftlich unter der Warnung zu laden, daß im Falle seines unentschuldigten Ausbleibens seine Verhaftung oder Vorführung erfolgen werde.[9] In den Fällen, in welchen eine Hauptverhandlung gegen einen ausgebliebenen Angeklagten zulässig ist,[10] ist der Angeklagte in der Ladung hierauf aufmerksam zu machen.[11] Befindet sich der Angeklagte dagegen nicht auf freiem Fuße, gleichviel aus welchem Grunde, so ist ihm der Termin zur Hauptverhandlung durch Zustellung der Ladung bekannt zu machen; auf Verlangen sind ihm die zugestellten Schriftstücke vorzulesen,[12] auch ist derselbe hierbei zu be-

---

[4] StPO. §. 242 Abs. 2.
[5] StPO. §. 216.
[6] StPO. §. 227 Abs. 3. Die Vorschrift ist jedoch nur instruktionell. E. XV. 113. R. I. 299.
[7] StPO. §. 213; vgl. jedoch §. 219 und unten Nr. 3.
[8] StPO. §. 214.
[9] StPO. §. 215 Abs. 1 Satz 1.
[10] StPO. §. 231; vgl. auch unten §. 83 II.
[11] StPO. §. 231 Abs. 2, §. 215 Abs. 1 Satz 2.
[12] StPO. §. 35.

fragen, ob und welche Anträge er für die Hauptverhandlung zu stellen habe.[13]

Neben dem Angeklagten ist auch der Vertheidiger[14] zu laden und zwar der bestellte stets, der gewählte dann, wenn die Wahl dem Gerichte angezeigt worden ist.[15]

4. Zu laden sind ferner die in der Anklageschrift benannten Zeugen und Sachverständigen.[16] Verlangt der Angeklagte die Ladung von weiteren Zeugen und Sachverständigen oder die Herbeischaffung anderer Beweismittel, so hat er seine Anträge bei dem Vorsitzenden des Gerichts zu stellen.[17] Lehnt dieser den Antrag auf Ladung einer Person ab, wogegen Beschwerde nicht zulässig ist, so kann der Angeklagte die letztere unmittelbar laden[18] lassen, wozu er auch ohne vorgängigen Antrag befugt ist.[19] Die unmittelbar geladene Person ist zum Erscheinen jedoch nur dann verpflichtet, wenn ihr bei der Ladung die gesetzliche Entschädigung für Reisekosten und Versäumniß baar dargeboten oder deren Hinterlegung bei Gericht nachgewiesen wird.[20] Der Vorsitzende des Gerichts kann auch von Amtswegen das Beweismaterial für die Hauptverhandlung durch die Anordnung weiterer Ladungen oder Herbeischaffung weiterer Beweismittel vervollständigen.[21]

---

[13] StPO. §. 215 Abs. 2.

[14] Vgl. über die Folgen des Ausbleibens StPO. §§. 145, 227 Abs. 2.

[15] StPO. §. 217. Die Nichtbeachtung dieser Vorschrift begründet die Revision. E. I. 405. R. I. 696. Ueber die Ladung des Privatklägers und des Nebenklägers vgl. StPO. §§. 425 Abs. 3, 438 Abs. 2.

[16] Ueber die Form der Ladung ist bereits oben §. 58 I. 3 gehandelt.

[17] StPO. §. 218 Abs. 1.

[18] StPO. §. 38. Uebrigens ist auch einfache Gestellung derselben zulässig.

[19] StPO. §. 219 Abs. 1.

[20] StPO. §. 219 Abs. 2.

[21] StPO. §. 220; vgl. §. 243 Abs. 3.

5. Die Parteien müssen bereits vor dem Beginne der Hauptverhandlung, um sich auf diese genügend vorbereiten zu können, rechtzeitig[22] Kenntniß von dem Beweismaterial erhalten, welches in der Hauptverhandlung zur Verwendung kommen soll. Der Angeklagte ist daher verpflichtet, die von ihm unmittelbar geladenen oder zur Hauptverhandlung zu stellenden Zeugen und Sachverständigen der Staatsanwaltschaft namhaft zu machen. Und dieselbe Verpflichtung hat die Staatsanwaltschaft gegenüber dem Angeklagten hinsichtlich der nicht in der Anklageschrift benannten oder auf Antrag des Angeklagten geladenen Personen.[23] Auch der Vorsitzende des Gerichts muß der Staatsanwaltschaft die Beweisanträge des Angeklagten, soweit ihnen stattgegeben ist, mittheilen.[24]

6. Obgleich nach dem Grundsatze der Mündlichkeit[25] Zeugen und Sachverständige stets vor dem erkennenden Gericht vernommen werden sollen, so ist dies doch in den Fällen thatsächlich nicht ausführbar, wenn dem Erscheinen der zu vernehmenden Person in der Hauptverhandlung erhebliche Hindernisse, z. B. Krankheit, Gebrechlichkeit, große Entfernung entgegenstehen. Um in diesen Fällen das Beweismaterial nicht ganz zu verlieren, ist dem Gericht — nicht auch dem Vorsitzenden — die Befugniß eingeräumt, die Person durch einen beauftragten oder ersuchten Richter vernehmen zu lassen, damit ihre Aussage in der Haupt-

[22] Hierüber entscheidet das Gericht nach freiem Ermessen, vgl. StPO. §. 245.

[23] StPO. §. 221. Obwohl hier nur von Zeugen und Sachverständigen gesprochen wird, so ist diese Bestimmung nach Analogie auch auf die anderen Beweismittel anzuwenden; vgl. Löwe S. 532, Glaser §. 42. IV.

[24] StPO. §. 218 Abs. 2.

[25] Vgl. oben §. 50.

verhandlung demnächst verlesen werden kann. Die Vernehmung erfolgt, soweit die Beeidigung zulässig ist, eidlich, und sind die Parteien von dem anberaumten Termine möglichst[26] vorher zu benachrichtigen, damit sie durch persönliche Kenntnißnahme der Aussage und durch Fragen, die ihnen wie in der Hauptverhandlung zustehen, ihre Rechte wahrzunehmen in den Stand gesetzt werden. Ist bereits in dem Vorverfahren eine derartige verlesbare Vernehmung erfolgt, so ist diese besondere kommissarische Vernehmung unnöthig. Der nicht auf freiem Fuße befindliche Angeklagte hat einen Anspruch auf Anwesenheit jedoch nur bei den Terminen, welche an der Gerichtsstelle des Orts abgehalten werden, wo er sich in Haft befindet.[27] Die gleichen Grundsätze gelten auch für den Fall, wenn zur Vorbereitung der Hauptverhandlung noch ein richterlicher Augenschein einzunehmen ist.[28]

II. Hauptverhandlung.[1]

§. 83.

1. Allgemeine Grundsätze.

I. Die Hauptverhandlung, einschließlich der Verkündung des Urtheils, erfolgt in ununterbrochener Gegenwart der zur Urtheilsfindung berufenen Personen, der Staatsanwaltschaft und eines Gerichtsschreibers.[2] Die

[26] Nur Gefahr im Verzuge, nicht auch bloßer Aufenthalt für die Sache entschuldigt ihre Nichtbenachrichtigung. E. I. 210. R. I. 362.

[27] StPO. §§. 222, 223.

[28] StPO. §. 224.

[1] Vgl. HH. II. 59 ff., Geyer §§. 191 ff., John §§. 44 ff., Glaser §. 96, Stenglein §. 44.

[2] StPO. §. 225. Ueber den Privatkläger vgl. §§. 427, 431.

Staatsanwaltschaft kann durch mehrere Personen und zwar nicht nur neben-, sondern auch nacheinander vertreten sein.[3] Auch die Funktionen des Gerichtsschreibers während der Hauptverhandlung können durch verschiedene Personen wahrgenommen werden.

II. Die Strafprozeßordnung geht in Betreff der Anwesenheit des Angeklagten in der Hauptverhandlung davon aus, daß der Angeklagte nicht ungehört verurtheilt werde, und daß der erkennende Richter seiner Pflicht, die materielle Wahrheit zu erforschen, nicht vollkommen genügen könne, wenn er nicht den Angeklagten vor sich gesehen und mit seiner Vertheidigung bzw. seinem Geständniß gehört habe.[4] Sie verlangt deshalb die Gegenwart des Angeklagten in der Hauptverhandlung und gestattet dem Vorsitzenden des Gerichts, die geeigneten Maßregeln zu treffen, um die Entfernung eines erschienenen Angeklagten zu verhindern.[5] Die ununterbrochene Anwesenheit des Angeklagten ist jedoch nicht vorgeschrieben, es ist vielmehr die Entfernung desselben aus dem Sitzungszimmer gestattet, wenn zu befürchten ist, daß ein Mitangeklagter oder ein Zeuge bei seiner Vernehmung in Gegenwart des Angeklagten die Wahrheit nicht sagen werde, oder wenn der Angeklagte sich ordnungswidrig benimmt. In beiden Fällen muß dem Angeklagten, sobald er wieder vorgelassen ist, der wesentliche Inhalt der während seiner Abwesenheit erfolgten Aussagen und sonstigen Verhandlungen durch den Vorsitzenden mitgetheilt werden.[6]

---

[3] StPO. §. 226. E. XVI. 180. R. IX. 407.

[4] Vgl. Motive zur StPO. S. 181 ff.

[5] StPO. §. 230 Abs. 1.

[6] StPO. §. 246.

Von der Regel, daß die Anwesenheit des Angeklagten in der Hauptverhandlung nothwendig sei, sind jedoch einige Ausnahmen gemacht, die hinsichtlich ihres Umfanges und ihres juristischen Charakters wesentlich von einander abweichen.[7] Es ist dabei nach der Strafprozeßordnung zu unterscheiden, ob es sich um einen abwesenden oder um einen ausgebliebenen Angeklagten handelt.

1. Als abwesend gilt[8] der Angeklagte, wenn sein Aufenthalt unbekannt ist, oder wenn er sich im Ausland aufhält und seine Gestellung vor das zuständige Gericht nicht ausführbar oder nicht angemessen erscheint. Gegen einen abwesenden Angeklagten ist eine Hauptverhandlung bei strafbaren Handlungen zulässig, welche nur mit Geldstrafe oder Einziehung, allein oder in Verbindung mit einander, bedroht sind.[9]

2. Gegen einen ohne Entschuldigung ausgebliebenen Angeklagten ist ein Vorführungsbefehl oder Haftbefehl zu erlassen.[10] Es kann aber auch eine Hauptverhandlung stattfinden:

a) bei den strafbaren Handlungen, welche nur mit Geldstrafe, Haft[11] oder Einziehung, allein oder in Verbindung mit einander bedroht sind.[12] Der Angeklagte

[7] Mit Ausnahme des Falles 2c ist in den übrigen Fällen das Verfahren gegen einen abwesenden und ausgebliebenen Angeklagten als Ungehorsamsverfahren anzusehen.

[8] StPO. §. 318.

[9] StPO. §. 319. Das Nähere unten §§. 91 ff.

[10] StPO. §. 229.

[11] Im Gegensatz zu der Hauptverhandlung gegen einen abwesenden Angeklagten sind hier auch die mit Haft bedrohten strafbaren Handlungen erwähnt.

[12] Gefängniß für den Fall des Unvermögens schließt die Anwendung dieser Bestimmung nicht aus, R. VII. 93; wohl aber etwaige andere Nebenstrafen z. B. Ueberweisung an die Landespolizeibehörde.

muß in der Ladung auf die Zulässigkeit dieses Verfahrens ausdrücklich hingewiesen werden.[13]

b) Wenn ein Angeklagter in der Hauptverhandlung zwar erschienen ist, sich aus derselben aber entfernt oder bei der Fortsetzung einer unterbrochenen Hauptverhandlung nicht anwesend ist, so kann diese trotzdem zu Ende geführt werden, wenn der Angeklagte über die Anklage bereits vernommen war und das Gericht seine fernere Anwesenheit nicht für erforderlich erachtet.[14]

c) Der Angeklagte kann auch auf seinen Antrag wegen großer Entfernung seines Aufenthaltsorts von der Verpflichtung zum Erscheinen in der Hauptverhandlung durch besonderen ihm zuzustellenden Beschluß [15] entbunden werden. Es ist dies gestattet, wenn nach dem Ermessen des Gerichts, wobei es an die im Eröffnungsbeschlusse angenommene Qualifikation der That gebunden ist,[16] voraussichtlich keine andere Strafe als Freiheitsstrafe bis zu sechs Wochen oder Geldstrafe oder Einziehung, allein oder in Verbindung mit einander, zu erwarten steht. Der Angeklagte muß, wenn seine richterliche Vernehmung nicht schon im Vorverfahren erfolgt ist, durch einen beauftragten

---

[13] StPO. §. 231.

[14] StPO. §. 230 Abs. 2.

[15] Vgl. E. XV. 202. R. IX. 96. Dazu muß gleichwohl auch die Ladung zum Termin bzw. die Mittheilung desselben erfolgen, weil der Angeklagte sich stets noch zum persönlichen Erscheinen entschließen, er sich auch durch einen Vertheidiger vertreten lassen kann. Vgl. R. IV. 230.

[16] E. XVII. 19. Treten in der Hauptverhandlung andere rechtliche Gesichtspunkte hervor, so ist, selbst wenn auch das Strafmaß dadurch nicht alterirt werden sollte, dennoch nochmalige Vernehmung erforderlich. E. XII. 45. R. VII. 135.

oder ersuchten Richter über die Anklage vernommen werden. Die Staatsanwaltschaft und der Vertheidiger können dieser Vernehmung beiwohnen und sind hierzu zu laden. Ergibt sich in der Hauptverhandlung, daß eine andere als die obige Strafe zu erkennen ist, so muß eine neue Hauptverhandlung anberaumt und der Angeklagte geladen werden.[17]

In allen Fällen, in welchen eine Hauptverhandlung gegen einen ausgebliebenen Angeklagten stattfinden kann, darf sich letzterer durch einen mit schriftlicher Vollmacht versehenen Vertheidiger vertreten lassen;[18] auch kann der Angeklagte gegen das Urtheil Wiedereinsetzung in den vorigen Stand[19] unter gleichen Voraussetzungen wie gegen die Versäumung einer Frist nachsuchen. Diese Befugniß ist ihm nur dann versagt, wenn er sich in der Hauptverhandlung hatte vertreten lassen oder von dem Erscheinen in derselben auf seinen Antrag entbunden war.[20] Auch in den hier erwähnten Fällen ist das Gericht übrigens stets befugt, das persönliche Erscheinen des ausgebliebenen Angeklagten anzuordnen und durch einen Vorführungsbefehl oder Haftbefehl zu erzwingen.[21]

III. Was endlich die Anwesenheit des Vertheidigers[22] in der Hauptverhandlung betrifft, so kann von einer Nothwendigkeit derselben nur in den Fällen die Rede sein, in welchen die Vertheidigung vorgeschrieben oder der Vertheidiger in Gemäßheit des §. 141 der Straf-

[17] StPO. §. 232. Mot. 183. E. XV. 337. R. IX. 39.
[18] StPO. §. 233.
[19] Vgl. oben §. 54.
[20] StPO. §. 234.
[21] StPO. §. 235.

[22] Es können auch mehrere Vertheidiger und zwar sowohl neben- als nacheinander thätig sein, StPO. §. 226. Vgl. auch §. 145.

prozeßordnung bestellt ist. Die ununterbrochene Anwesenheit des Vertheidigers ist zwar auch in diesen Fällen nicht vorgeschrieben; er darf sich jedoch nicht unzeitig entfernen. Es bleibt dem Ermessen des Gerichts überlassen, was als eine unzeitige Entfernung des Vertheidigers im einzelnen Falle anzusehen ist.[23]

IV. Die Hauptverhandlung soll möglichst ohne Unterbrechungen zu Ende geführt werden. Es ist aber nicht ausgeschlossen, daß eine Unterbrechung auf Antrag oder von Amtswegen eintritt. Kürzere Unterbrechungen[24] ordnet der Vorsitzende des Gerichts an, über die Aussetzung[25] der Hauptverhandlung entscheidet das Gericht.[26] Eine unterbrochene Hauptverhandlung muß spätestens am vierten Tage nach der Unterbrechung fortgesetzt werden, widrigenfalls mit dem Verfahren von Neuem zu beginnen ist.[27]

V. Während die gleichzeitige Verhandlung zusammenhängender Strafsachen in der Regel nur geschieht, wenn die betreffenden Strafsachen im Sinne des §. 3 der Strafprozeßordnung als zusammenhängende anzusehen sind,[28] kann durch das Gericht auch eine Verbindung solcher bei ihm anhängiger Strafsachen angeordnet werden, deren Zusammenhang ein anderer als der obige

---

[23] Vgl. StPO. §. 145. Eine Entfernung während des StPO. §. 314 Abs. 2 behandelten Zeitraums z. B. ist eine unzeitige. E. II. 104. R. II. 64.

[24] Von Unterbrechung einer Verhandlung spricht die StPO., wenn nach Beendigung derselben in demselben Stadium des Verfahrens fortgefahren wird, von Aussetzung, wenn demnächst mit der Verhandlung von Neuem begonnen werden muß.

[25] Ueber Gründe der Aussetzung vgl. StPO. §§. 145 Abs. 2, 227 Abs. 3, 245, 261, 264.

[26] StPO. §. 227 Abs. 1.

[27] StPO. §. 228; hinsichtlich der Urtheilsverkündigung vgl. jedoch §. 267, für das Schwurgericht auch §. 287.

[28] Vgl. oben §. 27.

ist.[29] Dies ist der Fall z. B. bei wechselseitig verübten strafbaren Handlungen; bei strafbaren Handlungen, die gleichzeitig und in ähnlicher Weise von mehreren Personen begangen sind, ohne daß Theilnahme im Sinne der §§. 47 ff. des Strafgesetzbuchs vorliegt.[30] Das Gericht entscheidet lediglich nach Zweckmäßigkeitsgründen, ob die gleichzeitige Verhandlung anzuordnen bzw. die angeordnete wieder aufzuheben sei.

§. 84.

2. Stellung des Vorsitzenden.[1]

1. Die Leitung der Verhandlung, die Vernehmung des Angeklagten, die Aufnahme der Beweise [2] und die Aufrechthaltung der Ordnung in der Sitzung[3] erfolgt durch den Vorsitzenden des Gerichts. Die hierin liegende Macht des Vorsitzenden ist aber nach verschiedenen Richtungen eingeschränkt. Zunächst dadurch, daß das Gericht entscheidet, wenn eine auf die Sachleitung bezügliche Anordnung des Vorsitzenden von einer bei der Verhandlung betheiligten Person [4] als unzulässig, d. h. gesetzlich unzulässig, nicht bloß als unangemessen oder unzweckmäßig, beanstandet wird.[5] Außerdem ist in verschiedenen Fällen der Beschluß des Gerichts von vornherein für erforderlich gehalten.[6] Eine Ein-

[29] StPO. §. 236.

[30] Vgl. auch die besonderen Bestimmungen StPO. §§. 428, 471 Abs. 2.

[1] Vgl. HH. II. 70 ff., Geyer §. 193, Glaser §. 95, ders. im HRechtslexikon I. 116 ff.

[2] StPO. §. 237 Abs. 1.

[3] GVG. §. 177.

[4] Hierhin gehören die beisitzenden Richter, Geschworenen, Schöffen, die Staatsanwaltschaft, der Privat- und Nebenkläger, der Angeklagte und der Vertheidiger, sowie die etwaige Beistandsperson. Vgl. aber auch v. Bülow in Rassow und Küntzel's Beitr. XXVI. 582 ff.

[5] StPO. §. 237 Abs. 2.

[6] Vgl. StPO. §§. 227 Abs. 1, 230 Abs. 2, 235, 236, 241, 243 Abs. 2 und 3, 245 Abs. 4, 246, 250 Abs. 3, 255 Abs. 2; GVG. §§. 178—180.

schränkung liegt endlich in den den Parteien zugestandenen Rechten[7] und noch in einigen anderen gesetzlichen Bestimmungen.[8]

2. Der Vorsitzende eröffnet und schließt die Verhandlung; ordnet kürzere Unterbrechungen derselben an;[9] sorgt dafür, daß der erschienene Angeklagte sich nicht entfernt;[10] ertheilt das Wort und kann es entziehen; bestimmt im Wesentlichen den Gang der Verhandlung und verkündet die gerichtlichen Entscheidungen.

3. Die Vernehmung des Angeklagten erfolgt ausschließlich durch den Vorsitzenden.[11] Die bei dem Verfahren betheiligten Personen[4] sind nicht berechtigt, Fragen unmittelbar an den Angeklagten zu richten. Wird von ihnen beantragt, daß an den Angeklagten bestimmte Fragen gerichtet werden, so entscheidet das Gericht, wenn der Vorsitzende dem Antrage nicht stattgeben will.[12]

4. Am meisten treten die Beschränkungen des Vorsitzenden bei der Aufnahme des Beweises hervor. Der Vorsitzende bestimmt zwar die Reihenfolge, in vielen Fällen aber nicht den Umfang[13] und muß die Mitwirkung der an dem Verfahren betheiligten Personen gestatten.

So muß der Vorsitzende den beisitzenden Richtern auf Verlangen gestatten, Fragen unmittelbar an alle Zeugen und Sachverständigen zu richten.[14] Dieses Recht können die beisitzenden Richter aber erst ausüben, wenn der Vor-

[7] StPO. §§. 238, 239.
[8] Vgl. StPO. §§ 244, 245 Abs. 1—3, 256.
[9] StPO. §. 227 Abs. 2.
[10] StPO. §. 230 Abs. 1.
[11] Vgl. E. IX. 310. R. V. 653.
[12] Es folgt dies aus StPO. §§. 237 Abs. 1, 241. Vgl. Voitus Kontroversen S. 33 bis 39; a. M. Keller S. 283, Löwe S. 521, auch R. V. 784.
[13] Vgl. hierüber StPO. §§. 244, 245 und unten den folgen. §. 85. II.
[14] StPO. §. 239 Abs. 1.

sitzende das Verhör des betreffenden Zeugen oder Sachverständigen geschlossen hat. Es steht dem Vorsitzenden nicht zu, Fragen der beisitzenden Richter zurückzuweisen. Wird jedoch eine Frage von dem befragten Zeugen oder Sachverständigen beanstandet, so entscheidet das Gericht.[15]

Auch der Staatsanwaltschaft, dem Angeklagten, dem Vertheidiger, den Geschworenen und den Schöffen ist auf ihr Verlangen von dem Vorsitzenden die Befragung der Zeugen und Sachverständigen zu erlauben.[16] Der Vorsitzende hat aber das Recht, ungeeignete und nicht zur Sache gehörige Fragen zurückzuweisen.[17] Zweifel über die Zulässigkeit einer Frage entscheidet auch hier das Gericht.[18]

5. Bei den von der Staatsanwaltschaft und dem Angeklagten benannten Zeugen und Sachverständigen hat der Vorsitzende der Staatsanwaltschaft und dem Vertheidiger, nicht auch dem Angeklagten selbst, auf deren übereinstimmenden Antrag das sog. Kreuzverhör zu gestatten. Bei dem Kreuzverhör hat jede Partei das Recht, die bereits von der anderen Partei vernommenen Zeugen und Sachverständigen noch ihrerseits zu vernehmen. Hinsichtlich der von der Staatsanwaltschaft benannten Zeugen und Sachverständigen hat diese, hinsichtlich der von dem Angeklagten benannten der Vertheidiger in erster Reihe das Recht zur Vernehmung.[19] In den Fällen, wo ein Vertheidiger nicht auftritt, ist das Kreuzverhör ausgeschlossen. Dem Mißbrauche des Kreuzverhörs kann der Vorsitzende dadurch vorbeugen, daß er

---

[15] StPO. §. 241.

[16] StPO. §. 239 Abs. 2.

[17] StPO. §. 240 Abs. 2. Nicht aber auch anscheinend unerhebliche. Vgl. E. VIII. 161. R. VI. 167.

[18] StPO. §. 241.

[19] StPO. §. 238 Abs. 1.

ungeeignete oder nicht zur Sache gehörige Fragen zurückweist.[20] Wird die Zurückweisung der Frage von dem Fragesteller beanstandet, so entscheidet das Gericht.[21] Demjenigen, welcher die Befugniß mißbraucht, kann dieselbe von dem Vorsitzenden entzogen werden.[22] Nach stattgefundenem Kreuzverhör, das sich nicht immer auf alle von den Parteien benannten Zeugen und Sachverständigen zu erstrecken braucht, hat der Vorsitzende ebenfalls noch das Recht, die Zeugen und Sachverständigen zu befragen.[23]

§. 85.

3. Gang der Hauptverhandlung.

I. Einleitung.

Die Hauptverhandlung beginnt mit dem Aufrufe des Angeklagten. Ist der Angeklagte verhaftet, so ist er vorzuführen; er soll während der Hauptverhandlung ungefesselt sein.[1]

Hieran schließt sich der Aufruf der Zeugen und Sachverständigen, um die Gewißheit zu erhalten, ob nicht etwa durch das Ausbleiben einer geladenen Person die Vertagung der Sache erforderlich wird.[2] Die Zeugen und Sachverständigen können schon jetzt auf die Bedeutung des Eides hingewiesen werden.[3] Die Zeugen haben sich darauf aus dem Sitzungszimmer zu entfernen.[4] Ob die Sachverständigen der ganzen Hauptverhandlung beiwohnen dürfen, hängt von dem Ermessen des Vorsitzenden ab.

---

[20] StPO. §. 240 Abs. 2.
[21] StPO. §. 241.
[22] StPO. §. 240 Abs. 1.
[23] StPO. §. 238 Abs. 2.
[1] StPO. §. 116 Abs. 4.
[2] StPO. §. 242 Abs. 1.
[3] StPO. §§. 59, 72.
[4] StPO. §. 242 Abs. 4. Die Nichtbeachtung dieser Vorschrift ist jedoch kein Revisionsgrund. E. I. 366, 409. R. I. 603, 740.

Es folgt nun die Vernehmung des Angeklagten über seine persönlichen Verhältnisse und sodann die Verlesung des Beschlusses über die Eröffnung des Hauptverfahrens.[5] Die Anklageschrift wird nicht verlesen. In den Fällen, wo die Verlesung des Beschlusses zur Informirung nicht ausreicht, ist eine mündliche Erläuterung des Beschlusses durch den Vorsitzenden als zulässig zu erachten.[6] Ist der Beschluß verlesen, so tritt die weitere Vernehmung des Angeklagten ein, wenn dieser nicht, wozu er berechtigt ist, die Aussage verweigert. Die Vernehmung soll dem Angeklagten Gelegenheit geben zur Beseitigung der gegen ihn vorliegenden Verdachtsgründe und zur Geltendmachung der zu seinen Gunsten sprechenden Thatsachen.[7] Nach der Vernehmung des Angeklagten folgt die Beweisaufnahme.[8]

II. Beweisaufnahme.[9]

1. Da die Beweisaufnahme die Ueberzeugung des Gerichts von der Schuld oder Unschuld des Angeklagten begründen soll, so hat naturgemäß auch das Gericht zu bestimmen, welche Beweisaufnahme für die Bildung dieser Ueberzeugung erheblich erscheint; naturgemäß entscheidet über den Umfang der Beweisaufnahme das Gericht. Dennoch ist im geltenden Recht dieser Satz nur anerkannt bei den Verhandlungen vor den Schöffengerichten[10] und vor den

[5] StPO. §. 242 Abs. 2. In den Fällen des §. 270 StPO. tritt der Unzuständigkeits- und Ueberweisungsbeschluß ganz an die Stelle des Eröffnungsbeschlusses, so daß die Verlesung des ursprünglichen Eröffnungsbeschlusses nicht erforderlich ist. E. X. 230. R. VII. 473.

[6] Vgl. Löwe S. 523. R. I. 269, VI. 223.

[7] StPO. §§. 242 Abs. 3, 136 und oben §. 43.

[8] StPO. §. 243 Abs. 1.

[9] Vgl. Glaser §§. 41, 44.

[10] GVG. §§. 27, 75.

Landgerichten in der Berufungsinstanz, wenn die Verhandlung vor letzteren eine Uebertretung betrifft oder auf erhobene Privatklage[11] erfolgt.[12] Für alle übrigen, somit sämmtliche wichtigeren Verhandlungen ist zum Theil als Gegengewicht gegen den Fortfall der Berufungsinstanz, wesentlich aber um die Parteien vor übereilten Entscheidungen zu bewahren und ihnen die Sicherheit zu gewähren, daß ihre sämmtlichen Angriffs- und Vertheidigungsmomente auch zur Kenntniß des erkennenden Gerichts gebracht werden, vorgeschrieben, daß sich die Beweisaufnahme auf die sämmtlichen vorgeladenen Zeugen und Sachverständigen sowie auf die anderen herbeigeschafften Beweismittel zu erstrecken hat.[13] Das Gericht muß sich also der Beweisaufnahme unterziehen, auch wenn es dieselbe für unerheblich erachtet. Der Satz ist aber als Ausnahmesatz nicht extensiv zu interpretiren. Das Gericht ist daher nicht verpflichtet, die nicht geladenen d. h. gestellten Zeugen und Sachverständigen zu vernehmen;[14] es ist ferner Voraussetzung für die Vernehmungspflicht, daß die geladenen Zeugen bzw. Sachverständigen auch erschienen, anwesend sind, wie sich dies aus dem Zusammenhang der §§. 242–244 StPO. ergibt.[15] Freies Ermessen hat das Gericht auch dann, wenn die Staatsanwaltschaft und der Angeklagte auf die Erhebung einzelner Beweise verzichten.[16] Diese Be-

[11] GVG. §. 76; StPO. §. 414.

[12] StPO. §. 244 Abs. 2.

[13] StPO. §. 244 Abs. 1 Satz 1. Vgl. Ditzen, über Zeugenbeweisanträge, in d. Ztschr. X. 111 ff.

[14] Löwe S. 528, Voitus, Kontroversen S. 15–19, Fuchs in HH. II. 75 ff. und die konstante Praxis des Reichsgerichts. Vgl. E. I. 198, 297, 383. R. I. 335, 356. Vgl. auch v. Prittwitz und Gaffron in GA. XXVIII. 246.

[15] E. I. 175, 196, 315. R. I. 293, 333, 551.

[16] StPO. §. 244 Abs. 1 Satz 2. — Es genügt also nicht der Verzicht allein desjenigen, der

stimmungen über den Umfang der Beweisaufnahme enthalten für die meisten deutschen Staaten eine wesentliche Neuerung, denn in ihnen war Regel, was die Strafprozeßordnung zur Ausnahme gemacht, und Ausnahme, was in der Strafprozeßordnung als Regel aufgestellt ist.

2. Zur Ablehnung eines Beweisantrages bedarf es eines Beschlusses des Gerichts,[17] und ist dieser Beschluß mit Gründen vor dem Schluß der Beweisaufnahme zu verkünden, damit ein etwaiger weiterer Beweisantritt nicht abgeschnitten wird.[18] Die Begründung muß so vollständig sein, daß in höherer Instanz eine Nachprüfung der etwaigen Rechtsgründe möglich ist, und ist daher namentlich eine Begründuug „da die Sache genügend aufgeklärt" und dergl. ungenügend.[19] Um einem Beweisantrage stattzugeben, hat der Vorsitzende nur dann einen Gerichtsbeschluß zu veranlassen, wenn durch die Vornahme der Beweishandlung eine Aussetzung der Hauptverhandlung erforderlich werden würde.[20]

3. Auch von Amtswegen kann das Gericht, entsprechend seiner allgemeinen Pflicht, die Wahrheit auch durch andere Mittel, als die von den Parteien an die Hand gegebenen erforschen,[21] auch noch in der Hauptverhandlung[22] die

---

sich auf das Beweismittel bezogen hat, aber bei mehreren Angeklagten der Verzicht des interessirten. E. X. 300. R. II. 71. Ausdrückliche Zustimmung des Vertheidigers ist nicht erforderlich; die Erklärung des letzteren ersetzt die des Angeklagten, falls er nicht widerspricht. E. I. 198. R. XVI. 376.

[17] StPO. §. 243 Abs. 2.

[18] E. I. 32, 34, 170, 366. R. I. 156, 256, 424. Nur wenn ein Beweisantrag bloß eventuell gestellt ist, genügt seine Berücksichtigung im Urtheil. E. I. 394, III. 222.

[19] Vgl. E. I. 189, 417. R. I. 331, 612.

[20] StPO. §. 243 Abs. 2.

[21] Vgl. oben §. 49.

[22] Vor der Hauptverhandlung steht diese Befugniß dem Vorsitzenden zu, StPO. §. 220.

Herbeischaffung neuer Beweismittel anordnen,[23] und zwar selbst in der Weise, daß dadurch von der Staatsanwaltschaft zu bewerkstelligende weitere Vorermittlungen erforderlich werden.[24] Eine Beweiserhebung darf auch nicht deshalb abgelehnt werden, weil das Beweismittel oder die zu beweisende Thatsache zu spät vorgebracht worden ist.[25] In einem solchen Falle kann der Gegner des Antragstellers, wenn er keine genügende Zeit gehabt hat, um Erkundigungen über den betreffenden Zeugen u. s. w. einzuziehen, bis zum Schlusse der Beweisaufnahme die Aussetzung der Hauptverhandlung zum Zwecke der Erkundigung beantragen. Dieselbe Befugniß steht auch der Staatsanwaltschaft und dem Angeklagten in Betreff der auf Anordnung des Vorsitzenden oder des Gerichts geladenen Zeugen und Sachverständigen[26] zu. Ueber derartige Anträge auf Aussetzung entscheidet das Gericht nach freiem Ermessen.[27] Es kann den Antrag auf Aussetzung auch deshalb zurückweisen, weil das Beweismittel oder die zu beweisende Thatsache für die Verhandlung unerheblich ist.[28]

4. Daß nach dem Grundsatze der Mündlichkeit oder Unmittelbarkeit,[29] wenn der Beweis einer Thatsache auf der Wahrnehmung einer Person beruht, die Vernehmung derselben nicht durch Verlesung des über eine frühere Aussage aufgenommenen Protokolls oder einer schriftlichen Er-

---

[23] StPO. §. 243 Abs. 3.

[24] Vgl. E. XIII. 158. Eine Zurückverweisung in die Voruntersuchung ist aber, da das Hauptverfahren eröffnet ist, natürlich nicht zulässig. E. II. 33.

[25] StPO. §. 245 Abs. 1.

[26] Dies gilt auch für die übrigen Beweismittel.

[27] StPO. §. 245 Abs. 2—4.

[28] Löwe S. 532 f., Voitus Kontroversen S. 1—15; a. M. v. Schwarze S. 406 f., der die Entscheidung des Gerichts nur auf die obige Zeitfrage beschränken will; vgl. auch Glaser §. 42 VI.

[29] Vgl. oben §. 50.

klärung ersetzt werden darf, und daß deshalb in der Strafprozeßordnung eingehende Vorschriften über die Zulässigkeit der Verlesung von Schriftstücken gegeben sind, sowie daß nach demselben Grundsatze die Beeidigung der Zeugen und Sachverständigen sowie etwaige Konfrontationen regelmäßig erst in der Hauptverhandlung erfolgen sollen, ist bereits oben bei der Lehre von den Urkunden, den Zeugen und Sachverständigen erörtert worden.[30] Hier ist noch zu erwähnen, daß der Vorsitzende nach der Vernehmung eines jeden Zeugen, Sachverständigen oder Mitangeklagten, sowie nach der Verlesung eines jeden Schriftstückes den Angeklagten befragen soll, ob er etwas zu erklären habe.[31]

III. Schlußvorträge und Urtheil.

Nachdem die Beweisaufnahme für geschlossen erklärt ist, erhalten die Staatsanwaltschaft und der Angeklagte zu ihren Ausführungen und Anträgen[32] das Wort.[33] Der Staatsanwaltschaft steht das Recht der Erwiderung[34] zu, dem Angeklagten bzw. seinem Vertheidiger gebührt das letzte Wort.[35] Treten für den Angeklagten mehrere Vertheidiger

[30] Vgl. oben §§. 73, 70, 71 und insbesondere v. Kries, das Prinzip der Unmittelbarkeit im Beweisverfahren in d. Ztschr. für StW. VI. 88 ff.

[31] StPO. §. 256. Die Nichtbeobachtung dieser Vorschrift hat Nichtigkeit des Verfahrens nicht zur Folge. E. II. 202. R. I. 165, 230.

[32] Der Antrag der Staatsanwaltschaft braucht nicht auf eine bestimmte Strafe zu gehen.

[33] StPO. §. 257 Abs. 1; vgl. auch §. 149.

[34] Aus StPO. §. 257 Abs. 2 läßt sich nicht folgern, daß nur zwei Vorträge auf jeder Seite gestattet sind; für spätere Erwiderungen besteht aber kein Recht, ist vielmehr das Ermessen der richterlichen Sachleitung maßgebend. E. XI. 135. R. VI. 599.

[35] StPO. §. 257 Abs. 2. Ueber die Verdolmetschung der gestellten Anträge vgl. StPO. §. 258 und oben §. 52.

in der Hauptverhandlung auf, so brauchen dieselben ihre Verrichtungen nicht unter sich zu theilen, sondern jeder Vertheidiger ist berechtigt, einen Schlußvortrag zu halten und auf die Entgegnungen der Staatsanwaltschaft zu erwidern.[36] Auch wenn der Vertheidiger für den Angeklagten gesprochen, ist der Angeklagte durch den Vorsitzenden zu befragen, ob er selbst noch etwas zu seiner Vertheidigung anzuführen habe.[37]

Wenn sich nach dem Ergebnisse der Verhandlung die dem Angeklagten zur Last gelegte That als die Zuständigkeit des Gerichts überschreitend[38] darstellt, so erklärt sich das Gericht durch Beschluß für unzuständig und verweist die Sache an das zuständige Gericht. Dieser Beschluß hat die Wirkung eines das Hauptverfahren eröffnenden Beschlusses und muß den Erfordernissen eines solchen entsprechen.[39] Abgesehen hiervon und den sonstigen Fällen, in denen die Sache nicht endgültig abgeschlossen, sondern nur ausgesetzt wird, schließt die Hauptverhandlung stets mit der Erlassung des Urtheils, worüber im folgenden Paragraphen näher gehandelt werden wird.

IV. Sitzungsprotokoll.[40]

Ueber die Hauptverhandlung ist ein Protokoll aufzunehmen, welches von dem Vorsitzenden und dem Gerichts-

---

[36] Löwe S. 507, v. Holtzendorff in HH. II. 408, Voitus, Kontroversen S. 79—82; a. M. v. Schwarze S. 285.

[37] StPO. §. 257 Abs. 3. Nichtbeachtung regelmäßig Revisionsgrund. Vgl. E. IX. 69, andererseits R. IV. 94, V. 749.

[38] Gehört die Sache vor ein Gericht niederer Ordnung, so ist dies nicht gestattet, das verhandelnde Gericht hat vielmehr in der Sache selbst zu entscheiden. StPO. §. 269.

[39] StPO. §. 270 Abs. 1 und 2; vgl. auch Abs. 3 und 4.

[40] Vgl. Meyer, Protokoll und Urtheil im Civil- und Strafprozeß; Oeter, ein Musterprotokoll.

schreiber zu unterschreiben ist. Bei Verhinderung des Vorsitzenden unterschreibt für ihn der älteste beisitzende Richter; bei Verhinderung des Amtsrichters genügt die Unterschrift des Gerichtsschreibers.[41]

Das Protokoll muß[42] enthalten Ort und Tag der Verhandlung, die Namen aller betheiligten Personen, die Bezeichnung der strafbaren Handlung und die Angabe darüber, ob öffentlich verhandelt oder weshalb die Oeffentlichkeit ausgeschlossen[43] ist. Außerdem muß[44] das Protokoll den Gang und die Ergebnisse der Hauptverhandlung im Wesentlichen wiedergeben und ersehen lassen, ob die vorgeschriebenen Förmlichkeiten beobachtet sind; es muß die verlesenen Schriftstücke, in gewissen Fällen[45] auch den Grund der Verlesung, die gestellten Anträge, die ergangenen Entscheidungen und die Urtheilsformel enthalten, in Schöffengerichtssachen auch die wesentlichen Ergebnisse der Vernehmungen bezeichnen. Auf Antrag oder auch von Amtswegen kann der Vorsitzende die vollständige Niederschreibung und Verlesung anordnen, wenn[46] es auf die Feststellung eines Vorganges in der Hauptverhandlung oder des Wortlauts einer Aussage oder einer Aeußerung ankommt. In dem Protokoll ist dann anzugeben, daß das Niedergeschriebene verlesen und genehmigt ist bzw. welche Einwendungen erhoben sind;[47] im Uebrigen wird das Protokoll nicht vorgelesen.

---

[41] StPO. §. 271.

[42] StPO. §. 272.

[43] Vgl. oben §. 51.

[44] StPO. §. 273 Abs. 1 und 2.

[45] Vgl. oben §. 73 hinter d, StPO. §. 254.

[46] Ob dies der Fall ist, hat das Gericht zu entscheiden, wenn der Antrag abgelehnt werden soll. Der Beschluß des Gerichts ist mit Gründen zu versehen.

[47] StPO. §. 273 Abs. 3. Eine Unterschrift der betheiligten Person ist in dem Protokolle nicht nothwendig.

Das Protokoll liefert in Betreff der Beobachtung der vorgeschriebenen Förmlichkeiten vollen Beweis, der nur durch den Nachweis der Fälschung entkräftet werden kann.[48]

§. 86.

4. Urtheil.

I. Gegenstand der Urtheilsfindung.[1]

1. Bei der Urtheilsfindung ist von der in dem Eröffnungsbeschlusse, den die Strafprozeßordnung hier ungenau Anklage benennt,[2] bezeichneten That auszugehen. Ergibt sich im Laufe der Hauptverhandlung, daß der Angeklagte außer dieser noch eine andere That begangen hat, so kann[3] diese nach dem Ermessen des Gerichts zum Gegenstande derselben Aburtheilung gemacht werden,

a) wenn die Staatsanwaltschaft es beantragt und der Angeklagte zustimmt, und

b) wenn die That sich nicht als ein Verbrechen[4] darstellt oder die sachliche Zuständigkeit des Gerichts überschreitet.

2. Nach der Strafprozeßordnung ist das Gericht weder an die in der Anklage bzw. in dem Beschlusse über die Eröffnung des Hauptverfahrens aufgestellte rechtliche Qualifikation, noch an die hier behaupteten Thatsachen und Umstände gebunden; es hat vielmehr die in der Anklage bezeichnete That, wie sich dieselbe nach dem Ergeb-

[48] StPO. §. 274.

[1] Vgl. Planck §§. 114, 115, HH. II. 27 ff., Geyer §§. 213, 214, John §§. 44, 45, und Komm. II. 247 ff., Glaser §. 97 III—VI und im GSaal XXXVI S. 81 ff.

[2] Vgl. StPO. §. 263 und E. IV. 192. R. III. 325.

[3] StPO. §. 265.

[4] StGB. §. 1 Abs. 1.

nisse der Verhandlung darstellt, zum Gegenstand der Urtheilsfindung zu machen.[5] Unter der Voraussetzung, daß die Identität der That, d. h. die Identität des zur Anklage gestellten Vorganges, des historischen Vorkommnisses, nicht in Frage gestellt wird, sind dem Gerichte daher Abweichungen von der Anklage in rechtlicher wie thatsächlicher Hinsicht gestattet.[6] Das Gericht kann sowohl lediglich im Anschluß an die thatsächlichen Angaben der Anklage als auch auf Grund der neuen Ermittelungen annehmen, daß die That anders begangen oder anders zu qualifiziren ist, als behauptet wurde. Es kann z. B. annehmen, daß der Dieb nicht durch das Kellerloch, sondern durch das Fenster gestiegen, daß die That nicht als Diebstahl, sondern als Unterschlagung, nicht als einfacher, sondern als schwerer Diebstahl zu bezeichnen sei u. s. w. Derartige Abweichungen bedürfen selbstverständlich keines Antrages, sondern sind stets von Amtswegen[7] zu berücksichtigen.

3. Das Recht des Angeklagten gegenüber diesen Abweichungen von der Anklage ist dadurch gewahrt, daß er auf die Veränderung des rechtlichen Gesichtspunktes besonders hingewiesen und ihm Gelegenheit zur Vertheidigung gegeben werden muß, wenn ein anderes als das in dem Beschlusse über die Eröffnung des Hauptverfahrens angeführte Strafgesetz[8] anzuwenden ist. Es ist hierbei gleich-

[5] StPO. §. 263.

[6] Vgl. hierüber Motive zur StPO. S. 152 f., Löwe S. 558 f. und E. II. 347, III. 95, 132, VIII. 135. R. I. 549, 681, II. 341.

[7] Ein Vorbehalt zu anderweitiger Verfolgung ist nach der StPO. unzulässig. E. XV. 133.

[8] d. h. dem Inhalte nach; der Mangel der Paragraphenzahl ist gleichgültig. E. VI. 169. Daher ist namentlich auch eine Hinweisung auf Paragraphen, welche Nebenstrafen normiren, nicht erforderlich. E. V. 137. R. VIII. 600.

gültig, ob dies im Anschluß an die früheren oder auf Grund der erst in der Hauptverhandlung stattgefundenen Ermittelungen erfolgt, und ob das anzuwendende Strafgesetz zu einer milderen oder härteren Bestrafung des Angeklagten führt. [9] Der Angeklagte ist außerdem, wenn in der Hauptverhandlung solche vom Strafgesetze besonders vorgesehene Umstände behauptet werden, welche die Strafbarkeit erhöhen, hierauf hinzuweisen, z. B. wenn bei einer Körperverletzung behauptet wird, daß dieselbe mittels einer Waffe begangen ist oder daß der Thäter die Aufmerksamkeit aus den Augen gesetzt, zu welcher er vermöge seines Amtes besonders verpflichtet war. [10]

Auf Antrag des Angeklagten muß [11] ferner auch eine Aussetzung der Hauptverhandlung eintreten:

a) wenn er die neu hervorgetretenen Umstände bestreitet [9] und
b) wenn er behauptet, auf die Vertheidigung nicht genügend vorbereitet zu sein, und
c) wenn die neu hervorgetretenen Umstände die Anwendung eines schwereren Strafgesetzes zulassen oder zu den im Strafgesetze besonders vorgesehenen Umständen gehören, [12] welche die Strafbarkeit erhöhen, und
d) selbstredend, wenn nach der Ansicht des Gerichts der neu hervorgetretene Umstand für das Urtheil überhaupt von Bedeutung ist, bzw. für das Urtheil verwandt werden soll.

---

[9] StPO. §. 264 Abs. 1.

[10] Vgl. z. B. StGB. §§. 215, 222 Abs. 2, 223 Abs. 2, 230 Abs. 2, 235, 239 Abs. 2 und 3, 243, 250, 251, 254, 258, 268, 298 u. a.

[11] StPO. §. 264 Abs. 3.

[12] Vgl. Anm. 10.

Diese Bestimmung ist jedoch dadurch eingeschränkt, daß der Angeklagte die Aussetzung in den Verhandlungen vor den Schöffengerichten und vor den Landgerichten in der Berufungsinstanz, sofern die Verhandlung vor letzteren eine Uebertretung betrifft oder auf erhobene Privatklage erfolgt, zu verlangen nicht berechtigt ist.[13]

Abgesehen von dem Rechte des Angeklagten auf Aussetzung der Hauptverhandlung und von den beschränkenden Bestimmungen kann auch das Gericht auf Antrag oder von Amtswegen die Hauptverhandlung aussetzen, falls dies in Folge der veränderten Sachlage zur genügenden Vorbereitung der Anklage oder der Vertheidigung angemessen erscheint.[14]

II. Berathung und Abstimmung.[15]

1. Berathung und Abstimmung des Gerichts, welche nicht öffentlich[16] erfolgen, werden von dem Vorsitzenden geleitet; dieser stellt die Fragen und sammelt die Stimmen. Bei Meinungsverschiedenheiten über den Gegenstand, die Fassung und die Reihenfolge der Fragen oder über das Ergebniß der Abstimmung entscheidet das Gericht.[17]

2. Die Reihenfolge bei der Abstimmung richtet sich bei den Richtern nach dem Dienstalter, bei den Schöffen[18] nach dem Lebensalter, der Jüngste stimmt zuerst, der Vor-

[13] StPO. §. 264 Abs. 5; vgl. §. 244 Abs. 2.

[14] StPO. §. 264 Abs. 4.

[15] Vgl. HH. II. 94 ff., Geyer §. 168, John §. 51, Binding §. 88, Glaser §. 80. III, §. 97. X, insbes. auch Löwe S. 159 ff., ferner Zacke, über Beschlußfassung in Versamml. u. Richterkollegien 1867, v. Bar in d. krit. Vierteljahrschrift X. 490 ff., Rosenblatt in d. österr. Ger.-Ztg. 1884 Nr. 68, 69.

[16] Vgl. oben §. 51. GVG. §. 195.

[17] GVG. §. 196.

[18] Hinsichtlich der Geschworenen vgl. GVG. §. 199 Abs. 2 und unten §. 89, 1.

sitzende zuletzt. Ist jedoch ein Berichterstatter ernannt, so gibt dieser seine Stimme zuerst ab.[19]

Da alle Fragen von dem ganzen Kollegium zu beantworten sind, so kann kein Mitglied desselben die Abstimmung über eine Frage deshalb verweigern, weil es bei der Abstimmung über eine vorhergegangene Frage in der Minderheit geblieben ist.[20] Im Falle dies doch geschehen sollte, so würde, da das Kollegium nicht mehr als vollständig angesehen werden kann, die Sache nicht beendet werden können, der Richter aber geeigneten Falls disziplinarer Ahndung unterliegen. Man wird in der Regel von dem überstimmten Mitgliede verlangen müssen, daß dasselbe bei der weiteren Abstimmung von der Ansicht der Mehrheit ausgeht und nicht mit der von der Mehrheit bereits verworfenen Ansicht möglichst in Einklang zu bleiben sucht. Da diese Frage für alle vorkommenden Fälle jedoch nicht gleichmäßig beantwortet werden kann, so hat es die Strafprozeßordnung bzw. des Gerichtsverfassungsgesetz prinzipiell unterlassen,[21] Bestimmungen hierüber zu treffen.

Dasselbe gilt im Wesentlichen auch von der Frage, ob in dem Kollegium abzustimmen ist nach Gründen bzw. nach den einzelnen im Endresultate enthaltenen Elementen, oder nach dem Endresultate selbst, für welches jedes einzelne Mitglied sich entscheiden würde. Da das Gesetz eine Vorschrift nicht enthält, so muß vernünftiges Ermessen entscheiden, und kann hiernach im Einzelfall bald die eine, bald die andere Art als die angemessene erscheinen. Im Allgemeinen wird, da die Entscheidung wie bei einem einzelnen Menschen, so auch bei einem Kollegium nicht nach Willkür gefaßt werden,

[19] GVG. §. 199 Abs. 1.
[20] GVG. §. 197.
[21] Vgl. Motive zum GVG. S. 205 f.

sondern als das Resultat rechtlicher Nothwendigkeit erscheinen soll, auch bei allen wichtigeren Entscheidungen die Angabe von Gründen vorgeschrieben ist, so daß auch hinsichtlich dieser eine Einigung stattfinden muß, eine Abstimmung nach Gründen bzw. über die einzelnen Elemente der Entscheidung die richtige sein. Es kommt aber andererseits in Betracht, daß es sich hier nicht um ein Gebiet rein abstrakten Denkens, sondern des praktischen Lebens handelt, daß man hier aus ganz verschiedenen Gründen zu demselben Ziele gelangen kann, und daß bei den strafprozessualen Entscheidungen als Akten der Staatsgewalt das Resultat viel wesentlicher ist, als die Motive. Dazu kommt, daß bei dem geltenden Grundsatz der freien Beweiswürdigung eine Einigung über die Beweisgründe kaum angängig ist, und erscheint daher wenigstens über die Beweis- oder Thatfrage, aber wohl auch über die gesammte Schuldfrage eine einheitliche Abstimmung als angemessen.[22] Dies scheint auch aus der Fassung des §. 198 Abs. 3 GVG. „von der Schuldfrage abgesehen" als vom Gesetz gewollt hervorzugehen, während umgekehrt eine ungetheilte Abstimmung über Schuld- und Straffrage schon aus dem Grunde ausgeschlossen ist, weil für beide die erforderliche Majorität im Gesetz verschieden geregelt ist. Denn während im Allgemeinen die Entscheidungen nach der absoluten Majorität der Stimmen erfolgen,[23] ist zu einer jeden dem Angeklagten nachtheiligen Beantwortung der Schuldfrage eine Mehrheit von zwei Drittheilen der Stimmen erforderlich.[24]

---

[22] Vgl. auch E. VIII. 218. R. III. 797.

[23] GVG. §. 198 Abs. 1.

[24] StPO. §§. 262 Abs. 1, 307.

Die Schuldfrage umfaßt nicht nur die Beweisfrage, sondern auch die Frage, ob das Beweisergebniß die gesetzlichen Merkmale einer strafbaren Handlung enthält, also die Subsumtion der Handlung unter ein bestimmtes Strafgesetz. Eine Verurtheilung des Angeklagten kann daher nur erfolgen, wenn sich auch zwei Drittheile der Stimmen für das Vorhandensein einer bestimmten strafbaren Handlung ausgesprochen haben. Ist dies nicht der Fall, so muß der Angeklagte, selbst wenn jeder der Richter ihn einer strafbaren (also jeder einer verschiedenen strafbaren) Handlung für schuldig hält, freigesprochen werden, es sei denn, daß die angenommenen strafbaren Handlungen sich wie minus und plus zu einander verhalten, in welchem Falle die die schwerere Strafthat Annehmenden eventuell auch für die geringere zu stimmen haben. — Dies ist beispielsweise nicht bloß bei Raub und Diebstahl, sondern auch bei Diebstahl und Unterschlagung, bei vorsätzlicher und fahrlässiger Begehung eines Deliktes anzunehmen. Hier gilt das oben Gesagte, daß, wenn nicht das Rechtsgefühl und das Recht selbst den schwersten Schaden leiden soll, auf praktischem Gebiet nicht allein die Grundsätze der Logik entscheidend sein dürfen.

Zu der Schuldfrage gehören ferner auch die von dem Strafgesetze besonders vorgesehenen Umstände, welche die Strafbarkeit ausschließen,[25] vermindern[26] oder er-

[25] Vgl. StGB. §§. 46, 51—55, 58, 163 Abs. 2, 204, 310.

[26] StGB. §§. 57, 157, 158, 213, 216. Die mildernden Umstände im Allgemeinen (vgl. StGB. §§. 243, 249 u. a.) gehören zur Straffrage, weil sie begrifflich nur Strafzumessungsgründe sind. In Schwurgerichtssachen ist die Beantwortung der Frage nach dem Vorhandensein mildernder Umstände inkonsequenterweise den Geschworenen vorbehalten.

höhen.[27] Die Strafprozeßordnung hat noch ausdrücklich als nicht zu der Schuldfrage gehörig die Voraussetzungen des Rückfalles und der Verjährung bezeichnet.[28] Da die Verjährung mit der Schuldfrage nichts gemein hat, so war Erwähnung derselben überflüssig. Dagegen würden die Voraussetzungen des Rückfalls, wenn nicht die Ausnahme gemacht wäre, nur mit zwei Drittheilen der Stimmen angenommen werden können, da der Rückfall an sich zu den von dem Strafgesetze besonders vorgesehenen Umständen gehört, welche die Strafbarkeit erhöhen.

Abgesehen von der Schuldfrage sind alle übrigen Fragen mit einfacher Mehrheit zu entscheiden. Dahin gehört zunächst die Straffrage, welche sich auf die Art und das Maß der Strafe für den einzelnen Fall bezieht. Sie begreift aber auch die Fragen nach dem Vorhandensein eines minder schweren Falles[29] oder mildernder Umstände im Allgemeinen und im Gegensatze zu den von dem Strafgesetze besonders vorgesehenen Umständen, welche die Strafbarkeit vermindern. Dahin gehören ferner, abgesehen von den bereits erwähnten Fragen nach dem Rückfall und der Verjährung, alle Fragen nach den positiven oder negativen Prozeßvoraussetzungen.[30]

Endlich ist bestimmt,[31] daß wenn sich in einer Strafsache, abgesehen von der Schuldfrage, mehr als zwei Meinungen, von denen keine die absolute Mehrheit der Stimmen für sich hat, bilden, die dem Beschuldigten nachtheiligsten

---

[27] StGB. §§. 215, 222 Abs. 2, 223 Abs. 2, 230 Abs. 2, 235, 239 Abs. 2 und 3, 243, 249, 250 u. a.

[28] StPO. §. 262 Abs. 3.

[29] StGB. §§. 94, 96.

[30] Vgl. oben §. 77, ferner E. II. 221, XV. 122. R. II. 188, VIII. 791.

[31] GVG. §. 198 Abs. 3.

den zunächst minder nachtheiligen so lange zugerechnet werden sollen, bis sich eine absolute Mehrheit ergibt.

III. Inhalt des Urtheils.[32]

Das Urtheil kann nur auf Freisprechung, Verurtheilung oder Einstellung des Verfahrens lauten.[33] Auf Einstellung des Verfahrens oder einen sachlich gleichbedeutenden Ausdruck, wie Unzulässigkeit der Strafverfolgung und dergl., was nicht ausgeschlossen ist,[34] lautet das Urtheil, wenn in der Sache selbst ein Urtheil nicht ergehen kann, die Strafverfolgung vielmehr Mangels einer nicht vorhandenen oder fortgefallenen Prozeßvoraussetzung unzulässig war oder geworden ist. Die Strafprozeßordnung erwähnt allerdings ausdrücklich nur den Fall, wenn bei einer nur auf Antrag zu verfolgenden strafbaren Handlung sich ergibt, daß der erforderliche Antrag nicht vorliegt, oder wenn der Antrag rechtzeitig zurückgenommen ist.[35]

In der Strafprozeßordnung finden sich keine Vorschriften über die Form des Urtheils. Hinsichtlich des Inhalts ergibt sich,[36] daß das Urtheil eine Urtheilsformel und Urtheilsgründe enthalten muß.

Bei einer Freisprechung des Angeklagten muß aus den Urtheilsgründen ersichtlich sein, ob derselbe für nicht überführt, oder ob und aus welchen Gründen die für erwiesen angenommene That für nicht strafbar erachtet worden ist,[37] und zwar sind im ersteren Fall die Thatbestandsmomente, für welche der Beweis als nicht erbracht ange-

[32] Vgl. Mewes, das Urtheil im deutschen Strafverfahren in GA. XXXVI. 102 ff., ferner Meyer, über Protokoll und Urtheil im Civil- und Strafprozeß.

[33] StPO. §. 259.

[34] E. VII. 355, IX. 14.

[35] StPO. §. 259 Abs. 2.

[36] StPO. §§. 266, 267.

[37] StPO. §. 266 Abs. 4.

sehen wird, speziell anzugeben.[38] Bei einer Verurtheilung des Angeklagten müssen die Urtheilsgründe die einzelnen für erwiesen erachteten concreten Thatsachen angeben, in welchen die gesetzlichen Merkmale der strafbaren Handlung gefunden werden, so daß insbesondere eine Feststellung bloß nach dem Wortlaut des Strafgesetzes nicht genügt.[39] Insoweit der Beweis aus anderen Thatsachen gefolgert wird, sollen[40] auch diese Thatsachen angegeben werden. Die Urtheilsgründe müssen sich ferner über die vom Strafgesetze besonders vorgesehenen Umstände, welche die Strafbarkeit ausschließen, vermindern oder erhöhen,[41] aussprechen, wenn derartige Umstände in der Verhandlung behauptet worden sind. Und endlich müssen die Urtheilsgründe das zur Anwendung gebrachte Strafgesetz und sollen die Umstände anführen, welche für die Zumessung der Strafe bestimmend gewesen sind. Macht das Strafgesetz die Anwendung einer geringeren Strafe von dem Vorhandensein mildernder Umstände abhängig, so müssen aber wieder die Urtheilsgründe die hierüber getroffene Entscheidung ergeben, sofern das Vorhandensein solcher Umstände angenommen, oder einem gestellten Antrage entgegen verneint ist.[42]

IV. Verkündung und Beurkundung des Urtheils.

1. Am Schlusse der Verhandlung wird das Urtheil

---

[38] E. II. 60. R. I. 811. Es genügt jedoch die Feststellung, daß ein Thatbestandsmoment nicht vorliegt. E. V. 225.

[39] Vgl. E. I. 152, 415, II. 419. III. 201. R. I. 779, II. 112, 451, 543.

[40] Nichtbeobachtung dieser Vorschrift ist juristisch einflußlos.

[41] Vgl. oben Anm. 25—27.

[42] Vgl. StPO. §. 266 Abs. 1—3.

und zwar stets in öffentlicher Sitzung verkündet;[43] für die Verkündung der Urtheilsgründe kann jedoch, wie bereits ausgeführt ist,[44] die Oeffentlichkeit ausgeschlossen werden. Die Verkündung des Urtheils kann, abgesehen von Schwurgerichtssachen, ausgesetzt werden: sie muß aber spätestens am siebenten Tage nach der Aussetzung der Hauptverhandlung erfolgen.[45] Da die Verkündung des Urtheils ein Theil der Hauptverhandlung ist, so müssen hierbei die Personen zugegen sein, deren ununterbrochene Gegenwart für die Hauptverhandlung vorgeschrieben ist.[46]

Die Verkündung des Urtheils erfolgt durch Verlesung der Urtheilsformel und Eröffnung der Urtheilsgründe.[47] Die Eröffnung der Urtheilsgründe geschieht entweder auch durch Verlesung oder durch mündliche Mittheilung ihres wesentlichen Inhalts. Es ist nicht erforderlich, daß die Urtheilsgründe vor der Verkündung bereits niedergeschrieben sind. Nur wenn die Verkündung des Urtheils ausgesetzt war, müssen die Urtheilsgründe vor derselben schriftlich festgestellt werden.[48] Die Eröffnung der Urtheilsgründe kann aber auch in diesem Falle durch mündliche Mittheilung ihres wesentlichen Inhalts erfolgen.

2. Das Urtheil mit den Gründen ist binnen drei

---

[43] GVG. §. 174.

[44] Oben §. 51.

[45] StPO. §. 267 Abs. 1.

[46] StPO. §. 225, vgl. oben §. 83 I. A. M. Zimmermann im Gsaal XXXII. 257.

[47] Die bloß mündliche Eröffnung der Urtheilsformel ist jedoch kein Revisionsgrund, E. III. 131. R. IV. 398; ebenso nicht die Nichtübereinstimmung der mündlich verkündeten mit den späteren schriftlichen Gründen, E. IV. 382. R. IV. 210, und selbst nicht der Mangel verkündeter Gründe überhaupt, E. II. 207. R. I. 249. In letzterem Falle beginnt dann aber die Rechtsmittelfrist erst mit der Zustellung des mit Gründen versehenen Urtheils, E. I. 192. R. I. 323.

[48] StPO. §. 267 Abs. 2.

Tagen[49] nach der Verkündung zu den Akten zu bringen, wenn es nicht bereits vollständig in das Protokoll aufgenommen ist. Es muß von den Richtern, welche bei der Entscheidung mitgewirkt haben, unterschrieben werden.[50] Die Schöffen und der Gerichtsschreiber unterschreiben das Urtheil nicht. In das Urtheil sind die Bezeichnung des Tages der Sitzung und die Namen der Richter, der Schöffen, des Beamten der Staatsanwaltschaft und des Gerichtsschreibers, welche an der Sitzung Theil genommen haben, aufzunehmen.[51]

Ausfertigungen und Auszüge aus den Urtheilen sind von dem Gerichtsschreiber zu unterschreiben und mit dem Gerichtssiegel zu versehen.[52]

V. Rechtskraft des Urtheils, insbesondere: non bis in idem.[53]

Durch das Urtheil soll die Sache definitiv erledigt werden. Ist dasselbe rechtskräftig geworden, d. h. durch Rechtsmittel nicht mehr anfechtbar, so ist damit, abgesehen von den besonderen später zu erörternden Fällen der Wiederaufnahme des Verfahrens,[54] ein definitiver Ausspruch über den vom Staat erhobenen Strafanspruch erfolgt. Weder eine Ergänzung oder Modifikation des ergangenen Urtheils,

---

[49] Nichtbeobachtung der Frist ist juristisch einflußlos, nur instruktionell, E. II. 378. R. III. 378.

[50] Ueber die Verhinderung eines Richters, zu unterschreiben, vgl. StPO. §. 275 Abs. 2 Satz 2.

[51] StPO. §. 275 Abs. 1—3.

[52] StPO. §. 275 Abs. 4.

[53] Vgl. Planck §§. 55 ff., Zachariae §§. 174 ff., Geyer §. 247, John §. 52 und Komm. II. 247 ff., Binding §. 124, Glaser §. 65 und in Grünhut's Zeitschr. XII. 303 ff., Schanze in Zeitschr. f. StW. IV. 438, Heinze in GA. XXIV. 283 f., Ortloff in XXVI. 186 ff., Eichhorn im Gsaal XXXVIII. 401 ff., Löwe S. 407 ff.

[54] Vgl. unten §§. 111, 112.

noch eine neue Strafklage wegen derselben That ist zulässig. Wenngleich die Strafprozeßordnung eine ausdrückliche Bestimmung hierüber nicht enthält, so folgt dies doch aus ihren Bestimmungen über den Inhalt des Urtheils, wonach eine vorläufige Freisprechung, eine Freisprechung von der Instanz und ein Vorbehalt weiterer Strafverfolgung unzulässig sind, sowie aus den einschränkenden Bestimmungen über die Wiederaufnahme des Verfahrens, die andernfalls bedeutungslos sein würden.

Dieser Grundsatz des Verbrauchs der Strafklage durch das rechtskräftig gewordene Urtheil, welcher durch die Formel: non oder ne bis in idem ausgedrückt zu werden pflegt, ist in seiner Anwendung an folgende Voraussetzungen geknüpft:

Es muß zunächst dieselbe That in Frage stehen, wobei die Identität der That in demselben Sinne wie bei der Anwendung des §. 263 StPO. zu verstehen ist.[55] Alles, was das Gericht in Gemäßheit des §. 263, falls es in der Verhandlung zur Sprache gekommen wäre, hätte berücksichtigen müssen, kann, wenn es später hervortritt, Berücksichtigung überhaupt nicht mehr finden.[56]

Es muß ferner dieselbe Person als Thäter in Frage stehen, so daß also, wenn ein Anderer wegen derselben That bereits verurtheilt ist, dies der Verfolgung des neu hervorgetretenen Thäters nicht im Wege steht. Die Identität des Anklägers, ob Staatsanwaltschaft, Verwaltungsbehörde oder Privatkläger, ist dagegen gleichgültig.

Vorausgesetzt wird endlich ein kriminelles Urtheil, so daß Entscheidungen, welche Disziplinar- oder Ordnungs-

[55] Vgl. oben in diesem §. Nr. I. 2.

[56] E. II. 347, XV. 9, 237. R. II. 341, IX. 99.

strafen verhängen, nicht in Betracht kommen, und zwar ferner ein solches kriminelles Urtheil, bei welchem der Grundsatz des §. 263 cit., als dessen Korrelat der in Frage stehende Grundsatz überhaupt erscheint, dadurch daß in mündlicher Verhandlung die That nach allen Richtungen geprüft werden konnte, überhaupt in Anwendung zu bringen möglich war, so daß amtsrichterliche Strafbefehle, polizeiliche Strafverfügungen und Strafbescheide der Verwaltungsbehörden, vorausgesetzt, daß die That unter einen anderen, in diesen noch nicht gewürdigten Gesichtspunkt gebracht ist,[57] nicht in Betracht kommen.[58]

Im Uebrigen ist aber gleichgültig, in welchem Verfahren das Urtheil ergangen ist.[59] Auch gelten obige Grundsätze nicht bloß, wenn auf Verurtheilung oder Freisprechung, sondern auch wenn auf Einstellung des Verfahrens erkannt ist.[60] In letzterem Falle erwächst allerdings auch nur der Inhalt dieses Urtheils in Rechtskraft, wonach über den Strafanspruch des Staates materiell nicht erkannt, sondern nur das strafrechtliche Verfahren je nach der Bedeutung des Urtheils auf Einstellung im einzelnen Falle bald überhaupt, bald zur Zeit oder angebrachtermaßen für unzulässig erklärt wird.[61] Aber der Satz ne bis in idem hat auch hier seine Bedeutung, indem im ersten Falle jede spätere Verfolgung ausgeschlossen ist und im zweiten nur unter der Voraussetzung der Verbesserung des Mangels zu einem neuen Verfahren geschritten werden kann.[62] Ist

---

[57] E. XIV. 358. R. VIII. 606.

[58] E. III. 211, IV. 243. R. II. 18, III. 367; a. A. Pfizer im Gsaal XL. 335 ff.

[59] Vgl. E. III. 210, 437, IX. 14. R. II. 671, III. 160, V. 695.

[60] Vgl. E. XV. 237. R. IX. 99.

[61] Vgl. oben §. 77.

[62] Vgl. StPO. §. 429.

beispielsweise wegen mangelnden Antrags auf Einstellung erkannt, so kann zwar, wenn rechtzeitig noch ein Antrag gestellt wird, nochmals Anklage erhoben werden, nicht aber kann etwa dieselbe That jetzt noch unter einen andern rechtlichen Gesichtspunkt, wonach ein Strafantrag überhaupt nicht erforderlich sein würde, gebracht und von diesem aus eine neue Klage erhoben werden.[63]

III. Hauptverhandlung vor den Schwurgerichten.

§. 87.

1. Bildung der Geschworenenbank.[1]

1. Die Bestimmungen, welche in der Strafprozeßordnung über die Vorbereitung der Hauptverhandlung und über die Hauptverhandlung selbst aufgestellt sind, finden auch auf das Verfahren vor den Schwurgerichten insoweit Anwendung, als nicht hierfür besondere Bestimmungen getroffen sind.[2]

2. Die Hauptverhandlung vor den Schwurgerichten beginnt wie jede andere Hauptverhandlung mit dem Aufruf bzw. der Vorführung des Angeklagten. Alsdann aber erfolgt zunächst die Bildung der Geschworenenbank durch die Auslosung der Geschworenen.[3] Dem Angeklagten ist die Spruchliste[4] der Geschworenen spätestens an dem Tage vor der Hauptverhandlung zugänglich zu machen; ist derselbe nicht auf freiem Fuße, so muß ihm die Spruchliste zugestellt werden, sonst genügt die Niederlegung derselben auf

---

[63] Vgl. E. IV. 211, VII. 355. R. III. 350, 479.

[1] Vgl. H.H. II. 115 ff., Geyer §§. 68, 69, Schmidt, das schwurgerichtliche Verfahren.

[2] StPO. §. 276.

[3] StPO. §. 278.

[4] Vgl. oben §. 22. IV.

der Gerichtsschreiberei. Die Namen später auf die Spruchliste gebrachter Geschworener sind dem Angeklagten bis zum Beginne der Hauptverhandlung mitzutheilen.[5]

Die Bildung der Geschworenenbank, einschließlich der Beeidigung der ausgeloosten Geschworenen, erfolgt in öffentlicher Sitzung[6] und ist als ein Theil der Hauptverhandlung anzusehen. Es muß daher, wenn eine unterbrochene Hauptverhandlung nicht am vierten Tage nach der Unterbrechung fortgesetzt wird, auch die Geschworenenbank von Neuem gebildet werden.[7]

Vor der Ausloosung sind die Geschworenen auszuscheiden, welche zum Geschworenenamte unfähig[8] oder in der zu verhandelnden Strafsache kraft Gesetzes ausgeschlossen[9] sind. Hierüber entscheidet endgültig das Gericht nach Anhörung des betreffenden Geschworenen. Nur der für unfähig Erklärte ist in der Spruchliste zu streichen.[10]

Zur Bildung der Geschworenenbank kann geschritten werden, wenn die Zahl der anwesenden und nicht ausgeschiedenen Geschworenen mindestens vierundzwanzig beträgt. Ist dies nicht der Fall, so ist die Zahl aus der Liste der Hülfsgeschworenen auf dreißig zu ergänzen. Diese Ergänzung geschieht mittels Loosziehung durch den Vorsitzenden in öffentlicher Sitzung und gilt für die ganze Sitzungsperiode. Die ausgeloosten Hülfsgeschworenen werden unter Hinweis auf die gesetzlichen Folgen des Ausbleibens[11]

---

[5] StPO. §. 277. Eine Verletzung dieser Vorschriften begründet die Revision jedoch nur dann, wenn ein darauf gestützter Aussetzungsantrag verworfen wird. E. VIII. 233.

[6] StPO. §§. 281, 288 Abs. 2.

[7] StPO. §§. 287, 228.

[8] GVG. §§. 32, 84, 85 Abs. 2; vgl. oben §. 20.

[9] StPO. §§. 22, 32; vgl. oben §§. 25, 23.

[10] StPO. §. 279.

[11] GVG. §§. 56, 96.

vorgeladen und ihre Namen in die Spruchliste aufgenommen. Sobald in Folge des Erscheinens von Hülfsgeschworenen die Zahl von vierundzwanzig Geschworenen erreicht ist, kann die Geschworenenbank gebildet werden. Erscheinen zu einer späteren Hauptverhandlung mehr als dreißig Geschworene, so treten die überzähligen Hülfsgeschworenen in der umgekehrten Reihenfolge ihrer Auslosung zurück.[12]

3. Die Bildung der Geschworenenbank erfolgt durch Auslosung, wobei das Loos durch den Vorsitzenden gezogen wird.[13] Hierbei können die Staatsanwaltschaft[14] und der Angeklagte ihr Ablehnungsrecht geltend machen. Für den Angeklagten thut dies gewöhnlich der Vertheidiger. Die beiden Parteien sind befugt, von den ausgeloosten Geschworenen so viele abzulehnen, als Namen über zwölf in der Urne sich befinden.[15] Diese Zahl verringert sich jedoch um die Zahl der etwa auszuloosenden Ergänzungsgeschworenen.[16] Ist die Gesammtzahl der Ablehnungen eine gerade, so steht den beiden Parteien je die Hälfte zu, ist sie eine ungerade, so hat der Angeklagte eine Ablehnung mehr.[17] Dies gilt auch, wenn mehrere Angeklagte bei einer Hauptverhandlung betheiligt sind. In diesem Falle können sie das Ablehnungsrecht gemeinschaftlich ausüben. Einigen sich die Angeklagten jedoch nicht, so muß eine Ver-

[12] StPO. §. 280. Die Zurücktretenden scheiden für die ganze Sitzungsperiode wieder aus; ihre Namen sind in der Spruchliste wieder zu streichen. E. VI. 170 entscheidet diese Frage nicht.

[13] StPO. §§. 278, 281.

[14] Privat- und Nebenkläger sind hierbei nicht betheiligt; vgl. StPO. §§. 424 Abs. 2, 437 Abs. 2.

[15] StPO. §. 282 Abs. 1.

[16] StPO. §. 285 Abs. 1. Die Ergänzungsgeschworenen treten in der Reihenfolge der Auslosung ein; vgl. Abs. 2.

[17] StPO. §. 282 Abs. 2.

theilung vorgenommen werden; hierbei entscheidet das Loos über die Ausübung derjenigen Ablehnungen, welche sich nicht gleichmäßig vertheilen lassen, und über die Reihenfolge, in welcher die verschiedenen Angeklagten ihr Ablehnungsrecht geltend zu machen haben.[18]

Die Ablehnung erfolgt ohne Angabe von Gründen durch das Wort „abgelehnt". Die Annahme wird durch das Wort „angenommen" erklärt. Wird eine Erklärung über einen aus der Urne gezogenen und aufgerufenen Namen überhaupt nicht abgegeben, so gilt dies als Annahme. Die Lage des Angeklagten ist hierbei insofern eine günstigere, als sich die Staatsanwaltschaft zuerst und dann der Angeklagte über die Annahme oder Ablehnung zu erklären hat. Eine Zurücknahme der abgegebenen Erklärung ist nur so lange zulässig, als ein fernerer Name noch nicht gezogen oder die gesammte Ziehung noch nicht für beendet erklärt ist.[19] Beendet ist die Ziehung und damit die Geschworenenbank gebildet, sobald zwölf[20] nicht abgelehnte Namen aus der Urne gezogen sind.[21]

4. Die Bildung der Geschworenenbank erfolgt stets nur für eine Strafsache, jedoch kann die für eine Strafsache gebildete auch bei anderen an demselben Tage[22] stattfindenden Verhandlungen thätig sein, wenn die betheiligten Angeklagten und die Staatsanwaltschaft sich damit

---

[18] StPO. §. 284.

[19] StPO. §. 283.

[20] Die Zahl vermehrt sich durch etwa zuzuziehende Ergänzungsgeschworene.

[21] Aenderungen sind nicht mehr zulässig. Vgl. auch E. XIV. 206.

[22] Daß diese Strafsachen an einem Tage auch erledigt werden, ist nicht erforderlich.

vor der Beeidigung der Geschworenen[23] einverstanden erklärt haben.[24]

Nach Bildung der Geschworenenbank werden die Geschworenen[25] in öffentlicher Sitzung und in Gegenwart der Angeklagten, über welche sie richten sollen, beeidigt.[26] Der Vorsitzende richtet an die zu Beeidigenden die Worte: „Sie schwören bei Gott, dem Allmächtigen und Allwissenden, in der Anklagesache (den Anklagesachen) wider N. N. die Pflichten eines Geschworenen getreulich zu erfüllen und Ihre Stimme nach bestem Wissen und Gewissen abzugeben." Die Geschworenen leisten den Eid, indem jeder einzeln, unter Erhebung der rechten Hand, die Worte spricht: „ich schwöre es, so wahr mir Gott helfe". Die Ersetzung des Eides durch eine Betheuerungsformel ist den Mitgliedern gewisser Religionsgesellschaften[27] gestattet. Auf die Beeidigung folgt die Verhandlung in der Sache selbst.[28]

§. 88.

2. Fragestellung.[1]

Die Mitwirkung der Geschworenen bei der weiteren Verhandlung wird durch das Geständniß des Angeklagten,

[23] Die Beeidigung muß sich in diesem Falle auf alle Strafsachen erstrecken; vgl. StPO. §. 288.

[24] StPO. §. 286.

[25] Auch die Ergänzungsgeschworenen.

[26] StPO. §. 288 Abs. 1—5.

[27] Vgl. StPO. §. 288 Abs. 6 und oben §. 70 III. 2.

[28] StPO. §. 289.

[1] Vgl. Planck §§. 137 ff., Zachariae §§. 153 ff., HH. II. 127 ff., Geyer §§. 218 ff., Stenglein §. 46, ferner Löwe S. 599 ff., Meyer, That- und Rechtsfrage (1860), Glaser, Fragenstellung im Schwurgerichtsverfahren (1863), v. Bar, Recht und Beweis im Geschworenengericht (1865), Anlage 5 zu den Mot. der StPO., Dalcke, Fragestellung, GA. XXIX. 48 ff., XXXIV. 216 ff., XXXV. 169 ff.

wie dies nach früheren Prozeßordnungen vielfach der Fall war, nicht ausgeschlossen. Es kann im Schwurgerichtsverfahren ein Urtheil ohne Mitwirkung der Geschworenen nur erlassen werden, wenn es zur Entscheidung der Schuldfrage gar nicht kommt, das Urtheil vielmehr schon wegen mangelnder Prozeßvoraussetzungen ergehen kann,[2] in welchem Falle es, wie bereits oben bemerkt,[3] auf Einstellung des Verfahrens zu lauten hat.

An die Beweisaufnahme schließt sich unmittelbar die Verlesung der den Geschworenen vorzulegenden Fragen.[4] Während nach den meisten deutschen Strafprozeßgesetzen auf die Beweisaufnahme die Vorträge der Parteien über die Schuldfrage und der Schlußvortrag des Vorsitzenden folgten, hat die Strafprozeßordnung eine wesentliche Verbesserung eingeführt und bestimmt, daß vor diesen Vorträgen erst die Fragen festzustellen sind. Die Feststellung der Fragen ist Sache des Gerichts. Der Vorsitzende entwirft zwar die Fragen,[5] allein er thut dies als Vertreter des Gerichts; sobald einer der Richter es verlangt, stellt das Gericht die Fragen fest.[6] Der Vorsitzende kann die von ihm entworfenen Fragen den Geschworenen, der Staatsanwaltschaft und dem Angeklagten in Abschrift mittheilen; wird ein Antrag hierauf gerichtet, so muß die Mittheilung der Fragen erfolgen. Auch muß behufs Prüfung der Fragen die Verhandlung auf kurze Zeit unterbrochen werden, wenn die Staatsanwaltschaft, der Angeklagte oder einer der Geschworenen es verlangen.[7]

---

[2] Vgl. E. XV. 122, 107. R. VIII. 791.
[3] Vgl. oben §. 77.
[4] StPO. §. 290 Abs. 2.
[5] StPO. §. 290 Abs. 1.
[6] StPO. §. 291 Abs. 2.
[7] StPO. §. 290 Abs. 2 u. 3.

Bei der Wichtigkeit der Fragen für das Urtheil ist auch der Staatsanwaltschaft und dem Angeklagten sowie jedem Geschworenen das Recht eingeräumt, auf Mängel in der Fragestellung aufmerksam zu machen und Anträge auf Abänderung oder Ergänzung der Fragen zu stellen. Die Vorlegung von Hülfs- oder Nebenfragen kann nur aus Rechtsgründen abgelehnt werden.[8] Werden Einwendungen erhoben oder Anträge angebracht, so erfolgt die Feststellung der Fragen durch das Gericht.[9] Die auf diese Weise festgestellten Fragen sind dann zu verlesen. Es ist hierbei nicht ausgeschlossen, daß dieselben im Laufe der Verhandlung, unter Umständen sogar nach Kundgebung des Spruchs der Geschworenen, nochmals abgeändert oder ergänzt werden.[10]

2. Die Fragen sind hinsichtlich ihrer Fassung so zu stellen, daß sie sich mit Ja oder mit Nein beantworten lassen.[11] Den Geschworenen ist bemerklich zu machen, wenn eine nachfolgende Frage nur für den Fall zu beantworten ist, daß eine vorausgehende in einem gewissen Sinne erledigt werde.[12]

Während die Stellung alternativer Fragen[13]

---

[8] StPO. §. 296.

[9] StPO. §. 291.

[10] StPO. §§. 306, 311.

[11] Vgl. StPO. §§. 292 Abs. 1, 305.

[12] StPO. §. 292 Abs. 2.

[13] Soweit alternative Feststellungen für die Verurtheilung ausreichen, können auch alternative Fragen gestellt werden. Es ist daher zuläſsig zu fragen, ob der Thäter durch Geschenke oder Versprechen bestimmt sei (StGB. §. 48), ob er aussetzt oder verläßt (§. 221), mittels Einbruchs, Einsteigens oder Erbrechens von Behältnissen gestohlen (§. 243 Nr. 2), die Urkundenfälschung begangen hat, um sich oder einem Anderen einen Vermögensvortheil zu verschaffen oder einem Anderen Schaden zuzufügen u. a. Vgl. HH. II. 179 ff. E. V. 241. R. III. 93, 814.

nach der Strafprozeßordnung an sich nicht ausgeschlossen ist, sind Kollektivfragen unzulässig. Bei einer Mehrzahl von Angeklagten oder von strafbaren Handlungen müssen die Fragen für jeden Angeklagten und für jede strafbare Handlung besonders gestellt werden.[14] Selbst bei völliger Gleichartigkeit mehrerer strafbarer Handlungen ist daher eine Zusammenfassung der Fragen wie z. B. „zu wiederholten Malen", „durch verschiedene selbstständige Handlungen" nicht zulässig.[15]

3. Der Inhalt der Fragen ergibt sich aus der von den Geschworenen zu lösenden Aufgabe und aus dem Beschlusse über die Eröffnung des Hauptverfahrens bzw. aus der Hauptverhandlung selbst.

Die Geschworenen sind nach der Strafprozeßordnung berufen zur Entscheidung der Schuldfrage und der Frage nach dem Vorhandensein mildernder Umstände.[16] Die Schuldfrage ist bei den Schwurgerichtssachen nicht anders zu verstehen, als bei den übrigen Strafsachen;[17] die Geschworenen haben daher ebenso wie die Richter die Frage zu beantworten, ob der Angeklagte vor dem Gesetze schuldig sei. Jede Hauptfrage beginnt mit den Worten: „Ist der Angeklagte schuldig?"[18] Damit ist einmal die früher gewöhnliche Unterscheidung zwischen That- (Beweis-) und Rechts-Frage aufgegeben,[19] und ferner liegt darin ausgesprochen, daß ein die Schuld ausschließender Umstand[20] nicht zum

14 StPO. §. 292 Abs. 3.
15 Vgl. E. II. 227. R. II. 202.
16 GVG. §. 81; StPO. §. 297.
17 Vgl. oben §. 86. III.
18 StPO. §. 293.
19 Vgl. Mot. 173, Prot. 447 ff.
20 StGB. §§. 51—54, 59, auch 193, E. IX. 105. R. V. 550; hinsichtlich StGB. §§. 56 und 58 vgl. StPO. §. 298, hinsichtlich der die Schuld wieder aufhebenden Umstände StPO. §. 295 Abs. 2 und unten sub 4 c.

Gegenstand einer besonderen Frage gemacht werden darf, vielmehr darüber durch die Beantwortung der Hauptfrage mitentschieden wird.[21] Die in den Fragen vorkommenden Rechtsbegriffe sind nicht durch solche gleichbedeutende Ausdrücke zu ersetzen, zu deren Verständniß Rechtskenntnisse nicht erforderlich sind, sondern die Geschworenen sind von dem Vorsitzenden über die von ihnen anzuwendenden Rechtsbegriffe zu belehren.

Bei den Fragen ist auszugehen von der That, welche dem Angeklagten in dem Beschlusse auf Eröffnung des Hauptverfahrens zur Last gelegt ist.[22] Diese That muß in den Fragen vollständig erledigt werden. Es sind jedoch auch hier unter der Voraussetzung der Identität der That dieselben Abweichungen wie in den nicht zur Zuständigkeit der Schwurgerichte gehörigen Strafsachen gestattet,[23] und haben daher die Fragen, um den Geschworenen die Möglichkeit ihrer Berücksichtigung zu gewähren, sich in solchen Fällen auch auf die Abweichungen von dem Eröffnungsbeschlusse zu beziehen; der Eröffnungsbeschluß muß aber stets, auch wenn durch die Verhandlung die That sich in einem andern Lichte darstellt, zum Inhalte einer Frage gemacht werden.

4. Nach der Strafprozeßordnung sind Hauptfragen, Hülfsfragen und Nebenfragen zu unterscheiden,[24] und zwar stehen die Haupt- und Hülfsfragen den Nebenfragen gegenüber.

a) Die Hauptfrage beginnt mit den Worten: „Ist der Angeklagte schuldig?" und muß die dem Angeklagten

[21] Vgl. Prot. 460 ff., 997. E. I. 70, IV. 400, XI. 277. R. III. 437, VI. 773.

[22] StPO. §. 205; vgl. oben §. 81. III. 4.

[23] Vgl. oben §. 86. I. 2.

[24] Vgl. StPO. §§. 293—298.

zur Last gelegte That nach ihren gesetzlichen Merkmalen und unter Hervorhebung der zu ihrer Unterscheidung erforderlichen Umstände bezeichnen.[25] Die Spezialisirung der That in der Hauptfrage und in dem Eröffnungsbeschlusse wird im Wesentlichen übereinstimmen.

b) Eine Hülfsfrage ist zu stellen, wenn die Verhandlung Umstände ergeben hat, nach welchen eine von dem Eröffnungsbeschlusse abweichende Beurtheilung der That in Betracht kommt. Die Hülfsfrage ist begrifflich als Hauptfrage anzusehen, da sie den vollen Thatbestand einer strafbaren Handlung enthält; sie muß daher nach den für die Hauptfrage aufgestellten Bestimmungen abgefaßt sein. Die Hülfsfrage ist der dem Eröffnungsbeschlusse entsprechenden Frage voranzustellen, wenn die abweichende Beurtheilung eine erhöhte Strafbarkeit begründet.[26]

c) Nebenfragen enthalten nicht den Thatbestand einer strafbaren Handlung, sondern einzelne vom Strafgesetze besonders vorgesehene Umstände, welche die Strafbarkeit vermindern, erhöhen oder auch wieder aufheben.[27]

Bei einem taubstummen Angeklagten oder einem Angeklagten, der zur Zeit der That noch nicht das achtzehnte Lebensjahr vollendet hatte, ist stets die Nebenfrage zu stellen, ob die Betreffenden bei Begehung der That die zur Erkenntniß ihrer Strafbarkeit erforderliche Einsicht besessen haben.[28]

Die Nebenfrage nach dem Vorhandensein mildernder

---

[25] StPO. §. 293.

[26] StPO. §. 294.

[27] StPO. §. 295; vgl. oben §. 86 Anm. 25—27.

[28] StPO. §. 298; vgl. StGB. §§. 56—58. Bei dem jugendlichen Thäter muß man den Grund einer Freisprechung kennen, um StGB. §. 56 Abs. 2 anwenden zu können. Daher ist die obige Nebenfrage zu stellen.

Umstände kann in den Fällen gestellt werden, in welchen das Gesetz eine geringere Strafe hiervon abhängig macht. Und zwar ist es nicht nur der Staatsanwaltschaft und dem Angeklagten gestattet, die Stellung dieser Nebenfrage zu beantragen, sondern das Gericht kann dieselbe auch von Amtswegen stellen.[29]

5. An die Fragestellung schließen sich die Ausführungen und Anträge der Staatsanwaltschaft und des Angeklagten zur Schuldfrage,[30] und hierauf folgt der Schlußvortrag des Vorsitzenden. In demselben soll der Vorsitzende, ohne in eine Würdigung der Beweise einzugehen, die Geschworenen über die rechtlichen Gesichtspunkte belehren, welche sie bei Lösung der ihnen gestellten Aufgabe in Betracht zu ziehen haben.

Die Belehrung des Vorsitzenden, an welche die Geschworenen nicht gebunden sind, darf von keiner Seite einer Erörterung unterzogen werden; ihr Inhalt gehört daher auch nicht in das Protokoll und ist ein Antrag auf Protokollirung einer Belehrung, etwa behufs Begründung einer darauf zu stützenden Revision, nicht zulässig.[31]

§. 89.

3. Spruch der Geschworenen.[1]

1. Nachdem die von dem Vorsitzenden unterzeichneten Fragen den Geschworenen übergeben sind, ziehen sich dieselben in das Berathungszimmer zurück.[2] **Hierhin können**

[29] StPO. §. 297 Abs. 1; zur Verneinung der obigen Nebenfrage gehören mindestens sieben Stimmen; vgl. Abs. 2.

[30] StPO. §. 299; vgl. §. 257.

[31] StPO. §. 300, E. I. 85. R. I. 284.

[1] Vgl. HH. II. 190 ff., Geyer §§. 222 ff., Stenglein §. 46.

[2] StPO. §. 301. Die Ergänzungsgeschworenen nehmen

den Geschworenen solche Gegenstände mitgegeben werden, welche ihnen in der Verhandlung zur Besichtigung vorgelegt wurden.[3] Der Vorsitzende läßt darauf den Angeklagten aus dem Sitzungszimmer entfernen und sorgt dafür, daß keinerlei Verkehr zwischen den Geschworenen und anderen Personen stattfinde.[4]

In dem Berathungszimmer wählen die Geschworenen mittels schriftlicher Abstimmung nach Mehrheit der Stimmen[5] einen Obmann, welcher die Berathung und Abstimmung zu leiten hat.[6] Die Reihenfolge, in der die Geschworenen abzustimmen haben, richtet sich nach der Auslosung, doch stimmt der Obmann stets zuletzt.[7] Ueber den Hergang der Berathung und Abstimmung haben die Geschworenen Stillschweigen zu beobachten.[8]

2. Die Fragen sind von den Geschworenen mit Ja oder Nein zu beantworten,[9] doch sind die letzteren berechtigt, eine Frage theilweise zu bejahen und theilweise zu verneinen.[10] Eine Form für derartige Antworten ist durch die Strafprozeßordnung nicht vorgeschrieben. Es ist den Geschworenen an sich nicht verboten, ihren Antworten noch Zusätze zur näheren Erläuterung hinzuzufügen. Der Gerichtshof hat in einem solchen Falle darüber zu entscheiden, welche Bedeutung den Zusätzen beizumessen ist, ob dieselben z. B. weil die Geschworenen ihre Zuständigkeit überschritten

nicht Theil. E. III. 266. R. II. 675.

[3] StPO. §. 302. Die Mitgabe anderer Gegenstände, z. B. Akten, ist Revisionsgrund. E. X. 115. R. V. 773.

[4] StPO. §§. 301, 303.

[5] Bei Stimmengleichheit entscheidet das höhere Lebensalter.

[6] StPO. §. 304.

[7] GVG. §. 199 Abs. 2; vgl. auch §§. 197, 198 Abs. 1 und 3.

[8] GVG. §. 200.

[9] StPO. §. 292 Abs. 1.

[10] StPO. §. 305.

haben, als nicht geschrieben anzusehen sind, oder ob eine Berichtigung des Spruchs nothwendig wird, weil die Antworten durch die Zusätze undeutlich sind oder sich widersprechen.[11]

3. Den Geschworenen, welche vor Abgabe ihres Spruchs noch einer weiteren Belehrung bedürfen, kann dieselbe auf ihren Antrag[12] durch den Vorsitzenden ertheilt werden. Die Belehrung erfolgt in dem Sitzungszimmer; es müssen hierbei, mit Ausnahme des Angeklagten, alle Personen anwesend sein, deren Gegenwart durch die Strafprozeßordnung für die Hauptverhandlung vorgeschrieben ist.[13] Ergibt sich Anlaß zur Aenderung oder Ergänzung der gestellten Fragen, so muß der Angeklagte zur Verhandlung zugezogen werden.[14] Neue Beweiserhebungen sind in einem solchen Falle nicht ausgeschlossen.

4. Der Spruch der Geschworenen ist von dem Obmann neben den Fragen niederzuschreiben und von ihm zu unterschreiben.[15] Das Stimmenverhältniß soll nur in der Weise angegeben werden, daß bei einer dem Angeklagten nachtheiligen Entscheidung gesagt werden muß, daß dieselbe mit mehr als sieben Stimmen, und bei Verneinung der mildernden Umstände, ob dieselbe mit mehr als sechs Stimmen gefaßt worden ist. Im Uebrigen darf das Stimmenverhältniß nicht ausgedrückt werden.[16] Hiermit endigt die Thätigkeit der Geschworenen

[11] Vgl. hierüber H. H. II. 199 f.

[12] Es ist gleichgültig, ob der Antrag von der Majorität oder Minorität der Geschworenen ausging.

[13] Vgl. oben §. 83. Auch die Ergänzungsgeschworenen.

[14] StPO. §. 306.

[15] Einmalige Unterschrift am Schluß genügt. E. II. 201. R. II. 674.

[16] StPO. §. 307.

in dem Berathungszimmer; sie begeben sich in das Sitzungszimmer zurück, und die Verhandlung wird, zunächst in Abwesenheit des Angeklagten,[17] wieder eröffnet. Der Spruch der Geschworenen ist von dem Obmann kund zu geben;[18] er spricht die Worte: „Auf Ehre und Gewissen bezeuge ich als den Spruch der Geschworenen" und verliest die gestellten Fragen mit den darauf gegebenen Antworten. Der verlesene Spruch ist von dem Vorsitzenden und dem Gerichtsschreiber zu unterzeichnen.[19]

5. Vor der Urtheilsfällung kann unter Umständen noch eine Berichtigung des Spruchs nothwendig werden. Dieser Fall tritt ein, wenn der Spruch in der Form nicht vorschriftsmäßig z. B. von dem Obmanne nicht unterschrieben ist, oder an sachlichen Mängeln leidet, d. h. entweder undeutlich oder unvollständig oder sich widersprechend ist. „Undeutlich ist der Spruch, sobald er den Sinn, den die Geschworenen ihm beilegen wollen, nicht klar erkennen läßt, oder wenn seine Fassung einen Zweifel darüber zuläßt, ob die Geschworenen nicht die Frage mißverstanden und deshalb die wirklich gestellte Frage unbeantwortet gelassen haben. Als unvollständig stellt sich jeder Spruch dar, welcher die wirklich gestellte Frage nicht erschöpft, und ein Mangel aus dem Gesichtspunkte des inneren Widerspruchs liegt sowohl da vor, wo der Widerspruch aus dem Vergleiche der Bestandtheile einer einzelnen Antwort, als auch da, wo er aus dem Vergleiche verschiedener Antworten hervortritt, sei es, daß

[17] StPO. §§. 301, 313.

[18] Die StPO. unterscheidet zwischen Kundgebung und Verkündung des Spruchs; erstere erfolgt durch den Obmann, letztere durch den Gerichtsschreiber; StPO. §§. 308, 313.

[19] StPO. §. 308.

diese Antworten denselben Angeklagten oder verschiedene Mitangeklagte betreffen." [20]

Die Geschworenen werden in einem solchen Falle von dem Vorsitzenden aufgefordert, sich zur Berichtigung des Spruchs in das Berathungszimmer zurückzubegeben. Diese Anordnung ist so lange zulässig, als das Gericht noch nicht auf Grund des Spruches das Urtheil verkündet hat. [21] Handelt es sich nur um einen formellen Mangel, so darf eine sachliche Aenderung des Spruchs nicht vorgenommen werden. [22] Bei der Berichtigung sachlicher Mängel sind dagegen die Geschworenen an den früheren Spruch in keiner Weise gebunden. Ergibt sich hierbei noch Anlaß zur Aenderung oder Ergänzung der Fragen, so muß der Angeklagte zur Verhandlung zugezogen werden. [23] Eine Ergänzung oder Aenderung der Fragen ist aber auch nur in diesem Falle gestattet; nach Abgabe eines korrekten Spruches ist ist sie absolut unzulässig. [24]

Der berichtigte Spruch der Geschworenen ist in der üblichen Weise [25] niederzuschreiben, jedoch so, daß der frühere erkennbar bleibt. [26]

§. 90.

4. Urtheil. [1]

Der Spruch der Geschworenen wird dem Angeklagten, nachdem dieser in das Sitzungszimmer zurückgekehrt ist,

---

[20] Aus den Motiven zur StPO. S. 184, vgl. Löwe S. 628 f.; HH. II. 206 ff. E. IV. 277, IX. 107, XI. 418. R. III. 379, VI. 438.

[21] StPO. §. 309.

[22] StPO. §. 310.

[23] StPO. §. 311.

[24] E. XI. 168, XVI. 126. R. VI. 537, IX. 340.

[25] StPO. §. 307.

[26] StPO. §. 312.

[1] Vgl. HH. II. 211 ff., Geyer §. 225, Stenglein §. 46.

durch Verlesung verkündet. Die Verlesung erstreckt sich nothwendig nur auf die Antworten der Geschworenen:[2] damit aber der Spruch vom Angeklagten verstanden wird, wird regelmäßig die gleichzeitige Verlesung der Frage angemessen sein.

Der weitere Verlauf der Verhandlung kann folgender sein:

a) Lautet der Spruch auf „nicht schuldig", so erfolgt Freisprechung des Angeklagten durch das Gericht, ohne daß weitere Vorträge der Staatsanwaltschaft oder des Angeklagten stattfinden.[3]

b) Lautet der Spruch auf „schuldig", so müssen vor der Urtheilsfällung die Staatsanwaltschaft und der Angeklagte mit ihren Ausführungen und Anträgen gehört werden.[4] Diese werden sich in der Regel nur noch auf die Straffrage beziehen, sei es daß die Strafe zuzumessen oder zu erörtern ist, ob nicht trotz festgestellter Schuld des Angeklagten eine Bestrafung unzulässig sei.[5]

In diesen beiden Fällen endigt die Verhandlung mit einem Urtheil, das am Schlusse zu verkünden ist; eine Aussetzung der Verkündung ist nicht gestattet.[6] In dem Urtheile ist auf den Spruch der Geschworenen Bezug zu nehmen und diese Urschrift des Spruchs dem niedergeschriebenen Urtheile anzufügen.[7]

c) Ist der Schwurgerichtshof einstimmig[8] der Ansicht, daß die Geschworenen sich in der Hauptsache[9] zum

---

[2] StPO. §. 313.

[3] StPO. §. 314 Abs. 1.

[4] StPO. §. 314 Abs. 2.

[5] Vgl. StPO. §. 262 Abs. 3.

[6] StPO. §. 315.

[7] StPO. §. 316.

[8] Die Einstimmigkeit braucht sich nicht auch auf die Gründe zu erstrecken.

[9] Der Begriff ist sehr bestritten. Es ist wohl mit Löwe (S. 629 f.) darunter die Schuldfrage in ihrem ganzen Umfange zu verstehen und nur die Frage

Nachtheile des Angeklagten geirrt haben, so verweist er die Sache durch Beschluß ohne Begründung seiner Ansicht vor das Schwurgericht der nächsten Sitzungsperiode. Diese Verweisung ist nur von Amtswegen und bis zur Verkündung des Urtheils zulässig.

In der neuen Verhandlung, an welcher kein Geschworener Theil nehmen darf, der bei dem früheren Spruche mitgewirkt hat, muß die Sache unter allen Umständen erledigt werden.[10]"

IV. Verfahren gegen Abwesende.[1]

§. 91.

Uebersicht.

Als abwesend gilt[2] nach der Strafprozeßordnung

1. derjenige, dessen Aufenthaltsort (im Inlande oder Auslande[3]) unbekannt ist, und
2. derjenige, welcher sich im Auslande aufhält, dessen Gestellung vor das zuständige Gericht aber nicht ausführbar[4] oder nicht angemessen[5] erscheint.

---

nach den mildernden Umständen auszuschließen.

[10] StPO. §. 317. Vgl. Freudenstein im Magazin f. deutsches R. I. 123.

[1] Vgl. Planck §§. 163 ff., Zachariae §§. 133 ff., HH. II. 221 ff., Geyer §§. 226 ff., Binding §. 110, Stenglein §. 47.

[2] StPO. §. 318; vgl. oben §. 83. II.

[3] StGB. §. 8. Derselbe gilt auch für das Strafverfahren. R. I. 322.

[4] Weil mit dem betreffenden ausländischen Staate kein Auslieferungsvertrag besteht oder wegen des in Frage stehenden Delikts eine Auslieferung nicht stattfindet. Die zur Zeit für das deutsche Reich geltenden Auslieferungsverträge siehe bei Hellweg, StPO. Anm. 3 zu §. 318.

[5] z. B. weil sie zu kostspielig oder zu umständlich ist.

Die Strafprozeßordnung hat im Anschluß an die den heutigen Strafprozeß beherrschenden Grundsätze, welche die Gegenwart des Beschuldigten fordern, als Regel aufgestellt, daß gegen Abwesende in dem obigen Sinne eine Hauptverhandlung nicht stattfinden darf. Hiervon ist, abgesehen von dem Verfahren gegen Abwesende, welche sich der Wehrpflicht entzogen haben, welches in der Strafprozeßordnung und so auch in dem vorliegenden Werke unter den besonderen Arten des Verfahrens behandelt wird,[6] nur die Ausnahme zugelassen, daß eine Hauptverhandlung bei den strafbaren Handlungen stattfinden kann,[7] welche nur mit Geldstrafe oder Einziehung, allein oder in Verbindung mit einander bedroht sind, wobei jedoch die Möglichkeit der Umwandlung der Geldstrafe in eine Freiheitsstrafe für den Unvermögensfall nicht in Betracht kommt. Dieselben Gründe, welche das Verfahren gegen einen ausgebliebenen Angeklagten rechtfertigen, lassen sich auch hier anwenden. Abgesehen von diesen beiden Ausnahmen findet eine Hauptverhandlung gegen einen Abwesenden nicht statt; im Uebrigen kann gegen Abwesende nur ein Verfahren eingeleitet werden, entweder um für den Fall der künftigen Gestellung des abwesenden Beschuldigten die Beweise zu sichern,[8] oder ihn zur Gestellung vor die inländischen Gerichte zu bewegen.[9]

---

[6] Vgl. StPO. §§. 470 ff. und unten §. 100.

[7] StPO. §§. 319, 327. Ob eine Strafverfolgung einzutreten hat oder nicht, wird nach den allgemeinen Bestimmungen entschieden. Es handelt sich hier keineswegs um eine Ausnahme von dem Legalitätsprinzip; vgl. Löwe S. 633, Stenglein, Kommentar S. 523; a. A. Keller S. 416, vgl. auch HH. II. 227.

[8] StPO. §§. 327 ff.

[9] StPO. §§. 332 ff.

§. 92.

1. Hauptverhandlung gegen Abwesende.

Für das Hauptverfahren bei den mit Geldstrafe oder Einziehung, allein oder in Verbindung mit einander, bedrohten strafbaren Handlungen[1] gelten die allgemeinen Bestimmungen, jedoch mit folgenden Abweichungen:

1. Die Ladung des abwesenden Angeklagten zur Hauptverhandlung ist, wenn sein Aufenthalt unbekannt ist oder die Befolgung der für Zustellungen im Auslande bestehenden Vorschriften[2] unausführbar oder voraussichtlich erfolglos erscheint, in einer beglaubigten Abschrift an die Gerichtstafel bis zum Tage der Hauptverhandlung anzuheften. Außerdem ist ein Auszug der Ladung in das für amtliche Bekanntmachungen des betreffenden Bezirks bestimmte Blatt und nach Ermessen des Gerichts auch in ein anderes Blatt dreimal einzurücken. Zwischen dem Tage der letzten Bekanntmachung und der Hauptverhandlung muß eine Frist von mindestens einem Monate liegen.[3] Die Ladung muß enthalten die Angabe des Namens und, soweit dies bekannt, des Vornamens, Alters, Standes, Gewerbes und Wohnorts oder Aufenthaltsorts des Angeklagten, die Bezeichnung der dem Angeklagten zur Last gelegten strafbaren Handlung, sowie die Angabe des Tages und der Stunde der Hauptverhandlung. Außerdem muß die Ladung die Warnung enthalten, daß bei unentschuldigtem Ausbleiben des Angeklagten die Hauptverhandlung stattfinden werde.[4]

---

[1] Aus dem StGB. gehören hierhin §§. 145, 276, 285, 364, 365 Abs. 1.

[2] CPO. §§. 182 ff.

[3] StPO. §. 320.

[4] StPO. §. 321.

2. Für den Angeklagten kann in der Hauptverhandlung ein Vertheidiger auftreten. Hierzu bedarf der Vertheidiger keiner besonderen Vollmacht, was jedoch nothwendig wird, sobald es sich um eine Vertretung des Angeklagten handelt, was namentlich für Geständnisse und dergl. von Bedeutung ist. Als Vertreter des letzteren sind auch Angehörige[5] zuzulassen, ohne daß sie einer Vollmacht bedürfen.[6] Da bei den Angehörigen nur eine Vollmacht vermuthet wird, so geht ihnen der mit Vollmacht versehene Vertheidiger des Angeklagten vor;[7] abgesehen hiervon bleiben die Rechte der Angehörigen unberührt.

3. Das Urtheil ist dem Angeklagten in der Weise zuzustellen, daß, wenn die Zustellung im deutschen Reiche nicht bewirkt werden kann, das Urtheil und zwar nur der entscheidende Theil desselben zwei Wochen an die Gerichtstafel des Gerichts erster Instanz angeheftet wird.[8] Gegen das Urtheil kann der Angeklagte Wiedereinsetzung in den vorigen Stand beanspruchen.[9]

4. Der Vertheidiger und die Angehörigen, auch wenn die letzteren in der Hauptverhandlung als Vertreter nicht aufgetreten sind, können die dem Beschuldigten zustehenden Rechtsmittel einlegen.[10] Es darf dies jedoch nicht gegen den ausgesprochenen Willen des Beschuldigten erfolgen. Die Frist beginnt mit dem auf die oben erwähnten zwei Wochen folgenden Tage.[11]

---

[5] Der Begriff des Angehörigen ist hier nicht im Sinne des StGB. §. 52 Abs. 2, sondern weiter, möglichst zu Gunsten des Angeklagten zu fassen; Löwe S. 635, a. M. HH. II. 228 f.

[6] StPO. §. 322.

[7] Vgl. Löwe S. 636.

[8] StPO. §. 323.

[9] Vgl. StPO. §§. 44 ff., Löwe S. 636; a. M. von Schwarze S. 482, HH. II. 229.

[10] StPO. §. 324.

[11] Vgl. StPO. §. 43.

5. a) Da das gegen Abwesende in dem obigen Sinne ergangene Urtheil an sich auch ausführbar ist, so können [12] zu diesem Zwecke nach Erhebung der öffentlichen Klage einzelne zum Vermögen des Angeschuldigten gehörige Gegenstände mit Beschlag belegt werden. Es ist hierbei auf die den Angeschuldigten möglicherweise treffende höchste Geldstrafe und die Kosten des Verfahrens Rücksicht zu nehmen.

Die Beschlagnahme, auf welche die Bestimmungen der Civilprozeßordnung über die Vollziehung und die Wirkungen des dinglichen Arrestes entsprechend anzuwenden sind,[13] ist aufzuheben, wenn der Grund derselben weggefallen ist.

b) Erscheint eine Beschlagnahme einzelner Vermögensstücke nicht ausführbar, so kann durch Beschluß des Gerichts das im deutschen Reiche befindliche Vermögen des Angeschuldigten mit Beschlag belegt werden. Der Beschluß ist durch den deutschen Reichsanzeiger oder auch noch durch andere Blätter öffentlich bekannt zu machen. Verfügungen, welche der Angeklagte über sein mit Beschlag belegtes Vermögen nach der ersten durch den deutschen Reichsanzeiger bewirkten Veröffentlichung des Beschlusses trifft, sind der Staatskasse gegenüber nichtig.[14]

Die Beschlagnahme des Vermögens ist aufzuheben, wenn der Grund derselben weggefallen ist oder der durch sie zu erreichende Zweck durch Beschlagnahme einzelner Vermögensstücke erreicht werden kann. Die Aufhebung ist in derselben Weise wie die Beschlagnahme zu veröffentlichen.[15]

---

[12] StPO. §. 325.
[13] CPO. §§. 808—811 in Verbindung mit §§. 708 ff.
[14] StPO. §. 325 Abs. 1 und 2.
[15] StPO. §. 325 Abs. 3 und 4.

§. 93.

2. Verfahren zur Sicherung der Beweise.

I. Allgemein kann gegen einen Abwesenden ein Verfahren eingeleitet werden, um für den Fall seiner künftigen Gestellung die Beweise zu sichern. Es hängt lediglich von der Staatsanwaltschaft ab, ob ein solches Verfahren einzuleiten ist. Diese wird sich dabei einerseits von der Wichtigkeit der betreffenden Strafsache, andererseits von der größeren oder geringeren Wahrscheinlichkeit der künftigen Gestellung des Angeschuldigten leiten lassen. Die Staatsanwaltschaft hat auch darüber zunächst zu bestimmen, welche Beweise und in welcher Art dieselben sicher zu stellen sind. In der Strafprozeßordnung ist nur vorgeschrieben, daß Zeugen und Sachverständige eidlich zu vernehmen sind.[1]

Die Sicherung der Beweise kann im Vorbereitungsverfahren erfolgen; in diesem Falle hat die Staatsanwaltschaft auch über die Beendigung des Verfahrens zu entscheiden. Oder es kann in den Fällen, wo dies gesetzlich zulässig ist,[2] die Eröffnung der Voruntersuchung beantragt werden. Es ist dies jedoch an sich nicht nothwendig, da die Beweise auch in diesen letzteren Fällen im Vorbereitungsverfahren gesichert werden können. Voruntersuchung muß dagegen eröffnet werden, wenn eine Beschlagnahme des Vermögens des Abwesenden eintreten soll.[3] Ist eine Voruntersuchung eröffnet oder stellt sich im Laufe derselben erst die Abwesenheit des Angeschuldigten heraus, so ist, nachdem die Beweise gesichert sind, das Verfahren vor-

---

[1] StPO. §. 328 Abs. 2.

[2] StPO. §. 176; vgl. oben S. 638.

[3] StPO. §. 332. Vgl. Löwe §. 80.

läufig einzustellen, falls nicht ein anderes Resultat der Voruntersuchung sich ergeben sollte. Es finden hier die Vorschriften über die Voruntersuchung entsprechende Anwendung.[4] Wenn die Abwesenheit des Angeklagten erst nach Eröffnung des Hauptverfahrens bekannt wird, ist das Verfahren in gleicher Weise einzustellen; die noch erforderlichen Beweisaufnahmen sind nach Anhörung der Staatsanwaltschaft nicht durch das Gericht, sondern stets durch einen beauftragten oder ersuchten Richter vorzunehmen.[5]

II. Für das Verfahren zur Sicherung der Beweise hat die Strafprozeßordnung noch folgende Bestimmungen getroffen.

1. Das Gericht kann den Abwesenden, dessen Aufenthalt zwar unbekannt, von dem aber anzunehmen ist, daß er der Ladung Folge leisten werde, in öffentlichen Blättern zum Erscheinen vor Gericht oder zur Anzeige seines Aufenthaltsortes auffordern.[6] Es ist auch befugt, einem Abwesenden Benachrichtigungen[7] über den Fortgang des Verfahrens zukommen zu lassen, der Angeschuldigte hat jedoch keinen Anspruch auf Benachrichtigung.[8]

2. Ein Vertheidiger ist in dem Verfahren zuzulassen. Auch Angehörige des Beschuldigten können einen Vertheidiger für denselben wählen.[9]

[4] StPO. §. 336 Abs. 1.
[5] StPO. §. 331.
[6] StPO. §. 330.
[7] Vgl. z. B. StPO. §§. 191, 193.
[8] StPO. §. 329.
[9] StPO. §. 328.

§. 94.

3. Maßregeln behufs Gestellung des Abwesenden.[1]

I. Vermögensbeschlagnahme.

Um die Gestellung des Abwesenden zu bewirken, kann auf Beschluß des Gerichts die Beschlagnahme seines im deutschen Reiche belegenen Vermögens eintreten.[2] Diese Beschlagnahme ist, abgesehen von den zur Zuständigkeit der Schöffengerichte[3] gehörigen Strafsachen, allgemein zulässig, wenn

a) die öffentliche Klage erhoben ist und
b) Verdachtsgründe vorliegen, welche die Erlassung eines Haftbefehls[4] rechtfertigen würden.

Der Beschluß des Gerichts, durch welchen die Beschlagnahme des Vermögens verhängt wird, ist durch den Deutschen Reichsanzeiger oder auch sonst noch zu veröffentlichen.[5] In Folge dessen verliert der Angeschuldigte mit dem Zeitpunkte der ersten Bekanntmachung in dem Deutschen Reichsanzeiger das Recht, über das in Beschlag genommene Vermögen unter Lebenden zu verfügen. Die weitere Ausführung der Beschlagnahme erfolgt durch diejenige Behörde, welche für die Einleitung einer Vormundschaft über Abwesende zuständig ist. Diese Behörde, welcher der Beschluß mitzutheilen ist, hat eine Güterpflege einzuleiten.[6]

Die Aufhebung der Beschlagnahme erfolgt,

---

[1] Vgl. Bennecke §. 62.
[2] StPO. §. 332.
[3] GVG. §. 27 und §. 29. Vgl. Prot. 1091 ff., Stenglein S. 531. A. M. Löwe S. 641.
[4] Vgl. StPO. §. 112. Der Haftbefehl ist neben der Beschlagnahme, diese auch ohne Erlassung eines Haftbefehls zulässig.
[5] StPO. §. 333.
[6] StPO. §. 334.

wenn die Gründe derselben weggefallen sind,[7] z. B. wenn der Abwesende sich stellt oder verhaftet oder auch außer Verfolgung gesetzt wird. Auf das nach Erhebung der öffentlichen Klage eintretende Verfahren finden nämlich im Uebrigen die Vorschriften über die Voruntersuchung entsprechende Anwendung.[8] In dem nach Beendigung dieses Verfahrens ergehenden Beschlusse[9] muß zugleich über die Fortdauer oder Aufhebung der Beschlagnahme entschieden werden.[10] Die Aufhebung der Beschlagnahme ist durch dieselben Blätter bekannt zu machen, durch welche die Beschlagnahme selbst veröffentlicht worden war.[11]

II. Sicheres Geleit.

1. Das sichere Geleit ist ein in allen Strafsachen zulässiges Mittel, die Selbstgestellung des abwesenden Beschuldigten zu befördern. Es besteht darin, daß dem letzteren Befreiung von der Untersuchungshaft gewährt wird.[12]

2. Die Ertheilung des sicheren Geleits erfolgt auf Antrag durch Beschluß des Gerichts, nicht auch des Untersuchungsrichters; es ist jedoch vor Ertheilung die Staatsanwaltschaft zu hören.[13] Das sichere Geleit bezieht sich nur auf die strafbare Handlung, für welche es ertheilt ist, schützt daher nicht vor Verhaftung wegen anderer strafbarer Handlungen, mögen sie vor oder nach Ertheilung des sicheren Geleits begangen sein. Die Ertheilung desselben kann von Bedingungen abhängig gemacht werden, z. B. davon, daß der Beschuldigte sich bis zu einem ge-

---

[7] StPO. §. 335 Abs. 1.
[8] StPO. §. 336 Abs. 2.
[9] StPO. §. 196.
[10] StPO. §. 336 Abs. 2. Vgl. die analoge Bestimmung hinsichtlich der Untersuchungshaft in StPO. §. 205 Abs. 2.
[11] StPO. §. 335 Abs. 2.
[12] StPO. §. 337.
[13] StPO. §. 33.

wissen Tage gestellt oder sein Verbleiben an einem bestimmten Orte zugesichert oder Sicherheit geleistet hat.

3. Das sichere Geleit erlischt:

a) wenn ein auf Freiheitsstrafe lautendes Urtheil [14] ergeht, oder

b) wenn der Beschuldigte Anstalten zur Flucht trifft, oder

c) wenn er die Bedingungen nicht erfüllt, unter welchen ihm das sichere Geleit ertheilt worden ist.

Die Aufhebung des sicheren Geleits erfordert in gleicher Weise wie die Ertheilung desselben einen Beschluß des Gerichts. Der Aufhebung braucht die Verhaftung des Beschuldigten nicht zu folgen.

V. Verfahren auf erhobene Privatklage.[1]

§. 95.

1. Die Privatklage ist bei dem zuständigen Amtsgerichte zu erheben. Im Falle eines Zusammenhanges kann eine Privatklagesache gleichzeitig mit einer auf öffentliche Klage anhängig gemachten Sache bei einem anderen Gerichte verhandelt werden; nur vor dem Schwurgerichte ist dies nicht gestattet.[2]

Die Erhebung der Privatklage geschieht durch Einreichung einer Anklageschrift oder zu Protokoll des Gerichtsschreibers. Die Privatklage muß den Erfordernissen ent-

---

[14] Auf die Rechtskraft des Urtheils kommt es nicht an.

[1] Ueber die Zulässigkeit der Privatklage, die Stellung des Privatklägers im Allgemeinen und insbesondere gegenüber der Staatsanwaltschaft ist bereits oben in den §§. 39—41 gehandelt. Dort Anm. 1 zu §. 39 sieh' auch die Litteraturangaben.

[2] StPO. §. 424 Abs. 2.

sprechen, welche für die von der Staatsanwaltschaft erhobene Klage vorgeschrieben sind.[3] Mit der Privatklage sind zwei Abschriften derselben einzureichen; ist die Privatklage zu Protokoll des Gerichtsschreibers erhoben, so sind die Abschriften auf der Gerichtsschreiberei anzufertigen.[4]

Handelt es sich um eine solche Beleidigung, bei welcher ein Sühneversuch[5] vorgeschrieben ist,[6] so muß der Privatkläger zugleich mit der Privatklage noch eine Bescheinigung darüber einreichen, daß die Sühne erfolglos versucht worden ist.[7]

2. Die Prüfung der Privatklage durch den Amtsrichter erstreckt sich zunächst nur darauf, ob dieselbe vorschriftsmäßig[8] erhoben sei. Ist dies nicht der Fall, so wird die Privatklage durch Verfügung zurückgewiesen, im entgegengesetzten Falle theilt der Amtsrichter die eine Abschrift dem Beschuldigten unter Bestimmung einer Frist zur Erklärung, die andere Abschrift aber der Staatsanwaltschaft[9] zur Kenntnißnahme mit,[10] damit dieselbe in der Lage ist, nöthigenfalls das öffentliche Interesse wahrnehmen zu können. Der Amtsrichter kann noch vor der Mittheilung der beiden Abschriften von dem Privatkläger unter gewissen Be-

---

[3] StPO. §. 198 Abs. 1. Vgl. auch Alexander-Katz im Gsaal XXXIV. 71.

[4] StPO. §. 421.

[5] Vgl. hierüber bes. von Schwarze, Erörterungen S. 42 bis 46.

[6] Vgl. oben §. 39.

[7] StPO. §. 420 Abs. 1. Nach der preuß. Schiedsmannsordnung §. 37 Abs. 2 ist der Beschuldigte nicht verpflichtet, in dem Sühnetermin zu erscheinen; anders nach §. 13. der k. sächsischen Verordnung vom 16. Mai 1879, die Bestellung von Friedensrichtern betreffend, welche den Beschuldigten unter Androhung einer Zwangsstrafe ladet.

[8] d. h. in Gemäßheit der §§. 420, 421 StPO.

[9] des Landgerichts. Vgl. §. 90 der preuß. Geschäftsanw. f. Amtsanwälte v. 28. August 1879 (JMBl. 261).

[10] StPO. §. 422.

dingungen[11] die Leistung einer Sicherheit für die Kosten fordern. Außerdem ist der Privatkläger verpflichtet, einen Gebührenvorschuß von zehn Mark für die Instanz,[12] auch bei jedem Antrage auf Vornahme einer Handlung, mit welcher baare Auslagen verbunden sind, einen zur Deckung derselben hinreichenden Vorschuß zu zahlen. Das Letztere gilt auch für den Angeschuldigten.[13]

3. Nach Ablauf der dem Beschuldigten bewilligten Frist, gleichviel ob derselbe eine Erklärung eingereicht hat oder nicht,[14] tritt der Amtsrichter in die materielle Prüfung der Privatklage ein und entscheidet auf Grund der Bestimmungen, welche bei einer von der Staatsanwaltschaft unmittelbar erhobenen Anklage Anwendung finden, ob das Hauptverfahren zu eröffnen oder die Privatklage zurückzuweisen sei.[15] Weist der Amtsrichter die Privatklage zurück, so muß aus dem Beschlusse ersichtlich sein, ob derselbe auf thatsächlichen oder auf Rechtsgründen beruht. Gegen diesen Beschluß kann der Privatkläger die sofortige Beschwerde einlegen.[16] Im entgegengesetzten Falle beschließt der Amtsrichter die Eröffnung des Hauptverfahrens. Diesen Beschluß kann der Angeklagte nur (durch sofortige Beschwerde) anfechten, wenn der von ihm erhobene Einwand der örtlichen Unzuständigkeit verworfen ist.[17]

4. Der Amtsrichter beraumt darauf den Termin zur Hauptverhandlung vor dem Schöffengericht an und ladet hierzu den Privatkläger und den Angeklagten. Die

[11] Vgl. oben §. 40, 2 und v. Schwarze, Erörterungen S. 47—50.

[12] GKG. §. 83.

[13] GKG. §. 84.

[14] Auf eine Erklärung der Staatsanwaltschaft braucht der Amtsrichter nicht zu warten.

[15] StPO. §. 423.

[16] StPO. §§. 209 Abs. 2, 430.

[17] Löwe S. 755, von Schwarze, Erörterungen S. 56.

auf richterliche Anordnung ergehenden Ladungen werden durch den Gerichtsschreiber und nicht wie im sonstigen Verfahren durch die Staatsanwaltschaft bewirkt.[18] Zwischen der Zustellung der Ladung des Privatklägers zur Hauptverhandlung und dem Tage der letzteren muß ebenfalls wie beim Angeklagten eine Frist von mindestens einer Woche liegen.[19] Der Amtsrichter bestimmt auch die Personen, welche als Zeugen oder Sachverständige zur Hauptverhandlung geladen werden sollen, doch können der Privatkläger und der Angeklagte noch andere Zeugen und Sachverständige unmittelbar laden.[20] Mit der Zustellung der Ladungen haben sie den Gerichtsvollzieher zu beauftragen.[21] Der Termin zur Hauptverhandlung ist außerdem noch der Staatsanwaltschaft bekannt zu machen.[22]

5. Für den Verlauf des Verfahrens kommt es darauf an, ob die Parteien oder nur der Privatkläger oder nur der Angeklagte in der Hauptverhandlung erschienen sind oder nicht.

a) Ist der Privatkläger nicht erschienen und auch nicht durch einen mit schriftlicher Vollmacht versehenen Rechtsanwalt[23] vertreten,[24] so ist die Privatklage als zurückgenommen[25] zu betrachten und das Verfahren einzustellen.[26] Dasselbe geschieht, wenn der Privatkläger in

[18] StPO. §. 425 Abs. 2.
[19] StPO. §. 425 Abs. 3, §. 216.
[20] StPO. §. 426.
[21] StPO. §. 38.
[22] StPO. §. 417 Abs. 1.
[23] An diesen können für den Privatkläger bestimmte Zustellungen mit rechtlicher Wirkung gemacht werden; StPO. §. 418 Satz 2. Für den Vertreter des Angeklagten (StPO. §. 427 Abs. 1) ist eine entsprechende Bestimmung nicht getroffen.
[24] StPO. §. 418 Satz 1.
[25] Ueber das Recht der Zurücknahme der Privatklage vgl. StPO. §§. 431, 432 und oben §. 40.
[26] StPO. §. 431 Abs. 2 und 3.

der Hauptverhandlung oder einem anderen Termine ausbleibt, obgleich das Gericht, wozu es befugt ist,[27] sein persönliches Erscheinen angeordnet hatte, oder eine Frist z. B. für die Leistung der Sicherheit oder des Gebührenvorschusses nicht einhält, welche ihm unter der Androhung der Einstellung des Verfahrens gesetzt war.[26] Gegen die Versäumung kann der Privatkläger Wiedereinsetzung in den vorigen Stand beanspruchen.[28]

b) Ist der Angeklagte nicht erschienen und auch nicht durch einen mit schriftlicher Vollmacht versehenen Rechtsanwalt vertreten,[29] so kann zur Hauptverhandlung nur dann geschritten werden, wenn der Angeklagte gemäß den allgemeinen Vorschriften[30] auf seinen Antrag wegen großer Entfernung von der Verpflichtung zum Erscheinen entbunden war. Abgesehen von diesem Falle kann bei den durch Privatklage zu verfolgenden strafbaren Handlungen gegen einen ausgebliebenen oder einen abwesenden Angeklagten eine Hauptverhandlung nicht stattfinden. Ist der Angeklagte daher nicht erschienen, so kann das Gericht nur denselben vorführen lassen.[31]

c) Sind beide Parteien erschienen oder kann ausnahmsweise ohne Gegenwart des Angeklagten verhandelt werden, so richtet sich das weitere Verfahren nach den Bestimmungen, welche für das Verfahren auf erhobene öffentliche Klage gegeben sind.[32] Den Umfang der Beweisaufnahme bestimmt jedoch wie auch überhaupt in Schöffengerichtssachen

---

[27] StPO. §. 427 Abs. 3.

[28] StPO. §. 431 Abs. 4. Vgl. hinsichtlich der Zustellung des Urtheils Lamm in d. Annalen d. sächs. OLG. Dresden VI. 97 ff.

[29] StPO. §. 427 Abs. 1 und 2.

[30] StPO. §§. 232; vgl. oben §. 83. II. 2. c.

[31] StPO. §. 427 Abs. 3.

[32] StPO. §§. 424 Abs. 1, 425.

das Gericht, ohne hierbei durch Anträge, Verzichte oder frühere Beschlüsse gebunden zu sein.[33]

6. Bei wechselseitigen d. h. von beiden Seiten verübten Beleidigungen und Körperverletzungen, ohne daß ein zeitlicher oder sachlicher Zusammenhang derselben erforderlich ist,[34] kann der Beschuldigte bis zur Beendigung der Schlußvorträge[35] in erster Instanz mittels einer Widerklage die Bestrafung des Privatklägers beantragen.[36] Es ist dabei vorauszusetzen, daß die Widerklage wegen einer Beleidigung oder Körperverletzung stattfindet, welche ebenfalls durch Privatklage zu verfolgen ist. Auch muß der Beschuldigte als Widerkläger die für die Erhebung der Privatklage erforderliche Prozeßfähigkeit besitzen. Ist dies nicht der Fall, so muß er sich in seiner Eigenschaft als Widerkläger vertreten lassen. Zu einer Sicherheitsleistung ist der Widerkläger nicht verpflichtet; auch braucht, wenn es sich bei der Widerklage um eine Beleidigung handelt, ein Sühnetermin nicht vorauszugehen.

Die Widerklage kann bereits vor der Hauptverhandlung erhoben werden; es finden dann die Vorschriften über die Erhebung der Privatklage, abgesehen vom Sühneverfahren, Anwendung. In der Hauptverhandlung wird die Widerklage in der Regel mündlich erhoben werden. Die Ueberreichung einer Anklageschrift ist jedoch auch hier nicht ausgeschlossen.[37]

Ueber die Privatklage und die Widerklage wird gleich-

---

[33] StPO. §. 244 Abs. 2; vgl. oben §. 85 II. 1.

[34] Vgl. E. II. 87.

[35] StPO. §. 257; vgl. oben §. 85. III.

[36] StPO. §. 428 Abs. 1.

[37] Löwe S. 760.

zeitig erkannt. Dabei ist die Zurücknahme der Privatklage ohne Einfluß auf das Verfahren über die Widerklage.[38]

7. Ergibt sich nach verhandelter Sache, daß die festgestellte strafbare Handlung nicht durch Privatklage verfolgt werden kann, so hat das Gericht durch Urtheil das Verfahren einzustellen und die Verhandlungen der Staatsanwaltschaft mitzutheilen. Eine Verweisung an das zuständige Gericht findet in einem solchen Falle nicht statt.[39]

8. Der Privatkläger kann die Rechtsmittel einlegen, welche der Staatsanwaltschaft in dem auf öffentliche Klage erhobenen Verfahren zustehen. Dasselbe gilt von dem Antrage auf Wiederaufnahme des Verfahrens zu Ungunsten des Angeklagten. Jedes von dem Privatkläger eingelegte Rechtsmittel hat die Wirkung, daß die angefochtene Entscheidung auch zu Gunsten des Angeklagten abgeändert oder aufgehoben werden kann.[40]

Revisionsanträge und Anträge auf Wiederaufnahme des Verfahrens kann der Privatkläger nur mittels einer von einem Rechtsanwalt unterzeichneten Schrift anbringen; der Angeklagte, wie gewöhnlich, auch zu Protokoll des Gerichtsschreibers.[41]

9. Die Zurücknahme der Privatklage[42] und der Tod des Privatklägers, der die Einstellung des Verfahrens zur Folge hat,[43] sowie die in letzterem Falle ausnahmsweise[44] gestattete Fortsetzung der Privatklage sind dem Beschuldigten bekannt zu machen.[45]

---

[38] StPO. §. 428 Abs. 2 und 3.
[39] StPO. §. 429.
[40] StPO. §. 430 Abs. 1.
[41] StPO. §. 430 Abs. 2, §. 385 Abs. 2.
[42] StPO. §. 432, vgl. oben §. 40.
[43] StPO. §. 433 Abs. 1.
[44] Vgl. oben §. 39, 4.
[45] StPO. §. 434.

VI. Besondere Arten des Verfahrens.

§. 96.

Uebersicht.

Als besondere Arten des Verfahrens führt die Strafprozeßordnung in einem besonderen (sechsten) Buche auf: 1. das Verfahren bei amtsrichterlichen Strafbefehlen,[1] 2. nach vorangegangener polizeilicher Strafverfügung,[2] 3. bei Zuwiderhandlungen gegen die Vorschriften über die Erhebung öffentlicher Abgaben und Gefälle,[3] 4. gegen Abwesende, welche sich der Wehrpflicht entzogen haben,[4] und 5. bei Einziehungen und Vermögensbeschlagnahmen.[5] Das bereits dargestellte[6] Verfahren gegen Abwesende und in Privatklagesachen ist troß einiger Besonderheiten im Einzelnen von dem regelmäßigen Verfahren in seinem ganzen Verlaufe und seiner Konstruktion nicht abweichend und ist daher, wie in der Strafprozeßordnung selbst, so auch hier den besonderen Arten des Verfahrens nicht beigezählt.

Die drei ersten oben aufgeführten Arten stimmen darin überein, daß bei ihnen im Interesse des Staates und des Beschuldigten eine Hauptverhandlung in der Regel nicht stattfinden soll. Es ist jedoch hierbei dem Beschuldigten die Möglichkeit gegeben, die betreffenden Straffachen zur Hauptverhandlung zu bringen. Nur das Verfahren bei amts-

[1] StPO. §§. 447—452.
[2] StPO. §§. 453—458.
[3] StPO. §§. 459—469.
[4] StPO. §§. 470—476.
[5] StPO. §§. 477—480.
[6] oben §§. 91—94 und §. 95. Einzelne Besonderheiten enthält auch das Verfahren gemäß StPO. §. 211 und gemäß §. 265. Vgl. oben §. 81 I. Abs. 4 und §. 86 I. 1.

richterlichen Strafbefehlen ist in der Strafprozeßordnung vollständig geregelt. Für das Verfahren nach vorangegangener polizeilicher Strafverfügung und bei Strafbescheiden sind nur einige Normativbestimmungen aufgestellt, die einer Ergänzung durch die Reichs- oder Landesgesetzgebung bedürfen.

Das Verfahren gegen abwesende Wehrpflichtige bildet eine Ausnahme von der Regel, daß gegen Abwesende eine Hauptverhandlung nicht stattfinden soll, und das Verfahren bei Einziehungen zeichnet sich dadurch aus, daß eine angeschuldigte Person bei ihm nicht in Frage steht (objektives Strafverfahren). Hinsichtlich der Vermögensbeschlagnahme ist lediglich auf andere Bestimmungen verwiesen.

§. 97.

1. Verfahren bei amtsrichterlichen Strafbefehlen.[1]

I. Die nach dem Gerichtsverfassungsgesetze §. 27 Nr. 1 und 2 zur Zuständigkeit der Schöffengerichte gehörigen Uebertretungen und Vergehen[2] können ohne vorgängige Hauptverhandlung durch schriftlichen Strafbefehl des Amtsrichters erledigt werden.

Ein Strafbefehl ist nur zulässig, wenn die Staatsanwaltschaft ihn schriftlich beantragt und im einzelnen Falle keine andere Strafe als Geldstrafe von höchstens einhundertfünfzig Mark oder[3] Freiheitsstrafe von höchstens

[1] HH. II. 384 ff., Geyer §. 258, Stenglein §. 51, v. Schwarze, Erört. I S. 1 ff.

[2] Oben §. 12 II. 1 unter a und b aufgeführt.

[3] Es gilt dies auch für die Fälle, in welchen Geldstrafe und Freiheitsstrafe in Verbindung mit einander angedroht sind, Löwe S. 778, v. Schwarze, Erört. S. 3.

sechs Wochen, sowie eine etwa verwirkte Einziehung festgesetzt wird. Die Ueberweisung des Beschuldigten an die Landespolizeibehörde[4] darf in einem Strafbefehle nicht ausgesprochen werden.[5]

II. Ein Strafbefehl kann auch gegen einen verhafteten[6] Beschuldigten erlassen werden. Gegen einen abwesenden Beschuldigten ist in den Fällen ein Strafbefehl zulässig, in welchen eine Hauptverhandlung gegen ihn stattfinden könnte,[7] jedoch muß die Zustellung in der regelmäßigen für Zustellungen im Auslande vorgeschriebenen Weise[8] ausführbar sein. Ausgeschlossen ist die Erlassung eines Strafbefehls auch nicht gegen einen Beschuldigten, der das achtzehnte Lebensjahr noch nicht vollendet hat, wenn nur im Einzelfall, sei es wegen Notorietät oder aus den Umständen der That, auch ohne persönliches Erscheinen des Beschuldigten festgestellt werden kann, daß er die zur Erkenntniß der Strafbarkeit einer Handlung erforderliche Einsicht besessen hat.[9]

III. Der Antrag der Staatsanwaltschaft auf Erlassung eines Strafbefehls ist auf eine bestimmte Strafe zu richten.[10] Bei einer Geldstrafe empfiehlt es sich die Freiheitsstrafe anzugeben, welche in dem Falle eintreten

---

[4] StGB. §. 362.

[5] StPO. §. 447.

[6] Das in §. 211 der StPO. vorgeschriebene Verfahren dürfte in vielen Fällen, besonders wenn es sich um Uebertretungen handelt, den Vorzug verdienen.

[7] StPO. §. 319. Vgl. Löwe S. 778, Keller S. 577. A. M. HH. II. 387, Stenglein, Komm. S. 657.

[8] CPO. §§. 182 ff. Oeffentliche Zustellung ist unzulässig. Löwe S. 778. A. M. Keller S. 577.

[9] StGB. §§. 56, 57. So Geyer Anm. 1 zu §. 258, v. Schwarze, Erört. S. 57. Stenglein, Komm. S. 657; a. M. Löwe S. 778 f., HH. II. 387, Fuld im Gsaal XXXIV. 538 ff.

[10] StPO. §. 448 Abs. 1.

soll, wenn die Geldstrafe nicht beigetrieben werden kann.[11] Der Antrag muß derartig substantiirt sein, daß er die Anklageschrift eventuell zu ersetzen geeignet ist. Beweiserhebungen haben der Entscheidung des Amtsrichters nicht vorauszugehen.

Hält der Amtsrichter die Strafverfolgung der betreffenden Sache überhaupt für unzulässig, z. B. weil er sie für nicht strafbar erachtet oder wegen Verjährung oder Fehlen des Antrages, so wird der Antrag auf Erlassung eines Strafbefehls durch Verfügung zurückgewiesen. Hiergegen kann die Staatsanwaltschaft das Rechtsmittel der sofortigen Beschwerde einlegen.[12] Hält der Amtsrichter die Strafverfolgung zwar für zulässig, findet jedoch Bedenken, die Strafe ohne Hauptverhandlung festzusetzen, so muß er die Strafsache zur Hauptverhandlung bringen,[13] d. h. die Eröffnung des Hauptverfahrens beschließen und Termin zur Hauptverhandlung anberaumen. Da ein Strafbefehl nur erlassen werden kann, wenn Staatsanwaltschaft und Amtsrichter vollständig einverstanden sind, so muß eine Strafsache auch dann zur Hauptverhandlung gebracht werden, wenn der Amtsrichter eine andere als die beantragte Strafe festsetzen will und eine Verständigung zwischen der Staatsanwaltschaft und dem Amtsrichter hierüber nicht erfolgt ist. Wird die Strafsache zur Hauptverhandlung gebracht, so steht der Staatsanwaltschaft ein Rechtsmittel nicht zur Verfügung. Der Amtsrichter braucht übrigens nicht in allen Fällen die Eröffnung des Hauptverfahrens zu beschließen, bei Uebertretungen kann vielmehr unter gewissen

[11] StPO. §. 491.
[12] StPO. §. 209 Abs. 2.
[13] StPO. §. 448 Abs. 2.

Bedingungen[14] ohne eine Entscheidung über die Eröffnung des Hauptverfahrens zur Hauptverhandlung geschritten werden.[15]

IV. Der Strafbefehl muß[16] enthalten:

1. die strafbare Handlung,
2. die hierfür festgesetzte Strafe,
3. das angewendete Strafgesetz,
4. die Beweismittel und
5. die Eröffnung, daß der Strafbefehl vollstreckbar werde, wenn der Beschuldigte nicht binnen einer Woche nach der Zustellung bei dem Amtsgerichte schriftlich oder zu Protokoll des Gerichtsschreibers Einspruch[17] erhebe.

Der Strafbefehl erlangt, abgesehen von der Konsumtion der Strafklage,[18] die Wirkung eines rechtskräftigen Urtheils, wenn die Einspruchsfrist abgelaufen, ohne daß Einspruch erhoben ist, oder wenn der erhobene Einspruch vor dem Beginne der Hauptverhandlung zurückgenommen[19] oder wenn auf den Einspruch vor Ablauf der Frist verzichtet worden ist.[20] Eine Wiederaufnahme des Verfahrens (StPO. §§. 399 ff.) ist ausgeschlossen.[21] Im entgegen=

---

[14] StPO. §. 211, vgl. oben §. 81. I. Abs. 4.

[15] Löwe S. 780. — HH. II. 392 verlangt nur Anberaumung des Termins zur Hauptverhandlung; es scheint hier nicht beachtet zu sein, daß nicht lediglich Uebertretungen durch Strafbefehl erledigt werden können.

[16] StPO. §. 449 Abs. 1. Der mögliche Inhalt des Strafbefehls ist hier jedoch nicht erschöpfend angegeben; er wird vielmehr noch eine Bestimmung über die Kosten und darüber enthalten, an welche Kasse die Geldstrafe und Kosten zu zahlen sind.

[17] Eine Motivirung des Einspruchs ist nicht erforderlich.

[18] Darüber vgl. oben §. 86 V.

[19] StPO. §. 451 Abs. 1.

[20] StPO. §. 449 Abs. 2.

[21] Vgl. E. IV. 243. R. III. 367 i. f.

gesetzten Falle wird, ohne daß noch ein Eröffnungsbeschluß stattzufinden hätte, zur Hauptverhandlung vor dem Schöffengerichte geschritten, wenn nicht bis zum Beginne derselben die Staatsanwaltschaft die Klage fallen läßt.[22]

V. In der Hauptverhandlung, für welche die allgemeinen Regeln gelten, kann sich der Angeklagte durch einen mit schriftlicher Vollmacht versehenen Vertheidiger vertreten lassen.[23] Dies gilt auch für den verhafteten Angeklagten.[24] Das Gericht ist aber auch befugt,[25] das persönliche Erscheinen des Angeklagten anzuordnen und zu erzwingen.[26] Bleibt der Angeklagte in der Hauptverhandlung ohne genügende Entschuldigung aus, und wird er auch nicht durch einen Vertheidiger vertreten, so wird der Einspruch ohne Beweisaufnahme durch Urtheil verworfen.[27] Gegen die Versäumung der Hauptverhandlung kann der Angeklagte Wiedereinsetzung in den vorigen Stand beanspruchen, wenn ihm die letztere nicht bereits gegen den Ablauf der Einspruchsfrist gewährt war.[28]

Ist der Angeklagte in der Hauptverhandlung erschienen oder durch einen Vertheidiger vertreten,[29] so findet das regelmäßige Verfahren statt. Da der Strafbefehl durch den Einspruch als beseitigt gilt, so ist das Schöffengericht bei

[22] StPO. §. 451 Abs. 1. Im Fall einer erneuten Hauptverhandlung auch noch in dieser zulässig. Vgl. Schultzenstein in GA. XXIX. 444.

[23] StPO. §. 451 Abs. 2.

[24] Voitus, Kontroversen I. 136—138, v. Schwarze, Erörterungen S. 16; a. M. Löwe S. 783.

[25] StPO. §. 235.

[26] Löwe S. 783, Voitus, Kontroversen I. 133 ff.

[27] StPO. §. 452 Abs. 1.

[28] StPO. §. 452 Abs. 2.

[29] Dasselbe gilt auch, wenn ihm Wiedereinsetzung in den vorigen Stand gewährt ist.

der Urtheilsfällung an den in dem Strafbefehle enthaltenen Ausspruch in keiner Weise gebunden, es kann daher auch eine höhere Strafe verhängen.[30] Das von dem Schöffengerichte gefällte Urtheil kann durch Berufung angefochten werden.

§. 98.

2. Verfahren nach vorangegangener polizeilicher Strafverfügung.[1]

I. Von dem prinzipiellen Satze, daß eine kriminelle Straffestsetzung nur durch die Gerichte erfolgen kann, besteht nach der Reichsgesetzgebung insoweit eine Ausnahme, als der Landesgesetzgebung überlassen ist, gewisse unbedeutende Straffälle durch polizeiliche Strafverfügung erledigen zu lassen. Die Anwendung dieses Verfahrens setzt also landesgesetzliche Bestimmungen voraus;[2] die Reichsgesetzgebung hat nur eine Reihe von Normativbestimmungen, welche die Landesgesetzgebung inne zu halten hat, getroffen. Nur diese sind in Nachfolgendem behandelt.

II. Durch polizeiliche Strafverfügung kann eine in den Strafgesetzen angedrohte (kriminelle) Strafe nur festgesetzt werden, wenn es sich um eine Uebertretung[3] handelt. Auch darf keine andere Strafe als Haft bis zu vierzehn Tagen oder Geldstrafe[4] und diejenige Haft, welche für den Fall, daß die Geldstrafe nicht beigetrieben werden

---

[30] StPO. §. 451 Abs. 3.

[1] Vgl. HH. II. 407 ff., Geyer §§. 259, 260, Stenglein §. 28.

[2] Für Preußen vgl. G. v. 23./4. 83 (GS. 65) und dazu JV. v. 2./7. 83 nebst Anweisung v. 8./6. 83 (JMBl. 228).

[3] StGB. §. 1 Abs. 3.

[4] In Preußen nur Geldstrafe bis 30 Mark oder Haft bis zu 3 Tagen. §. 3 des in Anm. 2 cit. Ges.

kann, an die Stelle der letzteren tritt,[5] sowie eine etwa verwirkte Einziehung verhängt werden.[6] Die Ueberweisung des Beschuldigten an die Landespolizeibehörde[7] darf auch in einer polizeilichen Strafverfügung nicht vorkommen.

III. Die Strafverfügung[8] muß enthalten:[9]

1. die strafbare Handlung,
2. die hierfür festgesetzte Strafe,
3. das angewendete Strafgesetz,
4. die Beweismittel und
5. die Eröffnung, daß der Beschuldigte, sofern er nicht eine nach den Gesetzen zugelassene Beschwerde an die höhere Polizeibehörde[10] ergreife, gegen die Strafverfügung binnen einer Woche nach der Bekanntmachung bei der Polizeibehörde, welche diese Verfügung erlassen hat, oder bei dem zuständigen Amtsgericht auf gerichtliche Entscheidung antragen könne.

Der Beschuldigte hat also in den Fällen, in welchen eine Beschwerde an die höhere Polizeibehörde zulässig ist, die Wahl, ob er sich bei dieser beschweren oder gerichtliche Entscheidung beantragen will. Sobald er den einen Weg beschritten, ist ihm der andere versperrt. Selbst innerhalb der Antragsfrist ist eine Aenderung der getroffenen Wahl nicht mehr gestattet.

Eine nicht angefochtene polizeiliche Strafverfügung wird vollstreckbar. Die Vollstreckung derselben erfolgt nach landes-

---

[5] Diese Haft kann mehr als vierzehn Tage betragen.

[6] StPO. §. 453 Abs. 1 und 2.

[7] StGB. §. 362.

[8] Die Strafverfügung unterbricht die Verjährung wie eine richterliche Handlung; StPO. §. 453 Abs. 4; StGB. §. 68.

[9] StPO. §. 453 Abs. 3.

[10] In Preußen nicht zugelassen.

rechtlichen Bestimmungen, jedoch ist die Haft nach §. 18 Abs. 2 des Strafgesetzbuchs zu vollstrecken und die Geldstrafe, wenn nicht besondere Bestimmungen vorhanden sind, nach den §§. 28 und 29 des Strafgesetzbuchs umzuwandeln.[11]

IV. Der Antrag auf gerichtliche Entscheidung ist bei der Polizeibehörde schriftlich[12] oder mündlich, bei dem Amtsgerichte schriftlich oder zu Protokoll des Gerichtsschreibers anzubringen.[13] Gegen die Versäumung der Antragsfrist ist Wiedereinsetzung in den vorigen Stand zulässig.[14] Ist der Antrag auf gerichtliche Entscheidung bei der Polizeibehörde gestellt, so übersendet diese, wenn sie die Strafverfolgung nicht zurücknimmt, die Akten an die zuständige Staatsanwaltschaft, welche sie dem Amtsrichter vorlegt.[15] Ist der Antrag bei dem Amtsgerichte gestellt, so sind die Akten auf Ersuchen der Staatsanwaltschaft von der Polizeibehörde einzusenden. Auch in diesem Falle kann die Polizeibehörde die Strafverfügung zurücknehmen. Sobald die Akten bei der Staatsanwaltschaft sich befinden oder die Sache bei Gericht anhängig geworden ist, ist diese Befugniß der Polizei erloschen. Die Staatsanwaltschaft ist nicht berechtigt, die Strafverfolgung zu unterlassen, aber auch nicht verpflichtet, die durch die Polizeibehörde erfolgte Zurücknahme der Strafverfügung für sich gelten zu lassen, sondern kann die Sache im gewöhnlichen Wege verfolgen.

Ist der Antrag rechtzeitig oder zwar verspätet gestellt, aber dem Beschuldigten Wiedereinsetzung in den vorigen

[11] Vgl. über den Fall, wenn die Polizeibehörde unterlassen hat, die an Stelle der Geldstrafe tretende Freiheitsstrafe in der Strafverfügung anzugeben, HH. II. 415 f.

[12] Das ist auch durch Telegramm. Vgl. E. VIII. 92. R. V. 161.

[13] StPO. §. 454 Abs. 1.

[14] StPO. §. 455.

[15] StPO. §. 454 Abs. 2.

Stand gewährt, so findet Hauptverhandlung vor dem Schöffengerichte wie im Falle einer von der Staatsanwaltschaft erhobenen Anklage statt.[16] Eine Anklageschrift braucht nicht mehr eingereicht zu werden, und eine Entscheidung über die Eröffnung des Hauptverfahrens ist ebenfalls nicht nothwendig.[17]

Der Angeklagte kann sich in der Hauptverhandlung durch einen mit schriftlicher Vollmacht versehenen Vertheidiger vertreten lassen.[18] Bis zum Beginne der Hauptverhandlung kann der Antrag auf gerichtliche Entscheidung zurückgenommen werden.[19] Da besondere Bestimmungen für den Fall nicht getroffen sind, wenn der Beschuldigte in der Hauptverhandlung ausbleibt oder sich nicht vertreten läßt, so gelten die allgemeinen Vorschriften der Strafprozeßordnung; es ist also, da bei dem in Frage stehenden Strafmaß in Abwesenheit des Angeklagten verhandelt werden kann,[20] in die Verhandlung und Beweisaufnahme einzutreten.[21]

Bei der Urtheilsfällung ist das Gericht an den Ausspruch der Polizeibehörde nicht gebunden.[22] Stellt sich nach dem Ergebnisse der Hauptverhandlung die That des Angeklagten als eine solche dar, bei welcher die Polizeibehörde zum Erlaß einer Strafverfügung nicht befugt war, so hat das Gericht die letztere durch Urtheil aufzuheben, ohne in der Sache selbst zu entscheiden.[23] Die

[16] StPO. §. 457 Abs. 1.
[17] StPO. §. 456 Abs. 1.
[18] StPO. §. 457 Abs. 2.
[19] StPO. §. 456 Abs. 2. Im Fall einer erneuten Hauptverhandlung auch noch in dieser; vgl. GA. XXIX. 444.
[20] StPO. §§. 231 ff.
[21] Anders beim amtsrichterlichen Strafbefehl. Vgl. StPO. §. 452 Abs. 1, oben §. 97. V.
[22] StPO. §. 457 Abs. 3.
[23] StPO. §. 458.

weitere Verfolgung der Sache hängt dann von dem Ermessen der Staatsanwaltschaft ab.

§. 99.

3. Verfahren bei Zuwiderhandlungen gegen die Vorschriften über die Erhebung öffentlicher Abgaben und Gefälle.[1]

I. Auch den Verwaltungsbehörden ist für gewisse Fälle, nämlich bei Zuwiderhandlungen gegen die Vorschriften über die Erhebung öffentlicher Abgaben und Gefälle eine selbstständige Strafgewalt eingeräumt, welche sie, abgesehen von dem hier nicht interessirenden sog. Submissionsverfahren,[2] durch Strafbescheid ausüben. Die Strafprozeßordnung hat auch hier nur Normativbestimmungen, welche in Nachstehendem dargestellt werden, aufgestellt. Die ergänzenden Bestimmungen sind aber hier nicht bloß landesgesetzlich, sondern vielfach auch reichsgesetzlich getroffen, insbesondere sind landesgesetzliche Vorschriften für Reichsabgaben und Gefälle reichsgesetzlich für analog anwendbar erklärt.[3]

II. Durch Strafbescheid können nur Geldstrafen[4] — diese jedoch ohne Maximalhöhe — sowie eine etwa verwirkte Einziehung festgesetzt werden.[5]

Der Strafbescheid muß enthalten:

1. die strafbare Handlung,
2. die hierfür festgesetzte Strafe,

---

[1] Vgl. H.H. II. 423 ff., Geyer §. 261, Stenglein §. 29, Voitus in GA. XXIX. 93, Arndt in d. Zeitschr. f. d. g. StW. V. 277.

[2] Vgl. Arndt a. a. O. §. 3.

[3] Vgl. Arndt a. a. O. §§. 1, 10.

[4] Freiheitsstrafen auch nicht subsidiär. Vgl. StPO. §. 463 und unten sub. IV.

[5] Der Strafbescheid unterbricht die Verjährung wie eine richterliche Handlung; StPO. §. 459 Abs. 3, StGB. §. 68.

3. das angewendete Strafgesetz,
4. die Beweismittel und
5. die Eröffnung, daß der Beschuldigte, sofern er nicht eine nach den Gesetzen zugelassene Beschwerde an die höhere Verwaltungsbehörde ergreife, gegen den Strafbescheid binnen einer Woche nach der Bekanntmachung bei der Verwaltungsbehörde, welche denselben erlassen, oder bei derjenigen, welche ihn bekannt gemacht hat,[6] (schriftlich oder mündlich) auf gerichtliche Entscheidung antragen könne.

Der Beschuldigte hat hier im einzelnen Falle ebenso wie bei der polizeilichen Strafverfügung nur die Wahl zwischen zwei Mitteln gegen den Strafbescheid.[7]

III. Ist auf gerichtliche Entscheidung angetragen, so übersendet die Verwaltungsbehörde, wenn sie den Strafbescheid nicht zurücknimmt, die Akten an die zuständige Staatsanwaltschaft,[8] welche sie dem Gerichte vorlegt.[9] Gegen die Versäumung der Antragsfrist ist Wiedereinsetzung in den vorigen Stand zulässig.[10]

Ist der Antrag rechtzeitig oder zwar verspätet gestellt, aber dem Beschuldigten Wiedereinsetzung in den vorigen Stand gewährt, so findet Hauptverhandlung vor dem zuständigen Gerichte statt. Eine Anklageschrift braucht nicht mehr eingereicht zu werden und eine Entscheidung über die Eröffnung des Hauptverfahrens ist ebenfalls nicht nothwendig.[11] Bis zum Beginne der Hauptverhandlung kann

---

[6] Also nicht bei Gericht.

[7] Vgl. oben §. 98. III.

[8] Die Verwaltungsbehörde ist nicht mehr zur Zurücknahme des Strafbescheides befugt, wenn die Akten bei der Staatsanwaltschaft sich befinden.

[9] StPO. §. 460.

[10] StPO. §. 461.

[11] StPO. §. 462 Abs. 1.

der Antrag zurückgenommen werden.[12] Für die Hauptverhandlung gelten im Uebrigen, namentlich auch hinsichtlich der Anwesenheit des Angeklagten,[13] die allgemeinen Vorschriften.

IV. Die Umwandlung der in einem vollstreckbaren Strafbescheide festgesetzten, aber nicht beizutreibenden Geldstrafe erfolgt, wenn für eine Urtheilsfällung das Schöffengericht zuständig gewesen sein würde, durch Verfügung des Amtsrichters, sonst durch Beschluß der Strafkammer. Hierbei sind die Staatsanwaltschaft und der Beschuldigte zu hören.[14] Da der Strafbescheid bereits rechtskräftig ist, so erstreckt sich die Thätigkeit des Gerichts nur auf die Umwandlung. Diese erfolgt zunächst nach den Bestimmungen der betreffenden Reichs- oder Landesgesetze, fehlt es jedoch an solchen, nach den Bestimmungen des Strafgesetzbuchs.[15] Gegen die Entscheidung, durch welche die Umwandlung erfolgt ist, findet sofortige Beschwerde[16] statt.[17]

V. Ueber die Rechte und Pflichten der Verwaltungsbehörden als strafverfolgender Partei ist bereits oben[18] gehandelt.

§. 100.

4. Verfahren gegen Abwesende, welche sich der Wehrpflicht entzogen haben.[1]

1. Nicht bei allen,[2] sondern nur bei den nach den §§. 140 und 360 Nr. 3 des Strafgesetzbuchs strafbaren

---

[12] StPO. §. 462 Abs. 2.
[13] StPO. §§. 231 ff.
[14] StPO. §. 463 Abs. 1, 2.
[15] StGB. §§. 28, 29.
[16] StPO. §. 353.
[17] StPO. §. 463 Abs. 3.
[18] Vgl. oben §. 38.
[1] Vgl. HH. II. 443. ff., Geyer §. 228, Stenglein §. 48.
[2] Z. B. nicht im Fall des §. 33 Mil.G. v. 2./5. 74 (RGBl. 45).

Verletzungen der Wehrpflicht kann eine Hauptverhandlung in Abwesenheit des Angeklagten stattfinden.[3] Hierfür gelten die folgenden besonderen Bestimmungen:

2. Das Verfahren ist bei demjenigen Gerichte einzuleiten, in dessen Bezirke der Angeklagte seinen letzten Wohnsitz oder gewöhnlichen Aufenthalt im deutschen Reiche gehabt hat. Die Verhandlung und Entscheidung kann sich gleichzeitig gegen mehrere Personen richten, obgleich es sich hier nicht um zusammenhängende Strafsachen im Sinne der Strafprozeßordnung[4] handelt.[5]

3. Die Erhebung der Anklage und die Eröffnung der Untersuchung erfolgt auf Grund einer Erklärung der Kontrolbehörde,[6] so daß nur zu prüfen ist, ob die Erklärung in der in §. 472 StPO. gesetzlich genau vorgeschriebenen Form erfolgt ist. Diese Erklärung ist bei den einzelnen strafbaren Handlungen verschieden; sie lautet z. B. dahin, daß der Wehrpflichtige sich zu den angeordneten Revisionen nicht gestellt, daß der Aufenthalt desselben im deutschen Reiche nicht ermittelt worden, und daß der angestellten Erkundigungen ungeachtet sich keine Umstände ergeben haben, welche die Annahme ausschließen, daß der Wehrpflichtige, um sich dem Eintritt in den Dienst des stehenden Heeres u. s. w. zu entziehen, ohne Erlaubniß das Bundesgebiet verlassen habe.[7]

4. Hinsichtlich der Ladung gelten die im Verfahren

[3] StPO. §. 470.

[4] Vgl. oben §. 27.

[5] StPO. §. 471; vgl. jedoch auch §. 475 Abs. 2, welcher sich auf eine etwa nöthig werdende Trennung bezieht.

[6] In Preußen in den Fällen des §. 140 Nr. 1 und 3 des Civilvorsitzenden der Ersatz-Kommission, in den Fällen des §. 140 Nr. 2 und des §. 360 Nr. 3 des Bezirks-Kommandos. JV. v. 6./4. 80 (JMBl. 72).

[7] StPO. §. 472.

gegen Abwesende angegebenen Grundsätze;[8] doch muß dieselbe im Falle der öffentlichen Zustellung auch die Angabe des letzten deutschen Wohnorts oder Aufenthaltsorts des Angeklagten und in jedem Falle die Warnung enthalten, daß bei unentschuldigtem Ausbleiben auf Grund der von der Kontrolbehörde abgegebenen Erklärung die Verurtheilung erfolgen werde.[9]

5. In der Hauptverhandlung kann für den Angeklagten ein Vertheidiger auftreten. Auch Angehörige sind als Vertreter des Angeklagten zuzulassen, ohne daß sie einer Vollmacht bedürfen.[10]

6. Da der Beweis der betreffenden strafbaren Handlungen selten in direkter Weise erbracht werden kann, so hat die Strafprozeßordnung hier eine Ausnahme von dem Grundsatze der freien Beweiswürdigung[11] gemacht. Die Verurtheilung des Wehrpflichtigen erfolgt, wenn die vorgeschriebenen Förmlichkeiten beobachtet sind, auf Grund der von der Kontrolbehörde abgegebenen Erklärung, wenn sich nicht Umstände ergeben, welche dieser Erklärung entgegenstehen.[12] Das Gericht entscheidet aber darüber nach freiem Ermessen, ob sich solche Umstände im einzelnen Falle ergeben haben.[13] Bedarf es in Ansehung eines Angeklagten einer Beweisaufnahme, so ist die Sache von den übrigen zu trennen und gesondert zum Abschlusse zu bringen.[14]

7. Die Zustellung des Urtheils erfolgt in der-

---

[8] Vgl. oben §. 92.
[9] StPO. §. 473.
[10] StPO. §§. 474, 322.
[11] Vgl. oben §. 66.
[12] StPO. §. 475 Abs. 1.
[13] Vgl. Mot. 247. E. II. 351, X. 152. R. VI. 786, VII. 254.
[14] StPO. §. 475 Abs. 2.

selben Weise wie sonst gegen Abwesende.[15] Hinsichtlich der Rechtsmittel gelten die allgemeinen Vorschriften;[16] ebenso hinsichtlich der Wiedereinsetzung in den vorigen Stand[17] und der Wiederaufnahme des Verfahrens.[18] Auf letzterem Wege ist regelmäßig Abhülfe zu schaffen, falls sich nachträglich herausstellt, daß die Präsumtion, auf welche hin die Verurtheilung erfolgt ist, der Wirklichkeit nicht entsprach.

§. 101.

5. Verfahren bei Einziehungen und Vermögensbeschlagnahmen.[1]

I. Nach §. 42 des Strafgesetzbuchs und anderweiten reichs- bzw. landesrechtlichen Bestimmungen[2] kann auf Einziehung, Vernichtung oder Unbrauchbarmachung von Gegenständen selbstständig, d. h. auch wenn die Verfolgung oder die Verurtheilung einer bestimmten Person nicht ausführbar ist, erkannt werden. Das in diesen Fällen, also wenn die Entscheidung nicht in Verbindung mit einem Urtheil in der Hauptsache erfolgt, zu beobachtende Verfahren (sog. objektives Strafverfahren) hat die Strafprozeßordnung in möglichst einfacher Weise folgendermaßen geregelt:

1. Das Verfahren beginnt mit dem seitens der

---

[15] StPO. §. 476; vgl. oben §. 92.

[16] StPO. §§. 338 ff.

[17] StPO. §§. 234, 44 ff. Daß auch diese hier Geltung findet, darüber vgl. HH. II. 455 f., Löwe S. 803.

[18] StPO. §§. 399 ff.

[1] Vgl. HH. II. 458 ff., Geyer §. 263, Stenglein §. 52, Löwe S. 803 ff.

[2] Vgl. z. B. StGB. §. 152, G., betr. das Urheberrecht an Schriftwerken vom 11./6. 70 §§. 21, 22, 25, 43, 45; die G. vom 9., 10. und 11./1. 76 und das G. betr. den Verkehr mit Nahrungsmitteln u. s. w. v. 14./5. 79 §. 15 Abs. 2 und andere mehr.

Staatsanwaltschaft und in Fällen, in welchen Privatklage zulässig ist, auch seitens des Privatklägers zu stellenden Antrage auf Einziehung u. s. w. Ueber den Inhalt dieses Antrages sind besondere gesetzliche Vorschriften nicht gegeben; aus seinem Zwecke und, da er als eine besondere Form der Erhebung der Strafklage sich darstellt, ergibt sich jedoch, daß er im Wesentlichen den Erfordernissen einer Anklageschrift entsprechen muß, und daß die bisher erwachsenen Verhandlungen mit einzureichen sind.[3] Der Antrag ist nicht bei dem beschließenden, sondern direkt bei dem erkennenden[4] Gericht einzureichen und zwar bei demjenigen, welches für den Fall der Verfolgung einer bestimmten Person zuständig sein würde.[5] An Stelle des Schwurgerichts tritt jedoch die an dessen Sitzungsort bestehende Strafkammer.[6] Ist ein bestimmter Thäter überhaupt nicht ermittelt, so wird im Sinne der gesetzlichen Bestimmung dort eine Gerichtsstand begründet sein, wo präsumtiv die Strafthat begangen, also wo der betreffende Gegenstand vorgefunden bzw. angehalten ist.[7]

2. Auf den bei Gericht eingehenden Antrag wird, ohne daß eine Eröffnung des Hauptverfahrens stattfindet,[8] vom Vorsitzenden zur Verhandlung und Entscheidung ein Termin

---

[3] Vgl. StPO. §§. 197, 198.

[4] Es ergibt sich dies aus der Erwähnung des Schwurgerichts in Abs. 2 des §. 477 und hat darin seinen Grund, daß ein Beschluß über die Eröffnung des Hauptverfahrens nicht stattfindet.

[5] StPO. §. 477 Abs. 1.

[6] StPO. §. 477 Abs. 2.

[7] Nimmt man dies nicht an, so würde das zu dem praktisch unannehmbaren Resultate führen, daß in 99 von 100 Fällen das zuständige Gericht in Gemäßheit des §. 9 StPO. vom Reichsgericht bestimmt werden müßte. Vgl. allerdings E. XV. 235, R. IX. 96, Löwe S. 807, andererseits HH. II. 462, Olshausen, Komm. z. StGB. S. 149.

[8] R. VI. 611. Vgl. auch Anm. 4.

anberaumt, auf welchen die allgemeinen Bestimmungen über die Hauptverhandlung entsprechende Anwendung finden.[9] Zu dem anberaumten Termine sind auch die Personen, welche einen rechtlichen Anspruch auf den Gegenstand der Einziehung, Vernichtung oder Unbrauchbarmachung haben, soweit dies ausführbar ist, zu laden. Dieselben sind berechtigt, sich durch einen mit schriftlicher Vollmacht versehenen Vertheidiger vertreten zu lassen. In dem Verfahren selbst können sie die einem Angeklagten zustehenden Befugnisse ausüben. Ihr Nichterscheinen ist jedoch auf den Fortgang des Verfahrens ohne Einfluß.[10]

3. Das Urtheil lautet entweder auf Einziehung u. s. w. des betreffenden Gegenstandes oder auf Abweisung des Antrages. Gegen das Urtheil stehen der Staatsanwaltschaft, dem Privatkläger und den vorher erwähnten Personen die zulässigen Rechtsmittel zu.[11] Es ist dabei gleichgültig, ob die bei der Einziehung u. s. w. interessirten Personen ihren rechtlichen Anspruch bereits in der ersten Instanz geltend gemacht haben oder nicht. Sind sie bei der Verkündung des Urtheils zugegen gewesen, so beginnt die Einlegungsfrist für die Rechtsmittel mit der Verkündung, sind sie nicht zugegen gewesen, obwohl sie ihren rechtlichen Anspruch geltend gemacht haben, mit der Zustellung des Urtheils. Haben sie ihren rechtlichen Anspruch in der ersten Instanz überhaupt nicht geltend gemacht, so ist die Einlegungsfrist von der Verkündung des Urtheils an zu rechnen.[12] Werden sie mit dem von ihnen eingelegten Rechtsmittel zurückgewiesen, so haben sie den allgemeinen

[9] StPO. §. 478 Abs. 1.
[10] StPO. §. 478 Abs. 2 und 3.
[11] StPO. §. 479.
[12] Vgl. E. XI. 414. R. VII. 52.

Vorschriften entsprechend[13] die Kosten derselben zu tragen. Die Kosten der ersten Instanz können ihnen niemals auferlegt werden.[14]

II. Die Beschlagnahme des Vermögens bzw. einzelner Vermögensstücke kommt, abgesehen von dem Verfahren gegen Abwesende, noch bei Hoch- und Landesverrath und bei gewissen Verletzungen der Wehrpflicht vor. Bei Hoch- und Landesverrath[15] kann, nachdem die Untersuchung eröffnet ist, bis zu deren rechtskräftiger Beendigung das Vermögen des Angeschuldigten mit Beschlag belegt werden, um demselben die Mittel für seine verbrecherische Thätigkeit zu entziehen. Die Ausführung der Beschlagnahme regelt sich in diesem Falle nach den §§. 333—335 der Strafprozeßordnung.[16] Bei gewissen Verletzungen der Wehrpflicht kann das Vermögen, soweit es zum Zwecke der Vollstreckung des Urtheils (Geldstrafe und Kosten) erforderlich ist, mit Beschlag belegt werden. Auf die Ausführung dieser Beschlagnahme sind die §§. 325 und 326 der Strafprozeßordnung anzuwenden.[17]

Vierter Abschnitt.

Rechtsmittel.

§. 102.

Uebersicht.[1]

Das Rechtsmittelsystem der Strafprozeßordnung hängt

---

[13] StPO. §. 505.

[14] E. XII. 198. R. VII. 297.

[15] Vgl. StGB. §. 93.

[16] StPO. §. 480; vgl. oben §. 94 I.

[17] Vgl. StGB. §. 140.

[1] Vgl. Planck §§. 172 ff.,

mit dem von ihr adoptirten Grundsatz der Mündlichkeit zusammen. Wird das Hauptgewicht für eine richtige Ermittelung des wahren Sachverhalts auf die Unmittelbarkeit der Beweisverhandlungen vor dem erkennenden Gericht gelegt, so kann eine nochmalige Prüfung der Thatfrage auch nur bei einer Wiederholung der gesammten Verhandlung vor dem höheren Gericht erfolgen, und da eine solche Wiederholung nicht bloß praktisch kaum durchführbar, sondern auch innerlich kaum rationell erscheint,[2] so hat auch die Strafprozeßordnung in den wichtigsten Sachen, den vor den Schwurgerichten und Strafkammern verhandelten (in den vor dem Reichsgericht zu verhandelnden Sachen ist bei der Stellung dieses Gerichtes jedes Rechtsmittel ausgeschlossen), nur eine Prüfung der Rechtsfrage durch das Rechtsmittel der Revision[3] zugelassen. In schöffengerichtlichen Sachen ist dagegen allerdings, und zwar wohl wesentlich mit Rücksicht darauf, für die hier in Frage kommenden unerheblichen Sachen das regelmäßige Verfahren erster Instanz einfacher gestalten zu können,[4] auch eine Nachprüfung der Thatfrage durch das hier gegebene Rechtsmittel der Berufung[5] vorgesehen, diese aber auch grundsätzlich als judicium novum konstruirt und die Unmittelbarkeit des Verfahrens nur einigen Einschränkungen[6]

Zachariae §§. 167 ff., HH. II. 241 ff., Geyer §. 230, Binding §§. 114 ff., John §. 53.

[2] Die neuerdings überreich angeschwollene Litteratur über die Zweckmäßigkeit einer Wiedereinführung der Berufung wird hier als nicht in ein Lehrbuch des geltenden Rechts gehörig bei Seite gelassen. Entscheidendes für die Berufung hat sie sicherlich nicht ergeben.

[3] StPO. §§. 374—398; vgl. unten §§. 109, 110.

[4] Vgl. insbesondere StPO. §. 199 Abs. 4, §. 244 Abs. 2.

[5] StPO. §§. 354—373; vgl. unten §§. 107, 108.

[6] Vgl. StPO. §§. 364, insb. 366.

unterworfen. Neben diesen gegen die Endentscheidung gerichteten Rechtsmitteln der Revision und Berufung hat als drittes Rechtsmittel die Strafprozeßordnung die Beschwerde gegen im Laufe des Verfahrens ergehende Beschlüsse und Verfügungen im weitesten Umfange aufgenommen.[7] Damit sind die „Rechtsmittel“ im Sinne der Strafprozeßordnung, welche darunter nur diejenigen prozessualen Mittel versteht, durch welche eine Abänderung noch nicht rechtskräftiger Entscheidung herbeigeführt werden soll, geschlossen. Die Wiedereinsetzung in den vorigen Stand,[8] der Einspruch gegen einen amtsrichterlichen Strafbefehl,[9] der Antrag auf gerichtliche Entscheidung gegen Strafverfügungen und Strafbescheide[10] und der Antrag auf Wiederaufnahme eines durch rechtskräftiges Urtheil geschlossenen Verfahrens[11] sind nach dem Sprachgebrauch der Strafprozeßordnung keine Rechtsmittel.

§. 103.

I. Allgemeine Bestimmungen.[1]

I. Berechtigung zur Einlegung von Rechtsmitteln.

1. Die zulässigen Rechtsmittel gegen gerichtliche Entscheidungen stehen zunächst der Staatsanwaltschaft und dem Beschuldigten zu[2] und zwar sind beide, abgesehen von

[7] StPO. §§. 346—353; vgl. unten §§. 104—106.

[8] StPO. §§. 44 ff.; vgl. oben §. 54.

[9] StPO. §§. 450 f.; vgl. oben § 97.

[10] StPO. §§. 454, 460; vgl. oben §. 98 und §. 99.

[11] StPO. §§. 399—413; vgl. unten §§. 111, 112.

[1] Vgl. HH. II. 241 ff., Geyer §. 232, Binding §. 119, Stenglein §. 53, v. Kries, die Rechtsmittel des Civilprozesses und des Strafprozesses.

[2] StPO. §. 338 Abs. 1.

wenigen Ausnahmen,[3] gleich berechtigt. Die Rechtsmittel der Staatsanwaltschaft und des Beschuldigten sind im einzelnen Falle vollständig von einander unabhängig. Die Staatsanwaltschaft kann auch zu Gunsten des Beschuldigten von den Rechtsmitteln Gebrauch machen.[4] Ob ein Rechtsmittel im einzelnen Falle zu Gunsten oder zu Ungunsten des Beschuldigten eingelegt ist, hat das Gericht, wenn eine ausdrückliche Erklärung der Staatsanwaltschaft hierüber fehlt, nach freiem Ermessen zu entscheiden.[5] Es widerspricht, wie bereits oben ausgeführt ist,[6] diese Berechtigung der Staatsanwaltschaft durchaus nicht ihrer Parteistellung, denn die Einlegung des Rechtsmittels erfolgt in einem solchen Falle lediglich im öffentlichen Interesse, wenn auch die eventuelle Wirkung dem Beschuldigten zu gute kommt.[7]

Zur Einlegung von Rechtsmitteln sind außerdem berechtigt: der Privatkläger;[8] der Nebenkläger;[9] die Verwaltungsbehörden, welche die Anklage erhoben oder sich dem Verfahren angeschlossen haben;[10] die Personen, welche einen rechtlichen Anspruch auf den Gegenstand der Einziehung, Vernichtung oder Unbrauchbarmachung geltend machen wollen.[11] Für das Rechtsmittel der Beschwerde, aber auch nur für dieses ist ferner die allgemeine Be-

---

[3] Vgl. StPO. §§. 209, 270, 378, 379, 369 Abs. 2.

[4] StPO. §. 338 Abs. 2. Es muß dies jedoch innerhalb der für die Staatsanwaltschaft laufenden Frist geschehen, weil jene unabhängig von dem Beschuldigten hierzu berechtigt ist. Vgl. auch R. IV. 889.

[5] Praktisch wichtig ist diese Frage für StPO. §§. 344 Abs. 1, 372, 398 Abs. 2.

[6] Oben §. 32. 3.

[7] Vgl. Motive zur StPO. S. 195 f.

[8] StPO. §. 430.

[9] StPO. §. 441.

[10] StPO. §§. 446 f.

[11] StPO. §. 479.

stimmung aufgestellt, daß sie von allen Personen erhoben werden kann, welche durch die gerichtlichen Beschlüsse oder Verfügungen betroffen worden sind.[12] Hierhin gehören, abgesehen von den bereits erwähnten Personen, Schöffen, Geschworene, Zeugen, Sachverständige, diejenigen, welche Sicherheit geleistet haben, Vertheidiger.[13]

2. Für den Beschuldigten können gewisse Personen Rechtsmittel einlegen. Zu unterscheiden ist dabei, ob dieselben selbstständig berechtigt oder von dem Willen des Beschuldigten abhängig sind.

a) Der Vertheidiger hat kein selbstständiges Recht zur Einlegung von Rechtsmitteln; er kann dieses Recht binnen der für den Beschuldigten laufenden Frist, aber nicht gegen dessen ausdrücklichen Willen ausüben.[14] Einer besonderen Vollmacht bedarf er hierzu nicht. Für die Zurücknahme eines Rechtsmittels muß er jedoch ausdrücklich ermächtigt sein.[15] Auch die Angehörigen, welche für einen abwesenden Beschuldigten zur Einlegung von Rechtsmitteln befugt sind, haben kein selbstständiges Recht.[16]

b) Selbstständig, d. h. neben dem Beschuldigten und ohne Rücksicht auf den Willen desselben, daher sogar nach Verzicht desselben,[17] jedoch an die für den Beschuldigten laufende Einlegungsfrist gebunden, können der gesetzliche Vertreter eines Beschuldigten und der Ehemann einer beschuldigten Frau von den Rechtsmitteln Gebrauch machen. Die über die Rechtsmittel des Beschuldigten geltenden Bestimmungen finden hier entsprechende Anwendung.[18]

---

[12] StPO. §. 346 Abs. 2.
[13] GVG. §§. 56, 96; StPO. §§. 50, 69, 77, 122, 145.
[14] StPO. §. 399. Ausnahme: StPO. §. 81.
[15] StPO. §. 344 Abs. 2.
[16] StPO. §. 324; vgl. oben §. 92.
[17] Vgl. E. V. 50, R. III. 607.
[18] StPO. §. 340.

II. Fristen und Formen der Einlegung.

1. Die Bestimmungen über die Fristen und Formen, welche bei der Einlegung von Rechtsmitteln zu beobachten sind, sind in der Strafprozeßordnung bei den einzelnen Rechtsmitteln speziell angegeben. Nur hinsichtlich des nicht auf freiem Fuße befindlichen Beschuldigten ist allgemein vorgeschrieben, daß derselbe alle auf Rechtsmittel sich beziehenden Erklärungen zu Protokoll des Gerichtsschreibers desjenigen Gerichts geben kann, in dessen Gefängniß er sich befindet, oder falls das Gefängniß kein gerichtliches ist, desjenigen Amtsgerichts, in dessen Bezirke das Gefängniß liegt. Hier gilt die Frist für gewahrt, wenn innerhalb derselben das Protokoll aufgenommen wird.[19]

2. Ferner ist allgemein bestimmt, daß ein Irrthum in der Bezeichnung des im einzelnen Falle eingelegten Rechtsmittels unschädlich ist.[20] Als Einlegung eines Rechtsmittels ist überhaupt jede Erklärung zu verstehen, durch welche der Berechtigte zu erkennen gibt, daß er sich bei der gefällten gerichtlichen Entscheidung nicht beruhigen könne oder wolle.

III. Wirkung der Einlegung.

Die Wirkung der Einlegung ist bei den Rechtsmitteln eine verschiedene. Durch rechtzeitige[21] Einlegung der Beschwerde wird der Vollzug der angefochtenen Entscheidung nicht gehemmt, doch können Ausnahmen zugelassen werden;[22] durch rechtzeitige Einlegung der Berufung und

---

[19] StPO. §. 341.

[20] StPO. §. 342.

[21] Rechtzeitig ist ein Rechtsmittel eingelegt, wenn dasselbe innerhalb der Frist bei dem Gerichtsschreiber angemeldet ist, bzw. in die Hände eines zur Präsentation zuständigen Beamten gelangt. E. X. 74.

[22] StPO. §. 349.

Revision wird die Rechtskraft des Urtheils ganz oder theilweise gehemmt.[23] Berufung und Revision haben Suspensiveffekt, Beschwerde regelmäßig nicht.

Auch insoweit sind die Rechtsmittel verschieden, als nur Berufung, Revision und die sog. sofortige Beschwerde völligen Devolutiveffekt haben, d. h. daß ein anderes, höheres Gericht die Sache zur Entscheidung bekommt, wogegen bei der einfachen Beschwerde zunächst derselbe Richter in eine nochmalige Prüfung der Sache einzutreten hat.

Der Umfang der Rechtskraft ergibt sich im einzelnen Falle aus den gegen das Urtheil erhobenen Beschwerdepunkten. Im Gegensatze zu dieser theilweisen spricht man von relativer Rechtskraft eines Urtheils, wenn die reformatio in pejus verboten ist. Nach der Strafprozeßordnung darf durch ein von dem Beschuldigten oder zu Gunsten desselben eingelegtes Rechtsmittel die Lage des Beschuldigten nicht verschlechtert werden.[24] Es ist aber im Interesse des Beschuldigten noch gestattet, daß durch jedes von der Staatsanwaltschaft oder dem Privat- oder Nebenkläger zu Ungunsten des Beschuldigten eingelegte Rechtsmittel die angefochtene Entscheidung auch zu Gunsten des Beschuldigten abgeändert und aufgehoben werden kann.[25]

IV. Zurücknahme und Verzicht.

In dem Rechte, ein Rechtsmittel einzulegen, liegt auch das Recht, auf die Einlegung eines Rechtsmittels zu verzichten und ein eingelegtes Rechtsmittel zurückzunehmen.

---

[23] StPO. §§. 357 Abs. 1, 359, 368, 383 Abs. 1, 392 Abs. 1.

[24] StPO. §§. 372, 398 Abs. 2.

[25] StPO. §. 343, §. 430, §. 437. Ein nachträglicher, d. h. nach Ablauf der Frist erfolgender Anschluß des Beschuldigten an das von der Staatsanwaltschaft eingelegte Rechtsmittel ist nicht zulässig. E. I. 194.

Dieses Recht kann nach Verkündung bzw. Zustellung der Entscheidung jederzeit wirksam ausgeübt werden.[26] Besondere Formen sind hierfür nicht vorgeschrieben. Ein Widerruf des Verzichts oder der Zurücknahme ist aber selbst innerhalb der Einlegungsfrist nicht gestattet.[27]

Die Ausübung des Rechts, ein eingelegtes Rechtsmittel zurückzunehmen, ist in einigen Fällen an eine Bedingung geknüpft. Hat die Staatsanwaltschaft zu Gunsten des Beschuldigten ein Rechtsmittel eingelegt, so kann dasselbe nicht ohne die Zustimmung des Beschuldigten zurückgenommen werden.[28] Ebenso bedarf der Vertheidiger, wie bereits oben erwähnt ist, zur Zurücknahme eines Rechtsmittels einer ausdrücklichen Ermächtigung des Beschuldigten.[29] Und endlich können die Rechtsmittel der Berufung und Revision nach Beginn der Hauptverhandlung nur mit Zustimmung des Gegners zurückgenommen werden.[30]

Bedingte Erklärungen über Rechtsmittel sind wirkungslos.[31]

---

[26] StPO. §. 344 Abs. 1; vorher nicht. Vgl. E. I. 192, II. 78. R. I. 323, II. 3.

[27] E. II. 78, R. II. 3.

[28] StPO. §. 344 Abs. 1 Satz 2. Auf das von dem gesetzlichen Vertreter oder Ehemann selbstständig eingelegte Rechtsmittel kann dies mangels einer gesetzlichen Vorschrift nicht ausgedehnt werden. Vgl. v. Schwarze in HH. 253, Keller S. 445, Stenglein, Komm. S. 541, v. Kries, Rechtsmittel S. 56; a. M. Löwe S. 652.

[29] StPO. §. 344 Abs. 2.

[30] StPO. §§. 345, 365, 391.

[31] Vgl. R. III. 490.

II. Beschwerde.[1]

§. 104.

1. Zulässigkeit und Zuständigkeit.

1. Das Rechtsmittel der Beschwerde[2] hat für gewisse ausdrücklich bestimmte Fälle, welche einer besonderen Beschleunigung bedürfen, einige Besonderheiten, und wird die Beschwerde in diesen Fällen sofortige Beschwerde genannt. Dem gegenüber pflegt die Beschwerde in den Regelfällen einfache Beschwerde genannt zu werden. Ist gegen eine auf eine Beschwerde ergangene Entscheidung ausnahmsweise noch eine fernere Beschwerde zulässig, so pflegt man diese wohl als weitere Beschwerde zu bezeichnen. Alle für die sog. einfache Beschwerde geltenden Vorschriften gelten aber auch für sie.

2. Die Beschwerde ist gegen alle von den Gerichten erster Instanz oder in der Berufungsinstanz, d. h. während des Schwebens einer Berufung von der für ihre Entscheidung zuständigen Strafkammer, erlassenen Beschlüsse und gegen die Verfügungen des Vorsitzenden und eines beauftragten oder ersuchten Richters zulässig.[3]

Von dieser Regel sind jedoch Ausnahmen gemacht:

---

[1] Vgl. HH. II. 254 ff., Geyer §§. 233 ff., Binding §. 122, John §. 54, Stenglein §. 54, v. Kries, Rechtsmittel S. 360 ff., Lamm, das Rechtsmittel der Beschwerde im Strafprozeß, auch in den Annalen d. sächs. OLG. Dresden IV. 1 ff., 97 ff., 193 ff., Mewes im Rechtslex. I. 319, Zimmermann im Gsaal 1884 S. 605 ff.

[2] Die Beschwerde, welche die Disziplin, den Geschäftsbetrieb und Verzögerungen betrifft, ist keine prozessuale Beschwerde und in der StPO. nicht geregelt. Vgl. Motive zur StPO. S. 198.

[3] StPO. §. 346.

a) Die Beschwerde ist in gewissen Fällen[4] ausdrücklich ausgeschlossen.

b) Entscheidungen der erkennenden Gerichte, welche der Urtheilsfällung vorausgehen, unterliegen nicht der Beschwerde. Hierunter sind alle Entscheidungen zu verstehen, welche nach Eröffnung des Hauptverfahrens von dem erkennenden Gerichte selbst bzw. in Vertretung desselben durch den Vorsitzenden erlassen werden.[5] Ausdrücklich hiervon ausgenommen und daher durch Beschwerde anfechtbar sind jedoch die Entscheidungen über Verhaftungen, Beschlagnahmen oder Straffestsetzungen, sowie alle Entscheidungen, durch welche dritte Personen betroffen werden.[6]

c) Gegen Beschlüsse und Verfügungen der Oberlandesgerichte[7] und des Reichsgerichts findet eine Beschwerde nicht statt.[8]

Die Beschwerde kann von allen Personen, welche sich durch gerichtliche Beschlüsse oder Verfügungen beschwert erachten, eingelegt[9] und sowohl auf thatsächliche wie auf Rechtsgründe gestützt werden. Auch neues Vorbringen ist zulässig. Sie wird prinzipiell dadurch nicht ausgeschlossen, daß die angefochtene Entscheidung nicht mehr rückgängig gemacht werden kann.[10]

3. Beschwerdegericht ist die Strafkammer des Landgerichts für die gegen die Beschlüsse und

---

[4] GVG. §§. 41, 52 Abs. 4, 53, 75 Abs. 2, 94 Abs. 1; StPO. §§. 28 Abs. 1, 180 Abs. 2, 199 Abs. 3, 200 Abs. 2, 209 Abs. 1, 279 Abs. 2, 388 Abs. 2.

[5] Vgl. Mot. S. 198. Löwe S. 656. Dort auch die weitere Litteratur.

[6] StPO. §. 347.

[7] Vgl. jedoch eine Ausnahme im GVG. §. 160 Abs. 1.

[8] StPO. §. 346 Abs. 3.

[9] StPO. §§. 338—340, 346 Abs. 2.

[10] Vgl. jedoch Löwe S. 654, v. Schwarze in HH. II. 257.

Verfügungen des Untersuchungsrichters, des Amtsrichters und der Schöffengerichte eingelegten Beschwerden. Die Strafkammer ist hierfür mit drei Mitgliedern einschließlich des Vorsitzenden besetzt.[11] Ueber die Beschwerden, welche gegen Beschlüsse und Verfügungen der Strafkammer, des Schwurgerichts oder des Vorsitzenden dieser beiden Gerichte eingelegt sind, entscheidet der Strafsenat des Oberlandesgerichts in der Besetzung von 5 Mitgliedern einschließlich des Vorsitzenden.[12] Ausnahmsweise kann auch das Reichsgericht in Strafsachen als Beschwerdegericht thätig werden.[13]

§. 105.

2. Verfahren.

1. Die Beschwerde ist bei demjenigen Gerichte, von welchem oder von dessen Vorsitzenden die Entscheidung erlassen ist, einzulegen. Dies gilt auch hinsichtlich der von dem Amtsrichter,[1] dem beauftragten oder ersuchten Richter und dem Untersuchungsrichter erlassenen Entscheidungen. In dringenden Fällen kann die Beschwerde auch bei dem Beschwerdegerichte eingelegt werden. Auch wenn von diesem der Fall für dringlich nicht erachtet wird, verliert der Beschwerdeführer hierdurch das Rechtsmittel nicht. Das Beschwerdegericht ist befugt, aber nicht verpflichtet, die Be-

---

[11] Vgl. GVG. §. 72, §. 77 und oben §. 13. — Vgl. aber auch GVG. §. 183 Abs. 3.

[12] Vgl. GVG. §. 123 Nr. 5, §. 124 und oben §. 15.

[13] Vgl. darüber oben §. 16. II. 2.

[1] Die in der StPO. §. 348 Abs. 3 sich findende Beschränkung auf Entscheidungen des Amtsrichters im Vorverfahren ist nicht gerechtfertigt und unhaltbar; Löwe S. 658, von Schwarze in HH. II. 258.

schwerde an das Gericht u. s. w., von welchem die angefochtene Entscheidung ergangen ist, abzugeben.[2]

Die Einlegung der Beschwerde, welche an eine Frist nicht gebunden ist,[3] kann schriftlich[4] oder zu Protokoll des Gerichtsschreibers erfolgen.[5]

Wird die Beschwerde vor dem Gerichte, dem Vorsitzenden oder dem Richter, dessen Entscheidung angefochten ist, für begründet erachtet, so haben sie derselben abzuhelfen. Dies kann auch stets ohne Anfechtung der Entscheidung von Amtswegen geschehen.[6] Wird die Beschwerde nicht für begründet erachtet, so ist dieselbe sofort, spätestens vor Ablauf von drei Tagen, dem Beschwerdegerichte vorzulegen.[7]

2. Die Einlegung der Beschwerde hat keine aufschiebende Wirkung,[8] jedoch kann das Gericht, der Vorsitzende oder der Richter, dessen Entscheidung angefochten, sowie das Beschwerdegericht anordnen, daß die Vollziehung der angefochtenen Entscheidung auszusetzen sei.[9]

3. Das Beschwerdegericht kann die Beschwerde dem Gegner des Beschwerdeführers in den Fällen, wo ein solcher vorhanden ist, zur schriftlichen Gegenerklärung mittheilen, auch etwa erforderliche Ermittelungen anordnen oder selbst vornehmen.[10] Ueber die eingelegte Beschwerde wird ohne

---

[2] von Schwarze in HH. II. 258.

[3] Anders bei der sofortigen Beschwerde; vgl. StPO. §. 353.

[4] Schriftlich ist auch durch Telegramm. Zimmermann im Gsaal XXXI. 265. E. IX. 38. R. V. 480.

[5] StPO. §. 348 Abs. 1 und 3.

[6] R. VIII. 150.

[7] StPO. §. 348 Abs. 2. Zu einer Zurückweisung der Beschwerde, weil diese als unzulässig zu erachten sei, ist das Gericht u. s. w., dessen Entscheidung angefochten ist, nicht befugt, anders bei der Berufung und Revision; vgl. StPO. §§. 360, 386.

[8] Ausnahmen GVG. §. 183 Abs. 2; StPO. §. 81.

[9] StPO. §. 349.

[10] StPO. §. 350.

vorgängige mündliche Verhandlung entschieden. In geeigneten Fällen kann die Staatsanwaltschaft vorher gehört werden.[11] Das Beschwerdegericht erkennt in der Sache selbst, wenn es die Beschwerde für begründet erachtet.[12] Eine weitere Anfechtung der in der Beschwerdeinstanz erlassenen Entscheidung findet in der Regel[13] nicht statt.

§. 106.

2. Weitere und sofortige Beschwerde.

1. Durch weitere Beschwerde können nur die Beschlüsse des Landgerichts in der Beschwerdeinstanz angefochten werden, insofern sie Verhaftungen des Beschuldigten betreffen.[1] Hierhin gehören die Beschlüsse über Erlassung eines Haftbefehls, Ablehnung desselben, Bestellung einer Sicherheit u. s. w. Ueber die weitere Beschwerde entscheidet der Strafsenat des Oberlandesgerichts als Beschwerdegericht zweiter Instanz.[2]

2. Die sofortige Beschwerde ist nur in den besonders erwähnten Fällen[3] zulässig. Für dieselbe gelten folgende abweichende Bestimmungen:[4]

a) Die sofortige Beschwerde ist binnen der Frist von einer Woche, welche mit der Bekanntmachung der Entscheidung beginnt, einzulegen.[5] Sie kann, auch wenn ein drin-

[11] StPO. §. 351 Abs. 1. Es kann dies durch schriftliche oder mündliche Erklärung geschehen.

[12] StPO. §. 351 Abs. 2.

[13] Vgl. jedoch den folgenden §. 106.

[1] StPO. §. 352 Abs. 1.

[2] Vgl. oben §. 15 II. 2 c.

[3] StPO. §§. 28 Abs. 1, 46 Abs. 3, 81 Abs. 3, 122 Abs. 2, 180 Abs. 1, 181, 199 Abs. 3, 209 Abs. 2, 270 Abs. 3, 363 Abs. 2, 412, 455 Abs. 3, 461, 463 Abs. 3, 494 Abs. 4, 501 Abs. 3. — Vgl. übrigens auch GVG. §. 183.

[4] StPO. §. 353.

[5] StPO. §. 35.

gender Fall nicht vorliegt, bei dem Beschwerdegericht eingelegt werden.

b) Das Gericht [6] ist nicht befugt, der Beschwerde abzuhelfen, sondern das Beschwerdegericht muß stets entscheiden. Es gilt dies auch in dem Falle, wenn die Einlegungsfrist nicht beobachtet ist.

3. Im Uebrigen sind die Bestimmungen über die Beschwerde im Allgemeinen auch für die weitere und sofortige Beschwerde anzuwenden.

III. Berufung. [1]

§. 107.

1. Zulässigkeit und Zuständigkeit.

1. Die Berufung ist ihrem inneren Wesen nach eine nochmalige, also wiederholte Verhandlung des gesammten Rechtsstreits in rechtlicher, wie thatsächlicher Beziehung vor dem höheren Richter. [2] Sie findet statt gegen die Urtheile der Schöffengerichte, [3] bzw. die Urtheile des Amtsrichters, welche dieser mit Zustimmung der Staatsanwaltschaft ausnahmsweise ohne Zuziehung der Schöffen erlassen kann, wenn der Beschuldigte, dem Amtsrichter vorgeführt, nur wegen einer Uebertretung verfolgt wird und die ihm zur Last gelegte That eingesteht. [4]

---

[6] Ebenso wenig der Vorsitzende und die erwähnten Richter.

[1] Vgl. HH. II 262 ff., Geyer §§. 236—239, Binding §. 120, John §§. 55, 57, Stenglein §. 55, v. Kries, Rechtsmittel S. 87 ff.

[2] Vgl. oben §. 102. Vgl. aber auch StPO. §§. 357 Abs. 1, 359, 368 und unten Nr. 4 dieses §.

[3] StPO. §. 354; GVG. §§. 27, 29.

[4] StPO. §. 211 Abs. 2; vgl. auch EG. zur StPO. §. 3 Abs. 3.

2. Berufungsgerichte sind die Strafkammern der den Amtsgerichten vorgesetzten Landgerichte;[5] sie sind in der Berufungsinstanz bei Uebertretungen und in der Berufungsinstanz bei Privatklagesachen mit drei Mitgliedern, sonst mit fünf Mitgliedern, einschließlich des Vorsitzenden, besetzt.[6]

3. Die Berufung ist zu Protokoll des Gerichtsschreibers oder schriftlich[7] bei dem Gerichte, welches in erster Instanz erkannt hat, binnen einer Woche einzulegen. Diese Einlegungsfrist beginnt mit der Verkündung des Urtheils und, wenn der Angeklagte dabei nicht anwesend war, für diesen mit der Zustellung des Urtheils.[8]

Diese Regel gilt auch für den Fall, wenn das Urtheil auf Ausbleiben des Angeklagten ergangen ist.[9] Will der Angeklagte gegen ein solches Urtheil, ohne auf das Rechtsmittel der Berufung zu verzichten, die Wiedereinsetzung in den vorigen Stand nachsuchen, so muß er die Berufung entweder zugleich mit dem Gesuche um Wiedereinsetzung oder nach gestelltem Gesuche um Wiedereinsetzung noch innerhalb der Berufungsfrist einlegen. Die weitere Verfügung in Bezug auf die Berufung bleibt dann bis zur Erledigung des Gesuchs um Wiedereinsetzung ausgesetzt.[10]

4. Die Berufung kann auf bestimmte Beschwerdepunkte beschränkt, das Urtheil also auch theilweise durch Berufung

---

[5] GVG. §. 72.

[6] GVG. §. 77.

[7] Schriftlich ist auch durch Telegramm. Zimmermann im Gsaal XXXI. 265. E. IX. 38. R. V. 480. Vgl. auch E. VIII. 92. R. V. 161.

[8] Ein Verzicht auf die Zustellung ist unzulässig; Löwe S. 663; a. M. von Schwarze in HH. II. 268.

[9] StPO. §. 356 Abs. 1; vgl. §§. 231 f.

[10] StPO. §. 356.

angefochten werden.[11] Soweit das Urtheil durch rechtzeitig eingelegte Berufung angefochten wird, wird die Rechtskraft desselben gehemmt.[12] Ist die Berufung nicht ausdrücklich auf bestimmte Beschwerdepunkte beschränkt, was übrigens auch noch in der späteren Rechtfertigungsschrift und selbst in der Hauptverhandlung, soweit der Gegner nicht widerspricht,[13] geschehen kann, gilt der ganze Inhalt des Urtheils als angefochten.[14]

5. Eine Rechtfertigung der Berufung ist an sich nicht nothwendig. Der Beschwerdeführer kann jedoch die Berufung, wenn er dies nicht gleich bei der Einlegung gethan, binnen einer weiteren Woche bei dem Gerichte erster Instanz zu Protokoll des Gerichtsschreibers oder in einer Beschwerdeschrift rechtfertigen. Die Rechtfertigungsfrist beginnt mit Ablauf der Einlegungsfrist oder, wenn zu dieser Zeit das Urtheil mit den Entscheidungsgründen noch nicht zugestellt war, mit der Zustellung desselben.[15] Die Nichtbeachtung der Frist ist jedoch materiell nicht von Bedeutung, da sachlich Wichtiges während des ganzen Laufes des Verfahrens beachtet, somit auch verspätete Eingaben geprüft werden müssen.

§. 108.

2. Verfahren.

Das Verfahren findet theils vor dem Gerichte erster Instanz, theils vor dem Berufungsgerichte statt.

---

[11] StPO. §. 359.

[12] StPO. §. 357. Der nicht angefochtene Theil des Urtheils kann jedoch noch nicht vollstreckt werden; vgl. unten §. 113.

[13] Vgl. StPO. §. 345.

[14] StPO. §. 359.

[15] StPO. §. 358.

I. Verfahren vor dem Gerichte erster Instanz.

1. Daß die Einlegung der Berufung bei dem Gerichte erster Instanz erfolgen muß, ist bereits im vorigen §. gesagt. Für den Verlauf einer eingelegten Berufung kommt es dann zunächst darauf an, ob dieselbe rechtzeitig eingelegt ist oder nicht. Ist die Berufung verspätet eingelegt, so ist sie durch Beschluß des Gerichts erster Instanz, d. h. des Amtsrichters [1] als unzulässig zurückzuweisen. Gegen diesen Beschluß kann der Beschwerdeführer binnen einer Woche nach Zustellung desselben auf die Entscheidung des Berufungsgerichts antragen. Die Akten sind in diesem Falle an das Berufungsgericht einzusenden, ohne daß hierdurch die Vollstreckung des Urtheils gehemmt wird. [2]

2. Ist die Berufung dagegen rechtzeitig eingelegt, so muß dem Beschwerdeführer sofort das Urtheil mit den Entscheidungsgründen zugestellt werden, falls dies nicht bereits vorher geschehen sein sollte. [3] Nach Ablauf der Rechtfertigungsfrist hat der Gerichtsschreiber, gleichviel ob eine Rechtfertigung eingelaufen ist oder nicht, die Akten der Staatsanwaltschaft vorzulegen. Hat die Staatsanwaltschaft selbst die Berufung eingelegt, so sind von ihr die Schriftstücke über Einlegung und Rechtfertigung dem Angeklagten zuzustellen. [4] Eine Gegenerklärung des Angeklagten ist wegen der eintretenden Hauptverhandlung nicht nothwendig, jedoch zulässig. Die Staatsanwaltschaft bei dem Amtsgerichte übersendet die Akten der Staatsanwaltschaft bei dem Berufungsgerichte und diese übergibt dieselben, wenn

---

[1] GVG. §. 30 Abs. 2.

[2] StPO. §. 360.

[3] StPO. §. 357 Abs. 2. Hinsichtlich der Zustellung an die Staatsanwaltschaft vgl. StPO. §. 41.

[4] StPO. §. 361.

sie die Berufung nicht zurücknehmen will, binnen einer Woche [5] dem Vorsitzenden des Gerichts. [6]

II. Verfahren vor dem Berufungsgerichte.

1. Auf die Berufung ergeht von dem Berufungsgerichte entweder ein Beschluß oder ein Urtheil. Das Berufungsgericht kann die Berufung durch Beschluß als unzulässig verwerfen, wenn die Bestimmungen über die Einlegung der Berufung nicht beobachtet sind. [7] Es gilt dies zunächst für den Fall, wenn der Amtsrichter die Berufung mit Unrecht als rechtzeitig eingelegt erachtet hat, und außerdem für den Fall, wenn der Amtsrichter die Berufung als verspätet eingelegt verworfen, der Beschwerdeführer aber hiergegen auf Entscheidung des Berufungsgerichts angetragen hat. [8] Der Beschluß des Berufungsgerichts kann durch sofortige Beschwerde angefochten werden. [9]

Weist das Berufungsgericht in den obigen Fällen die Berufung nicht durch Beschluß zurück, so muß dieselbe auch wegen Nichtbeobachtung der Bestimmungen über die Einlegung ebenso wie in allen übrigen Fällen durch Urtheil erledigt, d. h. es muß Hauptverhandlung anberaumt werden. [10]

2. Die Vorbereitung der Hauptverhandlung erfolgt nach den für die Hauptverhandlung erster Instanz vorgeschriebenen Bestimmungen. [11] In der Ladung ist der Angeklagte auf die Folgen des Ausbleibens ausdrücklich hinzuweisen. [12] Hat der Angeklagte die Berufung eingelegt,

---

[5] Nichtbeobachtung der Frist ist juristisch einflußlos.
[6] StPO. §. 362.
[7] StPO. §. 363 Abs. 1 Satz 1.
[8] StPO. §. 360.
[9] StPO. §. 363 Abs. 2.
[10] StPO. §. 363 Abs. 1 Satz 2. Vgl. Haas im GSaal XXXV. 132.
[11] StPO. §§. 213, 215—224.
[12] StPO. §§. 364 Abs. 1, 370.

so wird dieselbe bei unentschuldigtem Ausbleiben des Angeklagten sofort verworfen. Dasselbe Resultat tritt ein, wenn in den Fällen, wo dies zulässig,[13] für den Angeklagten auch kein Vertreter erschienen ist.[14] Der Angeklagte kann hiergegen unter den gewöhnlichen Voraussetzungen Wiedereinsetzung in den vorigen Stand beanspruchen.[15] Hat der gesetzliche Vertreter oder der Ehemann die Berufung eingelegt, so kann das Gericht in Abwesenheit des Angeklagten verhandeln, aber auch den letzteren zwangsweise vorführen lassen.[16] Ist in diesem Falle weder der Beschwerdeführer, noch der Angeklagte erschienen, so ist die Berufung sofort zu verwerfen. Und ist endlich die Berufung von der Staatsanwaltschaft eingelegt, so kann das Gericht in Abwesenheit des Angeklagten verhandeln, aber auch die Vorführung und Verhaftung des letzteren anordnen.[17]

Da in der Strafprozeßordnung besondere Bestimmungen darüber, ob ein verhafteter Angeklagter vorzuführen sei, nicht vorhanden sind, so gelten die für die erste Instanz maßgebenden Grundsätze. Hiernach ist der verhaftete Angeklagte berechtigt, seine Vorführung vor das Berufungsgericht zu verlangen, und dieses verpflichtet, für die Vorführung Sorge zu tragen. Befindet sich der Angeklagte wegen der betreffenden Strafsache in Haft, so ist ein Verzicht seinerseits wirkungslos; befindet er sich dagegen wegen einer anderen Strafsache in Haft, so kann er auf das ihm zustehende Recht in den Fällen verzichten, in welchen er

---

[13] StPO. §. 233.
[14] StPO. §. 370 Abs. 1.
[15] StPO. §. 370 Abs. 2.
[16] StPO. §. 371. Die Verhaftung des Angeklagten ist in diesem Falle ausgeschlossen.
[17] StPO. §. 370 Abs. 1.

sich vertreten lassen darf.[18] Daß das Berufungsgericht trotzdem die Vorführung des verhafteten Angeklagten anordnen kann,[19] ist selbstverständlich.[20]

Die in erster Instanz vernommenen Zeugen und Sachverständigen sind wieder zu laden; es kann dies nur unterbleiben, wenn ihre wiederholte Vernehmung zur Aufklärung der Sache nicht erforderlich erscheint.[21] Neue Beweismittel und ebenso neue Thatsachen sind zulässig. Bei der Auswahl der zu ladenden Zeugen und Sachverständigen ist auf die von dem Angeklagten benannten Personen Rücksicht zu nehmen.[22]

3. Die Hauptverhandlung in der Berufungsinstanz beginnt wie in der ersten Instanz mit dem Aufruf der Sache und der Zeugen und Sachverständigen.[23] Darauf hält ein Berichterstatter in Abwesenheit der Zeugen einen Vortrag über die Ergebnisse des bisherigen Verfahrens, wobei das Urtheil erster Instanz stets zu verlesen ist.[24] Dieser (mündliche) Vortrag richtet sich einerseits nach dem Umfange, in welchem das Urtheil erster Instanz als angefochten anzusehen ist, und andererseits nach dem Zwecke, welcher durch den Vortrag erreicht werden soll.[25] Der Vortrag bezweckt nicht, die Grundlage für das Urtheil des Berufungsgerichts abzugeben, sondern will das letztere in den Stand setzen, eine Prüfung der erhobenen Berufung in formeller und materieller Hinsicht vornehmen zu können. Auf den Vortrag folgt die Vernehmung des Angeklagten

---

[18] StPO. §. 233.

[19] StPO. §. 235.

[20] Vgl. Löwe S. 683.

[21] StPO. §. 364 Abs. 2.

[22] StPO. §. 365 Abs. 3 u. 4.

[23] Vgl. oben §. 85. I.

[24] StPO. §. 365 Abs. 1.

[25] Vgl. Löwe S. 674, Meves, Strafverfahren S. 165 f., v. Schwarze in HH. II. 276.

und hieran schließt sich in der Regel die Beweisaufnahme, auf Grund deren das Urtheil zu fällen ist.[26] Nur ausnahmsweise kann eine Beweisaufnahme ganz oder theilweise unterlassen werden, wenn sie für das Urtheil des Berufungsgerichts entbehrlich ist; z. B. wenn die Sache wegen Nichtigkeit des Verfahrens in die erste Instanz zu verweisen oder wenn lediglich die erkannte Strafe angegriffen ist.[27]

Hinsichtlich des Umfanges der Beweisaufnahme hat das Berufungsgericht volle Freiheit nur, wenn die Verhandlung eine Uebertretung betrifft oder auf erhobene Privatklage erfolgt.[28] Abgesehen hiervon gelten die für die Hauptverhandlung erster Instanz aufgestellten Grundsätze. Bei der Beweisaufnahme und ebenso bei der Berichterstattung können Schriftstücke verlesen werden. Auch in dieser Hinsicht sind die allgemeinen Regeln anzuwenden. Nur in Betreff der Protokolle über Aussagen der Zeugen und Sachverständigen, welche in der Hauptverhandlung erster Instanz vernommen sind, ist eine Ausnahme zugelassen. Die Verlesung dieser Protokolle ist abweichend von dem allgemeinen Grundsatze der Unmittelbarkeit des Verfahrens auch außer den Fällen, in welchen sie in erster Instanz gestattet ist,[29] allgemein zulässig, wenn nur nicht die wiederholte Vorladung der Zeugen und Sachverständigen erfolgt ist oder von dem Angeklagten rechtzeitig d. h. so, daß die Ladung noch ausführbar war, vor der Hauptverhandlung beantragt worden war. Aber selbst in diesen Fällen ist die Verlesung statt-

[26] StPO. §. 365 Abs. 2.

[27] Vgl. bes. Löwe S. 671 (Anm. 8).

[28] StPO. §. 244 Abs. 2.

[29] StPO. §§. 250, 252. Vgl. oben §. 50.

haft, wenn die Staatsanwaltschaft und der Angeklagte zustimmt.[30]

Nach Schluß der Beweisaufnahme halten die Parteien ihre Schlußvorträge. Der Beschwerdeführer spricht zuerst, dem Angeklagten gebührt das letzte Wort.[31] Haben beide Parteien die Berufung eingelegt, so bleibt es bei der in der Hauptverhandlung erster Instanz üblichen Reihenfolge.[32]

Das Berufungsgericht prüft das Urtheil erster Instanz nur, soweit es angefochten ist.[33] Richtet sich das angefochtene Urtheil gegen mehrere Angeklagte und ist nur von einem derselben die Berufung eingelegt, so ist ausschließlich dieser zu berücksichtigen und nicht so zu erkennen, als ob die übrigen Angeklagten gleichfalls die Berufung eingelegt hätten.[34]

Bei der Prüfung des angefochtenen Urtheils sind die von dem Beschwerdeführer angegebenen Gründe und gestellten Anträge für das Berufungsgericht nicht maßgebend. Dem Wesen der Berufung als einem novum judicium entsprechend hat das Berufungsgericht, wie das Gericht erster Instanz, die Sache frei und selbstständig zu prüfen und kann die Entscheidung nur auf die nach seiner Ansicht maßgebenden Gründe stützen, mögen diese von dem Beschwerdeführer geltend gemacht sein oder nicht.[35] Der unangefochtene Theil des Urtheils, wenn sich ein solcher ausscheiden läßt, wird dagegen rechtskräftig. Richtet sich der Angriff des Beschwerdeführers gegen die Feststellung der Schuld, so

---

30 StPO. §. 366. Vgl. auch Meyer in GA. XXXI. 326 ff.

31 StPO. §. 367.

32 Vgl. oben §. 85. III.

33 StPO. §. 368.

34 Anders bei der Revision, StPO. §. 397.

35 Vgl. bes. Löwe S. 677 f., v. Schwarze in HH. II. 282 f., Keller S. 472 f., v. Kries S. 97 ff.

wird hierdurch das ganze Urtheil fraglich. Dasselbe gilt auch in dem Falle, wenn die rechtliche Qualifikation der That bestritten wird. Die Anfechtung der erkannten Strafe oder der Kosten läßt den übrigen Theil des Urtheils unangefochten.

Durch das Urtheil des Berufungsgerichts kann, abgesehen von den Fällen, in welchen die Berufung wegen Ausbleibens einer Person sofort zu verwerfen ist, die Berufung für unbegründet oder begründet erklärt werden. Ist die Berufung unbegründet, so erfolgt Verwerfung derselben, ist sie dagegen begründet, so hebt das Berufungsgericht das angefochtene Urtheil ganz oder theilweise auf und erläßt ein neues Urtheil.[36]

Leidet das angefochtene Urtheil an einem Mangel, welcher die Revision wegen Verletzung einer Rechtsnorm über das Verfahren[37] begründen würde, so hat das Berufungsgericht das angefochtene Urtheil zwar aufzuheben, aber die Wahl, ob es dem Mangel abhelfen und in der Sache selbst erkennen oder die Sache zur Entscheidung an das Gericht erster Instanz zurückverweisen will.[38] Das Gericht, an welches die Sache zurückverwiesen wird, ist an die Ansicht des Berufungsgerichts nicht gebunden; das von ihm erlassene Urtheil kann durch Berufung angefochten werden.

Hat das Gericht erster Instanz mit Unrecht seine Zuständigkeit angenommen, so muß unter Aufhebung des Urtheils die Sache an das zuständige Gericht verwiesen werden, wenn das Berufungsgericht nicht selbst in erster Instanz für die betreffende Sache zuständig ist.[39] In letzterem

[36] StPO. §. 369 Abs. 1.
[37] Vgl. unten §. 92.
[38] StPO. §. 369 Abs. 1.
[39] StPO. §. 369 Abs. 3.

Fall muß es — und zwar dann als Gericht erster Instanz[40] — in der Sache selbst erkennen.

4. In Betreff des an Stelle des aufgehobenen zu erlassenden Urtheils, gleichviel ob dies durch das Berufungsgericht oder das Gericht erster Instanz, an welches die Sache zur Entscheidung verwiesen ist, erfolgt, gilt das Verbot der reformatio in pejus.[41] Hiernach darf, wenn das Urtheil nur von dem Angeklagten oder zu Gunsten des Angeklagten von der Staatsanwaltschaft oder dem gesetzlichen Vertreter des Beschuldigten oder dem Ehemanne der beschuldigten Frau angefochten ist, in dem neuen Urtheil auf eine härtere Strafe[42] als die in dem aufgehobenen Urtheile enthaltene gegen den Angeklagten nicht erkannt werden.

IV. Revision.[1]

§. 109.

1. Zulässigkeit und Zuständigkeit.

I. Die Revision, ihrem Wesen nach eine möglichst von

[40] Die §§. 364 ff. sind also dann unanwendbar. E. IX. 282. R. V. 731. Nöthigenfalls (vgl. GVG. §. 77) müssen zwei weitere Richter zugezogen werden. E. VI. 309.

[41] StPO. §. 372.

[42] Trotz der Verschiedenheit im Ausdrucke der §§. 372 und 398 der StPO. ist das Verbot doch in gleichem Sinne zu verstehen. Es ist also auch im Fall des §. 372 eine schwerere Qualifizirung der That nicht ausgeschlossen. Auch kommt es nur auf das Schlußresultat an; im Fall des §. 74 StGB. kann es daher bei der verhängten Strafe verbleiben, wenn auch von einer Strafthat freigesprochen wird. Vgl. E. II. 202, III. 319, IX. 324. R. II. 186, V. 696, auch Kleinfeller im Gsaal XXXVII. 579 ff.

[1] Vgl. HH. II. 288 ff., Geyer §§. 240—245, Binding §. 121, John §§. 55, 56, Stenglein §. 56, Lamm, das Rechtsmittel der Revision im Strafprozeß, und in d. Annalen d. K. Sächs. OLG. I. 1, V. 193, v. Kries, Rechtsmittel S. 215 ff. Stenglein im Gsaal 1882 S. 561 ff., 1883 S. 161 ff., Löwe S. 687 ff.

formalen Schranken gelöste Nachprüfung der Sache in rechtlicher Beziehung, findet statt [2] gegen die Urtheile der Strafkammern der Landgerichte in erster Instanz und in der Berufungsinstanz [3] und gegen die Urtheile der Schwurgerichte.[4] Die Beurtheilung des Revisionsgerichts erstreckt sich dabei nicht bloß auf die Urtheile, sondern auch auf alle in dem betreffenden Verfahren dem Urtheile vorangegangenen Entscheidungen, sofern dasselbe auf ihnen beruht, d. h. sofern sie auf das Urtheil haben von Einfluß sein können.[5]

II. Die Revision kann ihrem Wesen gemäß nicht darauf gestützt werden, daß der betreffende Straffall in thatsächlicher Hinsicht falsch beurtheilt sei. Die thatsächlichen Ergebnisse des Gerichts, welches das angefochtene Urtheil erlassen hat, sind für das Revisionsgericht maßgebend. Die Revision kann vielmehr nur auf die Verletzung eines Gesetzes gestützt werden.[6] Es ist dabei gleichgültig, ob das Gesetz nicht oder nicht richtig angewendet ist und welchem Gebiete dasselbe angehört. Aber die Verletzung des Gesetzes berechtigt nicht schlechthin, sondern nur dann zur Einlegung der Revision, wenn das Urtheil auf der Verletzung des Gesetzes beruht [7] und sie von dem Beschwerdeführer gerügt [8] ist. Würde das Urtheil, auch wenn im einzelnen Falle die Ver-

---

[2] StPO. §. 374.

[3] GVG. §§. 73, 74 u. 76; vgl. StPO. §. 380.

[4] GVG. §. 80.

[5] StPO. §. 375. Vgl. z. B. E. I. 32, 66, 210. R. I. 362, 412 und andererseits E. II. 19, 120. R. II. 104.

[6] StPO. §. 376 Abs. 1. Die StPO. gebraucht „Gesetz“ und „Rechtsnorm“ in gleichem Sinne und versteht unter Rechtsnormen „nicht bloß die ausdrücklichen Bestimmungen der Gesetze, sondern auch alle Grundsätze, welche sich aus dem Sinne und Zusammenhange der gesetzlichen Vorschriften ergeben“; vgl. EG. zur StPO. §. 7.

[7] StPO. §. 376 Abs. 2. Vgl. z. B. E. I. 32, 210. R. I. 362, V. 653.

[8] StPO. §§. 384, 392.

letzung des Gesetzes nicht vorgekommen wäre, doch nicht anders ausgefallen sein, so ist die Revision ausgeschlossen.

Die Strafprozeßordnung hat nur in folgenden Fällen die Beobachtung der gesetzlichen Bestimmungen für so wichtig gehalten, daß ihre Verletzung, sobald sie gerügt ist, stets Aufhebung des Urtheils zur Folge hat:[9]

1. wenn das erkennende Gericht oder die Geschworenenbank nicht vorschriftsmäßig besetzt war;[10]
2. wenn bei dem Urtheile ein Richter, Geschworener oder Schöffe mitgewirkt hat, welcher von der Ausübung des Richteramts kraft Gesetzes ausgeschlossen war;[11]
3. wenn bei dem Urtheile ein Richter oder Schöffe mitgewirkt hat, nachdem derselbe wegen Besorgniß der Befangenheit abgelehnt war, und das Ablehnungsgesuch entweder für begründet erklärt war oder mit Unrecht verworfen war;[12]
4. wenn das Gericht seine Zuständigkeit[13] mit Unrecht angenommen hat;
5. wenn die Hauptverhandlung in Abwesenheit der Staatsanwaltschaft oder einer Person, deren Anwesenheit das Gesetz vorschreibt, stattgefunden hat;[14]
6. wenn das Urtheil auf Grund einer mündlichen Ver-

[9] StPO. §. 377.

[10] GVG. §§. 77, 81, 82, auch §§. 87—94 und StPO. §§. 280 bis 288. Vgl. E. V. 21. R. III. 530.

[11] StPO. §§. 22, 23, 31, 32.

[12] StPO. §§. 24, 31, soweit nicht nach §. 28 Abs. 1 sofortige Beschwerde gegeben ist. E. VII. 175.

[13] örtliche (vgl. jedoch StPO. §§. 16—18) und sachliche (vgl. jedoch StPO. §. 269). E. XVI. 39.

[14] StPO. §. 225; vgl. oben §. 83.

handlung ergangen ist, bei welcher die Vorschriften über die Oeffentlichkeit des Verfahrens verletzt sind;[15]

7. wenn das Urtheil bzw. der Theil desselben, welcher angefochten ist, keine Entscheidungsgründe hat;[16]

8. wenn die Vertheidigung in einem für die Entscheidung wesentlichen Punkte durch einen Beschluß des Gerichts unzulässig beschränkt worden ist.[17]

III. Die Staatsanwaltschaft und der Angeklagte stehen sich hinsichtlich der Einlegung der Revision nicht gleich. Die Staatsanwaltschaft darf die Verletzung von Rechtsnormen, welche lediglich zu Gunsten des Angeklagten gegeben sind, nicht zu dem Zwecke geltend machen, um eine Aufhebung des Urtheils zum Nachtheile des Angeklagten herbeizuführen.[18] Außerdem ist die Staatsanwaltschaft dadurch beschränkt,[19] daß ihr die Revision, wenn der Angeklagte von den Geschworenen für nichtschuldig erklärt worden ist, nur in den Fällen zusteht, in welchen dieselbe durch die Bestimmungen des §. 377 Nr. 1, 2, 3, 5 der Strafprozeßordnung (auf der vorigen Seite unter denselben Nummern aufgeführt) oder durch die Stellung oder Nichtstellung von Fragen begründet wird.[20]

Bei den von den Strafkammern der Landgerichte in der Berufungsinstanz erlassenen Urtheilen sind beide Parteien noch in anderer Richtung und zwar gleichmäßig beschränkt;[21] sie dürfen die Revision wegen Verletzung einer Rechtsnorm über das materielle Recht zwar allgemein, aber

[15] GVG. §§. 170, 173 f., vgl. oben §. 51.

[16] StPO. §§. 34, 266, 316.

[17] Vgl. z. B. I. 51, 61, 106. R. I. 105, 164 u. a.

[18] StPO. §. 378.

[19] StPO. §. 379.

[20] StPO. §§. 292 ff. Hierhin gehören alle bei der Fragestellung vorkommenden Fehler.

[21] StPO. §. 380. Vgl. dazu Schmidt, der §. 380 der deutschen StPO.

wegen Verletzung einer Rechtsnorm über das Verfahren nur bei Verletzung der Vorschrift des §. 398 der Strafprozeßordnung d. h. dann einlegen, wenn das Berufungsgericht, an welches eine Sache zur anderweiten Verhandlung zurückverwiesen ist, hierbei nicht die rechtliche Beurtheilung, von welcher das Revisionsgericht bei der Aufhebung des Urtheils ausgegangen ist, zu Grunde gelegt hat.

IV. Revisionsgerichte sind die Strafsenate der Oberlandesgerichte und des Reichsgerichts in der Besetzung von fünf bzw. sieben Mitgliedern einschließlich des Vorsitzenden.

a) Die Oberlandesgerichte entscheiden über die Revisionen gegen die Urtheile der Strafkammern in der Berufungsinstanz,[22] und ausnahmsweise, nämlich wenn die Revision ausschließlich auf die Verletzung einer in den Landesgesetzen enthaltenen Rechtsnorm gestützt wird, auch über die Revision gegen die Urtheile der Strafkammern in erster Instanz.[23]

b) Das Reichsgericht entscheidet über die Revision gegen die Urtheile der Strafkammern in erster Instanz, abgesehen von den erwähnten Ausnahmefällen, in welchen die Oberlandesgerichte hierüber entscheiden, und über die Revision gegen die Urtheile der Schwurgerichte,[24] ganz ausnahmsweise bei Reichsabgaben und Reichsgefällen auch gegen Urtheile der Strafkammern in der Berufungsinstanz.[25]

---

[22] GVG. §. 123 Nr. 2. Vgl. aber die Ausnahme in GVG. §. 136 Abs. 2.

[23] In diesem Falle ist in Preußen stets das Kammergericht zuständig; außerdem auch bei Revisionen gegen Urtheile der Berufungsinstanz, wenn eine nach Landesrecht strafbare Handlung den Gegenstand der Untersuchung bildet. Preuß. Ausf.G. z. GVG. v. 24./4. 78 (GS. 230) §. 50.

[24] GVG. §. 136 Abs. 1 Nr. 2; oben §. 16.

[25] GVG. §. 136 Abs. 2.

V. Die Revision ist zu Protokoll des Gerichtsschreibers oder schriftlich bei dem Gerichte, dessen Urtheil angefochten wird, binnen einer Woche einzulegen. Diese Einlegungsfrist beginnt mit der Verkündung des Urtheils und, wenn der Angeklagte dabei nicht anwesend war, für diesen mit der Zustellung des Urtheils.[26]

Diese Regel gilt auch für den Fall, daß das Urtheil auf Ausbleiben des Angeklagten ergangen ist.[27] Will der Angeklagte gegen ein solches Urtheil, ohne auf das Rechtsmittel der Revision zu verzichten, Wiedereinsetzung in den vorigen Stand beanspruchen, so muß er die Revision entweder zugleich mit dem Gesuche um Wiedereinsetzung in den vorigen Stand oder nach gestelltem Gesuche um Wiedereinsetzung noch innerhalb der Revisionsfrist einlegen. Die weitere Verfügung auf die Revision bleibt dann bis zur Erledigung des Gesuchs um Wiedereinsetzung in den vorigen Stand ausgesetzt.[28]

VI. Die rechtzeitige Einlegung der Revision bewirkt, daß das Urtheil, soweit es angefochten ist, nicht rechtskräftig wird.[29]

Im Gegensatze zu der Berufung nöthigt die Einlegung der Revision für sich allein nicht das Revisionsgericht, sich mit der Sache zu befassen. Der Beschwerdeführer muß vielmehr noch rechtzeitig[30] den Streitgegenstand für die Revisionsinstanz feststellen und begründen.[31] Es kann dies

---

[26] StPO. §. 381. Vgl. auch oben Anm. 7 und 8 zu §. 107.

[27] StPO. §. 233.

[28] StPO. §. 382.

[29] StPO. §. 383 Abs. 1.

[30] Nur die vor Ablauf der Rechtfertigungsfrist gestellten Anträge und angegebenen Gründe werden berücksichtigt. Auch in der Hauptverhandlung sind Nachträge oder Berichtigungen unzulässig.

[31] StPO. §§. 384, 392; vgl. Motive zur StPO. S. 206 f.

zugleich mit der Einlegung der Revision erfolgen; ist dies nicht geschehen, so steht hierfür eine weitere Woche zur Verfügung. Diese Frist beginnt nach Ablauf der Einlegungsfrist oder, wenn zu dieser Zeit das Urtheil mit den Entscheidungsgründen noch nicht zugestellt war, mit der Zustellung desselben.[32] Sofort nach Einlegung der Revision ist nämlich dem Beschwerdeführer das Urtheil mit den Gründen zuzustellen, falls dies nicht etwa bereits aus anderem Grunde geschehen ist.[33]

Aus den sog. Revisionsanträgen und deren Begründung muß ersichtlich sein, ob der Beschwerdeführer die Urtheilsformel in ihrem ganzen Umfange oder nur zum Theil als unrichtig angegriffen hat, und ob die behauptete Verletzung des Gesetzes in der Entscheidung selbst oder in dem ihr zu Grunde liegenden Verfahren oder in beiden zugleich befunden wird. Wenn die behauptete Verletzung des Gesetzes in der Entscheidung selbst liegen soll, so genügt zur Begründung die Angabe, daß die Anwendung des Strafgesetzes auf das festgestellte Sachverhältniß fehlerhaft sei. Handelt es sich dagegen um die Verletzung einer Rechtsnorm über das Verfahren, so müssen auch die den Mangel enthaltenden Thatsachen angegeben sein, aus welchen die Verletzung gefolgert wird.[34] Es genügt daher z. B. nicht die Behauptung, daß die Rechtsnormen über die Vernehmung und Beeidigung der Zeugen verletzt seien, sondern es muß angegeben werden, welcher Zeuge mit Unrecht vernommen oder beeidigt sei.

VII. Die Rechtfertigung der Revision kann seitens

---

[32] StPO. §. 385 Abs. 1.
[33] StPO. §. 383 Abs. 2.
[34] StPO. §. 384.

des Angeklagten[35] nur in einer von dem Vertheidiger[36] oder einem Rechtsanwalt[37] unterzeichneten Schrift[38] oder zu Protokoll des Gerichtsschreibers[39] erfolgen.[40]

§. 110.

2. Verfahren.

Das Verfahren findet theils vor dem Gerichte, dessen Urtheil angefochten ist, theils vor dem Revisionsgerichte statt.

I. Verfahren vor dem Gerichte, dessen Urtheil angefochten ist.

1. Für den Verlauf einer eingelegten Revision kommt es zunächst nur darauf an, ob die formellen Vorschriften über die Einlegung beobachtet sind oder nicht. Ist die Revision verspätet eingelegt, oder sind die Revisionsanträge nicht rechtzeitig oder nicht in der vorgeschriebenen Weise angebracht worden, so wird die Revision durch Beschluß des Gerichts, dessen Urtheil angefochten ist, als unzulässig verworfen.[1] Gegen diesen Beschluß kann der Beschwerdeführer binnen einer Woche nach Zustellung desselben auf die Entscheidung des Revisionsgerichts antragen. Die Akten

---

[35] Hinsichtlich des verhafteten Angeklagten vgl. auch StPO. §. 341 und oben §. 103. II. 1.

[36] d. h. dem in der Vorinstanz thätig gewesenen. Besonderer Vollmacht bedarf er nicht. E. III. 222.

[37] Ausdrückliche Vollmacht ist auch für diesen nicht erforderlich. Vgl. E. XV. 226. R. IV. 355, IX. 90.

[38] Auch hier steht ein Telegramm der Schrift gleich. E. X. 166, VIII. 92, IX. 38. R. V. 161, 480.

[39] desjenigen Gerichts, dessen Urtheil angefochten ist. E. VII. 174. R. III. 51. Vgl. aber auch StPO. §. 341.

[40] StPO. §. 385 Abs. 2. Dieselbe Vorschrift gilt auch für die Personen, welche für den Angeklagten Rechtsmittel einlegen dürfen; vgl. StPO. §§. 324, 340.

[1] StPO. §. 386 Abs. 1.

sind in diesem Falle an das Revisionsgericht einzusenden, ohne daß hierdurch die Vollstreckung des Urtheils gehemmt wird.[2]

2. Sind die Vorschriften über die Einlegung und Begründung der Revision dagegen beobachtet, so ist die Revisionsschrift[3] dem Gegner des Beschwerdeführers zuzustellen. Dieser kann binnen einer Woche eine Gegenerklärung abgeben. Von Seiten des Angeklagten kann dies zu Protokoll des Gerichtsschreibers oder in einer besonderen Schrift erfolgen; die letztere braucht jedoch nicht von dem Vertheidiger oder einem Rechtsanwalt unterzeichnet zu sein. Nach Eingang der Gegenerklärung oder nach Ablauf der Frist sendet die Staatsanwaltschaft die Akten an das Revisionsgericht.[4]

II. Verfahren vor dem Revisionsgerichte.

1. Findet das Gericht, an welches die Akten gesendet sind, daß es in dem betreffenden Falle (sachlich oder örtlich) nicht zuständig sei, so hat es durch Beschluß seine Unzuständigkeit auszusprechen und zugleich die Revision an das zuständige Revisionsgericht zu verweisen. Ein Streit über die Zuständigkeit kann zwischen mehreren Oberlandesgerichten oder zwischen einem Oberlandesgerichte und dem Reichsgerichte vorkommen. In allen Fällen ist der Beschluß, welcher nicht angefochten werden kann, in Betreff der Zuständigkeit bindend für das Gericht, an welches die Revision verwiesen wird. An dieses sind die Akten durch die Staatsanwaltschaft abzugeben.[5]

---

[2] StPO. §. 386 Abs. 2.

[3] natürlich auch die zu Protokoll des Gerichtsschreibers abgegebene.

[4] StPO. §. 387.

[5] StPO. §. 388.

2. Die eingelegte Revision kann durch Beschluß des Revisionsgerichts als unzulässig verworfen werden, wenn die Vorschriften über die Einlegung der Revision oder über die Anbringung und Begründung der Revisionsanträge nicht beobachtet sind.[6] Nach den Motiven zur Strafprozeßordnung sollte zwar die dem Revisionsgerichte beigelegte Befugniß, das Rechtsmittel ohne Hauptverhandlung zurückzuweisen, sich nicht auf den Fall erstrecken, wenn die Vorschriften über die Begründung der Revisionsanträge nicht beobachtet sind, weil die Grenze zwischen einer sachlich unrichtigen und einer formell ungenügenden Begründung oft sehr schwer zu ziehen sein wird, allein diese Ansicht hat im Gesetze keinen entsprechenden Ausdruck gefunden.[7]

Weist das Revisionsgericht in dem obigen Falle die Revision nicht durch Beschluß zurück, so muß dieselbe auch wegen Nichtbeobachtung der erwähnten Vorschriften ebenso wie in allen übrigen Fällen durch Urtheil erledigt, d. h. es muß Hauptverhandlung anberaumt werden.[8]

3. Die Anwesenheit des Angeklagten oder eines Vertheidigers desselben in der Hauptverhandlung ist in der Revisionsinstanz nicht nothwendig. Es ist jedoch nicht ausgeschlossen, daß der Angeklagte in der Hauptverhandlung allein oder mit einem Vertheidiger erscheint oder sich durch einen mit schriftlicher Vollmacht versehenen Vertheidiger vertreten läßt. Der Angeklagte oder auf dessen Wunsch der Vertheidiger ist deshalb auch von dem Termine der Hauptverhandlung zu benachrichtigen. Der nicht auf freiem Fuße befindliche Angeklagte hat jedoch keinen Anspruch auf Anwesenheit.[9]

[6] StPO. §. 389 Abs. 1.

[7] Vgl. E. I. 257. R. I. 126.

[8] StPO. §. 389 Abs. 2.

[9] StPO. §. 390. Zu benach-

4. Auf die Hauptverhandlung vor dem Revisionsgerichte finden die für die Hauptverhandlung erster Instanz aufgestellten Vorschriften entsprechende Anwendung. Ein Berichterstatter setzt das Gericht in Kenntniß über das Sachverhältniß, soweit es für die Entscheidung nothwendig, und über die Beschwerdegründe. Hieran schließen sich die Ausführungen und Anträge der Staatsanwaltschaft und des etwa erschienenen Angeklagten oder Vertheidigers. Der Beschwerdeführer spricht zuerst, dem Angeklagten gebührt das letzte Wort.[10] Eine besondere Beweisaufnahme wird in der Revisionsinstanz nur selten eintreten, und zwar nur dann, wenn bei behaupteten prozessualen Mängeln die thatsächlichen Voraussetzungen zu prüfen sind.[11] In diesen Fällen ist es dem freien Ermessen des Revisionsgerichts überlassen, wie es sich den Beweis für die festzustellenden Thatsachen verschaffen will. Das Revisionsgericht ist nur insofern eingeschränkt, als die Beobachtung der für die Hauptverhandlung vorgeschriebenen Förmlichkeiten nur durch das Protokoll bewiesen werden kann, wenn nicht eine Fälschung des letzteren behauptet wird.[12]

Bei der durch das Revisionsgericht stattfindenden Prüfung ist auch noch aus anderem Grunde zu unterscheiden, ob die Revision sich darauf stützt, daß die Verletzung des Gesetzes in der Entscheidung selbst oder in dem ihr zu Grunde liegenden Verfahren befunden wird.[13] Im ersteren Falle entscheidet das Revisionsgericht, ohne an die Angriffe

---

richtigen sind auch die in StPO. §. 340 erwähnten Personen, falls die Revision von ihnen eingelegt ist.

[10] StPO. §. 391; vgl. oben §. 85. III.

[11] Vgl. E. VI. 388, VI. 161. VII. 340, XI. 261, XII. 125. R. III. 481, VI. 331, VII. 198, 259.

[12] StPO. §. 274.

[13] StPO. §. 392.

und Ausführungen des Beschwerdeführers gebunden zu sein. Das angefochtene Urtheil kann daher aus anderen als den von dem Beschwerdeführer angegebenen Gründen[14] aufgehoben werden. Im zweiten Falle ist das Revisionsgericht sehr beschränkt; es darf nur diejenigen Thatsachen berücksichtigen, welche bei Anbringung der Revisionsanträge bezeichnet worden sind, und muß Verletzungen des materiellen Rechts vollständig unbeachtet lassen. Es kann mithin der Fall eintreten, daß das Revisionsgericht die Revision verwerfen muß, obwohl sich herausgestellt hat, daß eine Vorschrift des materiellen Rechts nicht richtig angewendet worden ist.

5. Das Urtheil des Revisionsgerichts lautet entweder auf Verwerfung der eingelegten Revision oder auf Aufhebung des angefochtenen Urtheils.[15] Die Aufhebung braucht sich aber nicht immer auf das ganze Urtheil oder auf den ganzen von dem Beschwerdeführer gerügten Theil desselben zu erstrecken; sie trifft das Urtheil nur insoweit dasselbe auf einer Verletzung des Gesetzes beruht. Zugleich mit dieser Aufhebung des Urtheils hat das Revisionsgericht die dem Urtheile zu Grunde liegenden Feststellungen aufzuheben, sofern sie durch die Gesetzesverletzung betroffen werden, wegen deren die Aufhebung des Urtheils erfolgt.[16] Mit der Aufhebung des Urtheils verbindet sich nothwendig stets eine weitere Entscheidung.

Entweder entscheidet das Revisionsgericht zugleich anderweit in der Sache selbst, und zwar geschieht dies nur,

---

[14] Dieselben müssen sich selbstverständlich auf die unrichtige Anwendung des materiellen Rechts beziehen.

[15] Vgl. Motive zur StPO. S. 210 f.

[16] StPO. §. 393.

wenn die Aufhebung des Urtheils nur wegen Gesetzesverletzung bei Anwendung des Gesetzes auf die dem Urtheile zu Grunde liegenden Feststellungen erfolgt und ohne weitere thatsächliche Erörterungen nur auf Freisprechung oder Einstellung des Verfahrens oder eine absolut bestimmte, d. h. nach Qualität und Quantität genau festgesetzte Strafe zu erkennen ist oder das Revisionsgericht in Uebereinstimmung mit dem Antrage der Staatsanwaltschaft die gesetzlich niedrigste Strafe für angemessen erachtet.[17]

Oder, und zwar geschieht dies in allen übrigen Fällen, es erfolgt Zurückweisung der Sache zur anderweiten Verhandlung und Entscheidung und zwar entweder

1. an das Gericht, dessen Urtheil aufgehoben ist, oder lediglich nach freiem Ermessen des Revisionsgerichts
2. an ein demselben Bundesstaate angehöriges benachbartes Gericht gleicher Ordnung,[18] oder und zwar nothwendig
3. an das zuständige Gericht, wenn das Gericht der vorigen Instanz sich mit Unrecht für zuständig erachtet hat,[19] oder
4. an ein Gericht niederer Ordnung, wenn die noch in Frage kommende strafbare Handlung zu dessen Zuständigkeit gehört.[20]

Das Gericht, an welches die Sache verwiesen ist, hat, da die frühere Verhandlung, soweit sie die aufgehobenen Feststellungen betrifft, als nicht existirend zu betrachten ist,

---

[17] StPO. §. 394 Abs. 1. Ist die niedrigste Strafe von dem Vorhandensein mildernder Umstände abhängig, so kann das Revisionsgericht nur dann selbst erkennen, wenn diese von dem Instanzgericht festgestellt sind. E. II. 354. R. II. 353.

[18] StPO. §. 394 Abs. 2.

[19] StPO. §. 395.

[20] StPO. §. 394 Abs. 3.

die Sache vollständig neu zu verhandeln, nicht etwa bloß den vorgekommenen Mangel zu verbessern. Bei dieser neuen Verhandlung ist es an die rechtliche Beurtheilung, welche der Aufhebung des Urtheils zu Grunde gelegt ist, bei seiner Entscheidung gebunden. Auch darf dasselbe, wenn das Urtheil nur von dem Angeklagten oder zu Gunsten desselben von der Staatsanwaltschaft oder dem gesetzlichen Vertreter des Beschuldigten oder dem Ehemanne der beschuldigten Frau angefochten worden ist, eine härtere Strafe, als die in dem aufgehobenen Urtheile erkannte, nicht verhängen (Verbot der reformatio in pejus).[21]

Hat von mehreren Angeklagten nur einer die Revision eingelegt, und ist in Folge dessen wegen Gesetzesverletzung bei Anwendung des Strafgesetzes, also wegen Verletzung einer materiellen Strafnorm das Urtheil aufgehoben, so ist zu erkennen, als ob alle von der Gesetzesverletzung berührten Angeklagten die Revision eingelegt hätten.[22]

Fünfter Abschnitt.

Wiederaufnahme eines durch rechtskräftiges Urtheil geschlossenen Verfahrens.[1]

§. 111.

I. Zulässigkeit.

I. Während die Rechtsmittel der Berufung und Revision nur gegen Urtheile eingelegt werden können, welche noch

[21] StPO. §. 398. Vgl. oben Anm. 24 zu §. 108.

[22] StPO. §. 397. Vgl. E. XVI. 417.

[1] Vgl. HH. II. 323 ff., Geyer §§. 248—250, Binding §. 123, John §. 58, Stenglein §§. 57, 58, v. Kries in GA. XXVI. 169 ff., Ders., Rechtsmittel S. 409 ff.

nicht rechtskräftig sind, und Urtheile daher erst rechtskräftig werden, wenn sie durch diese beiden Rechtsmittel nicht mehr anfechtbar sind, setzt der Antrag auf Wiederaufnahme eines Verfahrens, der nach der Strafprozeßordnung nicht als Rechtsmittel anzusehen ist, ein durch rechtskräftiges Urtheil geschlossenes Verfahren voraus. Gegen amtsrichterliche Strafbefehle ist der Antrag auf Wiederaufnahme des Verfahrens unzulässig, weil hierbei ein Verfahren überhaupt nicht stattgefunden hat. Und dasselbe gilt hinsichtlich der Urtheile, durch welche das Verfahren nicht geschlossen, sondern nur eingestellt ist, weil über die Schuld des Thäters gar nicht erkannt ist.

Die Zulässigkeit des Antrages auf Wiederaufnahme eines Verfahrens verstößt an sich gegen den auch nach der Strafprozeßordnung geltenden Grundsatz, daß, sobald über die Schuld eines Thäters rechtskräftig erkannt und eine Freisprechung oder Verurtheilung erfolgt ist, ein neues Verfahren gegen den Thäter wegen derselben That nicht mehr eingeleitet werden darf (non bis in idem).[2] Im Interesse der materiellen Wahrheit ist jedoch die Wiederaufnahme eines durch rechtskräftiges Urtheil geschlossenen Verfahrens zwar nicht schlechthin, aber doch aus gewissen Gründen sowohl zu Gunsten als Ungunsten des Angeklagten gestattet.

II. Zweck der Wiederaufnahme des Verfahrens ist die Freisprechung des Verurtheilten oder die Verurtheilung des Freigesprochenen oder die Anwendung eines milderen Strafgesetzes. Die Wiederaufnahme ist aber nicht gestattet zur

---

[2] Vgl. oben §. 86. V.

Aenderung der Strafe innerhalb des durch dasselbe Gesetz[3] bestimmten Strafmaßes.[4]

Der Antrag hat keine aufschiebende Wirkung, doch kann das Gericht einen Aufschub oder eine Unterbrechung der Strafvollstreckung anordnen.[5]

III. Die Wiederaufnahme des Verfahrens erfolgt nicht von Amtswegen, sondern nur auf Antrag. Der Antrag kann von der Staatsanwaltschaft,[6] dem Angeklagten und den sonst noch zur Einlegung von Rechtsmitteln befugten Personen gestellt werden.[7]

Eine Frist ist für die Stellung des Antrages nicht vorgeschrieben; es ist gleichgültig, ob die zuerkannte Strafe schon vollstreckt oder noch nicht vollstreckt ist. Auch nach dem Tode des Verurtheilten ist die Wiederaufnahme des Verfahrens gestattet. Für diesen letzteren Fall ist jedoch eine beschränkende Bestimmung dadurch aufgestellt, daß die Staatsanwaltschaft überhaupt nicht, sondern nur der Ehegatte, die Verwandten auf- und absteigender Linie sowie die Geschwister des Verstorbenen zu dem Antrage befugt sind und zwar nur unter der Bedingung, daß es sich um die Freisprechung des Verurtheilten handelt.[8] Die Wiederaufnahme des Verfahrens zum Zwecke der Aenderung der Strafe ist daher in diesem Falle nicht gestattet.

IV. Die Wiederaufnahme des Verfahrens findet statt

---

[3] Dieser Ausdruck ist nicht identisch mit „derselbe Paragraph". Ein Paragraph enthält nicht selten mehrere selbstständige Thatbestände, vgl. StGB. §§. 220 Abs. 1 und 2, 223 Abs. 1 und 2, 315 Abs. 1 und 2 u. a. Die Beantwortung der Frage nach den mildernden Umständen gehört stets zur Strafzumessung und deshalb nicht hierher.

[4] StPO. §. 403.

[5] StPO. §. 400.

[6] Zu Gunsten und zu Ungunsten des Angeklagten.

[7] StPO. §. 405; vgl. oben §. 103. I.

[8] StPO. §§. 401, 411 Abs. 1.

1. zu Gunsten und zu Ungunsten des Verurtheilten bzw. Angeklagten:[9]

a) wenn eine in der Hauptverhandlung zu seinen Ungunsten bezw. Gunsten als echt vorgebrachte Urkunde[10] fälschlich angefertigt oder verfälscht[11] war;

b) wenn durch Beeidigung eines zu seinen Ungunsten bzw. Gunsten abgelegten Zeugnisses oder abgegebenen Gutachtens der Zeuge oder Sachverständige sich einer vorsätzlichen oder fahrlässigen Verletzung der Eidespflicht schuldig gemacht hat;[12]

c) wenn bei dem Urtheil ein Richter, Geschworener oder Schöffe mitgewirkt hat, welcher sich in Beziehung auf die Sache einer mit krimineller[13] Strafe bedrohten Verletzung der Amtspflicht schuldig gemacht hat. Hierbei ist es nicht nothwendig, daß die Verletzung der Amtspflicht von Einfluß auf das Urtheil gewesen ist. Die Wiederaufnahme kann aus diesem Grunde zu Gunsten des Verurtheilten jedoch nicht beantragt werden, wenn der Verurtheilte selbst die Verletzung der Amtspflicht veranlaßt hat.

In den Fällen unter a—c ist der Antrag auf Wiederaufnahme, wenn er auf die Behauptung einer strafbaren Handlung gegründet werden soll, nur dann zulässig, wenn wegen der betreffenden Handlung eine

[9] StPO. §§. 399 Nr. 1—3, 402 Nr. 1—3.

[10] Die Urkunde muß zu Gunsten oder Ungunsten des Betreffenden als Beweismittel in dem Strafverfahren benutzt und von Einfluß auf das Urtheil gewesen sein.

[11] Der Thatbestand der Urkundenfälschung (StGB. §. 267) braucht nicht vorzuliegen.

[12] StGB. §§. 154, 163. Das Zeugniß oder Gutachten muß ebenso wie die Urkunde (vgl. Anm. 10) von Einfluß auf das Urtheil gewesen sein.

[13] Ordnungs- und Disziplinarstrafen sind ausgeschlossen.

rechtskräftige Verurtheilung ergangen ist, oder wenn die Einleitung oder Durchführung eines Strafverfahrens aus anderen Gründen als wegen Mangels an Beweis z. B. wegen Tod, Abwesenheit, Verjährung nicht erfolgen kann.[14]

2. nur zu Gunsten des Verurtheilten:[15]

a) wenn ein civilgerichtliches Urtheil, auf welches das Strafurtheil gegründet ist, durch ein anderes rechtskräftig gewordenes Urtheil aufgehoben ist;

b) wenn neue[16] Thatsachen oder Beweismittel beigebracht sind, welche allein oder in Verbindung mit den früher erhobenen Beweisen die Freisprechung des Angeklagten oder in Anwendung eines milderen Strafgesetzes eine geringere Bestrafung[17] zu begründen geeignet sind.

In den vor den Schöffengerichten verhandelten Strafsachen können nur solche Thatsachen oder Beweismittel beigebracht werden, welche der Verurtheilte in dem früheren Verfahren einschließlich der Berufungsinstanz nicht gekannt hatte oder ohne Verschulden nicht geltend machen konnte.

3. nur zu Ungunsten des Angeklagten:[18] wenn von dem freigesprochenen Angeklagten nach der Freisprechung vor Gericht oder außergerichtlich ein

---

[14] StPO. §. 404.

[15] StPO. §§. 399 Nr. 4 und 5.

[16] d. h. solche, welche bei dem angefochtenen Urtheile nicht berücksichtigt werden konnten, gleichviel ob sie der Verurtheilte gekannt hat oder nicht.

[17] Die Anwendung des milderen Strafgesetzes allein genügt daher nicht.

[18] StPO. §. 402 Nr. 4. Vgl. dazu Dalcke in GA. XXXIV. 81 ff.

glaubwürdiges Geständniß der strafbaren Handlung abgelegt wird.

V. Der Antrag muß den gesetzlichen Grund der Wiederaufnahme und die Beweismittel enthalten.[19] Wird der Antrag von dem Angeklagten oder von den Personen gestellt, welche im Falle des Todes des Angeklagten zu dem Antrage befugt sind,[20] so muß derselbe mittels einer von dem[21] Vertheidiger oder einem Rechtsanwalt unterzeichneten Schrift oder zu Protokoll des Gerichtsschreibers angebracht werden.[22]

VI. Die allgemeinen Bestimmungen über Rechtsmittel[23] finden, soweit nicht Ausnahmen gemacht sind,[24] auch bei dem Antrage auf Wiederaufnahme des Verfahrens Anwendung.[25]

§. 112.

II. Verfahren.

In dem Verfahren, welches auf Grund eines Antrages auf Wiederaufnahme stattfindet, lassen sich drei Stadien unterscheiden: die Prüfung der Zulässigkeit des Antrages, die Entscheidung über die Wiederaufnahme der Untersuchung und die erneute Verhandlung und Entscheidung der Sache selbst.

I. Die Wiederaufnahme des Verfahrens ist bei dem Gerichte zu beantragen, dessen Urtheil mit dem Antrage angefochten wird. Ist ein Urtheil in der Berufungs-

---

[19] StPO. §. 406 Abs. 1.

[20] StPO. §. 401 Abs. 2; vgl. oben III.

[21] Vgl. oben Anm. 36 zu §. 109.

[22] StPO. §. 406 Abs. 2.

[23] StPO. §§. 338—345; vgl. oben §. 103.

[24] Vgl. z. B. StPO. §. 401.

[25] StPO. §. 405.

instanz ergangen, so wird das Berufungsurtheil in der Regel das angefochtene sein. Eine Ausnahme hiervon tritt aber dann ein, wenn das Berufungsgericht, ohne über die Schuld des Angeklagten zu erkennen, die Berufung als unzulässig verworfen hat. Hinsichtlich der in der Revisionsinstanz erlassenen Urtheile bestimmt die Strafprozeßordnung, daß der Antrag auf Wiederaufnahme nur dann bei dem Revisionsgerichte zu stellen ist, wenn es sich um eine in der Revisionsinstanz begangene, mit krimineller Strafe bedrohte Verletzung der Amtspflicht eines Richters handelt.[1] Abgesehen von diesem Falle muß der Antrag also stets, auch wenn der Grund zur Wiederaufnahme des Verfahrens in der Revisionsinstanz liegt,[2] bei dem Gerichte gestellt werden, gegen dessen Urtheil die Revision eingelegt war.

Ueber die Zulassung des Antrages auf Wiederaufnahme entscheidet das Gericht[3] ohne mündliche Verhandlung.[4] Der Antrag wird durch Beschluß als unzulässig verworfen,

a) wenn derselbe nicht in der vorgeschriebenen Form angebracht oder darin
b) ein gesetzlicher Grund der Wiederaufnahme oder
c) ein geeignetes Beweismittel nicht angegeben ist.[5]

II. Erachtet das Gericht den Antrag für zulässig, so wird derselbe dem Gegner des Antragstellers unter Bestimmung einer Frist zur Erklärung zugestellt[6] und ein

---

[1] StPO. §. 407 Abs. 1.

[2] Vgl. Keller S. 531, Stenglein, Komm. 613, HH. II. 344; a. A. Löwe S. 732, Binding §. 123. VII. 1, v. Kries S. 448.

[3] Amtsrichter (ohne Schöffen), Strafkammer (auch für die Schwurgerichtssachen), Oberlandesgericht, Reichsgericht.

[4] StPO. §. 407 Abs. 2.

[5] StPO. §. 408 Abs. 1.

[6] StPO. §. 408 Abs. 2.

Verfahren eingeleitet, um die Frage beantworten zu können, ob die Behauptungen des Antragstellers richtig sind, so daß zu einer erneuten mündlichen Verhandlung zu schreiten ist. Das Gericht beauftragt einen Richter mit Aufnahme der angetretenen Beweise, soweit diese für die Beantwortung der erwähnten Frage erforderlich ist. Dabei ist es dem Ermessen des Gerichts überlassen, ob die Zeugen und Sachverständigen eidlich vernommen werden sollen. Die Parteien können der Beweisaufnahme unter denselben Bedingungen wie in der Voruntersuchung [7] beiwohnen. Nach Schluß der Beweisaufnahme sind die Staatsanwaltschaft und der Angeklagte unter Bestimmung einer Frist zur ferneren Erklärung aufzufordern.[8]

Der Antrag wird durch Beschluß des Gerichts ohne mündliche Verhandlung als unbegründet verworfen,

a) wenn die darin aufgestellten Behauptungen keine genügende Bestätigung gefunden haben oder

b) wenn zwar in dem früheren Verfahren die als echt vorgebrachte Urkunde fälschlich angefertigt oder verfälscht war [9] oder der Zeuge oder Sachverständige sich einer vorsätzlichen oder fahrlässigen Verletzung der Eidespflicht schuldig gemacht hat,[10] allein die Annahme ausgeschlossen ist, daß diese Handlungen auf das Urtheil von Einfluß gewesen sind.[11]

III. Erachtet das Gericht den Antrag für begründet, so verordnet es die Wiederaufnahme des Verfahrens und die Erneuerung der Hauptverhandlung.[12] Die erneute

---

[7] Vgl. oben §. 80. VI.

[8] StPO. §. 409.

[9] StPO. §§. 399 Nr. 1, 402 Nr. 1.

[10] StPO. §§. 399 Nr. 2, 402 Nr. 2.

[11] StPO. §. 410 Abs. 1.

[12] StPO. §. 410 Abs. 2.

Hauptverhandlung findet in der Instanz statt, in welcher das angefochtene Urtheil erlassen ist.

Das Gericht urtheilt nach freiem Ermessen auf Grund der neuen Verhandlung. Diese ist eine völlig selbstständige und von der früheren Verhandlung unabhängige. Es muß daher auch der ursprüngliche Eröffnungsbeschluß und nicht etwa bloß der Beschluß der Wiederaufnahme verlesen werden. Eine Nachprüfung dieses letzteren steht dem erkennenden Gericht nicht zu.[13] Kommt das Gericht zu der Ansicht, daß ein von dem früheren Urtheil abweichendes nicht zu erlassen ist, so ist nach der Strafprozeßordnung das frühere Urtheil aufrecht zu erhalten, in den übrigen Fällen unter Aufhebung desselben anderweit in der Sache zu erkennen.[14] Dabei ist das Gericht jedoch insofern beschränkt, als es eine härtere Strafe als die in dem früheren Urtheile erkannte nicht verhängen darf, wenn die Wiederaufnahme nur von dem Verurtheilten oder zu Gunsten desselben von der Staatsanwaltschaft oder von dem gesetzlichen Vertreter des Beschuldigten bzw. dem Ehemann einer beschuldigten Frau beantragt worden ist.[15]

IV. Ausnahmsweise hat das Gericht[16] den Antrag auf Wiederaufnahme ohne Erneuerung der Hauptverhandlung durch Urtheil zu erledigen, wenn der Verurtheilte bereits verstorben[17] und auf Freisprechung zu erkennen ist — und zwar dies selbst dann, wenn für noch lebende Mitverurtheilte eine Erneuerung der Haupt-

---

[13] Vgl. E. II. 323, IV. 402, 426. R. II. 315, III. 447, 521.

[14] StPO. §. 413 Abs. 1.

[15] StPO. §. 413 Abs. 2.

[16] Vgl. oben Anm. 3.

[17] Dies gilt auch für den Fall, wenn der Verurtheilte gestorben ist, nachdem er selbst den Antrag gestellt hat.

verhandlung stattfindet.[18] Ist nicht auf Freisprechung zu erkennen, so ist der Antrag nicht zu verwerfen, sondern abzulehnen. Das Gericht kann auch in anderen Fällen ohne Erneuerung der Hauptverhandlung den Antrag erledigen, wenn auf Grund der bereits vorliegenden Beweise auf Freisprechung zu erkennen ist und die Staatsanwaltschaft bzw. der Privatkläger ihre Zustimmung ertheilt haben.[19]

Mit der Freisprechung ist in allen diesen Fällen die Aufhebung des früheren Urtheils zu verbinden. Auf Verlangen des Antragstellers ist die Aufhebung durch den deutschen Reichsanzeiger auf Kosten der Staatskasse bekannt zu machen. Nach dem Ermessen des Gerichts kann dies auch noch durch andere Blätter erfolgen.[20]

V. Die Beschlüsse, welche von dem Gericht in erster Instanz[21] hinsichtlich des Antrages auf Wiederaufnahme ergehen, können durch sofortige Beschwerde[22] angefochten werden. In Betreff der Urtheile gelten die allgemeinen Regeln.[23]

---

[18] Vgl. E. X. 423.

[19] StPO. §. 411 Abs. 1 u. 2.

[20] StPO. §. 411 Abs. 3 u. 4.

[21] Vgl. StPO. §. 346 Abs. 3. Wohl zu unterscheiden von dem Gerichte erster Instanz, da die betreffende Entscheidung auch von einem höheren Gerichte ausgehen kann; vgl. oben I.

[22] Vgl. oben §. 106. 2.

[23] StPO. §. 412.

Sechster Abschnitt.

Strafvollstreckung und Kosten des Verfahrens.

§. 113.

I. Strafvollstreckung.[1]

Die in dem siebenten Buche der Strafprozeßordnung über die Strafvollstreckung enthaltenen Bestimmungen beziehen sich nur auf die von den ordentlichen Gerichten innerhalb des Geltungsgebietes der Strafprozeßordnung[2] in einem Urtheile[3] erkannten kriminellen[4] Strafen. Sie regeln nicht die Art und Weise, in welcher die einzelnen Strafen zu vollstrecken sind, sondern fast ausschließlich nur den Betrieb der Strafvollstreckung.[5] Auch in dieser Hinsicht sind sie jedoch nicht vollständig.

Die ergänzenden Bestimmungen über die Art und Weise in welcher die einzelnen Strafen zu vollstrecken sind, finden sich theils in dem Strafgesetzbuche,[6] theils wird sie das noch zu erlassende Strafvollzugsgesetz enthalten. Bis zu diesem Zeitpunkte gelten in dieser Hinsicht die landesrechtlichen Bestimmungen.

I. Vollstreckende Behörden.

1. Die Strafprozeßordnung geht von der Anschauung

[1] HH. II. 469 ff., Geyer §§. 264—268, John §. 59, Binding §. 125, Stenglein §. 59. Für Preußen: Dalcke und Genzmer, Handbuch der Strafvollstreckung und Gefängnißverwaltung. Vgl. auch Krohne, Lehrbuch der Gefängnißkunde.

[2] Vgl. oben §. 5.

[3] oder was dem Urtheile gleich zu achten ist; vgl. StPO. §§. 450, 463, 491, 492, 494.

[4] Es sind daher ausgeschlossen die im Laufe eines Verfahrens vorkommenden Ordnungsstrafen; vgl. hierfür GVG. §§. 181, 182, StPO. §. 36.

[5] Ueber die Rechtshülfe bei der Strafvollstreckung vgl. GVG. §§. 163—165.

[6] StGB. §§. 13 ff.

aus, daß die Vollstreckung der Strafen nicht Sache des Richteramts sei, und hat dieselbe daher der Staatsanwaltschaft übertragen. Die Amtsanwälte sind jedoch ausdrücklich hiervon ausgenommen.[7]

In Schöffengerichtssachen[8] kann durch Anordnung der Landesjustizverwaltung die Strafvollstreckung den Amtsrichtern übertragen werden.[9]

2. Die vollstreckende Behörde ist befugt, behufs Vollstreckung einer Freiheitsstrafe einen Vorführungs- oder Haftbefehl zu erlassen, wenn der Verurtheilte auf die an ihn ergangene Ladung zum Antritt der Strafe sich nicht gestellt hat oder sich verborgen hält. Zu demselben Zwecke ist auch die Erlassung eines Steckbriefes gestattet, wenn der Verurtheilte flüchtig ist oder sich verborgen hält.[10]

3. Ein Einfluß des Gerichts auf die Strafvollstreckung zeigt sich darin, daß das Gericht unter Umständen einen Aufschub oder eine Unterbrechung der Strafvollstreckung anordnen kann,[11] und daß in gewissen Fällen[12] gerichtliche Entscheidungen nothwendig sind. Diese Entscheidungen werden von dem Gerichte erster Instanz[13] ohne mündliche Verhandlung erlassen; doch muß der Staatsanwaltschaft und dem Verurtheilten vor der Entscheidung Gelegenheit zur

---

[7] StPO. §. 483 Abs. 1 u. 2.

[8] d. h. in Sachen, in welchen die Schöffengerichte erkannt haben, also einschließlich GVG. §. 29.

[9] StPO. §. 483 Abs. 3. In Preußen ist dies durch die JV. v. 14./8. 79 (JMBl. 237) erfolgt.

[10] StPO. §. 489.

[11] Vgl. StPO. §§. 400, 490.

[12] Vgl. unten Nr. 4. — Das Beschwerderecht an die vorgesetzten Beamten der Staatsanwaltschaft wird hierdurch nicht beseitigt.

[13] Amtsrichter (ohne Schöffen), Strafkammer in der Besetzung von drei Richtern, und der vereinigte zweite und dritte Strafsenat des Reichsgerichts.

Stellung und Begründung von Anträgen gegeben werden. Gegen diese Entscheidungen kann, wenn dieselben nicht von dem Reichsgerichte erlassen sind, sofortige Beschwerde eingelegt werden.[14]

4. Gerichtliche Entscheidungen sind in den folgenden Fällen nothwendig:

a) wenn eine verhängte Geldstrafe nicht beigetrieben werden kann und die Festsetzung der für diesen Fall eintretenden Freiheitsstrafe unterlassen worden ist;[15]

b) wenn über die Auslegung eines Strafurtheils oder über die Berechnung der erkannten Strafe Zweifel entstehen;[16]

c) wenn Einwendungen gegen die Zulässigkeit der Strafvollstreckung erhoben werden;[17]

d) wenn in den Fällen, in welchen gesetzlich ein Aufschub der Strafvollstreckung vorgesehen ist,[18] ein Antrag auf Aufschub der Strafvollstreckung von der Staatsanwaltschaft abgelehnt[19] ist;[20]

e) wenn die Staatsanwaltschaft die in einer von der Strafanstalt getrennten Krankenanstalt verbrachte Zeit nicht anrechnen will, weil der Verurtheilte die Krankheit mit der

---

[14] StPO. §. 494 Abs. 1, 2 und 4.

[15] StPO. §. 491; vgl. auch §. 468.

[16] StPO. §. 490 Abs. 1.

[17] StPO. §. 490 Abs. 1; z. B. wenn der Herangezogene seine Identität mit dem Verurtheilten bestreitet oder behauptet, die Geldstrafe schon gezahlt zu haben. Die Einwendungen können auch von dritten Personen, besonders von den Angehörigen des Verurtheilten, gemacht werden; vgl. noch StPO. §. 485 Abs. 2.

[18] StPO. §. 487. Vgl. unten III. 2.

[19] StPO. §. 490 Abs. 2.

[20] In den unter b, c, d mitgetheilten Fällen wird der Fortgang der Strafvollstreckung an sich nicht gehemmt, doch kann das Gericht die Strafe aufschieben oder unterbrechen lassen; vgl. StPO. §. 490 Abs. 3.

Absicht herbeigeführt habe, die Strafvollstreckung zu unterbrechen;[21] und

f) wenn es sich um die Festsetzung einer Gesammtstrafe handelt. Hier tritt jedoch gerichtliche Entscheidung nur ein, wenn Jemand durch verschiedene rechtskräftige Urtheile zu Strafen verurtheilt ist und das zuletzt erkennende Gericht die Bestimmungen des §. 79 des Strafgesetzbuchs über die Zuerkennung einer Gesammtstrafe außer Betracht gelassen hat.[22] Die Zurückführung der erkannten Strafen auf eine Gesammtstrafe durch eine nachträgliche gerichtliche Entscheidung muß dagegen unterbleiben, wenn das zuletzt erkennende Gericht die betreffenden Bestimmungen des Strafgesetzbuchs vermöge einer unrichtigen Auffassung desselben nicht angewendet hat.[23]

Die nachträgliche gerichtliche Entscheidung hinsichtlich der Gesammtstrafe ergeht, wenn die Urtheile von verschiedenen Gerichten erlassen sind, von demjenigen Gerichte, welches die schwerste Strafart oder bei Strafen gleicher Art die höchste Strafe erkannt hat. Würden hiernach mehrere Gerichte zuständig sein, so entscheidet das Gericht, dessen Urtheil zuletzt ergangen ist, bzw. wenn dieses ein Gericht höherer Instanz ist, das Gericht erster Instanz. Und das Reichsgericht setzt die Gesammtstrafe fest, wenn eins von den mehreren Urtheilen von dem Reichsgerichte in erster Instanz erlassen war.[24]

II. Voraussetzungen der Strafvollstreckung.

Die allgemeinen d. h. bei der Vollstreckung einer jeden Strafe nothwendigen Voraussetzungen sind:

---

[21] StPO. §. 493.

[22] StPO. §. 492.

[23] In diesem Fall sind nur die gewöhnlichen Rechtsmittel anwendbar. E. VIII. 62. R. V. 130.

[24] StPO. §. 494 Abs. 3.

a) Das Urtheil muß rechtskräftig sein.[25] Die Rechtskraft tritt ein mit dem Erlaß (nicht erst mit der Zustellung) einer durch Rechtsmittel nicht mehr anfechtbaren Entscheidung,[26] mit dem Ablauf der Rechtsmittelfrist, mit dem Verzicht auf das Rechtsmittel und mit der Zurücknahme desselben. Ein theilweise rechtskräftiges Urtheil darf ebenso wenig vollstreckt werden wie ein Urtheil, welches nur gegenüber dem Angeklagten Rechtskraft erlangt hat, von der Staatsanwaltschaft bzw. dem Privat- und Nebenkläger aber noch angefochten werden kann. Um die hierin für den Angeklagten liegende Härte zu mildern, schreibt die Strafprozeßordnung vor, daß auf eine zu vollstreckende Freiheitsstrafe diejenige Untersuchungshaft unverkürzt[27] anzurechnen ist, welche der Angeklagte erlitten hat, seit er auf Einlegung eines Rechtsmittels verzichtet oder das eingelegte Rechtsmittel zurückgenommen hat, oder seitdem die Einlegungsfrist abgelaufen ist, ohne daß er eine Erklärung abgegeben hat.[28]

b) Die Vollstreckung einer Strafe erfolgt auf Grund einer von dem Gerichtsschreiber zu ertheilenden, mit der Bescheinigung der Vollstreckbarkeit versehenen, beglaubigten Abschrift der Urtheilsformel.[29]

c) Als allgemeine Voraussetzung müßte noch gelten, daß der Verurtheilte nicht geisteskrank sei. Die Strafprozeßordnung hat diesen Umstand jedoch nur bei der Todes-

[25] StPO. §. 481. Vgl. Haas im GSaal XXXIII. 522, Hempfing in GA. XXXIV. 108 ff.

[26] Vgl. jedoch StPO. §. 360 Abs. 2, §. 386 Abs. 2.

[27] also ohne Anwendung des §. 21 StGB., gleichgültig, auf welche Art Freiheitsstrafe erkannt wird.

[28] StPO. §. 482.

[29] StPO. §. 483 Abs. 1.

und den Freiheitsstrafen als Hinderungsgrund der Vollstreckung anerkannt.[30]

III. Besondere Bestimmungen für einzelne Strafen.

1. Todesstrafe.

a) Todesurtheile bedürfen ebenso wenig wie andere Urtheile zu ihrer Vollstreckung der Bestätigung; sie sollen jedoch erst vollstreckt werden, wenn die Entschließung des Staatsoberhauptes bzw. in den Strafsachen, in denen das Reichsgericht in erster Instanz erkannt hat, die Entschließung des Kaisers[31] ergangen ist, von dem Begnadigungsrechte keinen Gebrauch machen zu wollen.[32]

b) Todesurtheile dürfen an schwangeren und geisteskranken Personen nicht vollstreckt werden.[33]

c) Die Vollstreckung der Todesstrafe geschieht in einem umschlossenen Raume, in Gegenwart von zwei Mitgliedern des Gerichts erster Instanz,[34] eines Beamten der Staats-

---

[30] StPO. §§. 485 Abs. 2, 487 Abs. 1.

[31] Dem Kaiser ist in den obigen Reichsgerichtssachen ein Begnadigungsrecht eingeräumt, StPO. §. 484. Der Kaiser übt außerdem das Begnadigungsrecht in Elsaß-Lothringen aus, G. betr. die Vereinigung von Elsaß-Lothringen mit dem deutschen Reiche v. 9./6. 71 (RGBl. 212) §. 3, und in den Konsulargerichts- und Schutzgebieten, soweit ein deutscher Konsul oder ein deutsches Gericht erkannt hat. G. über die Konsulargerichtsbarkeit vom 10./7. 79 (RGBl. 197) §. 42, G. v. 17./4. 86 (RGBl. 75) §. 2.

[32] StPO. §. 485 Abs. 1.

[33] StPO. §. 485 Abs. 2.

[34] Es kann zweifelhaft sein, was hierunter zu verstehen, ob das Gericht, welches das Todesurtheil gefällt hat d. h. das Schwurgericht bzw. an dessen Stelle die Strafkammer des Landgerichts und das Reichsgericht, oder das Gericht, in dessen Sprengel das Todesurtheil vollstreckt werden soll. Für die erstere Ansicht, die m. E. die richtige ist, Löwe S. 815, auch v. Schwarze S. 605, der jedoch das Reichsgericht nicht

anwaltschaft, eines Gerichtsschreibers und eines Gefängnißbeamten. Zwölf Vertreter bzw. Mitglieder der Gemeinde, wo die Hinrichtung stattfindet, haben derselben beizuwohnen. Außerdem ist einem Geistlichen, dem Vertheidiger und nach dem Ermessen der Staatsanwaltschaft auch noch anderen Personen der Zutritt zu gestatten. Das über die Hinrichtung aufzunehmende Protokoll ist von dem Beamten der Staatsanwaltschaft und dem Gerichtsschreiber zu unterzeichnen.

Der Leichnam des Hingerichteten ist den Angehörigen desselben auf ihr Verlangen zur einfachen, ohne Feierlichkeiten vorzunehmenden Beerdigung zu verabfolgen.[35]

2. Freiheitsstrafen.

Ein Aufschub der Vollstreckung einer Freiheitsstrafe tritt ein, wenn der Verurtheilte in Geisteskrankheit verfällt, oder bei anderen Krankheiten, wenn von der Strafvollstreckung eine nahe Lebensgefahr für den Verurtheilten zu besorgen steht, oder wenn dieser sich in einem körperlichen Zustande befindet, bei welchem eine sofortige Vollstreckung mit der Einrichtung der Strafanstalt unverträglich ist.[36] Ob im einzelnen Falle mit der Vollstreckung zu beginnen ist oder nicht, hängt von dem Ermessen der Staatsanwaltschaft ab. Es kann jedoch gerichtliche Entscheidung herbeigeführt werden.[37]

Im Gegensatze hierzu kann auf Antrag des Ver-

---

berücksichtigt, für die letztere Keller, Strafprozeß-Ordnung S. 616 f., der von der Ansicht ausgeht, daß am Vollstreckungsort stets ein Landgericht sich befindet.

[35] StPO. §. 486.

[36] StPO. §. 487.

[37] StPO. §. 490 Abs. 1; vgl. oben II. 3.

urtheilten ein Aufschub eintreten, wenn durch die sofortige Vollstreckung dem Verurtheilten oder der Familie desselben erhebliche, außerhalb des Strafzwecks liegende Nachtheile erwachsen. Der Strafaufschub darf den Zeitraum von vier Monaten nicht übersteigen und kann an eine Sicherheitsleistung oder andere Bedingungen geknüpft werden.[38] Lehnt die Staatsanwaltschaft den Antrag ab, so steht dem Antragsteller nur die Beschwerde an die vorgesetzten Beamten der Staatsanwaltschaft zu; gerichtliche Entscheidung kann in diesen Fällen nicht herbeigeführt werden.[39]

Für die Unterbrechung einer Freiheitsstrafe sind (abgesehen von §. 400 Abs. 2 und §. 490 Abs. 3 StPO.) reichsgesetzliche Vorschriften nicht gegeben. Es gelten daher die landesgesetzlichen, bzw. reglementären Vorschriften.

3. Vermögensstrafen.

Die Vermögensstrafen (Geldstrafe und Einziehung) werden nach den Vorschriften über die Vollstreckung der Urtheile der Civilgerichte[40] vollstreckt. Dies gilt auch für die an den Verletzten zu zahlende Buße.[41]

4. Verweis.

Ueber die Form, in welcher der Verweis nach eingetretener Rechtskraft des Urtheils zu vollstrecken ist, fehlt es an einer reichsrechtlichen Bestimmung; eine landesrechtliche darf aber nicht erlassen werden. Es ist daher dem Ermessen des Gerichts überlassen, wie der Verweis zu vollstrecken sei. Die strafvollstreckende Behörde hat dafür zu

---

[38] StPO. §. 488.

[39] Vgl. noch über die Rechtshülfe bei der Vollstreckung von Freiheitsstrafen GVG. §§. 163. f.

[40] CPO. §§. 644 ff.

[41] StPO. §. 495. Vgl. dazu Jastrow in GA. XXXIII. 29 ff., Immler das. 162 ff.

sorgen, daß er vollstreckt werde. Auf Grund der vorhandenen Bestimmungen kann jedoch die Frage, durch wen der Verweis zu ertheilen sei, nicht beantwortet werden.

§. 114.

Kosten des Verfahrens.[1]

I. Arten der Kosten.

1. Die Bestimmungen der Strafprozeßordnung, welche im siebenten Buche über die Kosten des Verfahrens sich finden, beziehen sich nicht auf die Kosten, welche die Strafrechtspflege im Allgemeinen, sondern nur auf diejenigen, welche ein einzelnes Verfahren bis zur Vollstreckung der erkannten Strafe verursacht. Aber auch diese Bestimmungen sind nicht vollständig, enthalten im Wesentlichen vielmehr nur die Vorschriften über die Pflicht der Kostentragung. Die ergänzenden Bestimmungen, insbesondere über die Höhe und Berechnung der Kosten enthalten die besonderen Kostengesetze.[2]

2. Die Kosten, welche ein einzelnes Verfahren verursacht, zerfallen in Gebühren und Auslagen.[3] Die Gebühren sind dafür zu entrichten, daß die Organe der Strafrechtspflege in Funktion getreten sind. Die Auslagen sind die durch die einzelne Sache veranlaßten besonderen Ausgaben. Hierhin gehören[4] die Schreib-, Post- und Telegraphen-

[1] HH. II. 497, Geyer §§. 269, 270, Binding §. 113, Stenglein §. 60, Wieding im RL. II. 467, v. Schwarze im Gsaal 1881 S. 504 ff.

[2] Vgl. oben §. 4.

[3] Die StPO. unterscheidet zwischen Kosten und Auslagen. Wird schlechthin von Kosten gesprochen, so sind die Auslagen mitbegriffen. Der Begriff ist daher im weiteren und engeren Sinne zu nehmen. Die obige Unterscheidung tritt besonders in dem GKG. hervor.

[4] GKG. §§. 79, 80.

gebühren, die Kosten für öffentliche Bekanntmachungen,[5] die Gebühren für Zeugen und Sachverständige,[6] die Tagegelder und Reisekosten der Beamten, die an andere Behörden oder Beamte[7] oder an Rechtsanwälte[8] für deren Thätigkeit zu zahlenden Beträge, die Kosten eines Transports von Personen und die Haftkosten. Außerdem werden aber auch noch unter Umständen die Auslagen des Angeschuldigten, des Privatklägers und des Nebenklägers berücksichtigt.[9]

II. Verpflichtung zur Tragung der Kosten.

1. Jedes Urtheil, jeder Strafbefehl und jede eine Untersuchung einstellende Entscheidung[10] muß darüber Bestimmung treffen, von wem die Kosten des Verfahrens zu tragen sind.[11] Diese Bestimmung kann mit den gegen das Urtheil u. s. w. überhaupt zulässigen Rechtsmitteln angefochten werden.[12]

Die Höhe der Kosten wird von dem Gerichte jeder Instanz besonders und zwar außerhalb der Hauptverhandlung festgesetzt. Besonderer gerichtlicher Entscheidung bedarf es, wenn über die Höhe der Kosten oder über die Nothwendigkeit der unter ihnen begriffenen Auslagen Streit entsteht.[13] Die auf die Höhe der Kosten sich beziehende Entscheidung ist durch Beschwerde anfechtbar.[14]

---

[5] StPO. §§. 40, 320, 326, 333, 335, 441, 473, 476.

[6] StPO. §§. 70, 84; vgl. Geb.O. für Zeugen und Sachverst. v. 30./6. 78 (RGBl. 173).

[7] Vgl. auch Geb.O. für Gerichtsvollzieher v. 24./6. 78 (RGBl. 166).

[8] StPO. §. 150; Geb.O. für Rechtsanwälte v. 7./7. 79 (RGBl. 176) §§. 63 ff.

[9] StPO. §§. 499 Abs. 2, 503, 505.

[10] Vgl. StPO. §§. 196, 202, 203.

[11] StPO. §. 496 Abs. 1.

[12] E. VI. 237. R. IV. 322, 388.

[13] StPO. §. 496 Abs. 2.

[14] GKG. §. 4 Abs. 2; StPO. §. 346 Abs. 3 und §. 352 Abs. 2 gelten auch hier. R. V. 527.

2. Die Höhe der Gebühren richtet sich nach der rechtskräftig erkannten Strafe.[15] Besondere Bestimmungen sind für die Fälle getroffen, in denen eine erkannte Strafe nicht als Maßstab für die Höhe der Gebühren genommen werden kann.[16] Auch für das Verfahren auf erhobene Privatklage sind abweichende Bestimmungen aufgestellt.[17]

3. Die Verpflichtung zur Tragung der Kosten liegt im Prinzip demjenigen ob, welcher dieselben schuldhaft verursacht hat, wobei die Begehung einer strafbaren Handlung zugleich als Verschulden der durch den Prozeß erwachsenden Kosten angesehen wird. Als Verpflichtete kommen besonders in Betracht: der Angeschuldigte, gleichviel ob er verurtheilt oder freigesprochen ist, der Privatkläger, der Nebenkläger, der Vertheidiger,[18] Zeugen und Sachverständige,[19] der Denunziant,[20] der Antragsteller.[21] Ist kein anderer Verpflichteter vorhanden, so hat die Staats- bzw. die Reichskasse[22] die Kosten des Verfahrens zu tragen. Diese Verpflichtung tritt auch dann ein, wenn der an sich Verpflichtete nicht im Stande ist, die Kosten zu ersetzen.

4. Die Verpflichtung zur Tragung der Kosten ist eine civilrechtliche. Ist daher der Verpflichtete nicht im Stande, die Kosten zu tragen, so tritt keine Umwandlung des Betrages in Freiheitsstrafe ein, sondern die Kosten sind niederzuschlagen.

Die Kosten werden zu verschiedenen Terminen fällig.

---

[15] Vgl. GKG. §§. 59 f.

[16] Vgl. GKG. §§. 68, 69, 75, 78.

[17] StPO. §. 503; GKG. §§. 70 f.; vgl. hinsichtlich des Nebenklägers §. 74.

[18] StPO. §. 145.

[19] StPO. §§. 50, 69, 77.

[20] StPO. §. 501.

[21] StPO. §§. 502, 504.

[22] StPO. §. 506.

Für den verurtheilten Angeschuldigten gilt die Rechtskraft des Urtheils als Fälligkeitstermin.[23] Stirbt der Betreffende vor eingetretener Rechtskraft des Urtheils, so haftet sein Nachlaß nicht für die Kosten.[24] In anderen Fällen gilt der Grundsatz, daß die Gebühren und Auslagen fällig werden, sobald das Verfahren oder die Instanz durch unbedingte Entscheidung über die Kosten oder durch anderweite Erledigung beendigt ist.[25] Die Schreibgebühr für verlangte Abschriften und Ausfertigungen wird sofort nach Anfertigung der Schriftstücke fällig.[26]

III. Die Pflicht der Kostentragung im Einzelnen.

1. Der Angeklagte hat, wenn er zu Strafe verurtheilt wird, die Kosten, mit Einschluß der durch die Vorbereitung der öffentlichen Klage und die Strafvollstreckung entstandenen, zu tragen,[27] und zwar die gesammten Kosten, insbesondere auch die der Vorinstanz, in welcher er freigesprochen ist, und diejenigen, die durch ein Verschulden Dritter entstanden sind, wenn sie nicht diesem besonders zur Last gelegt sind.[28] Bei wechselseitigen Beleidigungen und Körperverletzungen [28a] ist die Verurtheilung in die Kosten jedoch dadurch nicht ausgeschlossen, daß ein Theil oder beide Theile für straffrei erklärt werden.[29]

Wird ein Angeklagter in einer Untersuchung, welche mehrere strafbare Handlungen umfaßt, nur in Ansehung

[23] GKG. §. 96.
[24] StPO. §. 497 Abs. 2.
[25] GKG. §. 93.
[26] GKG. §. 97.
[27] StPO. §. 497 Abs. 1.
[28] E. I. 334. R. I. 507, VII. 710, vgl. aber auch GKG. §. 6.
[28a] StGB. §§. 199, 233.
[29] StPO. §. 500. Die Bestimmung gilt auch dann, wenn nur gegen einen die öffentliche Klage erhoben ist; alsdann aber natürlich nur für diesen. Vgl. E. XIII. 421. R. VIII. 211.

eines Theils derselben verurtheilt, so sind ihm auch nur die hierdurch verursachten Kosten aufzuerlegen.[30]

Bei Mitangeklagten, welche hinsichtlich derselben That zu Strafe verurtheilt sind, werden die Gebühren von jedem besonders erhoben.[31] Für die Auslagen, abgesehen von den durch die Strafvollstreckung oder die Untersuchungshaft entstandenen, haften die Mitangeklagten als Gesammtschuldner.[32]

Der freigesprochene und außer Verfolgung gesetzte Angeklagte hat nur solche Kosten zu tragen, welche er durch eine schuldbare Versäumniß[33] verursacht hat. Die ihm erwachsenen nothwendigen Auslagen können nach Ermessen des Gerichts der Staats- bzw. Reichskasse auferlegt werden.[34]

2. In dem Verfahren auf erhobene Privatklage hat der Verurtheilte auch die dem Privatkläger (und bei der Nebenklage die dem Nebenkläger) erwachsenen nothwendigen Auslagen zu erstatten. Umgekehrt fallen auch dem Privatkläger die Kosten des Verfahrens und die dem Beschuldigten erwachsenen nothwendigen Auslagen zur Last, wenn der Beschuldigte außer Verfolgung gesetzt oder freigesprochen, oder wenn das Verfahren eingestellt wird.[35] Ist das Verfahren durch den Tod des Privatklägers eingestellt,[36] so haftet der Nachlaß des Privatklägers für die Kosten.

30 StPO. §. 498 Abs. 1.

31 GKG. §. 61.

32 StPO. §. 498 Abs. 2. Vgl. Herzog in GA. XXVIII. 1.

33 z. B. durch Ausbleiben in der Hauptverhandlung oder in einem anderen Termine, nicht auch die durch anderes Verschulden hervorgerufenen.

34 StPO. §. 499.

35 StPO. §. 503 Abs. 1, 2. Vgl. auch Siegel im GSaal XXXVIII. 421 ff., Domsch das. XXXIX. 203 ff.

36 StPO. §. 433 Abs. 1; vgl. auch §. 429.

Stirbt der Verurtheilte vor der Rechtskraft des Urtheils, so hat der Privatkläger die Kosten zu tragen. Zu den nothwendigen Auslagen gehören in diesen Fällen die Gebühren und Auslagen des Anwalts, jedoch nur soweit solche nach §. 87 der Civilprozeßordnung die unterliegende Partei der obsiegenden ersetzen muß.[37]

Nach Ermessen des Gerichts kann eine angemessene Vertheilung der Kosten zwischen dem Privatkläger und dem Angeklagten eintreten, wenn den Anträgen des Privatklägers nur zum Theil entsprochen ist.[38]

Mehrere Privatkläger und mehrere Angeklagte haften für die Kosten als Gesammtschuldner.[39]

Uebernimmt die Staatsanwaltschaft die Durchführung der durch Privatklage eingeleiteten Untersuchung, so erstreckt sich die Verpflichtung des Privatklägers zur Tragung der Kosten nur auf die bis zur Uebernahme erwachsenen Kosten.[40]

3. Bei den strafbaren Handlungen, welche nur auf Antrag verfolgt werden, hat der Antragsteller die Kosten zu tragen, wenn das Verfahren wegen Zurücknahme des Antrages eingestellt wird.[41] Auch dem Antragsteller, welcher durch einen Beschluß des Gerichts[42] die Erhebung der öffentlichen Klage veranlaßt hat, fallen die Kosten zur Last, wenn der Angeschuldigte außer Verfolgung gesetzt oder freigesprochen oder wenn das Verfahren eingestellt wird. Das Gericht kann jedoch den Antragsteller von der Tragung der Kosten ganz oder theilweise entbinden. Vor der Ent-

[37] StPO. §. 503 Abs. 5.

[38] StPO. §. 503 Abs. 3.

[39] StPO. §. 503 Abs. 4; GKG. §. 73.

[40] Hinsichtlich des Nebenklägers vgl. StPO. §. 437 Abs. 1; GKG. §. 74.

[41] StPO. §. 502.

[42] Vgl. oben §. 32, 2.

scheidung über den Kostenpunkt ist der Antragsteller in diesem Falle nur dann zu hören, wenn er nicht berechtigt ist, als Nebenkläger aufzutreten.[43]

4. Das Gericht kann endlich dem Anzeigenden, der durch eine wider besseres Wissen gemachte oder auf grober Fahrlässigkeit beruhende Anzeige ein, wenn auch nur außergerichtliches Verfahren[44] veranlaßt hat, die der Staatskasse und dem Beschuldigten erwachsenen Kosten auferlegen. Und zwar kann dies auf Antrag der Staatsanwaltschaft, des Beschuldigten oder auch von Amtswegen erfolgen. Die Entscheidung des Gerichts hierüber ist durch sofortige Beschwerde anfechtbar.[45]

5. Die Kosten eines zurückgenommenen oder erfolglos eingelegten Rechtsmittels treffen denjenigen, der dasselbe eingelegt hat. Bei theilweisem Erfolg können die Kosten angemessen vertheilt werden. Dasselbe gilt von den durch einen Antrag auf Wiederaufnahme verursachten Kosten. Die Kosten der Wiedereinsetzung in den vorigen Stand treffen regelmäßig den Antragsteller; nur die durch unbegründeten Widerspruch entstandenen scheiden aus.[46]

---

[43] StPO. §. 504.

[44] Gemeint ist hiermit das Vorbereitungsverfahren; vgl. oben §. 79.

[45] StPO. §. 501. Vgl. von Schwarze im Gsaal XXXIII. 504.

[46] StPO. §. 505.

Register.

(Die Zahlen verweisen auf die Seiten.)

Abgaben, öffentliche s. Strafbescheid.
Ablehnung des Richters 79 ff., der Schöffen, des Gerichtsschreibers, des Gerichtsvollziehers 82 f., der Geschworenen bei Bildung der Geschworenenbank 83, 317 f., der Sachverständigen 230.
Ablehnungsrecht der Schöffen und Geschworenen 66 f.
Abstimmung des Gerichts 304 ff., der Geschworenen 326.
Abwesende, Begriff 286, 331, Hauptverhandlung gegen A. 286, 333 ff., gegen a. Wehrpflichtige 359 ff., Verfahren zur Sicherung der Beweise 336 f., sicheres Geleit 339 f.
Adhäsionsprozeß 244, 246 ff.
Aenderung der Klage 301 ff.
Akteneinsicht 269.
Alternative Fragen 321.
Amtsanwalt 112 ff., 412.
Amtsgericht, Besetzung 38, Geschäftskreis 39 f.
Amtsrichterlicher Strafbefehl s. Strafbefehl.
Angehörige als Beistand des Angeklagten 146 f., berechtigt, das Zeugniß zu verweigern 181 f., den abwesenden Angeklagten zu vertreten 334 f., 337, 361, Rechtsmittel einzulegen 334, 369, Wiederaufnahme des Verfahrens zu beantragen 403.
Angeklagter, Begriff 130 f., Stellung 131 ff., Vernehmung 134, Vertretung 142 f., 147, Vertheidigung 135 ff.
Angeschuldigter, Begriff 131.
Anklageform 149 ff., Geschichtliches 3 ff.
Anklagemonopol 103 ff.
Anklageprincip 151 ff.
Anklageschrift 274 f.
Anschluß des Verletzten als Nebenkläger 126 ff., der Verwaltungsbehörde 117.
Antrag auf Strafverfolgung 257 f., A. des Verletzten auf gerichtliche Entscheidung 104 ff., A. auf gerichtl. Entscheidung bei Strafbefehlen 351 f., bei Strafverfügungen 354 f., bei Strafbescheiden 358 f., A. auf Entscheidung des Berufungsgerichts 381, des Revisionsgerichts 395, Einstellung des Verfahrens bei fehlendem A. 309, Verpflichtung des Antragstellers zur Tragung der Kosten 424 f.
Appellation s. Berufung.
Arzt, Ablehnungsrecht für das Amt eines Schöffen oder Geschworenen 67, des Zeugnisses 182, Zuziehung zur Leichenschau und Leichenöffnung 236 f., Atteste 239.
Aufenthaltsort, Gerichtsstand 89.
Aufschub der Strafvollstreckung 413, 417 f.
Augenschein, richterlicher 234 ff., Theilnahme der Parteien 235, 268.
Ausbleiben des Angeklagten 286 ff., 344, des Privatklägers 343 f., des Vertheidigers 146, 288.
Ausfertigung der Urtheile 312.
Auslagen s. Kosten.
Ausland, Gerichtsstand für die im A. begangenen Thaten 89.
Auslieferungsverträge 98 f.
Ausloosung der Schöffen 71 f., der Geschworenen 316 ff.
Ausschließung des Richters 76 ff., der übrigen Gerichtspersonen 82 .

Ausschuß zur Bildung der Urlisten 69 f.
Aussetzung der Verhandlung 289, 303 f.
Auswahl der Schöffen 68 ff., der Geschworenen 74 ff.
Auszüge aus Strafurtheilen 312.

Beamte als Schöffen und Geschworene 65 f., als Zeugen 182.
Beeidigung der Schöffen 73, der Geschworenen 319, der Zeugen 222 ff., der Sachverständigen 231, der Dolmetscher 161.
Begnadigung 416, Begnadigungsrecht des Kaisers 416.
Beistände des Angeklagten 146 f.
Bekanntmachung von Entscheidungen 165 ff.
Belehrung der Geschworenen durch den Vorsitzenden 325.
Berathung des Gerichts 304 ff., der Geschworenen 325 f.
Berichtigung des Spruchs der Geschworenen 328 f.
Berufung, Zulässigkeit 399, Berufungsgericht 379, Verfahren 380 ff.
Beschlagnahme, Gegenstände 185 f., Berechtigung 187 f., B. im Verfahren gegen Abwesende 335 f., 338 f., Verf. bei Vermögensbeschlagnahmen 365.
Beschlüsse, richterliche s. Entscheidungen.
Beschuldigter s. Angeschuldigter.
Beschwerde, Zulässigkeit 373 f., Beschwerdegericht 374 f., Verfahren 375 ff.; weitere und sofortige B. 377 f.
Beweis 208 ff.
Beweisaufnahme 258 ff., 294 ff.
Beweiseintheilungen 215 ff.
Beweisfrist 215.
Beweisgegenstand 208 ff.
Beweislast 214 f.
Beweismittel 218 ff.
Beweiswürdigung, freie 211 ff.
Briefe, Beschlagnahme 189 f.
Bürgschaft als Sicherheitsleistung gegen Verhaftung 201.
Buße, Verfahren 246 ff., Vollstreckung 418.

Chemiker, Zuziehung bei Leichenöffnungen 237.
Civilgerichtliche Entscheidung, Berücksichtigung im Strafverfahren 245 ff., 405.
Civilklage, Anweisung des Betheiligten zur Erhebung 246.
Civilrechtliche Vorfragen 245 f.

Detachirte Strafkammer 47 f.
Deutsche, Schöffen und Geschworene 63.
Deutsche Sprache s. Gerichtssprache.
Devolutionsrecht bei der Staatsanwaltschaft 114.
Devolutiveffekt 371.
Disciplinargewalt 172 ff.
Dolmetscher 83, 160 f.
Durchsicht von Papieren 192.
Durchsuchung, Zulässigkeit 190 ff., Verfahren 192 ff.

Editionspflicht 186.
Ehegatte als Zeuge 181, 227, als Beistand 147, Rechtsmittel 369.
Eid als Mittel zur Glaubhaftmachung 218 f., kein Beweismittel 243 f.
Eidesleistung, Verweigerung s. Zeugnißzwang.
Eidespflicht, Verletzung derselben als Grund zur Wiederaufnahme 404.
Eidesunfähigkeit 226.
Einsprache gegen die Urliste 69.
Einspruch gegen Strafbefehle 351 f.
Einstellung des Verfahrens 250, 260, 272, 309, 343 f.
Einstimmigkeit des Gerichts 330 f.
Einwand der Unzuständigkeit 86, des Angeschuldigten gegen Verfügungen des Untersuchungsrichters 270 f.
Einziehung von Gegenständen 362 ff.
Entscheidungen, Arten 165 ff., Bekanntmachung derselben 167 ff., E. über die Eröffnung des Hauptverfahrens 272 ff.
Entscheidungsgründe 167, 309 ff.
Ergänzungsgeschworene 317 ff.
Ergreifung, Gerichtsstand 89 f.
Ermittlungsverfahren s. Vorbereitendes Verfahren.
Eröffnung der gerichtlichen Untersuchung 255, 261, des Hauptverfahrens 272 ff.

Fachbehörde, Gutachten 232.
Fesselung des Angeklagten 198, 293.
Festnahme, vorläufige 205 ff.
Feststellung der Fragen 320 f.
Fluchtverdacht 195 f.
Fragen an Zeugen 222, der Sachverständigen 232, der beisitzenden Richter, Schöffen, Geschworenen, des Angeklagten an Zeugen und Sachverständige 291 ff.
Fragestellung im Schwurgerichtsverfahren 319 ff.
Freiheitsstrafen, Vollstreckung 417 f.
Freisprechung 309, 330.
Fristen 161 ff.

Gang der Hauptverhandlung 293 ff.
Gebühren der Zeugen 227 f., der Sachverständigen 232, der Rechtsanwälte 145, s. Kosten.
Gefälle s. Strafbescheid.
Geisteskrankheit, Hinderungsgrund des Strafverfahrens 251, der Strafvollstreckung 415 f.
Geisteszustand des Angeschuldigten, Gutachten 233.
Geistliche sind befreit vom Schöffen- und Geschworenenamt 66, dürfen Zeugniß verweigern 182.
Geldstrafe, Umwandlung 359, 413, Vollstreckung 418.
Geleit, sicheres 339 f.
Geltungsgebiet der StPO. 18 ff.
Gerichte 28 ff., 38 ff.
Gerichtsarzt bei Leichenöffnungen 237.
Gerichtsbezirk, Zuständigkeit durch den G. 88 ff.
Gerichtskosten s. Kosten.
Gerichtsschreiber 61 f.
Gerichtssprache 159 ff.
Gerichtsstand der begangenen That, des Wohnsitzes und der Ergreifung 89 f.
Gerichtsvollzieher 62.
Gesammtstrafe, Verfahren bei Festsetzung 414.
Geschichte des Strafprozesses 3 ff., der Strafprozeßordnung 10 ff.
Geschworene, Befähigung 63 ff., nicht zu berufen 65 f., Ablehnungsrecht 66 f., Bestrafung wegen Pflichtversäumniß 73, Auswahl 74 ff.
Geschworenenbank, Bildung 315 ff.
Geständniß des Angeklagten 218 ff., des Freigesprochenen als Grund zur Wiederaufnahme 405 f.
Glaubhaftmachung 216.
Güterpflege über das beschlagnahmte Vermögen eines abwesenden Beschuldigten 336.
Gutachten 229 ff., Verpflichtung zur Abgabe 180, Verlesen von G. in der Hauptverhandlung 239 ff.

Haft als Ordnungsstrafe 172 ff., 178 ff.
Haftbefehl 199 ff., 286, behufs Strafvollstreckung 412.
Hauptfrage 323 f.
Hauptverfahren 254 ff., 280 ff.
Hauptverhandlung 284 ff., gegen ausgebliebene Angeklagte 286 ff., gegen Abwesende s. Abwesende, Gang der H. 293 ff., Schlußvorträge und Urtheil 298 f., Sitzungsprotokoll 299 ff.
Haussuchung s. Durchsuchung.
Hinrichtung 416 f.
Hülfsfrage 323 f.
Hülfsgeschworene 75 f., 316 f.
Hülfsrichter 31 f.
Hülfsschöffen 70 ff.

Jahreslisten der Schöffen 70 ff., der Geschworenen 74 f.
Indizien 217 f.
Inquisitionsprozeß, Geschichtliches 4 ff.
Inquisitorisches Prinzip 152.
Irrenanstalt, Unterbringung des Angeschuldigten 233.
Irrthum der Geschworenen bei der Berathung 331, bei Bezeichnung der Rechtsmittel 370.
Justizbeamte als Vertheidiger 140.

Kaiser, Begnadigungsrecht 416.
Kaution s. Sicherheitsleistung.
Kinder, nichteidl. Vernehmung als Zeugen 226.
Klage, öffentliche 103 f., 150 f., 260 ff.
Kollegialsystem 35 f.
Kollektivfragen 322.
Kollusionshaft 195.
Konfiskation s. Einziehung.
Konfrontation 221, 298.
Kosten des Verfahrens 419 ff., Arten 419, Verpflichtung zur Tragung der K. 420 ff., Verpflichtung des Angeklagten 422 f., bei der Privatklage 423 f., des Antragstellers 424, des Anzeigenden 425, der Staats- bzw. Reichskasse 421.
Krankenanstalt, Anrechnung des Aufenthalts auf die Strafzeit 413 f.
Kreuzverhör 292 f.

Ladung der Schöffen 72 f., der Geschworenen 75 f., der Zeugen und Sachverständigen 178 f., 281 f., des Beschuldigten 177 f., 281 f., 287, des Vertheidigers 145, des abwesenden Angeklagten 393, 337, des Privatklägers 122.
Ladungszwang 175 ff.
Laienelement 37 f.
Landgerichte, Besetzung 45 f., Geschäftskreis 48 ff.
Legalitätsprinzip 103.
Leichenöffnung 237 f.
Leichenschau 236.
Listen der Schöffen und Geschworenen 68 ff.
Litteratur 24 ff.

Mildernde Umstände 52, 310, 327.
Mitschuldige, Haftung für die Kosten 423.
Mündlichkeit des Verfahrens 153 ff.
Münzverbrechen, Gutachten bei M. 233.

Nachtzeit 191.
Naturereignisse als Grund der Wiedereinsetzung in den vorigen Stand 164.
Nebenfragen 323 ff.
Nebenklage und Nebenkläger 126 ff.
Nebenprotokoll 160.
Neue Thatsachen und Beweismittel 215, 374, 384.
Nichterscheinen s. Ausbleiben.
Non bis in idem 312 ff.

Oberlandesgerichte, Besetzung 53, Geschäftskreis 54 ff.
Ober-Reichsanwalt 112 ff., 115.
Obmann der Geschworenen 326 ff.
Oeffentliche Klage s. Klage.
Oeffentlichkeit des Verfahrens 157 ff.
Offizialthätigkeit des Gerichts 151.
Opportunitätsprinzip 103.
Ordnungsstrafen 172 ff.
Organisation der Gerichte, äußere 33 ff., innere 35 ff., der Staatsanwaltschaft, äußere 111 ff., innere 113 ff.

Parteien im Strafprozeß 100 ff., 131 ff., 149 ff.
Polizeibeamte 110 f., 259 f.
Polizeiliche Strafverfügung 353 ff.
Postsendungen, Beschlagnahme 188 f.
Preßvergehen, Zuständigkeit 53.
Privatklage, Zulässigkeit 118 ff., Verfahren 340 ff., Rechtsmittel 346.
Privatkläger 118 ff.
Professoren s. Rechtslehrer.
Protokolle 267 f., 299 ff.
Prozeßkosten s. Kosten.
Prozeßvoraussetzungen 249 ff.

Quellen des Strafprozeßrechts 15 ff.

Rechtfertigung der Berufung 380, der Revision 393 f.
Rechtsanwälte als Vertheidiger 139 f., berechtigt zur Verweigerung des Zeugnisses 182, Vertretung des Privatklägers 123, des Angeklagten 142 f., der Verwaltungsbehörde 117.
Rechtsbelehrung s. Belehrung.
Rechtshülfe 94 ff., internationale 97 ff.
Rechtskraft 312 ff., 402, 415.
Rechtskundiger als Vertheidiger 140.
Rechtslehrer deutscher Hochschulen als Vertheidiger 139, Befähigung zum Richter 66.
Rechtsmittel 365 ff., Berechtigung zur Einlegung 367 ff., Wirkung 370 f., Zurücknahme und Verzicht 371 f., Beschwerde 373 ff., Berufung 378 ff., Revision 388 ff.; R. in der Voruntersuchung 270 f.
Reformatio in pejus, Verbot derselben 371, 388, 401, 409.
Reichsanwalt 112, 115.
Reichsgericht, Besetzung 56 f., Geschäftskreis 57 ff.
Reichskasse s. Staatskasse.
Reisekosten der Schöffen, Geschworenen und Vertrauensmänner des Ausschusses 63, 70.
Revision, Zulässigkeit 388 ff., Revisionsgründe 389 ff., Revisionsgerichte 392, Revisionsanträge 394 f., Verfahren 395 ff.
Richter, Fähigkeit 59 f., Alter 60, Stellung zu den Sachverständigen 231 f., s. Ablehnung, Ausschließung.

Sachverständige, Begriff 228 f., Auswahl 230 f., Verpflichtung 231 f., Gebühren 232.
Schlußvorträge in der Hauptverhandlung 298 f., 325, 330, Schlußvortrag des Vorsitzenden 325.
Schöffen, Befähigung 63 ff., Unfähigkeit 64 f., nicht zu berufen 65 f., Ablehnungsrecht 66 ff., Auswahl 68 ff., Bestrafung wegen Pflichtversäumniß 73 f.
Schöffengerichte, Besetzung 40 f., Geschäftskreis 41 ff.
Schriftstücke, Verlesung in der Hauptverhandlung 239 ff., in der Berufungsinstanz 385 f.
Schriftvergleichung 234.
Schuldfrage 306 ff., 322.
Schwurgerichte, Besetzung 51 f., Geschäftskreis 52 f.
Schwurgerichtshof 51 f.
See, strafbare Handlungen auf offener S., Gerichtsstand 90.
Sicheres Geleit 339 f.
Sicherheitsbeamte s. Polizeibeamte.
Sicherheitsleistung 201 ff.
Sitzungspolizei 172 ff.
Sitzungsprotokoll 299 ff.

Skrutinialverfahren s. Vorbereitendes Verfahren.
Sofortige Beschwerde 377 f.
Sprache s. Gerichtssprache.
Spruch der Geschworenen 325 ff.
Spruchliste der Geschworenen 75 f.
Staatsanwaltschaft, äußere Organisation 111 ff.; innere Org. 113 f., Befähigung und Ernennung 115 f., Geschäftskreis 100 ff., Stellung zu den Gerichten 108 ff., zu den Polizeibeamten 110 f.
Staatskasse, Tragung der Kosten 145, 421; Verfall einer Sicherheit 204 f.
Steckbrief 207, 412.
Stimmenmehrheit s. Abstimmung.
Strafaufschub s. Aufschub.
Strafausschließungs-, Erhöhungs- und Minderungsgründe 307 f., 324.
Strafbefehl, amtsrichterlicher 348 ff.
Strafbescheide der Verwaltungsbehörden 357 ff.
Straffrage 306 ff.
Strafgerichtsbarkeit 28 ff.
Strafkammer, Besetzung 45 ff.; detachirte St. 47 f., Geschäftskreis 48 ff.
Strafsenate bei den Oberlandesgerichten 54, bei dem Reichsgericht 56 f.
Strafurtheil s. Urtheil.
Strafverfügung, polizeiliche 353 ff.
Strafvollstreckung, Behörden 411 ff., gerichtliche Entscheidungen hierbei 413 ff., allgemeine Voraussetzungen 414 ff., Vollstreckung der Todesstrafe 416 f., der Freiheitsstrafen 417 f., der Vermögensstrafen 418, des Verweises 418 f.
Substitutionsrecht bei der Staatsanwaltschaft 114.
Sühnetermin 119, 341.
Suspensiveffekt 370 f.

Taube und Taubstumme, Verhandlung mit denselben 161.
Telegramme, Beschlagnahme 188 f., stehen der Schrift gleich 355, 376, 379, 395.
Termine 161 ff.
Thatsachen s. Neue Thatsachen.
Todesstrafe, Vollstreckung 416 f.
Trennung zusammenhängender Strafsachen 88, 92.

Ueberführungsstücke 243, nicht an den Vertheidiger zu verabfolgen 144, jedoch an die Geschworenen 326.
Uebertragung der Zuständigkeit durch ein oberes Gericht 92 ff.
Uebertretungen, Zuständigkeit 41, Hauptverhandlung ohne Schöffen 39.
Ueberweisung von Strafsachen an die Schöffengerichte 43 ff.
Umwandlung von Geldstrafen 359, 413.
Unabhängigkeit der Gerichte 28 ff.
Ungebühr 172 ff.
Ungehorsam 172 ff.
Ungehorsamsverfahren s. Abwesende.
Unmittelbarkeit des Verfahrens 153 ff.
Unterbrechung der Hauptverhandlung 289.
Unterschrift bei den Protokollen 267 f., 299 f., bei den Urtheilen 312, bei den an die Geschworenen zu stellenden Fragen 327, 328.
Untersuchung 255 f.
Untersuchungsgefangene, Behandlung 198 f.
Untersuchungshaft 194 ff.
Untersuchungsrichter 48, 57, 264 ff.
Unzuständigkeit, Einrede 86.
Urkunden 238 ff.
Urliste für Schöffen und Geschworene 68 ff., 74.
Urtheil, Gegenstand 301 ff., Inhalt 309 f., Verkündung und Beurkundung 310 ff., U. in Schwurgerichtssachen 329 ff., Ausfertigungen und Auszüge aus U. 312, gerichtliche Entscheidungen über Auslegung von U. 413.
Urtheilsformel 309, bei der Strafvollstreckung 415.
Urtheilsgründe 309 ff., 320.

Verbindung mehrerer Strafsachen 87 ff., 91 ff.
Verdict s. Spruch der Geschworenen.
Verfahren, besondere Arten 347 ff.
Verhaftung 194 ff., Zulässigkeit 195 f., Ausführung 196 ff.
Verkündung gerichtlicher Entscheidungen 167 f., des Urtheils 310 f., des Spruchs der Geschworenen 328, 330.
Verlesung von Schriftstücken s. Schriftstücke.
Verletzter 118 ff., Antrag d. V. auf gerichtliche Entscheidung 104 ff.
Vermögensbeschlagnahme s. Beschlagnahme.
Vermögensstrafen, Vollstreckung 418.
Vernehmung des Beschuldigten 134, 180, durch einen beauftragten oder ersuchten Richter 287 f., in der

Hauptverhandlung 291, 294, des Angeklagten in der Voruntersuchung 266 f., in der Berufungsinstanz 384 f. — V. von Zeugen und Sachverständigen 180 ff., 221 ff., 231 f.
Vernehmungszwang 180 ff.
Versäumniß von Fristen s. Wiedereinsetzung in den vorigen Stand.
Vertheidiger s. Vertheidigung.
Vertheidigung des Angeklagten 135 ff., Zulässigkeit und Nothwendigkeit 135 f., Beginn 137, Personal 138 ff., Wahl und Bestellung 141 f., Rechte und Pflichten 142 ff.; s. Ausbleiben, Ladung.
Vertrauensmänner des Ausschusses für die Wahl der Schöffen und Geschworenen 69, Bestrafung 73.
Vertreter des Angeklagten 142 f., gesetzliche 146 f., Angehörige desselben im Verfahren gegen Abwesende 334.
Verwaltungsbehörde als strafverfolgende Partei 116 ff.; s. auch Strafbescheid.
Verwandte können das Zeugniß verweigern 181 f., Rechtsmittel einlegen 369, Wiederaufnahme des Verfahrens beantragen 403.
Verweis 418 f.
Verweisung in die erste Instanz durch das Berufungsgericht 387, V. durch das Revisionsgericht 400 f.
Verzicht 371 f., 379, 393, 415.
Vollstreckung der Strafurtheile 411 ff.
Vorbereitendes oder Vorbereitungs-Verfahren 256 ff.
Vorbereitung der Hauptverhandlung 280 ff.
Vorführungsbefehl 133, 177, 286, 344, 383.
Vorladung s. Ladung.
Vorläufige Einstellung s. Einstellung.
Vorläufige Festnahme 205 ff.
Vorschlagsliste für Geschworene 74.
Vorsitzender, Stellung 290 ff.
Voruntersuchung, Zweck 262 f., Nothwendigkeit und Zulässigkeit 263 f., Eröffnung 264 f., Führung 265 f., Rechte der Parteien in der V. 268 ff., Rechtsmittel 270 f.
Vorverfahren 254, 256 ff.

Wahrspruch s. Spruch.
Wehrpflichtige, Verfahren gegen abwesende W. 359 ff.
Weitere Beschwerde 373.
Widerklage bei wechselseitigen Beleidigungen und Körperverletzungen 345 f.
Wiederaufnahme des Verfahrens 401 ff., zu Gunsten des Verurtheilten und zu Ungunsten des Angeklagten 404 ff., Verfahren 406 ff.
Wiedereinsetzung in den vorigen Stand 164 f., 288, 334, 352, 355, 358, 362, 379, 383, 393.

Zeitbestimmungen 161 f.
Zeugen 220 ff., Ladung 178 f., Vernehmung 221 f., Beeidigung 222 ff., Zeugnißpflicht 180 f., Befreiung hiervon 180 ff., Gebühren 227 f., Ordnungsstrafen gegen Zeugen 172 ff., 178 f., 183 f.
Zeugnißzwang 180 ff.
Zurücknahme der Privatklage 124 f., eines Rechtsmittels 371 f., des Einspruchs gegen amtsrichterlichen Strafbefehl 351, des Antrages auf gerichtl. Entscheidung bei polizeilicher Strafverfügung 356, bei Strafbescheid 358 f.
Zurückverweisung s. Verweisung.
Zusammenhang mehrerer Strafsachen 87 f., 91 f., 289 f., von Civil- und Strafsachen 244 ff.
Zuständigkeit im allgemeinen 83 ff., sachliche 87 f., örtliche 88 ff., durch den Gerichtsbezirk 89, durch Zusammenhang von Strafsachen 91, durch Auftrag 92 f., der Staatsanwaltschaft 112 f.
Zustellung 167 ff.
Zustellungsbeamte 62.
Zwangsgewalt, richterliche 170 ff.
Zwangsmittel, Disziplinarstrafen 172 ff., Beschlagnahme 185 ff., Durchsuchung 190 ff., Verhaftung 194 ff., Sicherheitsleistung 201 ff., vorläufige Festnahme 205 f., Steckbrief 207.

[G. Pätz'sche Buchdr. (Lippert & Co.), Naumburg a/S.

FSC
www.fsc.org
MIX
Papier | Fördert gute Waldnutzung
FSC® C083411

Kolibri 360 GmbH
Ferdinand-Jühlke-Straße 7
99095 Erfurt, Deutschland
produktsicherheit@kolibri360.de